十一五
浙江省重点教材建设项目

U1070973

十二五
高职高专“十二五”规划教材

药学系列

药物制剂检验技术

施 菁 上官盈盈 主编

化学工业出版社

·北京·

内 容 提 要

本书是校企联合编写的工学结合教改教材。本书以药物制剂检验的工作过程和典型药物制剂的检验创设学习情境，共分三个模块、十一个项目、二十项工作任务，包括药物制剂鉴别技术、检查技术、含量测定技术、质量检验技术等关键技术，涉及液体制剂、灭菌制剂、固体制剂、半固体制剂、中药制剂等剂型，并介绍了医院药房制剂的快速检验技术，贴近药品检验工作的实际。为了增强教材内容的实用性，书中引入了的案例分析、实例解析、应用示例等内容，意在培养学生规范操作及解决实际问题的工作能力；书中还增设了知识链接、知识拓展、课堂互动等栏目，可以增强教材内容的趣味性及拓宽学生的知识面，以满足不同层次学生学习的需要。各项目后安排有目标测试，有助于学生通过自我检查把握好学习要点、巩固知识。

本书可作为高职高专药物制剂、药学、药学检验等专业师生的教材，也可供药品生产企业、药品经营企业及药品质量监管部门的技术人员参考阅读，同时也可作为医药行业培训及药物检验工职业资格考试的参考书。

图书在版编目（CIP）数据

药物制剂检验技术/施菁，上官盈盈主编. —北京：化学工业出版社，2013.3
高职高专"十二五"规划教材　药学系列
ISBN 978-7-122-16458-2

Ⅰ.①药…　Ⅱ.①施…②上…　Ⅲ.①药物-制剂-检验-高等职业教育-教材　Ⅳ.①TQ460.7

中国版本图书馆 CIP 数据核字（2013）第 020062 号

责任编辑：梁静丽　王蓉蓉　李植峰　　装帧设计：关　飞
责任校对：宋　玮

出版发行：化学工业出版社（北京市东城区青年湖南街 13 号　邮政编码 100011）
印　　刷：北京云浩印刷有限责任公司
装　　订：三河市宇新装订厂
787mm×1092mm　1/16　印张 20¼　字数 536 千字　　2013 年 4 月北京第 1 版第 1 次印刷

购书咨询：010-64518888（传真：010-64519686）　售后服务：010-64518899
网　　址：http://www.cip.com.cn
凡购买本书，如有缺损质量问题，本社销售中心负责调换。

定　　价：40.00 元　

《药物制剂检验技术》编审人员名单

主　　编　施　菁　上官盈盈

副 主 编　周华萍　崔勤敏　丁　丽

编写人员　（按姓氏笔画排序）

丁　丽　浙江医药高等专科学校

上官盈盈　浙江医学高等专科学校

王　玮　浙江医学高等专科学校

陈　婷　浙江医学高等专科学校

周华萍　杭州民生药业有限公司

周海鸥　浙江医学高等专科学校

施　菁　浙江医学高等专科学校

黄卫平　浙江医学高等专科学校

崔勤敏　浙江医学高等专科学校

葛求富　杭州民生药业有限公司

褚建波　浙江医学高等专科学校

潘　嫣　杭州胡庆余堂天然食品有限公司

主　　审　郑国钢　浙江食品药品检验所

王如伟　浙江康恩贝制药股份有限公司

前言

本课程是高职高专药物制剂专业、药学及其相关专业的一门核心课程。为了积极推进高职高专课程和教材的改革，创新课程教学模式和课程结构，遵循“以就业为导向、以能力为本位、以学生为主体”的教学理念，更好地突出高职高专院校的教学特点，体现工学结合的教学思想，我们组织了多年来工作在教学第一线且有企业相关工作经历的骨干教师、学科带头人及有丰富实践经验的医药企业技术人员共同编写了这本基于工作过程导向的项目化课程教材，旨在培养具有良好职业素养、较强职业能力的高素质技能型药学专门人才。本书是2010年度浙江省高校生化与食品药品类教指委重点系列教材之一。

本书在编写过程中力求体现以下几个特点。

1. 编写理念新　经过前期的课程调研，编者了解到，随着医药企业职业结构领域的改变，医药企业对人才的需求也发生了变化。现阶段，高职高专院校所讲授的知识与生产实践中的需要有一定的距离，学生学到的知识和技能满足不了企业的需要，而高等职业教育培养的人才应该是“知其然，且知其所以然”的技术工作的参与者和设计者，因此本书的编写打破了以往传统学科课程的模式，转变为以“项目教学、任务引领”为主体的行动导向的编写模式，通过药物制剂质量监控过程拟定行动过程，完成制剂检验操作，培养学生的专业能力和社会能力，实现学习与工作的一体化。

2. 编写内容新　本书的内容是依据2010年版《中华人民共和国药典》（简称《中国药典》）及最新配套的标准操作规程编写的；而具体药物制剂过程的质量控制要求则是根据2010年版《药品生产质量管理规范》（GMP）的要求编写的。本书根据行业背景和岗位职业要求选取教学内容，将内容分为药物制剂检验基础、药物制剂检验专项技术、常用制剂的质量检验三个模块，同时将药物制剂的剂型知识与药物检验的相关知识和技能进行了有机整合。本书中“项目”的编写是以各种药物剂型的质量检验为线索设计的，“工作任务”的编写则是基于药物制剂质量检验所涉及的各项检验技术，突出检验操作的规范化，以《中国药典》和GMP为依据，参照国家职业技能鉴定药检工高级工的考核标准，以药物制剂质量检验所需要的知识、技能为主线，对典型的药物制剂的质量检验制订工作任务，通过完成具体的工作任务，引出相关药物检验的知识和技术，从而起到以点带面、举一反三的作用。不追求学科自身内容的完整性和系统性，重点强调学生对职业岗位所需的基本技能的掌握。

3. 编写结构新　本书包括三个模块、十一个项目、二十项工作任务，所创设的学习情境是以药物制剂检验的工作过程和典型药物制剂的检验进行设计的，以“工作任务”为中心，整合理论与实践，实现理论与实践的统一。与以往高职高专药物检验教材相比，本书在编写体例和内容编排方面都做了较大的改动，突出了高职高专教育的特点，使教学更加贴近药品检验工作的实际。为了增强内容的实用性，本书引入了大量的典型案例，有利于培养学生规范操作及解决实际问题的工作能力，充分体现专业课为岗位服务的思想。除了正文内容外，本书还增设了知识链接和知识拓展等栏目，以增强教材内容的趣味性及拓宽学生的知识面，满足不同层次学生学习的需要。每个项目之后的自我测试则有助于学生通过自我检查，把握好学习要点，加深对知识的理解和记忆，帮助学生巩固所学知识。

本书由浙江医学高等专科学校、浙江医药高等专科学校骨干教师与杭州民生药业有限公司、杭州胡庆余堂天然食品有限公司技术专家联合编写，力求真正体现校企合作的内容特色。具体编写分工如下：施菁编写项目二和项目七，周华萍编写项目一，葛求富编写项目二，上官盈盈编写项目一和项目九，陈婷编写项目三和项目八，崔勤敏编写项目四和项目五，周海鸥编写项目四，黄卫平编写项目五，王玮编写项目六，丁丽、潘嫦编写项目十，褚建波编写项目七和项目十一；施菁负责对全书进行统稿、修改。本教材承蒙浙江省食品药品检验所郑国钢主任和浙江康恩贝制药股份有限公司教授级高工王如伟总经理审稿；在编写过程中我们还得到了许多企业专家和同仁的热情帮助和支持，并参考引用了同行专家的有关文献和资料，在此一并表示感谢！

由于编者水平有限，编写时间仓促，书中疏漏和欠妥之处在所难免，恳请广大师生批评指正（E-mail：shij136@yahoo. com）。

编者

2013 年 1 月

目录

模块一　药物制剂检验基础

模块二 药物制剂检验专项技术

模块三　常用制剂的质量检验

模块一

药物制剂检验基础

项目一　药品检验基础知识

项目二　药品质量管理体系

项目一　药品检验基础知识

【知识目标】

掌握药品检验工作的基本程序；掌握药物制剂检验技术课程的性质、任务及内容。

熟悉误差与偏差的表示及计算方法、有效数字的概念及数值修约和运算法则。

了解本课程的学习目标，药物制剂检验的发展趋势，实验室的基本设施及相关管理要求。

【能力目标】

能依据《中国药典》完成各类试剂的配制、滴定液的配制与标定操作；熟练做好药品检验的原始记录、正确处理分析数据；能正确阅读药品检验报告单。

必备知识一　药物制剂检验技术课程简介

一、药物制剂检验技术课程的性质和任务

药品是用于预防、治疗、诊断人的疾病，有目的地调节人的生理功能并规定有适应证或者功能主治、用法和用量的物质。它分为化学药、中药与天然药、生物药三大类，包括中药材、中药饮片、中成药、化学原料药及其制剂、抗生素、生化药品、放射性药品、血清、疫苗、血液制品和诊断药品等。药品在供临床使用时，必须制成适于应用的形式，即药物制剂。药物制剂检验是运用现代分析手段（包括物理、化学、物理化学和微生物学等方法）对药物制剂过程的各个环节（如原料药、中间体及成品）进行质量控制，如原料药是否合格、制剂工艺中的中间体是否符合要求、制剂有效成分的含量（效价）是否符合规定等，从而全面保证药物制剂的质量，使其安全、有效、稳定、均一。

药物制剂检验技术是高职高专药物制剂专业、药物检验专业、化学制药专业及药学专业药物制剂方向的一门重要的专业课程，也是一门与制剂质量检验岗位密切相关的职业资格培训课程，它是在无机化学、有机化学、分析化学、药剂学及药物化学等课程基础上开设的一门综合性应用课程。

本课程的基本任务是讲授药物制剂检验的基本理论知识和常用检验技术，并进行基本操作技能的训练，使学生在掌握药物检验基本理论知识的基础上，通过严格的实践训练，熟练掌握药物制剂的各种常用检验技术，并能根据药品标准对药物制剂进行全面质量检验，从而使其具备从事药物制剂检验工作的职业能力；同时培养学生树立“质量第一、依法检验”的职业道德和“实事求是、科学严谨”的工作作风，使其具备独立分析问题、解决问题的实际工作能力。

二、药物制剂检验的内容与发展趋势

药物制剂与原料药不同，由于其组成复杂（含有活性成分及辅料）、药物含量低、需进

行剂型检查等原因，药物制剂检验通常比原料药的检验困难。不同类型的药物制剂，其检验项目、检验指标、检验方法及样品预处理方法也常常不同。

（一）药物制剂检验的内容

1. 药物制剂的性状检验

药物制剂的性状检验是药物制剂质量检验中不可或缺的部分，能够在一定程度上更全面地体现药品的质量。在药品的使用环节中，药物制剂的性状检验也具有非常重要的意义。

2. 药物制剂的鉴别

药物制剂的鉴别通常以相应原料药的鉴别方法为基础。当药物制剂的辅料不干扰药物的鉴别时，可直接采用原料药的鉴别试验来鉴别药物制剂；当药物制剂的辅料干扰药物的鉴别时，应先排除干扰后进行鉴别或取消该鉴别试验，也可改用其他方法（多改为分离分析方法）进行鉴别。如2010年版《中华人民共和国药典》（以下简称《中国药典》）中，醋酸曲安奈德的原料药采用了红外分光光度法进行鉴别，其乳膏剂由于辅料的干扰不能使用红外分光光度法，而采用高效液相色谱法进行鉴别。

3. 药物制剂的检查

药物制剂的检查包括杂质检查、剂型检查和安全性检查。

（1）杂质检查　杂质检查主要包括以下两个方面：其一是在制剂的制备和贮藏过程中可能引入的（原料药未控制的）杂质；其二是在制剂的制备和贮存过程中可能新产生的（原料药已控制的）杂质。

由于药物制剂由采用经检验已符合规定的原料药及辅料制备而成，因此，制剂的杂质检查项目一般不需要重复原料药的检查项目，主要是检查在制剂的制备和贮存过程中可能产生的杂质，如必要时检查薄膜包衣片剂的残留溶剂。

（2）剂型检查及安全性检查　为了保证药物制剂的安全性、有效性、稳定性和均一性，《中国药典》在附录“制剂通则”中规定了不同剂型的常规检查项目，主要包括剂型检查与安全性检查。此外，附录中还收载了药物制剂各品种项下规定的其他剂型检查与安全性检查等。如《中国药典》中葡萄糖及其注射液的检查，葡萄糖原料药主要进行杂质检查和微生物限度的安全性检查；葡萄糖注射液则进行杂质检查、剂型检查和安全性检查。在葡萄糖注射液的杂质检查中，5-羟甲基糠醛是在注射液制备过程中由葡萄糖在高温灭菌过程中脱水而生成的杂质；重金属在注射液生产过程中有可能增加，因此也需在葡萄糖原料药已检查且符合规定后在注射剂中再次检查。

4. 药物制剂含量的测定

药物制剂含量的测定方法多与相应原料药的含量测定方法不同。由于药物制剂的成分比较复杂，且存在辅料的干扰，故一般药物制剂含量测定前，须经过滤、提取、色谱分离排除干扰后再进行，并在设计和选择含量测定方法时，在满足准确度和精密度的要求外，还应考虑专属性和灵敏度的要求。如《中国药典》中收载的盐酸氯丙嗪，其原料药采用非水溶液滴定法测定含量，其片剂由于辅料的干扰，采用紫外-可见分光光度法测定含量；又如《中国药典》中收载的硫酸阿托品，其原料药含量测定采用非水溶液滴定法，而其制剂由于剂量小，故采用灵敏度较高的酸性染料比色法测定含量。

（二）药物制剂检验的发展趋势

传统技术大多应用化学方法来检验药物，控制药品质量。近年来，随着医药工业的发展，药物剂型已不再局限于传统的片剂、胶囊剂、注射剂等，各种新剂型，如缓释制剂、控释制剂、微囊制剂等不断涌现，特别是药物靶向给药系统的出现，使在药物制剂质量评价指标中，除了制剂常规检查项目外，还有如包封率、载药量、药物稳定性等特殊控制项目，这就要求在检验过程中除了采用经典的光谱、色谱方法外，还需结合形态学、酶学等手段，才能得到准确有效的质量评价参数来保证微粒制剂的质量。“药品是设计出来的，不是生产出来的，更不是检验出来的”，单纯的成品检验模式已不能有效地对药品质量进行控制，药物制剂质量控制已深入到制剂生产的全过程，生产工艺的优化和生产过程的分析离不开现代检验手段的辅助；中药药效物质基础研究的不断深入及中药制剂质量控制的标准化，也需要应用多种先进的分析手段，因此，建立新的检验方法，采用现代分析方法和技术进行质量控制，已成为药物制剂检验发展的必然趋势。

目前，各种先进的分析技术，如超高效液相色谱、色谱与质谱联用、色谱与核磁共振波谱联用、近红外分光光度法、生物芯片技术、高通量筛选技术及计算机辅助药物分析技术等，已在药物制剂检验中得到了广泛的应用，现代药物制剂检验技术正从静态分析发展为动态分析，从单一技术发展为联用技术、自动化技术，从人工分析发展为计算机辅助分析，从单个学科发展为多学科交叉配合。

同时，也应当看到，我国药物制剂检验技术虽然已有了长足的发展，但与发达国家相比还有一定的差距。因此，在采用常规分析方法对药物制剂进行质量控制的同时，还需重视新仪器、新技术和新方法的开发研究，不断提高药品检验工作者的素质，以适应药物科学研究和医药工业发展的新形势，从而缩短与世界先进水平的差距。

三、药物制剂检验技术课程的学习目标

药物制剂检验技术是一门专业性和实践性很强的课程，从事药物制剂检验的专业人员不仅需要掌握药物制剂检验的基本知识，药物制剂的鉴别、检查、含量测定和剂型检查等专项技术知识，还要有扎实的操作技能和科学、严谨、实事求是的工作态度，才能准确地分析并做出客观公正的评价。因此，通过本课程的学习，学生应达到以下三方面的目标。

（一）知识目标

掌握与药物制剂检验相关的基础知识、药品质量控制体系的相关知识、药物制剂分析的特点与基本分析方法及其方法验证，掌握典型药物制剂的鉴别、检查和含量测定方法、原理及应用；熟悉一般鉴别试验、杂质检查及限量、定量计算方法，中药制剂的质量控制方法，制剂质量标准的制定方法；了解制药过程质量控制以及过程分析技术。

（二）技能目标

熟练使用药物制剂检验中的各类分析仪器；正确操作药物制剂的鉴别和杂质检查项目；会利用滴定法、光谱分析法、色谱分析法、比色法、比浊法、旋光法等分析技术进行有关项目的测定；能根据药品质量标准规范地进行操作，独立完成药物制剂的质量检验工作；并能解决和处理药物检验中的异常现象，以及药物在贮存过程中的质量问题。

（三）素质目标

培养学生树立“质量第一、依法检验”的观念，具有高度的责任感，遵守医药企业的相关管理制度；具备良好的沟通与合作能力，能高效高质地开展工作；具有科学严谨的工作作风和诚实守信、认真负责的工作态度；养成严格执行药品标准、实事求是的职业习惯；具备果断处理异常质量问题的能力，能及时制止质量事故的发生，有效保证药品质量。

以上三方面相辅相成，只有理论知识而不会实践操作，就只能是“纸上谈兵”；而只知其然而不知其所以然，在出现异常情况时也会束手无策；同时，医药行业作为一个特殊行业，需要的不只是技术能手，而是品德和技术兼备的人才。因此，在学习这门课程时，应理论与实践学习并重，将岗位素质教育放在首位，重点培养具有良好职业道德的高素质技能型药检人员。

必备知识二　药品检验的基础知识

一、药品检验工作的基本程序

药品检验工作是药品质量控制的重要组成部分，其目的是保证人们的用药安全、有效、合理。其检验的基本程序一般为取样、分析检验（鉴别、检查、含量测定）、记录与报告。

（一）取样

要分析样品，首先就要取样。要从大量的药品中取出少量样品进行分析，应考虑取样的科学性、真实性和代表性。取样必须坚持科学、均匀、合理的原则。

药品生产企业抽取的样品主要有进厂的原辅料、中间体和成品等，取样前应先检查品名、批号、数量、包装、来源等情况，确认无误后方可取样。取样的要求如下。

1. 取样量

取样应根据被取样品的特性按批进行。设取样总件数（如箱、桶、袋、盒）为 X，当 $X\leqslant 3$ 时，应逐件取样；当 $3<X\leqslant 300$ 时，按件数为 $\sqrt{X}+1$ 随机取样；当 $X>300$ 时，应按件数 $\frac{\sqrt{X}}{2}+1$ 随机取样。制剂的取样量一般为 3 倍全检量，贵重药品为两倍全检量，每个全检量至少有 3 个最小包装。该取样量在每个取样单元中的分配（即单元样品量）应大致相同。同时还应保证留样观察的用量。

2. 取样方法

（1）取样工具和盛样品容器　必须洗净、干燥、且不与被取物料起化学反应，应防止由于取样工具不洁而发生交叉污染。当抽取供微生物或细菌内毒素（热原）检查的样品时，取样工具和盛样器具还须经灭菌或除热原处理。

（2）粉状固体原料药和半固体原料药　用取样器或其他适宜的工具从取样单元的不同部位抽取样品，并将取得的单元样品按规定的数量分装两瓶，贴好标签或留样证，一瓶用作检验，另一瓶作为留样保存。对于供试品量较小的固体粉末或细颗粒状固体药品可采取四分法取样：即将药品堆成锥状，而后用适当的器皿从上面压平，在被压平的平面上以十字状垂直向下切开，分成均等的四份，取出对角的两等份，混合均匀，如此重复操作，直到所取的供试品量适于检验。

（3）液体样品　用两端开口、长度和粗细适宜的玻璃管，慢慢插入液体中直至其底部，待管内外液面同一水平并插至底部后，封闭上端开口，取出抽样管，抽取全液位样品。

（4）制剂的取样对象应是完整的最小包装，样品从确定的取样单元内抽取。若从不同单元中抽取的 X 个单元样品经目视检查外观性状一致，则将它们用适当的方法缩分为一个最终样品，并等分为 3 份，以备检验、复核和留样之用；如发现某些单元样品的外观性状与其他单元样品不一致，则需对这些样品的取样单元加大取样量并单独进行检验。

3. 取样记录

取样结束后，应及时将打开的包装容器重新扎口或封口，同时在包装容器上贴上取样证，并填写取样记录。取样记录的内容主要包括品名、取样日期、规格、批号、数量、来源、编号、必要的取样说明、取样人签字等，取样由专人负责。

（二）分析检验

分析检验时必须根据药品质量标准中规定的项目严格执行、准确操作并作出正确判断。在分析检验之前，首先应观测样品的外观性状是否符合要求，然后再进行检验。分析检验主要包括鉴别、检查、含量测定三方面的内容。

1. 鉴别

鉴别（identification）是药物检验工作的首要任务。鉴别主要是依据药物的结构、理化性质，选择专属性强、灵敏度高的某些化学反应进行试验，或测定某些理化常数、光谱特征、色谱行为或生物学特性，来判断药物的真伪，得出"是"或"否"的结论。通常不能将药物的某一鉴别试验作为判断该药物真伪的惟一依据，鉴别试验往往是采用一组（两个或几个）试验项目来综合评价得出结论的。如盐酸普鲁卡因及其制剂的鉴别项下各有3个试验，包含化学法和仪器法，能较全面地反映药物的不同特性，提高了鉴别试验的专属性。

2. 检查

制剂可直接用于防治疾病，因此，对其质量控制应更为严格。制剂检查（test）除应符合各自"制剂通则"中的共性规定外，还应根据产品的特性、工艺和留样考察，加测"制剂通则"规定以外的检查项目，如pH值（或酸碱度）、颜色（或溶液的颜色）、有机杂质与有关物质、注射用无菌粉末或冻干品的干燥失重或水分、静脉输液的重金属、渗透压、含量均匀度、溶出度、释放度、脆碎度、热原、细菌内毒素、过敏试验、以及其他特定的检测项目，以确保制剂的质量。

《中国药典》的检查项目包括药物的纯度、有效性、均一性和安全性四个方面。纯度要求即药物的杂质检查，是指对药物在生产或贮存过程中可能引入的一些杂质进行检查，药物的杂质检查通常采用"限度检查"，即检查时不必测定其实际含量，只需检查其是否在规定的限度以下即可，如干燥失重、炽灼残渣、重金属、砷盐、有机溶剂残留量等。有效性是指检查与药物疗效有关的一些项目，如溶出度、释放度、制酸力、粒度等。均一性常用于衡量药物制剂的均匀程度，如重（装）量差异、含量均匀度等。安全性是指检查某些能产生特殊生理作用，严重影响用药安全的杂质，如细菌内毒素、热原、降压物质等。

3. 含量（效价）测定

药品在通过鉴别无误、检查项目合格的基础上，进行含量测定。药品的含量测定是评价药品质量的主要指标之一，它不仅能反映药品的纯度，而且也是药品有效性的保证。药品的含量测定（assay）就是运用化学、物理化学或生物化学的方法和技术，测定药品中有效成分的含量。含量测定方法要求准确、简便，结果有良好的重复性和重现性。通常对于化学原料药（active pharmaceutical ingredient，API）含量测定方法的选择侧重于方法的准确度，一般首选容量分析法；而对于制剂的含量测定，首先应考虑测定方法的专属性，还应考虑操作简便、检测灵敏、适用于不同剂型等。这是因为API的纯度高，含量限度要求严格，而制剂的含量限度一般较宽，但成分复杂、有辅料等成分的干扰，故制剂含量测定应选择专属性强的方法。例如，硫酸阿托品原料规定采用非水溶液滴定法测定其含量，而其片剂和注射剂则采用紫外-可见分光光度法（UV）测定其含量。

（三）记录

检验人员在检验过程中必须做好原始记录，因为检验记录是对检验所用方法、所得数据、数据处理及结论等进行科学研究和技术总结的原始资料，是出具检验报告的依据。为保证药品检验工作的科学性和规范化，检验原始记录必须用蓝黑墨水或碳素笔书写，检验记录必须做到：记录完整，实验数据真实、具体，字迹清晰，不得任意涂改；若写错时，在错误的地方画上单线，在旁边改正重写，并签名或盖章；修改的地方要保证清晰可见，以便日后有据可查。记录内容包括：品名、规格、批号（流水号）、数量、来源、检验依据、取样方法、包装情况、外观性状、检验项目、实验现象、实验数据、计算、结果判断、取样日期、报告日期及检验人员签字等。

检验记录完毕，原始检验记录应按页编号，不得缺页，按规定归档保存，内容不得私自泄露。检验记录应由第二人复核。检验记录应保存至药品有效期后一年。

（四）报告

检验报告书是药品质量检验结果的证明书，是对药品质量进行的技术鉴定。法定药品检验机构的检验报告书是具有法律效力的技术文件，应长期保存。药检人员应本着严肃、负责、实事求是的态度，根据检验原始记录，认真、公正地填写检验结果，经逐级审核后，签发检验报告书。其主要内容包括：样品名称、规格、批号、数量、来源、检验依据、检验项目、测定结果和检验结论、取样日期、报告日期、检验人员和复核人员及负责人的签名和检测单位的盖章。要求做到：依据准确、数据无误、结论明确，要作出“符合某规定”或“不符合某规定”的结论，每一张药品检验报告书只针对一个批号。

一般来说，在药品生产企业，检验报告书一式四份，一份由检验部门存档，三份送交生产部门（其中一份交生产管理部门，一份交生产部门存档，另一份则转交仓库）。对进厂的原辅料，应向仓库送交检验报告书，并由仓库存档；对成品，则由仓库在发货时经由销售部门转交客户。

二、药物检验数据的分析处理

检验操作完成后，必须用统计学的方法对检验测得的数据进行科学的评估和处理，方可对所检验药品给出正确的评价。在数据处理过程中，既要用误差及标准偏差等概念来准确地描述测定结果的准确度或精密度，还要注意有效数字的使用及其运算法则。

（一）误差与偏差

1. 误差及其分类

在药品检验中，由于受各种因素的影响，测定值与被测定药物的真值并不完全符合，而往往存在一定的偏离，这种偏离就称为误差。在日常工作中，误差是客观存在的，它反映了测定结果与真值的接近程度，是衡量一种分析方法准确度的指标。

误差按其来源和性质的不同可分为系统误差和偶然误差两大类。

（1）系统误差　系统误差也称为可测误差，它是由确定的因素引起的，它的最大特点是误差具有单向性，对分析结果的影响恒定，因此在相同条件下重复测定时，系统误差会重复出现，具有固定的方向和大小，可通过对分析系统进行校正加以消除。根据系统误差的性质和产生的原因，可将其分为方法误差、试剂误差、仪器误差及操作误差四类。

（2）偶然误差　偶然误差也称不可定误差或随机误差，它是由于测定过程中一些偶然因素随机变化而引起的误差。例如，实验室的温度、湿度及气压等环境条件的变化或电压的波动等仪器性能的微小变化，均可引起偶然误差的产生。偶然误差的方向或大小均不固定，但在系统误差消除后，同样条件下平行测定发现偶然误差的分布服从统计学正态分布的规律，即测量数据具有明显的集中趋势，大多数测量值集中在算术平均值附近，且绝对值大的误差出现的概率小，绝对值小的误差出现的概率大，正负误差出现的概率相等。因此，通过多次平行测定，以平均值作为分析结果可减小该类误差。

2. 误差的表示与计算

误差的表示方法有两种：绝对误差和相对误差。

（1）绝对误差　是指测量值与真值之差，绝对误差的单位与测量值和真值的相同。绝对误差具有方向性，可以是正值，也可以是负值。

若以 X 代表测量值，μ 代表真值，则绝对误差 δ 的计算如下式。

$$\delta = X - \mu$$

（2）相对误差　是指绝对误差占真值的比率，即误差率，通常以%表示。相对误差 ρ 的计算如下式。

$$\rho=\frac{\text{绝对误差}}{\text{真值}}\times100\%=\frac{\delta}{\mu}\times100\%=\frac{X-\mu}{\mu}\times100\%$$

课堂互动

用某分析天平称量标准砝码，天平读数显示为99.8mg。该砝码的准确质量为100.0mg。那么，该天平称量的绝对误差和相对误差分别为多少？

3. 偏差的表示与计算

偏差是指一组测量值中各测量值与该组测量平均值之差，反映了一组测量值之间彼此符合的程度，是衡量分析方法精密度的指标。偏差越大，精密度越低。其表示方法有偏差、平均偏差、相对平均偏差、标准偏差和相对标准差。

（1）偏差　若 $\overline{X}$ 代表 n 次测量值的平均值，则第 $i(i=1\sim n)$ 个测量值 X_i 的偏差（d）如下式。

$$d=X_i-\overline{X}$$

d 值可正可负，其单位与测量值应一致。

（2）平均偏差　单个偏差的绝对值 $|d|$ 的平均值为平均偏差。

$$\overline{d}=\frac{\sum_{i=1}^{n}|X_i-\overline{X}|}{n}$$

平均偏差没有正负。

（3）相对平均偏差　简称为相对偏差（relative deviation，RD），以平均偏差占平均值的百分率表示，如下式。

$$\mathrm{RD}=\frac{\overline{d}}{\overline{X}}\times100\%=\frac{\sum_{i=1}^{n}|X_i-\overline{X}|}{n\overline{X}}\times100\%$$

（4）标准偏差　简称标准差（standard deviation，S 或 SD），是反映一组平行测量值的离散性的统计学指标，常用于表示分析方法的精密度。标准差的计算如下式。

$$S(\mathrm{SD})=\sqrt{\frac{\sum_{i=1}^{n}(X_i-\overline{X})^2}{n-1}}$$

式中，$n-1$ 称为自由度。在统计学中，S^2 称为样本均方差或样本方差。

（5）相对标准差（relative standard deviation，RSD）　又称为变异系数（CV），为标准差占平均值的百分率。由于测量数值的单位不同，或单位虽然相同但平均值相差很大时，用SD无法比较两组间的变异大小，而需用RSD进行比较。RSD的计算如下式。

$$\mathrm{RSD}=\frac{S}{\overline{X}}\times100\%=\frac{\sqrt{\frac{\sum_{i=1}^{n}(X_i-\overline{X})^2}{n-1}}}{\overline{X}}\times100\%$$

4. 误差与偏差的关系

误差与偏差的关系是准确度和精密度的关系。在实际分析工作中，获得的每一个测量值往往同时存在系统误差和偶然误差，常常以误差来评价分析方法的准确度，以偏差来评价分析方法的精密度。一组测量值的精密度低，说明受偶然误差的影响大，其准确度也低，即使平均值与参考值很接近，也是出于偶然。因此，高精密度是获得准确分析数据的先决条件。但精密度高，其平均值的准确度不一定就高，因为测量值中可能同时包含系统误差，只有消除了系统误差后，才能用精密度同时表示准确度。

5. 误差的控制

在药物检验工作中，应尽可能降低测定误差，提高测定的准确性。以下简要介绍控制误差的主要方法。

（1）选用合适的分析方法　各种分析方法具有不同的准确度和灵敏度，适合于不同样品的分析。如容量分析法的准确度较高但灵敏度和专属性较低；而仪器分析法的灵敏度和专属性较高但准确度稍低。因此，对于像原料药那样含量高的样品，宜选择容量分析法；而低含量的多组分样品（如制剂、中药等）则更适合使用仪器分析法。

（2）减少测量误差　分析结果的误差是由各分析步骤的相对误差叠加而成的。为了提高分析结果的准确度，必须尽量减小各操作步骤的相对误差。例如，在称量中，一般分析天平的称量误差为±0.0001g，用减重法称量两次，引入的最大误差是±0.0002g，要使称量的相对误差小于±0.1%，则取样量就应该在0.2g以上。同样，在滴定操作中，常量滴定管读数的误差约为±0.01ml，两次读数（初读与终读）可造成的最大误差是±0.02ml，要使滴定的相对误差小于±0.1%，则消耗滴定液的体积应在20ml以上。

（3）验证并消除系统误差

① 校准仪器　仪器不准确引起的系统误差可以通过校准仪器来消除。例如，在滴定分析时，对移液管、容量瓶和滴定管等计量器具进行校准；在用紫外-可见光分光光度法（UV-Vis，本书简写为UV）测定时，需对分光光度计的吸收波长、杂散光等进行定期校准。

② 对照试验　对照试验是检验系统误差的有效方法。进行对照试验时，把含量已知的对照品或标准品与被测样品一起进行平行对照，将样品的测得值与对照品或标准品的分析结果进行比较，判断样品分析结果有无系统误差，并对样品的测定结果进行校正。在实际测定中，常将被测物品的对照品或已知纯度的样品与被测物同法平行测定，以对照品或已知纯度样品的量来计算被测物的量。对照试验可消除方法或仪器的误差。如在用UV测定药物含量时，用对照品比较法计算供试品的含量，可消除由于波长标示偏差、吸收系数不准确等导致的仪器误差，在高效液相色谱法（HPLC）测定中，也可采用对照品比较法进行定量，以减少各种误差。

③ 回收试验　在没有标准试样又不宜用纯物质进行对照时，可采用“加样回收法”进行试验。该法是往样品中加入已知量的被测物，用同样的方法进行分析，根据加样前后测得的被测物量的差值与加入量的比值求得回收率，并根据回收率对样品测定值加以校正。

④ 空白试验　由试剂和器皿带进的杂质所造成的系统误差，可用空白试验来校正。空白试验系指不加供试品或以等量的溶剂替代供试液的情况下，按同法操作所得的结果。空白试验还可以消除由于试剂不纯或滴定终点与化学计量点不完全吻合等因素产生的试剂或方法误差。在《中国药典》收载的滴定分析法含量测定中“并将滴定的结果用空白试验校正”的要求，系指按供试品所耗滴定液的量（ml）与空白试验中所耗滴定液的量（ml）之差进行计算。

（4）减少偶然误差　在消除系统误差的前提下，增加平行测定次数可减小偶然误差，但不能消除偶然误差。

知识链接

计量认证

为了保证实验数据的准确、可靠、公正、可信，国家规定向社会提供公正数据的产品质量检验机构，必须通过计量认证。只有这样，他们所出具的检验报告才有法律效力。计量认证是指政府计量行政部门对有关技术机构计量检定、测试的能力和可靠性进行的考核和证明。计量检定是为评定计量器具的计量性能，确定其是否合格所进行的全部工作。

计量器具是指能用以直接或间接测出被测对象量值的装置、仪器仪表、量具和用于统一量值的标准物质。国家对社会公用计量标准器具，部门和企、事业单位使用的最高计量标准器具，以及用于贸易结算、安全保护、医疗卫生、环境监测方面的列入强制检定目录的工作计量器具，实行强制检定。

医药行业常用的需进行强制检定的计量器具有：天平、砝码、容量器皿、分光光度计、色谱仪、酸度计、火焰光度计、比色计、酒精计、密度计、压力表、流量计、计量罐、定量包装机、粉尘测量仪、有害气体分析仪、水质污染监测仪、压差计、风速仪和黏度计等。

（二）有效数字的修约与计算

1. 有效数字的概念

为了得到准确的分析结果，在科学试验中不仅要准确测量，而且还要正确地记录与计算。任何一个测量数据，只允许其最后一位数字为不确定数字，这种由可靠数字和最后一位不确定数字构成的数字，就是有效数字。例如，实验中使用的25ml滴定管，最小刻度为0.1ml，再估计一位，可读至0.01ml，如22.40ml。在这个数字中，最后一位是估计出来的，是不准确的，但它们都是有效数字。因此，有效数字不仅说明数值的大小，而且也反映测量的准确度。

2. 有效数字的位数

有效数字的位数应根据测量所能达到的准确度来确定。在一组数字中，除0以外的其他数字均为有效数字，而0是否为有效数字则应根据其前面是否有其他数字而定。例如0.02030，小数点前后的两个0前面没有其他数字，故不是有效数字，只起定位作用；而小数部分末位的0是不能省的，其从小数点后的第3位起到末位的0都是有效数字，因此其有4位有效数字。

在确定有效数字的位数时，还应注意以下情况：①当一组数据的首位数是8或9时，则该组数据的有效数字可多计1位，如0.945g可以认为有4位有效数字。②当一组数字过小或过大时，可改用10的乘方表示，其有效数字的位数不变，如5600可表示为5.600×10^3（4位有效数字），5.60×10^3（3位有效数字）。③变换计量单位时，有效数字的位数不变，如0.000270L可写成0.270ml或2.70×10^{-4}L，仍为3位有效数字。④pH、lg*K*等对数数值，其整数部分只代表原值的方次，所以其有效数字的位数取决于小数部分数字的位数。例如，pH 5.76的有效数字有2位。

3. 有效数字的修约规则

在处理实验数据时，各测量值的有效数字位数不一，为了既保证分析的准确度，又减少不必要的计算麻烦，需按一定的规则对数据进行有效数位的修约，其基本原则如下。

（1）四舍六入五成双　有效数位确定后，当被修约的数字小于或等于4时应直接舍弃；大于或等于6时，则进位。而恰好等于5时有3种情况：若5后有数字，则进；若5后无数字或为0时，进位后使被修约数字的尾数为偶数时，则进位，若进位后被修约数字的尾数为奇数，则舍弃。

例如，将下述测量值修约为 4 位有效数字：1.25445→1.254；0.321263→0.3213；176.050→176.0；176.55→176.6。

《中国药典》的“凡例”中对取样量的准确度规定也是根据数值的有效位数和修约原则来确定的，如称取 0.1g，系指称取重量可为 0.06～0.14g；称取 2g，系指称取重量可为 1.5～2.5g；称取 2.0g，系指称取重量可为 1.95～2.05g；称取 2.00g，系指称取重量可为 1.995～2.005g。

（2）不允许连续修约　拟修约的数字应在确定修约位数后一次修约至所需的位数，而不能多次按前述规则连续进行修约。例如，将 15.5546 修约为 4 位有效数字时，不能先修约成 15.555 再进一步修约成 15.56，而只能一次修约为 15.55。

（3）表示不确定度的数字修约结果应使不确定度增加　在对标准偏差或其他表示不确定度的数据进行修约时，应采用“只进不舍”的原则。例如，$S=0.342$，若保留 2 位有效数字，宜修约为 0.35；若保留 1 位，则修约为 0.4。

4. 有效数字的运算规则

在药品检验过程中，往往会获得几个准确度不同的数据。对于这些数据，必须按照一定的规则进行运算。在进行数学运算过程中，加减法和乘除法中对有效数字的处理是不同的，其基本法则如下。

（1）加减法则　几个数据进行加减运算时，其有效数字的位数应以小数点后位数最少的数据（绝对误差最大）为准，其余数据依次修约，然后进行计算。

例如：$23.74+0.00743+1.644=?$

由于在这三个数值中，23.74 的绝对误差最大，因此将其他各数先保留到千分位，即把 0.00743 修约成 0.007，1.644 不变，进行运算：$23.74+0.007+1.644=25.391$，最后对计算结果进行修约，25.391 应只保留百分位，进而修约成 25.39。

（2）乘除法则　几个数据进行乘除运算时，其有效数字的位数应以有效数字位数最少的数据为准（相对误差最大），其余数据依次修约，然后进行计算。

例如：$13.354\times0.07136\div0.56=?$

在这三个数值中，0.56 的有效位数最少，仅为两位有效位数，因此各数值应暂保留三位有效数字进行运算，最后结果再修约为两位有效数字。

$13.354\times0.07136\div0.56=13.4\times0.0714\div0.56=1.7085$，最后将计算结果修约为 1.7。

为减少由于舍入造成的误差，可将各数据修约成比要求多一位的有效数字，等运算出结果后，再根据要求有效位数的要求弃去多余的位数。

工作任务　滴定液的配制与标定

一、任务准备

分析工作中，洗涤玻璃仪器不仅是一项必须做的实验前准备工作，也是一项有技术性的工作。仪器洗涤是否符合要求，对检验结果的准确度和精密度均有较大的影响。现以一般定量化学分析为主介绍玻璃仪器的洗涤方法。

（一）洁净剂及其使用范围

最常用的洁净剂有肥皂、肥皂液（特制商品）、洗衣粉、去污粉、洗液及有机溶剂等。肥皂、肥皂液、洗衣粉和去污粉用于可用刷子直接刷洗的器皿，如烧杯、三角瓶、试剂瓶等。洗液多用于不便使用刷子洗刷的器皿，如移液管、滴定管、容量瓶、蒸馏器等特殊形状的仪器，也用于洗涤长久存放的杯皿器具和刷子刷不下的污垢。用洗液洗涤仪器是利用污物被洗液氧化的原理将其去除，故需浸泡一定的时间，使其充分作用。油腻性污物易被有机溶剂溶解而去除，还可利用某些有机溶剂能与水混合且挥发快的特点，用以快速除水。例如，甲苯、二甲苯、汽油等可以洗油垢；而酒精、甲醇、丙酮可以冲洗刚洗净而带水的仪器。

(二) 重铬酸钾洗液的制备及使用时的注意事项

洗液又称洗涤液，根据不同的要求有各种不同的洗液，最常用的是重铬酸钾强酸性氧化洗液。该洗液为强酸氧化剂洗液，是由重铬酸钾（$K_2Cr_2O_7$）和（H_2SO_4）配制而成。$K_2Cr_2O_7$ 在酸溶液中，有很强的氧化能力，对玻璃仪器又极少有侵蚀作用，因此这种洗液在实验室内使用最广泛。

重铬酸钾洗液的配制浓度从 5%～12% 的都有。配制方法大致相同：取一定量的 $K_2Cr_2O_7$（工业品即可），先用约 1～2 倍的水加热溶解，稍冷后，将工业品浓 H_2SO_4 按所需体积缓缓加入 $K_2Cr_2O_7$ 水溶液中（千万不能将水或溶液加入浓 H_2SO_4 中），边倒边用玻璃棒搅拌，并注意不要溅出，混合均匀，冷却后，装入洗液瓶中备用。新配制的洗液为红褐色，氧化能力很强。当洗液用久后，逐渐变为黑绿色，即说明洗液已无氧化洗涤能力。

例如配制 12%的重铬酸钾洗液 500ml，取 60g 工业品 $K_2Cr_2O_7$ 置于 100ml 水中，加热溶解，冷却，缓缓加入浓 H_2SO_4 400ml，边加边搅拌，冷后装瓶备用。

这种洗液在使用时务必要注意不能溅到身上，以防“烧”破衣服和损伤皮肤。洗液倒入要洗的仪器中，仪器周壁应充分浸洗放置几分钟后再倒回洗液瓶。第一次用少量水冲洗刚浸洗过的仪器，废水切不可倒在水池和下水道里，因其会腐蚀水池和下水道，应倒在废液缸中。

(三) 洗涤玻璃仪器的步骤与要求

常规方法洗涤仪器时，首先应将手用肥皂洗净，以免手上的油污附在仪器上，增加洗刷的困难。若仪器长久存放，附有灰尘，先用清水洗去，再按要求选用洁净剂洗涤或洗刷。如用去污粉，将刷子蘸上少量去污粉，把仪器内外全刷一遍，再边用水冲边刷洗，直至肉眼看不到有泡沫为止，用自来水洗 3～6 次，再用蒸馏水冲 3 次以上。用蒸馏水冲洗时，应用顺壁冲洗法并充分震荡，经蒸馏水冲洗后的仪器，用 pH 试纸检查，应为中性，且以仪器内壁不挂水珠为度。如仍能挂住水珠，则需要重新洗涤。

(四) 玻璃仪器的干燥

实验中经常要用到的仪器，应在每次实验完毕后洗净、干燥备用。不同实验对器皿的干燥要求不同。

1. 晾干

备用的仪器经蒸馏水冲洗后在无尘处倒置，使其自然干燥。此外，还可用安有木钉的架子或带有透气孔的玻璃柜放置仪器。

2. 烘干

洗净的仪器于无尘处倒置，控去水分，放在温度为 105～110℃的烘箱内烘 1h 左右；也可放置于红外灯干燥箱中烘干。此法适用于一般仪器。称量瓶等在烘干后要放在干燥器中冷却与保存。带实心玻璃塞的仪器及厚壁仪器烘干时需慢慢升温，并且温度不可过高，以免破裂。量筒、移液管等量器不可放于烘箱中烘干。

硬质试管可用酒精灯加热烘干，从底部开始加热，管口向下，以免水珠倒流引起试管炸裂，烘至无水珠后将试管口向上赶净水气。

3. 热（冷）风吹干

对急用的仪器或不适于放入烘箱的较大仪器可用吹干法。通常将少量乙醇倒入已控去水分的仪器中摇洗，再用电吹风吹，开始用冷风吹1～2min，当大部分溶剂挥发后，吹入热风至完全干燥，最后用冷风吹去残余蒸汽。

二、任务实施

（一）任务要求

（1）能根据《中国药典》附录中的有关要求正确完成常用滴定液的配制与标定操作。

（2）会正确选择常用滴定液的贮藏方法。

（二）仪器与试药

（1）主要仪器　移液管、容量瓶、烧杯、酸式滴定管、碱式滴定管、聚乙烯塑料瓶。

（2）试药　浓盐酸、邻苯二甲酸氢钾、无水碳酸钠、甲基红-溴甲酚绿混合指示液、氢氧化钠、酚酞指示液。

（三）工作内容

1. 盐酸滴定液（0.1mol/L）**的配制与标定**

（1）配制　用移液管精密量取9.0ml浓盐酸，倒入1000ml容量瓶中，加蒸馏水至刻度，摇匀。

（2）标定　取270～300℃干燥至恒重的基准无水碳酸钠约0.15g，精密称定，置洗净的小烧杯中，加水50ml，使完全溶解，加甲基红-溴甲酚绿混合指示液10滴，用盐酸滴定液（0.1mol/L）滴定至溶液由绿色转变为紫红色时，煮沸2min，冷却至室温，继续滴定至溶液由绿色转变为暗紫色。平行滴定3次，并计算平均值。每毫升盐酸滴定液（0.1mol/L）相当于5.30mg的无水碳酸钠。根据盐酸滴定液的消耗量与无水碳酸钠的取用量，计算出盐酸滴定液（0.1mol/L）的浓度。

标定完毕，将试剂瓶贴好标签，备用。

（3）数据记录与结果处理　见表1-1。

表1-1　数据记录及结果处理

实验序号	1	2	3
盐酸溶液用量/ml 碳酸钠标准溶液用量/ml 盐酸溶液的平均浓度/(mol/L)			

2. 氢氧化钠滴定液（0.1mol/L）**的配制与标定**

（1）配制　取氢氧化钠适量，加水振摇使其溶解成饱和溶液，冷却后，置聚乙烯塑料瓶中，静置数日，澄清后备用。取澄清的氢氧化钠饱和溶液5.6ml，加新沸过的冷水至1000ml，摇匀。

（2）标定　取在105℃干燥至恒重的基准邻苯二甲酸氢钾约0.6g，精密称定，加新沸过的冷水50ml，振摇，使其尽量溶解；加酚酞指示液2滴，用氢氧化钠滴定液滴定；在接近终点时，应使邻苯二甲酸氢钾完全溶解，滴定至溶液显粉红色。每毫升氢氧化钠滴定液（0.1mol/L）相当于20.42mg的邻苯二甲酸氢钾。根据氢氧化钠滴定液的消耗量与邻苯二甲酸氢钾的取用量，即可计算出氢氧化钠滴定液的浓度。

标定完毕，将试剂瓶贴好标签，备用。

（3）数据记录与结果处理　见表1-2。

（4）贮藏　置聚乙烯塑料瓶中密封保存；塞中有2孔，孔内各插入玻璃管1支，1管与钠石灰管相连，1管供吸出本液使用。

表 1-2 数据记录及结果处理

实验序号	1	2	3
氢氧化钠溶液用量/ml 邻苯二甲酸氢钾标准溶液用量/ml 氢氧化钠溶液的平均浓度/(mol/L)			

(四) 注意事项

(1) 滴定液在配制后应按《中国药典》规定的贮藏条件贮存，一般宜采用质量较好的具有玻璃塞的玻璃瓶。

(2) 应在滴定液贮瓶外的醒目处贴上标签，填写滴定液名称及其标示浓度；并在标签下方加贴表 1-3，根据记录填写。

表 1-3 滴定液的标签

配制或标定日期	室 温	浓度或校正因子(*F* 值)	配制者	标定者	复标者

(3) 滴定液经标定所得的浓度或其 *F* 值，除另有规定外，可在 3 个月内应用；过期应重新标定。标定工作宜在室温（10～30℃）下进行，并应在记录中注明标定时的室内温度。当标定与使用时的室温之差未超过 10℃时，除另有规定外，其浓度值可不加温度补正值；但当二者室温之差超过 10℃，应加温度补正值，或重新标定。

(4) 标定中，滴定液宜从滴定管的起始刻度开始；滴定液的消耗量，防有特殊规定外，应大于 20ml，读数应估计到 0.01ml。

(5) 当滴定液用于测定原料药的含量时，为避免操作者个体由于判断滴定终点的差异而引入的误差，必要时可由使用者重新进行标定；其平均值与原标定值的相对偏差不得大于 0.1%，并以使用者复标的结果为准。

(6) 取用滴定液时，一般应事先轻摇贮存有大量滴定液的容器，使与黏附于瓶壁的液滴混合均匀，而后分取略多于需用量的滴定液置于洁净干燥的具塞玻璃瓶中，用以直接转移至滴定管内，或用移液管量取，避免因多次取用而反复开启贮存滴定液的大容器；取出后的滴定液不得倒回原贮存容器中，以避免污染。

(7) 配制成的滴定液必须澄清，必要时可过滤。

(五) 思考题

(1) 电子天平使用前要做哪些检查与调整工作？

(2) 精密移取 9.0ml 的浓盐酸时该注意些什么？

(3) 滴定近终点时该如何操作？

相关知识 实验室的管理与安全知识

一、实验室的管理

(一) 实验室的设施要求

(1) 实验室条件应满足工作任务的要求，建筑面积（包括实验和辅助用房）应与其职能要求相适应。实验室应有完善的实验设施，实验室的环境应清洁、卫生、安静、无污染，应与办公室分开。实验室内的管线设施应整齐，要有安全管理措施及报警、应急、急救设施。用于放射性药品、菌种、疫苗和毒性药品检验的实验室，应有相适应的安全保护设施。

(2) 具有与检品、药品相适应的专用或兼用采样间，有符合留存样品要求的留样间。

(3) 对于易燃、剧毒及腐蚀性物质，应按规定存放、使用。

(4) 各类压力容器的存放、使用，应有安全隔离设施。

(5) 仪器放置的场所应符合要求，且便于操作、清洁和维修，要有适当的防尘、防震、通风及专用的排气等设施；对易受温度或湿度影响的仪器，应有恒温或除湿装置。仪器所用电源应保证电压恒定，有足够容量，并有良好的专用地线。

(6) 无菌检查、微生物限度检查与用于抗生素微生物检定的实验室，应严格分开。

无菌检查、微生物限度检查实验室分无菌操作间和缓冲间。按照2010年版《药品生产质量管理规范（GMP)》的要求，无菌检查应在环境洁净度B级下的局部洁净度A级的单向流空气区域内或隔离操作器内完成。进入无菌操作间应有人净物净的设施。无菌操作间应根据检验品种的需要，保持对邻室的相对正压或相对负压，并定期检测洁净度。无菌操作间禁放杂物，并应制定地面、门窗、墙壁、设施等的定期清洁、灭菌规程。

抗生素微生物检定实验室分为半无菌操作间和缓冲间。半无菌操作间设有紫外灯；操作台宜稳固，实验室应光线明亮，有控制温度、湿度的设备，并应注意防止抗生素的交叉污染。

（二）分析仪器和设备的使用、维修、保养及保管制度

(1) 每台仪器均应设仪器登记卡，内容包括：仪器设备的名称、型号、生产厂家名称、生产日期、单位内部的固定资产设备登记号及安装地点，并存档。所有仪器设备均应贴有合格（绿）、准用（黄）、停用（红）三色标签。

(2) 仪器应由专人负责保管，每台仪器应制定标准的操作规程。由负责人检查并记录所用的仪器、设备是否符合规定的规格标准；检查并确保该仪器、设备的使用说明书、维修保养手册和备件齐全；检查安装是否恰当，水、电、气及管路连接是否符合要求。操作人员应先熟悉仪器性能方可进行操作，并严格按照仪器操作规程进行各项分析。

(3) 分析仪器属于精密仪器，必须在恒温、恒湿、防震、防尘及避光等仪器规定条件下使用。为了保证分析测试数据准确、可靠，分析仪器必须按规定定期校验。各种仪器，除另有规定外，每年校正一次，但当更换辐射源（光源）、检测器等主要部件时，需重新全面校正合格后方可使用。经检定不合格的仪器设备，应及时维修，修理后经检定合格或复核合格后方能使用。

(4) 仪器设备在操作过程中如有不正常现象，必须立即停用，并报告部门主管，等故障排除后方能使用，原实验数据无效。严禁仪器设备带故障工作。

(5) 仪器出现故障时，由仪器的负责人提出维修申请，报请主管领导，经批准后方可进行维修。维修完毕，由维修人员填写维修记录，存入仪器档案，待维修的仪器设备不得使用。

(6) 操作人员进行仪器操作完毕后，应如实填写使用记录，进行清场工作后方可离去。

（三）化学试剂的贮存与管理

(1) 化学试剂的贮存由质量控制（quality control，QC）负责人负责。QC负责人应该具备高度的责任心和一定的专业知识，并经过专业培训且考核合格，能保证化学试剂按规定要求贮存。

(2) 化学试剂应单独贮存于阴凉、避光的专用化学试剂贮藏室内，应防止阳光直射及室温偏高造成试剂变质、失效。试剂贮存量应尽可能少，能满足正常使用即可。

(3) 化学试剂贮存室应设在安全位置，远离实验室和办公室。室内严禁明火，消防灭火

设施和器材完备，以防事故发生，造成伤害或损失。化学试剂贮存室应有良好的耐腐蚀和防爆性能，通风良好，温度一般保持室温（一般为5～25℃）。

(4) 实验中使用的化学试剂种类很多，须严格按其性质（如易燃、易爆、剧毒、麻醉、易挥发、强腐蚀等）和贮存要求分类存放。一般按液体、固体分类，每一类又按有机、无机、危险品、低温贮存等再次归类，按序排列，分别放整齐，造册登记。对于易潮解吸湿、易失水风化、易挥发、易吸收二氧化碳、易吸水变质、易氧化的化学试剂，需密闭或蜡封保存；对于见光易变色、分解、氧化的化学试剂需避光保存；易燃品、易爆品、剧毒品、腐蚀品等应单独存放；溴、氨水等应放在普通冰箱内，某些高活性试剂应低温、干燥贮存。

(5) 各种试剂均应包装完好，封口严密，标签完整，内容清晰，发现试剂瓶上的标签掉落或将要掉落模糊时，应立即重新贴好标签。

(四) 剧毒或易制毒试剂的贮存保管与使用

(1) 对于剧毒或易制毒试剂的采购和管理应符合国家相关法规的要求，应该在申请采购之前向相关部门提出申请，接收时应有专门的可控区域进行贮存。贮存时，应有专人进行管理，并做到专柜、专账、双锁、专人保管。场地要求还需要有监控设备。

(2) 对于剧毒或易制毒试剂，保管人员须按领取单发放；发放完毕，由保管人、复核人双人用专用封签封口，注明余量、日期。对剧毒或易制毒试剂应每季检查一次贮存情况，发现问题立即采取措施，并报告质保负责人。使用应有记录，进行物料数量平衡管理，确保剧毒或易制毒试剂被用于预定用途。

(3) 实验室领回的剧毒或易制毒试剂由检验人员管理使用，持上岗证人员全程监督其使用过程。

(4) 剧毒或易制毒试剂在检测试验时要注意安全，必要时要戴上橡胶手套、防护目镜和穿上防护服，在使用特殊的剧毒物时，还须穿上橡胶鞋、戴上防毒面具等。

(5) 实验完毕，毒性废弃液、剩余不可用的剧毒或易制毒试剂必须在实验室主任的监督下采用适宜的方法进行处理，并做好记录。剩余的剧毒或易制毒试剂和它们的反应物严禁倒入下水道。

(五) 标准物质的管理

保管员每年年底根据企业生产品种，作出标准物质计划和文字说明，内容包括：标准物质名称、数量、库存量、检验品种名称，报QC负责人批准。

(1) 标准品的购买　国内购买一般到省、市药检所或中国食品药品检定研究院（以下简称中检院）直接购买。

(2) 标准品的接收　标准品、对照品买来后，应检查其包装是否完好、洁净，封口是否严密，标签是否完好、清楚；与购买单是否一致。对购进的标准品和对照品，规定标签上须注明购进日期，并填写《标准品、对照品入库与发放记录》。

(3) 标准物质的贮存　标准物质应存放于干燥器内，必要时存放于冰箱的冷藏室内，存放标准物质的冰箱必须加锁，由保管员负责管理钥匙，每天记录贮存的温度。贮存期限一般按国家药品标准中原料药的有效期执行；国家药品标准物质更换批号、停止使用及撤销的品种，中检院会及时向社会公布。更换新批次后，根据品种监测情况，一般对上一批次设置3～6个月仍可使用的缓冲期。

(4) 标准物质的发放　标准物质由保管员发放。发放时检查与发放记录上登记的数量是否一致，无误后方可发放。发放后填写《标准品、对照品入库与发放记录》，内容包括：品名、领取日期、批号、来源、失效期、标示值、领取数量、使用数量、结余数量、使用日期、使用人等。

(5) 标准品、对照品的剩余退库和销毁　标准品用多少取多少，已取出的标准品严禁倒回原瓶中。标准品的保管员应检查外瓶、封口、标签、编号，以上检查无误后方可退库。退回的标准品、对照品应做好记录，双方签字。退回验收不合格或超过贮存期的标准品、对照品应销毁。

（六）滴定液的管理

（1）实验室要求 滴定室、标定室内应干燥、通风良好，并避免阳光直射。需有空调设施，配制、标定和复标时应控制温度在10～30℃、相对湿度在75%以下。室内温度、湿度不符合要求时不得进行标定和复标。

（2）滴定液的配制 滴定液配制有直接法和间接法两种，除另有规定外，均应按《中国药典》的规定进行配制和标定；配制滴定液所用的水应为纯化水或去离子水；配制时应将滴定液充分振摇，使固体溶质全部溶解；滴定液浓度的名义值与标定值应明显标出，其浓度校正因子（F）应在0.95～1.05之间，否则应加水或加溶质重新调整；用直接法配制的滴定液，其所用试剂应为基准试剂，并经干燥至恒重，所用容量瓶均应经过校验；配制浓度较低的滴定液时，可用较高浓度的滴定液定量稀释而得；滴定液应由专人负责保管。

（3）滴定液的标定和复标 标定和复标均应按《中国药典》规定的方法进行操作。标定的相对偏差不得大于0.1%。由第二人进行复标，其相对偏差不得大于0.1%，其标定的份数与复标的份数均不得少于3份，二者的相对偏差不得大于0.1%，否则应重标。所有操作均应有记录（配制、标定、复标）。复标后合格的标准溶液须贴签，内容包括：品名、浓度、F值、配制人、标定温度、日期、复标者、复标日期、有效期等。滴定液的浓度校正因子精确至4位有效数字。

（4）滴定液的保存 滴定液一般用磨口瓶保存，以防止溶液蒸发和异物进入，特殊滴定液应根据其化学性质采用不同的保存方法；盛放滴定液的容器上应及时贴上标签，注明滴定液名称、浓度、浓度校正因子、标化日期、室温、标定人、复标人和失效期，待标的滴定液应贴上待标标志，并与已标定完成的滴定液分区存放；滴定液应避光保存；滴定液的有效期一般为3个月。超过有效期或当室温与标定时的温度差在10℃以上时，均应进行重新标定后方可使用。

（5）滴定液的发放 实验室所需的滴定液均由配制人发放，浓度在0.02mol/L以下的滴定液需要使用者自己稀释。发放应有记录，内容包括：品名、浓度、F值、有效期、数量、领用日期、领用数量、领用人、发放人。过有效期的滴定液不得发放，使用部门不得使用。

（七）菌种的管理

（1）菌种的购买 根据检验品种的需要，由菌检员填写菌种申请购买单，内容包括菌种名称和用途等，报QC负责人审核批准，一般到省、市药检所购买。

（2）菌种的保存 菌种由菌检员保管。一般保存在冰箱的冷藏室内，应填写菌种保存管理记录，内容包括：菌种名称、来源、购买日期、形态特征、菌种传代次数、传代时间、传代者签名、培养基、培养条件、贮存条件、保存处等。在斜面试管外加贴标签，内容为名称、传代时间、代数。传代代数的表示方法为分离次数-传代次数，如0-2表示未进行分离时的第二次传代；2-3表示第二次分离培养后第三次传代。

（3）菌种的传代 将菌种每隔半个月接种在新鲜的斜面上，按不同菌种规定的温度和时间培养后，再在专用5～12℃冷藏箱内继续保存，防止交叉污染，做好传代记录。如发现菌种异常，应进行分离纯化，取得纯化菌种后方可继续传代。

（4）菌种的使用 菌种的使用应有记录，带有菌种的培养基及器皿处理前均应加热灭活。

（5）菌种的销毁　如发现菌种管的棉塞有松动，或其他异常情况应及时按规定进行销毁处理，并记录。

（八）培养基的管理

（1）培养基的使用　制备培养基所用的玻璃器皿要洗涤、干燥、灭菌后方可使用。已灭菌的物品应放在缓冲间，使用期限为 3 天。

（2）培养基的制备　按培养基配方进行称量、配制、过滤、分装、灭菌。填写配制记录，内容包括：名称、批号、配制量、配方（比）、称重、灭菌条件（时间、压力）、配制日期、配制者、截至使用日期。在每个已灭菌的培养基容器外做好标记，注明名称、截至使用日期。对每批培养基的质量要抽样进行试验。

（3）培养基的保存　各种配制好的培养基均应在凉暗室保存，温度不得超过 20℃，保存时间不得超过 1 个月，使用前应检查培养基的外观，如发现异常不得使用。

（九）检验工作要求

（1）检验人员必须经培训，并通过考试后，方可承担检验工作。产品、原料的检验人员和大型精密仪器的使用人员应相对稳定。检验人员在检验过程中必须熟练掌握自己所检验的产品的质量标准与标准操作规程；在产品的检验与测试操作中，必须严格执行企业标准中规定的标准操作规程，所有检验数据应该真实记录，实事求是地反映产品质量，不得弄虚作假；不得随意更改操作规程，只有有书面授权时，方可更改操作程序。

（2）检验记录必须用黑色签字笔或蓝黑墨水笔书写，字迹工整、清楚完整；若要更改错误，必需签上更改人姓名；仔细做好检验记录，核对后签上记录者的姓名，然后交复核者复核并签名。

（3）检验报告单所有文字必须用黑色签字笔或蓝黑墨水笔书写，字迹清楚、端正完整；不得修改或涂写；记录需仔细核对，并签上检验者姓名，然后交复核者复核并签名；QC 负责人应认真审核实验记录并签字；检验报告单上必须有检验者、复核者、QC 负责人的签字，盖上质量管理部门的章方有效。

（4）进厂原料同一品种、所有批号都必须做全检；原辅料、中间体、成品检验必须由复核者认真做好复核工作；计量器具必须按规定进行校正；成品检验后包装应撕碎后丢弃，或将瓶贴、盒贴撕下后，再进行处理。

（5）所用药品、溶液和仪器必须符合标准规定。不准使用过期、批号不清或没有标签的药品、溶液和试剂。更换标准溶液或不同批号的主要化学试剂，要用已知结果的样品进行对照，确认无误后方可使用。

（6）进行分析检验工作必须做平行样试验，平行测定结果绝对值之差在允许范围内时，方可以其平均值报出结果。报出的结果需经过复查和审查，复查和审查的内容应包括取样记录、计算、数据处理及分析情况等。在计算结果时必须用检验用量器、温度计和标准溶液的补正值或校正值对分析结果进行补正或校正。

（7）在检验测试过程中若发现异常现象或操作有误时，必须及时报告并进行复检。凡检验与测试结论不合格时，应第二次取样复检，并在复检前对第一次检验取样、分析、操作及所用的仪器、药品等做细致检查。第二次复检要严格按标准操作规程进行。凡检验与测试的样品必须按规定留样。

二、实验室的安全知识

为了避免事故的发生，分析人员对各种药品和仪器的性能应充分了解，并且熟悉一般安全知识。

（一）防火

实验室失火的原因通常是使用或蒸馏易燃液体时不谨慎，或电器、电线有故障。防火措施包括如下几点。

（1）实验室的所有工作人员都应熟悉灭火器的使用。易燃物质不宜大量存放在实验室中，应贮存在密闭容器内并放于阴凉处。

（2）加热低沸点或中沸点等易燃液体，如乙醚、CS_2、苯、乙醇等时，最好用水蒸气加热，或用水浴加热，并时时检查，不得离开操作岗位。切不能用直火或油浴加热，因为它们的蒸气极易着火。

（3）在工作中使用或倾倒易燃物质时，注意要远离灯火。

（4）身上或手上粘有易燃物质时，应立即清洗干净，不得靠近火源，以免着火。

（5）易燃液体的废液应设置专用的贮器收集，不得倒入下水道，以免引起燃爆事故。

（6）磷与空气接触，易自发着火，需贮存在 H_2O 中；Na 暴露于空气中能自发着火，与 H_2O 能起剧烈的反应，着火，应贮存于煤油或甘油中。

（7）定期检查电路是否完好。

（8）实验室的所有工作人员应熟悉灭火器的使用。

（二）防爆

（1）乙醚在室温时的蒸气压很高，与空气或氧气混合时能产生爆炸性极强的过氧化物，蒸馏时应特别小心。

（2）$HClO_4$ 与还原剂和有机物质接触能引起爆炸，且能自发爆炸。

（3）抽滤或真空操作时所用的抽滤瓶要厚，以免受压过大而爆炸。

（4）易发生爆炸的操作不得对着人进行，必要时操作人员应戴面具或防护挡板。

（5）使用可燃性气体，如氢气、乙炔等作为仪器的气源时，气瓶及仪器管道的接头处不能漏气，以免漏气后与空气混合发生爆炸。

（三）有腐蚀性、毒性的药品

（1）H_2SO_4、HCl、HNO_3、CH_3COOH、HF 等酸类物质皆有很强的腐蚀性，能烫伤皮肤产生剧烈的疼痛，甚至发炎、腐烂。应特别注意，勿使酸溅入眼中，严重的能使眼睛失明；酸也能损坏衣物。HCl、HNO_3、HF 的蒸气对呼吸道及眼睛有强烈的刺激作用，使之发炎、溃疡，因此，在倾倒上述酸类时应在毒气橱中进行，或戴上经水或 $NaHCO_3$ 浸湿的口罩并戴防护眼镜。稀释 H_2SO_4 时，应谨慎地将浓 H_2SO_4 渐渐倾注水中，切不可把水倾注 H_2SO_4 中。

（2）NaOH、KOH 等碱性物质，均能腐蚀皮肤及衣服，浓 $NH_3 \cdot H_2O$ 的蒸气能严重刺激黏膜并伤害眼睛，使人流泪并患各种眼疾。被碱类烫伤时，应立即用大量水冲洗，然后用2％硼酸或乙酸溶液冲洗。

（3）浓 H_2O_2 能引起烫伤，可用热水或 $Na_2S_2O_3$ 溶液敷治。苯酚有腐蚀性，使皮肤呈白色烫伤，应立即除去，否则可引起局部糜烂，治愈极慢。治疗方法：可用大量水冲洗，然后用 4 体积乙醇（70％）与 1 体积 $FeCl_3$ 混合液冲洗。Br_2 能严重刺激呼吸道、眼睛并可烧伤皮肤。烧伤处用 1 体积氨溶液（25％）＋1 体积松节油＋10 体积乙醇（95％）的混合液处理。

（4）KCN、As_2O_3、升汞、黄磷、白磷皆有剧毒，应专人、专柜保管。切勿误入口中，使用后应洗手。毒物的废液不应倒入下水道，盛放过毒物的器皿也要洗净。

（5）苯、Hg、乙醚、三氯甲烷、CS_2 应贮存在密闭容器中，放在低温处，因为长期吸入其蒸气会导致慢性中毒。H_2S 气体具有恶臭及毒性，应在毒气柜中使用。

(四) 用电安全

(1) 定期检查电线、电器设备有无损坏，绝缘是否良好，电线和接头有无损坏。电器设备应装有地线和保险开关，应该选用三眼插座。

(2) 不要将电器放在潮湿处，禁止用湿手或沾有食盐溶液和无机酸的手去使用电器，也不宜站在潮湿的地方使用电器。

(3) 使用烘箱和高温炉时，必须确认自动控制温度装置可靠。同时还需人工定时监测温度，以免温度过高。

(五) 气瓶安全

(1) 气瓶必须放在阴凉、干燥、严禁明火、远离热源的地方。除不燃性气体外，一律不得进入实验楼内。使用中的气瓶要直立固定放置。

(2) 搬运气瓶要轻拿、轻放，防止敲击、滚滑或剧烈震动。

(3) 气瓶应定期做技术检验、耐压试验。

(4) 易起聚合反应的气体，如乙烯、乙炔等，应在贮存期限内使用。

(5) 开启高压气瓶时，操作者应站在气瓶出口的侧面，动作要慢，以减少气流摩擦，防止产生静电。

(6) 瓶内气体不得全部用完，一般应保持 0.2～1MPa 的余压，备充气单位检验取样所需及防止其他气体倒灌。

自我测试

一、单项选择题

1. 对药品进行检验时第一步为 ( )

A. 鉴别试验　B. 含量测定　C. 杂质检查　D. 取样

2. 按《中国药典》规定“0.1mol 的盐酸滴定液”的表示方式为 ( )

A. 盐酸滴定液 (0.1mol/ml)　B. 0.1mol/L 盐酸滴定液

C. 盐酸滴定液 (0.1mol/L)　D. 0.1M HCl 滴定液

3. 误差表示分析方法的 ( )

A. 准确性　B. 精密度　C. 重复性　D. 灵敏度

4. RSD 表示 ( )

A. 回收率　B. 标准偏差　C. 相对误差　D. 相对标准差

5. 取样要求 ( )

A. 真实、每件均抽　B. 科学、每批均抽

C. $n \leqslant 300$，抽样数为 $n+1$　D. $n \leqslant 3$ 时，每件抽样

6. 减少分析测定中偶然误差的方法为 ( )

A. 增加平行试验的次数　B. 进行空白试验

C. 对仪器进行校准　D. 对分析结果校正

7. 方法误差 ( )

A. 具有随机性　B. 是不可定误差　C. 属偶然误差　D. 为系统误差

8. $0.0182+15.66+2.0568=$ ( )

A. 17.74　B. 17.7350　C. 17.7400　D. 17.7

9. 下列哪个数据可认为有 4 位有效数字 ( )

A. 4.20　B. 0.0420　C. 4.200　D. 4.2×10^3

10. 原始记录（ ）

A. 是实验研究的第一手资料，应妥善保管

B. 是实验研究的原始档案，一般检验报告发出后可以销毁

C. 一般应在检验报告发出后一个月内销毁

D. 是实验研究的技术档案，内容应完整，若有遗漏可以插页，但字迹要清楚

二、多项选择题

1. 剧毒化学试剂的贮存要求是（ ）

A. 专柜　B. 专账　C. 双锁

D. 专人保管　E. 单独发放

2.《中国药典》收载的药品质量标准的检查项下包括（ ）

A. 物理常数检查　B. 安全性检查　C. 纯度检查

D. 有效性检查　E. 性状检查

3. 药品检验工作的基本程序为（ ）

A. 取样　B. 鉴别　C. 检查

D. 含量测定　E. 记录与报告

4. 误差按来源和性质可分为（ ）

A. 相对误差　B. 绝对误差　C. 偶然误差

D. 可控误差　E. 系统误差

5. 消除系统误差的方法有（ ）

A. 校准仪器　B. 对照试验　C. 回收试验

D. 空白试验　E. 增加平行测定次数

三、简答题

1. 药品检验工作的基本程序是什么?

2. 药物制剂检验的特点是什么?

（周华萍　上官盈盈）

项目二 药品质量管理体系

【知识目标】

掌握药品质量标准的概念和分类；掌握《中国药典》的结构和内容。熟悉药品质量标准制订的原则和主要内容；熟悉我国药品质量管理规范、药品质量管理与监督体系；熟悉药品稳定性研究的内容与方法。

了解《中国药典》的沿革及主要国外药典的概况、了解药品质量标准的起草说明、了解 ICH 的地位与作用。

【能力目标】

能够正确查阅和使用《中国药典》，能按照药品质量标准及标准操作规程要求，做好试药的选用以及试液的配制等药检准备工作。

随着科学技术的进步，人们对药品的质量提出了越来越严格的要求。药品的质量管理与监督涉及药品的研制、生产、贮运、供应、调配、销售及临床使用等各个环节。为确保药品的质量与临床使用的安全、有效，各个国家对药品均有强制执行的、统一的质量标准，即药品质量标准。为实行有效的质量管理，除各个环节都按照一定的质量标准进行检验外，许多国家都根据自身的实际情况制定了相应的法规文件并要求遵照实行。我国自 1985 年颁布并实施新中国第一部药品管理法《中华人民共和国药品管理法》（以下简称《药品管理法》）以来，国家、国务院和药品管理行政主管部门也陆续颁布了各种法律、法规和规章，如：对《药品管理法》的修订、《中华人民共和国药品管理法实施条例》、《新药审批办法》及各种药品质量管理规范等。药品质量控制体系就是为使药品达到标准以及法规文件规定的要求，所构建的由组织机构、程序、能力、活动和资源等组成的有机整体。药品质量是在生产过程中形成的，因此生产过程质量控制是保证和提高药品质量的关键环节。在本项目下，将讨论药品质量管理规范，介绍药品质量管理与监督体系及其技术保障，并讨论药品生产过程的质量控制。

必备知识一 药品质量管理与监督

一、药品质量管理规范

药品质量的全面控制是一项涉及多方面、多学科的综合性工作，全面控制药品质量的基础是良好的管理规范。为了有效实施药品质量的全面管理，我国根据本国制药工业的实际情况，先后制订了一系列科学管理规范和条例，对药物的实验研究、临床试验、生产以及市场供应等所有环节进行全程管理。

（一）《药品非临床研究质量管理规范》（good laboratory practice，GLP）

药品非临床研究系指为评价药品的安全性，在实验室条件下，用实验系统进行的各种毒性试验，包括单次给药的毒性试验、生殖毒性试验、致突变试验、致癌试验、各种刺激性试验、依赖性试验及与评价药品安全性有关的其他毒性试验。其目的在于提高药品非临床研究的质量，确保实验资料的真实、完整、可靠，保障人民用药安全，适用于申请药品注册而进行的非临床研究。从事药品非临床研究的单位或机构必须遵循本规范。

(二)《药品临床试验质量管理规范》(good clinical practice，GCP)

药品临床试验系指临床试验全过程的标准规定，包括方案设计、组织、实施、监察、稽查、记录、分析总结和报告。其目的在于保证药品临床试验过程规范、结果科学可靠，保护受试者的权益并保障其安全。药品进行各期临床试验，包括人体药物代谢动力学、人体生物利用度或生物等效性试验，均须遵循本规范。

(三)《药品生产质量管理规范》(good manufacture practice，GMP)

GMP是药品生产和质量管理的基本准则，是在药品生产全过程中，保证生产出优质药品的一套科学、系统的管理体系，也是药品进入国际医药市场的“准入证”，适用于药物制剂生产的全过程、原料药生产中影响成品质量的关键工序。《药品管理法》明确规定，药品生产企业必须按照GMP组织生产。GMP的中心思想是：任何药品的质量形成是生产出来的，而不是检验出来的。GMP强调以预防为主，对影响药品质量的生产全过程进行控制，建立全面的质量保障体系，以确保药品质量，其内容包括制药企业机构设立和人员素质、厂房、设施、物料、验证、文件、卫生、生产管理、质量管理、产品销售与收回等。

知识链接

CGMP

CGMP是英文“current good manufacture practice”的缩写，可翻译为“现行药品生产管理规范”，也可称为“动态药品生产管理规范”。在CGMP中，质量是贯穿整个生产过程中的一种行为规范，它更强调过程的真实性和认证后的日常执行，它要求在产品生产和物流的全过程都必须进行验证。我国目前执行的CGMP是参考WHO制定的适用于发展中国家的规范，偏重于对生产硬件的要求；而欧洲各国、美国和日本执行的CGMP，更侧重于软件管理。美国食品和药物管理局（FDA）执行CGMP在国际上有较高的权威性，产品若得到美国CGMP认证，在国际市场上往往会身价倍增。

(四)《药品经营质量管理规范》(good supply practice，GSP)

GSP是药品经营质量管理的基本准则，系指在药品流通全过程中对药品的计划采购、购进验收、贮存养护、销售、售后服务等环节制定的一整套管理规范，包括建立组织结构、职责制度、过程管理和设施设备方面的质量体系，并使之有效运行。其目的在于加强药品经营质量管理，保证人民用药安全有效。药品经营企业在药品购进、贮运和销售等过程中必须遵循本规范。

(五)《中药材生产质量管理规范（试行)》(good agriculture practice，GAP)

GAP是中药材生产和质量管理的基本准则，适用于中药材生产企业生产中药材（含植物、动物）的全过程。其目的是规范中药材的生产，保证中药材质量，促进中药的标准化和现代化。其内容包括：产地生态环境、栽培与养殖管理、种质和繁殖材料、采收与初加工、包装与运输贮藏、质量管理以及人员和设备、文件管理等。

二、药品质量管理

(一) 质量管理的发展概况

质量管理从它的诞生到完善，大体上经历了三个阶段：质量检验、统计质量控制和全面质量管理。

1. 质量检验

该种管理模式始于20世纪初，它的特点是按照技术标准对成品进行全数检查，把合格品和不合格品区分开来。这种“事后检验”的管理无法在生产中起到控制和预防作用，仅限于从成品中挑出不合格品，防止不合格品出厂，一旦发现不合格品就很难补救。

2. 统计质量控制

该种管理模式始于20世纪20年代，一些统计学家研究用统计方法来代替单纯用检验的方法等来控制产品的质量。它的特点是除进行成品检验外，还注意采用数理统计方法控制生产过程，事先发现和预防不合格品的产生。它的局限性则是忽视组织管理，统计技术难度大，主要靠专家和技术人员，难以调动广大工人参与质量管理的积极性。

3. 全面质量管理

该种管理模式始于20世纪60年代，最早由美国的费根鲍姆和米兰提出，他们的观点主要有：质量管理光靠数理统计方法进行生产控制是不够的，还需一系列的组织管理工作；企业的质量管理活动必须对质量、价格、交货期和服务进行综合考虑，而不仅仅只是看质量；产品质量产生、形成和实现的过程包括了市场研究、开发、设计、制成产品、制定工艺、采购、仪器仪表及设备装置、生产、工序控制、检验、测试、销售、服务等，形成一螺旋上升的循环过程，所以质量管理必须是全过程的管理；产品质量必须同成本联系起来，离开了经济性来谈产品的质量没有任何意义。这些观点很快得到了全世界的认同，并且在实践中取得了巨大的效益，成为当今世界的现代质量管理方式，使质量管理发展到一个新的阶段。

知识拓展

PDCA循环

PDCA循环是全面质量管理所应遵循的科学程序，最早是在20世纪50年代初由美国质量管理专家戴明（W. E. Deming）提出的，又称为“戴明环”。全面质量管理活动的全部过程包括质量计划的制订和组织实现过程，这个过程就是按照PDCA循环周而复始地运转的。PDCA将质量控制描述为四个阶段。

第一阶段：计划（plan），确定方针和目标，结合自身条件制订计划。

第二阶段：执行（do），按计划组织实施。

第三阶段：检查（check），总结执行计划的结果。

第四阶段：行动（action），对检查的结果进行处理，为下一轮生产做好准备。

由于PDCA循环在质量管理中得到了广泛的应用，并取得了很好的效果，因此有人称其为质量管理的基本方法。

（二）制药行业质量管理的发展概况

随着人们对药品质量内涵认识的不断发展，药品质量的内涵已不再局限于传统的“抽样检验合格”，即药品质量立法的立足点从规范生产及经营行为转移到了更多地关注消费者一边。

世界卫生组织（WHO）的GMP指南认为制药工业的质量管理是指一个组织者贯彻执行质量方针中的管理职能。而质量管理的两大要素：其一是一个适当的质量系统，包括组织机构、各种规程、过程和各种资源；其二是质量保证，即以确保一个产品（或一项工作）达到预计质量要求所需的一系列活动。作为一种特殊的商品，药品的生产及质量管理也经历了质量检验、统计质量控制和全面质量管理三个阶段。药品的全面质量管理是通过对研究、生产、供应、调配以及临床使用等各个环节的控制和管理来实现的，只有依靠科学管理的理论、程序和方法，使生产的全过程都处于受控状态，才能确保药品的安全有效。

1. GMP 的诞生

GMP 的诞生可以说是制药工业质量保证史上的第一个里程碑，标志着制药业全面质量管理的开始。历史上重大药害事件的发生原因虽然是多方面的，但都说明制药企业的共性问题是缺乏有效的质量保证体系。如在输液生产中灭菌的不完全或灭菌后的二次污染是造成输液不良反应的主要原因，而从管理的观点来看，其实质是制药企业对过程的失控。因此，人们才逐渐认识到药品质量管理的特殊性和重要性，从内心深处发出了“药品生产需要科学管理”的呼声，这呼声推动着对旧体系缺陷的调查、研究和对管理新思路的探索，最终导致各国政府制定、修订相关法律及法规，这便是 GMP 产生、发展及不断完善的基础。

2. GMP 中验证概念的引入

20 世纪 50～60 年代，被污染的输液过程曾导致过各种败血症病例的出现。当时，美国食品和药物管理局（FDA）成立了特别工作组，对美国的输液生产厂及小容量注射液生产厂进行了全面的调查，FDA 将药企出现的上述问题归结为“过程失控”。从质量管理是系统工程的观念出发，FDA 当时认为有必要制定一个新的文件，以“通过验证确立控制生产过程的运行标准，通过对已验证状态的监控，控制整个工艺过程，从而确保质量”为指导思想，强化生产的全过程控制，进一步规范企业的生产及质量管理实践。在 1976 年发布的“大容量注射剂 GMP 规程（草案）”中第一次提出了“验证”的概念和要求，把管理的立足点转向工艺的全过程，标志着药监管理“质量保证”概念的成熟。验证使 GMP 的实施水平上了一个新的台阶，被人们称为 GMP 发展史上一个重要的里程碑。三十多年来的实践证明，验证是确保生产工艺过程稳定可靠的科学手段，通过验证，既可使企业减少废品的产出从而降低成本，获取更好的经济效益；又为药品质量提供了可靠保证，因而带来了良好的社会效益。

3. “参数放行法”的引入

“参数放行法”被称为是制药业质量管理史上新的里程碑。所谓“参数放行法”，在现阶段，系指最终灭菌产品可以根据工艺运行的参数，特别是待灭菌品中污染菌检查的监控数据、灭菌程序赋予被灭菌产品的无菌保证值及有关记录来决定产品是否准予放行，而无需对成品进行无菌检查。在欧盟 GMP 版本更新的同时，最终灭菌产品的“参数放行法”被收载入 1997 年版《欧洲药典》。《欧洲药典》阐述了实施“参数放行法”的理由：对最终灭菌产品而言，表明整批产品在灭菌过程中均符合要求的以生物学及其自动记录等为依据的各种证据，比无菌检查的可靠性要好得多。取消最终灭菌产品的无菌检查，并不是降低了要求，而是提高了过程控制的要求，将控制重心前移，落实到工艺过程中去。美国 FDA 在充分认识到无菌检查的局限性之后，《美国药典》（第 22 版）中收载了这样一段话：“要是从生产过程无菌保证验证和监控获得的数据比抽样检查更为可靠（检出污染品的概率高）的话，无菌检查就可以减少或只在常规生产中作定期监测。”自 1981 年美国 FDA 收到第一批参数放行申请以来，FDA 共批准了 250 多份申请，虽只限于湿热灭菌的药品及生物制品，但包括了大容量注射剂及小容量注射剂，已有数亿产品按“参数放行法”在美国投放市场。

目前，先进工业国对参数放行只限于最终灭菌产品，而且须主管部门批准，这种批准只适用于某企业的某个品种或其同类产品，但人用药品注册技术要求国际协调会（ICH）正致力于制定指南性技术文件，在适当的指南及技术性文件出台后，将其范围扩大到片剂和其他剂型。这一事实说明，制药企业对药品制造全过程的控制是发展的必然。

（三）药品生产企业质量保证要素

随着人们对药品质量内涵认识的不断发展，药品质量已由“符合性”转为“适用性”。药品质量保证是一个广义的概念，而制药企业所执行的 GMP 是药品质量保证的重要组成部分。药品生产过程的质量控制是药品生产企业必须重视的问题，2005 年版欧盟 GMP 就明确指出：药品生产企业必须建立涵盖 GMP 以及质量控制在内的全面质量保证体系，并以完整的文件形式明确规定质量保证系统，同时监控其有效性。药品生产企业质量管理部门的组织机构如图 2-1 所示。

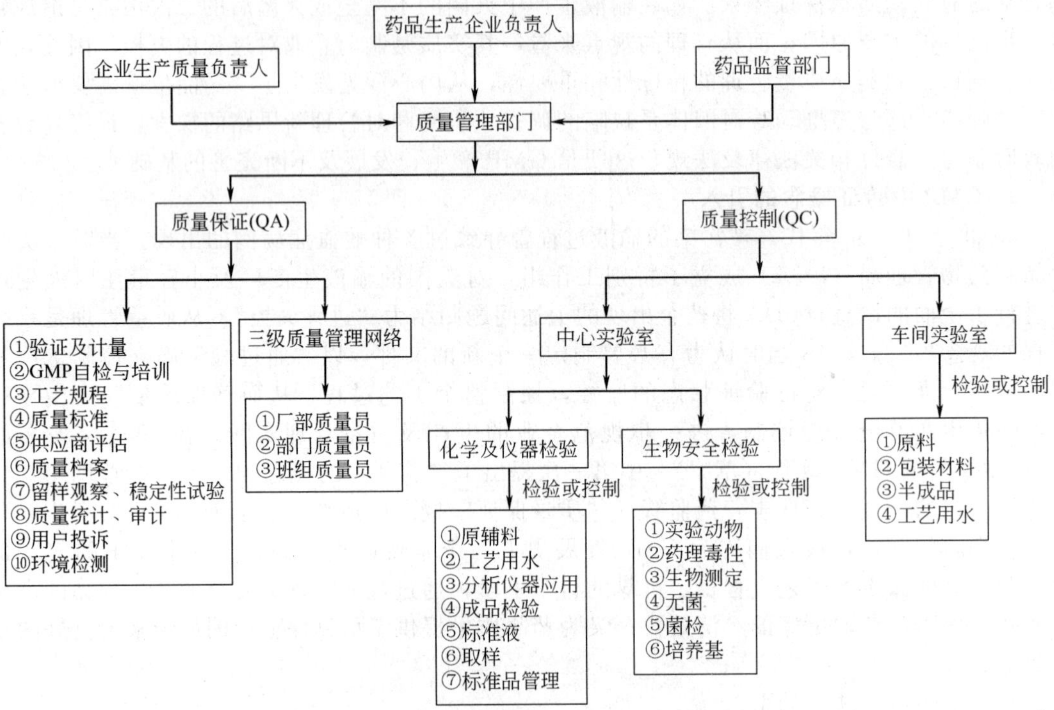

图 2-1 药品生产企业质量管理部门的组织机构

1. 质量保证（quality assurance，QA）

QA 是一个广义的概念，它包括了所有单个或综合影响产品质量的因素及一系列活动，即指为确保产品符合预定要求而作出的所有有组织的、有计划的全部活动的总和。因此，QA 包含 GMP 以及欧盟 GMP 指南之外的其他因素。值得注意的是，质量保证的广义概念与企业常说的 QA 职能部门及其职能是不同的，作为一般制药企业的 QA 职能部门，其实际工作通常不会包括作为制药行业范围内的新品设计、研制及临床，尽管它有可能涉及临床药品的生产或接受新品加工的生产任务，但其工作重心是在日常生产和质量管理的全过程中确保产品的质量，即人们常说的安全性、有效性、均一性和纯度以及有效期内的稳定性。在现阶段，制药企业实施 GMP 的目标是努力确保符合性质量。

2. GMP

GMP 是 QA 的一部分，旨在确保企业的生产和控制活动能始终如一地获得符合药品批准文件或质量标准要求并符合预定用途的药品。生产和质量控制都是 GMP 关注的内容。GMP 作为药品生产和质量管理的基本准则，是在药品生产的全过程中，用科学、合理和规范化的条件和方法来保证生产优良药品的一套系统的管理规范。要保证药品质量，就必须对药品生产全过程进行控制和管理，而实施 GMP 就不仅仅通过终产品的检验来证明达到质量要求，而是在药品生产的全过程中实施科学的全面管理和严密的监控来获得预期质量。

3. 质量控制（quality control，QC）

QC 是 GMP 的一部分，包括取样、质量标准、检验以及组织机构、文件系统和产品批准发放程序等方面。质量控制的目的是确保进行所有必要的检验，所有物料或产品质量只有确认符合要求后方可使用或投放市场。因此，质量控制并不只局限于实验室工作，还必须涉及与产品质量相关的所有决策。药品生产企业必须有独立于其他部门的质量控制部门。

4. QA、QC 与 GMP 的关系

QA 涵盖了 GMP 及 QC，QC 则是 GMP 的组成部分；GMP 的实施是实现“符合性质量”的有效手段，制药企业必须实施 GMP；从“适用性质量”的含义上看，执行 GMP 尚不能保证药品质量，因为 GMP 显然没有包括 GLP、GCP、GSP 等方面的内容。

知识链接

标准操作规程

标准操作规程（standard operation procedure，SOP），就是将某一事件的标准操作步骤和要求以统一的格式描述出来，特别是对关键控制点进行量化和细化，以指导和规范日常工作。药物检验标准操作规程就是为有效完成药物检验任务，针对每一个检验工作环节或操作而制定的标准或详细的书面规程。它涵盖了管理理念、管理思想和管理手段，是各种标准化管理认证和产品认证的重要内容。每项 SOP 的主要内容应涵盖目的与范围、定义或概念、所需的材料与设备、注意事项、负责人、具体操作步骤、数据处理与记录保存等。检验标准操作规程必须经过质量部门负责人审核、企业分管负责人批准并盖章后方可执行。

三、药品质量监督

（一）药品质量监督管理的性质与意义

药品质量监督管理是根据《药品管理法》及有关药事法规，对药品质量、药学服务质量和药事机构（药厂、药房、药品批发商）保证其质量所具备的条件进行监督管理活动的总称。

1. 药品质量监督管理的性质

药品质量监督管理是一种宏观的药品质量管理。国家通过制定、颁布药品管理的法律、法规和药品标准，强制推行对药品质量和药事机构的质量保证体系进行监督管理。具体来说，药品质量监督管理是政府药品监督管理部门，根据法律赋予的职责和义务，依据《中国药典》、药品标准、药事法律法规和政策，对国内药品的研究、开发、生产、销售、使用以及影响药品质量和质量保证体系等所进行的监督管理。

2. 药品质量监督管理的意义

药品质量的好坏直接影响到消费者的健康与安全，药品质量水平的高低是制药企业生存竞争的基础，同时新药的研究开发也是高风险、高利润的高科技活动。因此，加强政府对药品质量监督管理的意义就在于能保证药品安全有效、保障临床合理用药、促进新药研究开发、提高制药工业竞争力、保证药品市场供应。

（二）药品质量监督管理的行政机构

1. 国家食品药品监督管理局

国家食品药品监督管理局（SFDA）是国务院卫生部主管药品监管的直属机构，负责对药品（包括中药、化学药、生物制品、放射性与毒麻和精神类药品）、消费环节食品以及医疗器械、医药包装材料、化妆品等的研究、生产、流通、使用进行行政监督和技术监督。

2. 省级食品药品监督管理局

省、自治区、直辖市食品药品监督管理局隶属各省、自治区、直辖市人民政府领导，履行法定的食品药品监督管理职能，下设各省、自治区、直辖市药品检验所，负责对辖区内的食品药品质量进行监督检查与管理工作。

3. 市、县级食品药品监督管理局

市、县级食品药品监督管理局根据工作需要设置食品药品监督管理分局，同样负责对辖区内的食品药品质量进行监督检查与管理工作。

（三）药品质量监督管理的技术机构

《药品管理法》第六条规定“药品监督管理部门设置或者确定的药品检验机构，承担依法实施药品审批和药品质量监督检查所需的药品检验工作”。国家食品药品监督管理局下设国家级的药品检验技术机构——中国食品药品检定研究院，各省、市、自治区药品检验所等均承担辖区内的药品检验工作，隶属于国家食品药品监督管理局。

1. 国家药典委员会

中华人民共和国药典委员会（pharmacopoeia committee of the People's Republic of China)，简称国家药典委员会（Chinese Pharmacopoeia Committee)。

国家药典委员会负责组织编纂《中华人民共和国药典》及制定、修订国家药品标准，是法定的国家药品标准工作专业管理机构。国家药典委员会的主要职责包括6方面。

（1）编纂《中华人民共和国药典》及其增补本。

（2）组织制定和修订药品标准以及直接接触药品的包装材料和容器、药用辅料的药用要求与标准。

（3）负责药品试行标准转为正式标准的技术审核工作。

（4）负责药品标准及相关内容的培训与技术咨询。

（5）负责药品标准信息化建设，参与药品标准的国际交流与合作。

（6）负责《中国药品标准》等刊物的编辑、出版和发行；负责药品标准及其配套丛书的编纂及发行。

2. 中国食品药品检定研究院

中国食品药品检定研究院（national institute for food and drug control，NIFDC)，简称中检院。中检院是国家检验药品生物制品质量的法定机构和最高技术仲裁机构。其主要职责包括9方面。

（1）承担依法实施药品审批和质量监督检查所需的检验和复验工作。

（2）负责标定和管理国家药品标准品、对照品。

（3）负责组织药品、医疗器械的质量抽查检验工作并提供质量公告的技术数据；综合上报药品质量信息和技术分析报告。

（4）受国家食品药品监督管理局委托，对省、自治区、直辖市药品检验所及口岸药品检验所进行实验室技术考核及业务指导；对药品生产企业、药品经营企业和医疗机构中的药品检验机构或人员进行业务指导。

（5）对有关直接接触药品的包装材料和容器、药用辅料的药用要求与标准进行实验室复核并提出复核意见。

（6）承担司法机构委托的对涉嫌“足以危害人体健康”的假药进行药品含量和杂质成分等的技术鉴定。

（7）承担药品、生物制品、医疗器械注册检验；协助国家食品药品监督管理局参与药品、医疗器械的行政监督。

（8）对有关药品、生物制品注册标准进行实验室复核并提出复核意见。

（9）承担国家药物安全评价工作。

3. 省级食品药品检验所

（1）机构设置　省、自治区、直辖市食品药品检验所一般设业务科、监督科、质控办、中药室、化学室、抗生素室、药理室、生物制品室、仪器室、药包材室、医疗器械室等科室。少数省份将药包材和医疗器械从药品检验所中分出。

(2) 职能范围　省、自治区、直辖市药品检验所依法承担辖区内的药品、药品包装材料、医疗器械的质量监督检验任务；承担生物制品和国家医用防护产品的检验；负责各类医药产品及保健食品的注册、复核、检验工作；依法承担着上述各类品种的仲裁检验，并对辖区内的药检所和药品生产、经营、使用、研究等部门的药检业务指导和培训。参加历版《中国药典》与国家标准的起草复核工作，参与合作标定药品标准品，参加药品质量、检验方法和质量标准的研究等。

省、自治区、直辖市药品检验所是对辖区内药品、医疗器械、药包材的研究、生产、流通、使用全过程实施技术监督的法定机构，是国家药品质量监督保证体系的重要组成部分。

4. 市、县级食品药品检验所

(1) 机构设置　一般设有化学室、中药室、抗生素室、生化室、药理室、仪器检测中心等业务技术科室。

(2) 职能范围　主要从事对本市、县级药品生产、经营和使用单位的药品质量检验工作，同时开展对医疗器械、药品包装材料等的检验工作。

必备知识二　药品质量标准

药品作为一种特殊的商品，它的质量直接影响到药品的安全性和有效性，关系到消费者的身体健康和生命安全。为了控制药品的质量，保证用药的安全和有效，各个国家都制定了强制执行的、统一的质量监督标准，即药品质量标准。药品质量标准是国家对药品质量的规格及检验方法所做的技术规定，是药品的生产、经营、使用和检验以及药品质量监督管理部门共同遵循的法定依据。《药品管理法》中明确规定："药品必须符合国家药品标准"，即符合药品质量标准的药品才能使用，不符合药品质量标准的伪劣药品，必须坚决实行"三不"政策，即"不准出厂、不准销售、不准使用"。

一、药品质量标准的分类

药品从研发到成功生产与使用，是一个动态的过程，主要包括临床前研究（非临床研究）、临床试验和生产上市三个阶段。与之相应的，药品标准的制定也经历了研究起草、复核和注册的过程。药品标准主要分为：国家药品标准（货架期标准）、临床研究用药品标准、企业内控药品标准（放行标准）三种类型，其中前者为强制法定标准，后两者为非法定标准，不能低于前者。此外，省级药品质量标准也是允许存在的，主要包括：省医院制剂规范及中药饮片炮制规范。

（一）国家药品质量标准

《药品管理法》明确规定：药品必须符合国家药品质量标准。国家食品药品监督管理部门颁布的《中国药典》、《国家食品药品监督管理局国家药品标准》（以下简称《国家药品标准》）和《国家食品药品监督管理局标准》（以下简称《药品注册标准》）为国家药品质量标准。

1.《中国药典》

《中国药典》是国家监督管理药品质量的法定技术标准。《中国药典》收载的品种主要是疗效确切，并具有可靠的质量控制手段的药品。《中国药典》的概况将在后面详细介绍。

2.《国家药品标准》

《国家药品标准》作为《中国药典》的补充，与《中国药典》同属于国家药品质量标准。《国家药品标准》如《地方标准上升国家标准》(中药、化药)、《新药转正标准》及《卫生部药品标准》等，是由国家药典委员会负责制定和修订。

上述标准均由国家食品药品监督管理局颁布实施。《国家药品标准》中收载的品种，经过临床应用证明疗效确切、质量稳定可控的品种将逐步升格至《中国药典》。《地方标准上升国家标准》收载由原地方药品标准经整理提高的药品质量标准。

地方药品标准是指各级食品药品监督管理部门批准颁布的药品质量标准。1985 年执行的《药品管理法》允许有地方药品标准的存在；而 2001 年 12 月 1 日实施修订的《药品管理法》则取消了地方药品标准，并对地方药品标准进行了整顿，对执行地方标准的药品进行医学药学再评价，审核通过后收载入国家药品标准。

3.《药品注册标准》

《药品注册标准》是国家食品药品监督管理局批准给申请人特定药品的标准，生产该药品的药品生产企业必须执行该注册标准。《药品注册标准》不得低于《中国药典》的规定。《药品注册标准》的项目及其检验方法的设定，应当符合《中国药典》的基本要求、国家食品药品监督管理局发布的技术指导原则及国家药品标准编写原则。《药品注册标准》包括进口药品注册标准及国内药品注册标准，前者由中检院负责审核，后者由药审中心负责审核。

(二) 临床研究用药品标准

根据《药品管理法》的规定，新药应先得到国家食品药品监督管理部门的批准后方可进行临床试验。为了保证临床用药的安全和临床试验结论的可靠，还需由新药研制单位制定并由国家药品评审中心核准的一个临时性的质量标准，即所谓的临床研究用药品质量标准。该标准仅在临床试验期间有效，并且仅供研制单位与临床试验单位使用。

(三) 企业放行标准

由药品生产企业研究制定并用于其药品质量控制的标准，称为企业放行标准(企业内部标准)。它仅在本企业的药品生产质量管理中发挥作用，属于非法定标准，不对外公开。企业药品标准必须不低于法定标准的要求，否则其产品的安全有效性和质量可控性不能得到有效的保障，不得销售和使用。企业药品标准在提高产品的质量、增强产品竞争力以及严防假冒等方面均起到了重要作用。国内外很多医药企业在药品的生产和管理中均有企业药品标准，并对外保密。

二、《中国药典》概况

《中国药典》，英文名称为 Pharmacopoeia of the People's Republic of China，简称为 Chinese Pharmacopoeia，英文缩写为 Ch. P. 或 ChP。通常在名称后以年份标注版次。现行版 ChP 为 2010 年版。ChP 若未注明版次，均指现行版。ChP 由国家药典委员会编制和修订，由卫生部颁布实施。它是记载药品质量标准的法典，是国家监督、管理药品质量的法定技术指标，具有法律约束力。《中国药典》反映了我国的医疗预防、医药工业和分析检验的技术水平，其收载的品种为疗效确切、被广泛应用、批量生产、质量水平较高并有合理的质量控制手段的药品。

(一)《中国药典》的沿革

新中国成立以来，我国曾先后出版发行了九版药典，即 1953、1963、1977、1985、1990、1995、2000、2005 和 2010 年版。1953 年版仅一部，自 1963 年版起至 2000 年版分为一、二两部，各有“凡例”和有关的“附录”，一部收载中药材和中药成方制剂，二部收载化学药品。自2005年版开始将《中国生物制品规程》并入《中国药典》，设为药典三部。按照国家《标准化法》的规定，国家药品质量标准每五年修订一次。《中国药典》各版本收载情况见表2-1。

表2-1　《中国药典》各版收载情况

版次	出版时间	分部情况	共收载药品/种	一部收载药品/种	二部收载药品/种	三部收载药品/种	其他
1	1953年	共一部	531				1957年出版《中国药典》第一增补本
2	1963年	两部	1310	643	667		
3	1977年	两部	1925	1152	773		包括少数民族药材和成方制剂
4	1985年	两部	1489	713	776		出版第一部英文版《中国药典》
5	1990年	两部	1751	784	967		
6	1995年	两部	2375	920	1455		编制出版《药品红外光谱集》第一卷(1995版)
7	2000年	两部	2691	992	1699		编制出版《药品红外光谱集》第二卷(2000版)
8	2005年	三部	3214	1146	1967	101	首次将《中国生物制品规程》并入药典，设为药典三部；编制出版《药品红外光谱集》第三卷(2005版)
9	2010年	三部	4567	2165	2271	131	编制出版《药品红外光谱集》第四卷(2010版)

（二）《中国药典》的进展

我国现行版药典为2010年版《中国药典》，于2010年1月正式出版发行、2010年10月1日起正式执行。2010年版《中国药典》是在总结历版药典的基础上，充分利用了近年来国内外药品标准资源，在设计方案上坚持继承与发展、理论与实践相结合的方针和科学、实用、规范的编纂原则，客观地反映了我国当前医药产业、临床用药及检验水平的发展现状，为进一步加强药品监督管理提供了强有力的技术支持。

2010年版《中国药典》分三部，为现行版《中国药典》，其主要特色有六个。

(1) 收载品种有较大幅度的增加　一部收载2165种，二部收载2271种，三部收载131种，共收载品种4567种，基本覆盖了国家基本药物目录的品种范围。

(2) 现代分析技术得到进一步扩大应用　如附录中新增离子色谱法、核磁共振波谱法、拉曼光谱法指导原则等；在中药品种中采用了液-质联用、DNA分子鉴定、薄层-生物自显影技术等方法，以提高分析的灵敏度和专属性。

(3) 药品的安全性保障得到了进一步加强　除在“凡例”、“附录”中加强安全性检查的总体要求外，在品种正文标准中也增加或完善或扩大了安全性检查项目。如“凡例”中规定所有来源于人或动物的供注射用的原料药，均增订“制法要求”。制剂通则中则规定，眼用制剂按无菌制剂要求；滴眼剂和静脉输液增订渗透压摩尔浓度检查项目等。附录中新增抑菌剂效力检查法指导原则等。药典一部对易霉变的桃仁等新增黄曲霉毒素检测，二部扩大对抑菌剂与抗氧剂等的控制，三部严格规定了生物制品生产过程中抗生素的使用等。

(4) 保障药品质量可控性、有效性的技术得到进一步提升　如一部大幅度增加了符合中药特点的专属性检测方法（如薄层色谱法）；二部含量测定或效价测定采用专属性更强的液相色谱法，大部分口服固体制剂增订了溶出度检查，含量均匀度检查的适用范围进一步扩大至规格为25mg的品种；三部对原材料的质量要求更加严格，对检测项目及方法的确定更加科学合理。

(5) 药品标准内容更趋科学、规范、合理　为适应药品监督管理的需要，与制剂通则相结合，新增药用辅料总体要求；不溶性微粒检查法中进一步统一操作方法等。药典一部规范和修订中药材拉丁名；明确入药者均为饮片，从标准收载体例上明确了性味与归经、功能与主治、用法与用量为饮片的属性。

（6）鼓励技术创新，积极参与国际协调 如建立了能反映中药整体质量特性的色谱指纹图谱方法；积极引入 ICH 在药品杂质控制、无菌检查法等方面的要求和限度；积极倡导绿色标准，方法力求环保，如在绝大多数高氯酸非水溶液滴定测定中，不再使用醋酸汞试液。

（三）《中国药典》的结构与内容

2010 年版《中国药典》由一部、二部、三部及其增补本组成，虽然各部的记载形式各不相同，但具有共同的基本内容，都包括凡例、正文、附录和索引四部分的基本内容。

1. 凡例

“凡例”是正确使用《中国药典》进行药品质量检定的基本原则，是对“正文”、“附录”及与质量检定有关的共性问题的统一规定。“凡例”中的有关规定具有法定的约束力。

“凡例”和“附录”中采用“除另有规定外”这一用语，表示存在与“凡例”或“附录”有关规定不一致的情况时，则在正文品种中另作规定，并按该规定执行。

“凡例”是《中国药典》的重要组成部分，其分类项目包括：总则，正文，附录，名称及编排，项目与要求，检验方法和限度，标准品、对照品，计量，精确度，试药、试液、指示剂，动物试验，说明书、包装、标签，共十二节三十八条。

与历版《中国药典》相比，2010 年版《中国药典》在“凡例”中增设了“总则”一节，它将《中国药典》中最重要、最原则、最通用、最基础的内容集中阐明。在“总则”中明确了药典制定颁布的依据，即“依据《中华人民共和国药品管理法》组织制定和颁布实施”，实现了法律标准和《中国药典》的有机连接；明确了药典的基本结构内容，强化了《中国药典》的结构性、系统性、整体性；“总则”首次在药典中规范国家标准，阐明了国家药品质量标准与药典的关系，《中国药典》是国家药品质量标准之一，确立了《中国药典》在国家药品质量标准体系中的核心地位；明确了药典中“凡例”和“附录”的法定效力与约束范围，扩大了“凡例”的约束范围，提升了“附录”的法律地位；界定了《中国药典》与《药品生产质量管理规范》的关系，指出“任何违反 GMP 或有未经批准添加物质所生产的药品，即使符合《中国药典》，亦不能认为其符合规定”，实现了技术标准与行为标准的衔接。

2. 正文

“正文”是《中国药典》的主体部分，为所收载药品或制剂的质量标准。“正文”系根据药物自身的理化与生物学特性，按照批准的处方来源、生产工艺、贮藏条件等所制定的、用以检测药品质量是否达到用药要求并衡量其质量是否稳定、均一的技术规定。其收载的品种按药品中文名称笔画顺序排列，单方制剂排在其原料药后面，药用辅料集中编排。

“正文”内容根据品种和剂型的不同，按顺序可分别列有：①品名（包括中文名、汉语拼音与英文名）；②有机药物的结构式；③分子式与分子量；④来源或有机药物的化学名称；⑤含量或效价规定；⑥处方；⑦制法；⑧性状；⑨鉴别；⑩检查；⑪含量或效价测定；⑫类别；⑬规格；⑭贮藏；⑮制剂等。以上内容并非每个品种均包括所有项目，如原料药不包含处方、制法、规格等项目；药物制剂品种则不含结构式、分子式、相对分子质量等项目。

3. 附录

“附录”主要收载制剂通则、通用检测方法和指导原则。制剂通则是按照药物的剂型分类，针对剂型特点所规定的基本技术要求。通用检测方法是“正文”品种进行相同检查项目的检测时所应采用的统一的设备、程序、方法及限度等。指导原则是为执行药典、考察药品质量、起草与复核药品标准等所制定的指导性规定。“附录”的整体水平较 2005 年版《中国药典》有较大提升，增修订幅度较大，其中二部附录共收载 19 类 152 个，其中增订 15 个，修订 69 个；在制剂通则中新增了药用辅料的总体要求（附录Ⅱ）。

“附录”收载的各项方法中，除介绍原理及方法外，对方法应用的条件及要求也做了明确的规定。在使用时，应按照“附录”的要求进行。

综上可见，“凡例”、“正文”和“附录”三部分的内容紧密相扣、缺一不可。

4. 索引

为方便使用和检索，《中国药典》均附有“索引”。《中国药典》除了正文品名目次是按中文笔画及起笔笔形顺序排列外，书末分列有中文索引和英文索引。中文索引按汉语拼音顺序排序，英文索引按英文名称首字母顺序排序。这些索引可供方便、快速地查阅药典中的有关内容。

三、主要国外药典简介

(一)《美国药典》简介

《美国药典》(Pharmacopeia of the United States of America，the United States Pharmacopeia，USP) 由美国药典委员会编制出版。1820 年 12 月出版了第 1 版《美国药典》，1883 年美国药学会 (American Pharmaceutical Association，APA) 编制出版了第 1 版《美国国家处方集》(National Formulary，NF)。USP 主要收载原料药和制剂，而 NF 则主要收载制剂中的附加剂。由于 USP 和 NF 在内容上经常需要交叉引用，从 1980 年起 USP 和 NF 合并为一册，即 USP (20) -NF (15)。目前最新的版本是 USP (35) -NF (30)，2012 年 8 月 1 日起生效。由于 USP-NF 标准建立过程的公开性、公正性和科学性以及使用技术的先进性，使得 USP-NF 标准具有广泛的权威性，在许多国家和地区被直接用作法定的药品标准。

(二)《英国药典》简介

《英国药典》(British Pharmacopoeia，BP) 由英国药典委员会 (British Pharmacopoeia Commission，BPC) 编制出版。自 1816 年开始编制《伦敦药典》，后出版有《爱丁堡药典》和《爱尔兰药典》，1864 年合并为《英国药典》。BP 现行版为 2012 年版，简称 BP (2012)，于 2012 年 1 月生效。BP (2012) 共分为 6 卷：第 1 卷和第 2 卷收载原料药、药用辅料；第 3 卷和第 4 卷收载制剂通则、药物制剂、血液制品、免疫制品、放射性药品、手术用品、植物药物和辅助治疗药品；第 5 卷收载标准红外光谱、附录方法、辅助性指导原则和索引；第 6 卷为兽药典。

(三)《欧洲药典》简介

《欧洲药典》(European Pharmacopoeia，Ph. Eur 或 EP) 由欧洲药品质量管理局 (European Directorate for the Quality of Medicines，EDQM) 编制出版。1964 年发行 EP 第 1 版，从 2002 年 EP 第 4 版开始，出版周期固定为每 3 年修订一版，每版发行 8 个增补本。现行版 EP 为第 7 版，于 2011 年 1 月生效，分为 2 卷。第 1 卷收载：凡例、附录方法、制剂通则、指导原则等。除人用和兽用疫苗、免疫制剂、放射性药物、天然药物等生物制品外，EP 不收载制剂标准。第 2 卷收载：药品标准。EP 主要收载原料药标准，所收载人用原料药不仅数量多，覆盖面广，而且标准的技术水平也比较高。EP 的权威性和影响力正在不断扩大。现有欧盟 36 个国家以及欧盟委员会参与制定和执行《欧洲药典》。

(四)《日本药局方》简介

《日本药局方》(Japanese Pharmacopoeia，JP)，即《日本药典》，由日本药局方编辑委员会编制，厚生省颁布实施。1886 年 6 月出版第 1 版，最新版为 2011 年出版的第 16 改正版。JP 分为两部，一部主要收载化学合成药品及其制剂；二部主要收载天然药物与制剂辅料等，两部合订为一册。JP 的内容和编排在许多方面和 ChP 具有一定的相似性。

知识链接

国外药典的相关网站

（1）美国药典委员会官方网站 http：//www. usp. org
（2）英国药典官方网站 http：//www. pharmacopoeia. org. uk/
（3）欧洲药品质量管理局网站 http：//www. edqm. eu

四、药品质量标准的制定

（一）制定药品质量标准的目的与意义

药品的特殊性决定了对其质量控制的重要性。因药品质量受生产厂家的生产工艺、设备条件、技术水平等因素的影响，为了加强对药品质量的控制和管理，保证用药的安全有效，必须制定一个统一的药品质量标准。制订并贯彻执行统一的药品质量标准，对促进医药科技进步、指导药品生产、提高药品质量、保证用药安全有效，促进对外贸易等都具有重要的意义。

（二）制定药品质量标准的原则

对药品质量标准的制定，必须树立“药品质量第一”的观念，充分体现“安全有效、技术先进、经济合理，不断完善”的原则，使药品质量标准起到提高药品质量、保证择优发展和促进对外贸易的作用。

1. 安全有效性

药品的质量标准是用于控制药品质量的，药品质量的优劣主要体现在安全（即毒副反应小）和有效（即疗效确切）两方面。因此，凡影响药品安全有效性的因素，均应在制定时仔细研究，并纳入标准中。

为了确保药品的安全性，在新药研究时，除进行相关的药效学试验外，还需进行毒理学试验。如药物的毒副反应主要来源于两方面：一是由药物本身造成的，二是可能由引入的杂质造成的。因此，在制定标准时应严格控制相关杂质；对影响药物生物利用度和临床疗效的晶形及异构体等也应着重研究，定入标准。

2. 可行性和先进性相结合

在制定药品质量标准过程中，既要强调方法的可行性，又要强调技术的先进性，在我国国情允许的情况下，应尽可能采用较先进的方法与技术，并遵循“准确、灵敏、简便、快速”的原则。如《中国药典》二部化药品种中采用了分离效能更高的离子色谱法和毛细管电泳法；附录中新增离子色谱法、核磁共振波谱法、拉曼光谱法指导原则；总有机碳测定法和电导率测定法被用于纯化水、注射用水等标准中。如果研制的新药国外已经有标准，那么国内的标准应尽可能达到或超过国外的标准。

3. 针对性和合理性相结合

首先制定的药品质量标准要有针对性，要根据不同的分析对象（如原料药、片剂、针剂等）的不同特点，从生产工艺、贮藏使用等各个环节了解影响药品质量的因素，充分考虑使用要求，有针对性地规定检测的项目。其次，在制定药品质量标准时还要充分考虑到药品的生理效用与临床应用的实际情况，合理规定检验的项目和限度。一般而言，对外用药品的要求稍宽，对内服药品的要求严些，而对注射用药和麻醉用药的要求更严格。

4. 规范性

制定药品质量标准，尤其是新药质量标准时，应严格按照国家食品药品监督管理部门颁布的法律、规范和指导原则的要求，做到药品标准的体例格式、文字术语、数字符号、计量单位以及通用检测方法等的统一、规范。

（三）药品质量标准研究的主要内容

1. 原料药质量标准的研究内容

（1）名称　新药的名称，原则上应按 WHO 编订的国际非专利药品名称（international nonproprietary names for pharmaceutical substances，INN）命名。名称确定后，再译成中文正式品名。新药名称制定的主要原则有 4 项。

① 药品名称应科学、明确、简短；外文名（拉丁名或英文名）应尽量采用 INN 命名，以便国际交流。中文名尽量与外文名相对应，名称可采取音译、意译或音意合译，以 3～4 字为宜。制定质量标准时，首先应有通用名称，即中文名，还应有英文名、汉语拼音及化学名。

② 同类药品应尽量采用已确定的词干命名，以体现命名的系统性。如头孢菌素类（cephalosporin）抗生素的词干为“cef-”译为“头孢”，因此头孢氨苄（cefalexin）、头孢唑啉（cefazolin）都是头孢菌素类抗生素。

③ 避免采用可能给病人以暗示的有关药理学、治疗学或病理学的药品名称，如利眠宁（librium）、抗癌 173（razoxane）等。

④ 对于沿用已久的药名，一般不要轻易改动，如必须改动，应列出曾用名。

（2）性状　药品性状是药品质量的重要表征之一。《中国药典》主要在“性状”项下记载药品的外观、臭、味、溶解度以及物理常数等。性状除具有鉴别意义外，能在一定程度上反映药品的纯度。

（3）鉴别　药物的鉴别试验通常是指用可靠的理化方法来证明已知药物的真伪，而不是对未知药物进行定性分析。在新药质量标准的研究及其制定中，鉴别试验要求所采用的分析方法专属性强、重复性好、操作简便。常用的鉴别方法有化学法、光谱法和色谱法等。

化学法是基于药物结构中含有官能团，通过专属的化学反应进行鉴别，常用显色反应、沉淀反应。常用的光谱法有红外-分光光度（IR）和 UV 法，其中 IR 法，可与国家药典委员会编的《药品红外光谱集》标准图谱对照，也可用对照品同时测定，并附该药品的标准红外图谱；UV 法规定在规定的溶剂中的最大吸收波长，必要时还规定最小吸收波长，或规定几个最大吸收波长处的吸光度比值或特定波长处的吸光度，以提高鉴别的专属性。色谱法主要包括 TLC、HPLC 和气相色谱（GC）法等，可采用 HPLC、GC 法的保留时间（t_R）及 TLC 法的比移值（R_f）及颜色等进行鉴别。在新药的质量标准制定中，选择鉴别试验的基本原则为：①方法要有一定的专属性、灵敏度，且简便易行。②化学法与仪器法相结合，每种药品一般选用 2～4 种方法进行鉴别，相互取长补短。③尽可能采用《中国药典》已收载的方法。

（4）检查　《中国药典》在“凡例”中规定：“检查项下包括反映药品的安全性与有效性的试验方法和限度、均一性与纯度等制备工艺要求等内容”。药品的安全性检查项目有注射剂的不溶性微粒、可见异物、细菌内毒素（热原）、无菌等内容；药品的有效性检查项目有原料药的结晶细度、片剂的溶出度和释放度等内容；药品的均一性检查主要指制剂的重（装）量差异、含量均匀度等内容；药品的纯度要求主要是指对各类杂质的检查。

药品的杂质检查将在本教材项目四中详细阐述，包括一般杂质和特殊杂质。一般杂质检查主要指对氯化物、硫酸盐、铁盐、砷盐、重金属、水分、干燥失重、炽灼残渣、易炭化物、有机溶剂残留物等项目的检查。特殊杂质是指在某药的生产和贮藏过程中可能引入的仅该药特有的一些杂质，不同的特殊杂质需选用不同的方法进行检查。有关物质属于特殊杂质，其化学结构往往与主药相似，但不甚明确，或虽结构明确但难以获得对照品。按照我国新药注册的要求，在新药研究中，要尽可能搞清楚有关物质的化学结构，必要时要做其药理、毒理试验；对有关物质的检查方法，应首选色谱法，如TLC、HPLC、GC等。

对于杂质检查应采用专属性强、灵敏度好的方法，同时还应考虑试验条件的最佳化；对于色谱法，还有分离度的要求。一般选择杂质检查方法时，应遵循针对性和合理性的原则。如对一般杂质的检查，针对剂型及生产工艺，应尽可能考察有关项目。对特殊杂质或有关物质的研究，也应针对生产工艺及贮存过程确定待检杂质的数量及限度。总之，应根据新药注册的要求，根据生产工艺水平、各国药典及相关文献，综合考虑确定一个比较合理的标准。

(5) 含量测定　一般对化学原料药的纯度要求高，有严格的杂质限度要求，因此对于测定方法和结果的要求是准确度高、重复性与精密度好，应首选容量分析法。方法建立的要求为供试品取样量要满足滴定精密度的要求；滴定终点应明确；为了排除因加入试剂对测定的干扰，可采用空白试验进行校正。如无合适的容量分析法可选用时，可考虑用色谱法或其他适宜的方法。

含量测定中用生物效价法测定的原料药，若改用理化测定方法时，需对两种测定方法进行对比。UV法因为专属性较色谱法低，准确度又不如容量法，一般不用于原料药的含量测定；若确实需要用UV法时，可用对照品同时测定进行比较计算，以减少不同仪器的测定误差。GC法用于具有一定挥发性的原料药，HPLC法主要用于多组分抗生素、甾体激素类和杂质干扰其他测定方法的原料药的含量测定。定量方法有外标法和内标法(气相色谱一般采用内标法)。对于酶类药品应首选酶分析法，放射性药品应首选放射性药品检定法等。

为了获得可靠的含量测定结果，必须对分析方法进行验证，这也是新药注册所要求的。分析方法验证通常包括对实验室、仪器等内容有所要求和对分析方法验证的考察。

2. 制剂质量标准的研究内容

药物制剂的质量标准研究，通常是在原料药质量标准研究的基础上结合制剂的处方工艺特点进行的相关项目研究。与原料药类似，制剂的质量研究项目一般也包括性状、鉴别、检查和含量测定等几个方面。

(1) 性状　制剂的性状项下，应依次描述本品的颜色和外形。片剂如为薄膜衣片、糖衣片或肠溶衣片，应在除去包衣后，就片芯的颜色进行描述；注射液的颜色描述一般以黄色或黄绿色各号标准比色液为基准，浅于1号稀释一倍的为"无色"，介于2号以下的为"几乎无色"，介于4号以下的为"微黄色"，介于6号以下的为"淡黄色"，介于8号以下的为"黄色"；栓剂中，由于脂肪性基质和水溶性基质的融变时限不同，因此应在色、形之前加以说明；胶囊剂应对内容物的性状予以描述；如有特有的臭、味、引湿性及溶解性，或影响外观性状的常见情况以及遇光变质等，可继述于后。

由于生产条件的不同，性状会有差异，只要不影响药品的质量和药效，这些差异一般是允许的。在制定质量标准时，描述药品的性状既要体现药品的性质和特点，又要考虑生产的实际水平，如《中国药典》中对维生素B_2片的描述为：本品为黄色至橙黄色片。

(2) 鉴别　制剂的鉴别试验通常尽可能采用与原料药相同的方法，一般至少采用两种以上不同种类的方法，如色谱法和化学法等。制剂鉴别时需注意以下问题。

① 由于多数制剂均加有辅料，故不宜再用原料药性状项下的物理常数做鉴别；一般需增订能与同类药物或化学结构相近药物相区别的鉴别试验。

② 有些制剂由于主药含量少，应采用专属性强、灵敏度高的鉴别方法，如色谱法等。

③ 有些鉴别方法如IR鉴别，须将药物提取分离，排除制剂中的辅料后方可进行。

④ 制剂的含量测定采用紫外-可见分光光度法时，可采用含量测定的最大吸收波长或特定波长下的吸光度或吸光度比值来鉴别。

(3) 检查　制剂检查项目分两类，一类是《中国药典》"附录"中制剂通则中规定的常规检查项目，另一类根据该制剂的特性、制备工艺及稳定性考察结果，制定的其他检查项目，如口服固体制剂除按制剂通则检查外，还要进行溶出度、释放度（缓控释制剂、肠溶制剂）的检查；小剂量制剂还需进行含量均匀度的检查；注射剂应进行pH、颜色、杂质（或已知杂质）的检查，大输液要检查重金属与不溶性微粒等。制剂杂质考察的重点应是制剂工艺和贮藏过程中产生的降解产物以及制剂工艺中引入的杂质，如有机溶剂等。例如脂质体在生产过程中需要用到限制性的有机溶剂，则需考虑对其限量进行控制。

《中国药典》在制剂通则中增加了植入剂、冲洗剂、灌肠剂、涂剂、涂膜剂等的内容；制剂通则项下还增加了多种亚类剂型，如片剂通则项下增加了可溶片、阴道泡腾片，胶囊剂通则项下增加了缓释胶囊和控释胶囊等；部分制剂通则项下增加了无菌检查项目。

（4）含量（效价）测定　由于制剂中含有辅料且含量限度较原料药宽，因此制剂的含量测定方法应具有良好的专属性和准确性。制剂的含量测定应首选色谱法。在色谱法中使用最多的是HPLC法，而TLC法、GC法则应用较少。在选择制剂含量测定方法时应注意以下几点。

① 当制剂中的辅料不干扰测定时，可采用与原料药相同的含量测定方法。

② UV法操作简便，适用性广，可用于制剂的含量测定，也可用于含量均匀度和溶出度的测定。UV法测定一般采用对照品法，以减少不同仪器间的误差。但是应充分考察辅料、降解产物等对测定结果的干扰。当制剂中主药含量低、无较强的发色基团，或杂质对测定有干扰时，可考虑专属性和稳定性较好、显色灵敏的比色法或采用荧光分光光度法测定含量。

③ 复方制剂或需复杂分离除去杂质和辅料干扰的品种，或在鉴别、检查项中未能进行专属控制质量的品种，可以采用HPLC或GC法测定含量。

④ 药物制剂含量限度的制定一般可根据不同剂型、生产水平、主药含量等不同的因素进行综合考虑。

（四）药品稳定性研究

所谓药品的稳定性是指其保持理化性质和生物学特性不变的能力。药品的贮藏条件，如是否需要避光，是否需要低温贮藏等；药品在一定条件下贮藏多长时间仍有效，即有效期的确定，这些都属于药品稳定性研究的内容。药品稳定性试验的目的就是考察药物在温度、湿度、光线等因素的影响下，随时间变化的规律，为药品的生产、包装、贮存、运输条件提供科学依据，同时通过试验建立药品的有效期，以保障用药的安全有效。药品的稳定性试验分为影响因素试验、加速试验与长期试验。

1. 影响因素试验

影响因素试验是将药品置于比加速试验更为剧烈的条件下进行的稳定性考察，其目的是探讨原料药的固有稳定性，了解影响其稳定性的因素及可能的降解途径与降解产物，为制剂生产工艺、包装、贮存条件和建立降解产物分析方法提供科学依据；考察制剂处方的合理性与生产工艺及包装条件。

（1）高温试验　供试品开口置于适宜的洁净容器中，于60℃温度下放置10天，于第5天和第10天取样，按稳定性重点考察项目进行检测。若供试品的含量低于规定限度，则在40℃条件下同法进行试验。若在60℃下无明显变化，不再进行40℃试验。

（2）高湿度试验　供试品开口置于恒湿密闭容器中，在25℃于相对湿度90%±5%的条件下放置10天，于第5天和第10天取样，按稳定性重点考察项目要求检测，同时准确称量试验前后供试品的重量，以考察供试品的吸湿潮解性能。若吸湿增重5%以上，则在相对湿度75%±5%的条件下，同法进行试验；若吸湿增重5%以下，且其他考察项目符合要求，则不再进行此项试验。恒湿条件可通过在密闭容器，如干燥器下部放置饱和盐溶液，根据不同相对湿度的要求，可以选择不同的 NaCl 饱和溶液（相对湿度 75%±1%，15.5～60℃）和 KNO_3 饱和溶液（相对湿度 92.5%，25℃）。

（3）强光照射试验 供试品开口放在装有日光灯的光照箱或其他适宜的光照装置内，在光照度为 4500lx±500lx 的条件下放置 10 天，于第 5 天和第 10 天取样，按稳定性重点考察项目进行检测，特别要注意供试品的外观变化。

2. 加速试验

加速试验是将药物置于模拟极端气候条件下进行的稳定性考察。其目的是通过加速药物的化学或物理变化，探讨原料药及制剂的稳定性，为处方设计、工艺改进、质量研究、包装、运输、贮存提供必要的资料。

供试品要求 3 批，按市售包装，在温度 40℃±2℃、相对湿度 75%±5%的条件下放置 6 个月。在试验期间，第 1、第 2、第 3、第 6 个月末分别取样一次，按稳定性重点考察项目检测。在上述条件下，如 6 个月内供试品经检测不符合制定的质量标准，则应在中间条件下即在温度 30℃±2℃，相对湿度 60%±5%的情况下（可用 Na_2CrO_4 饱和溶液，30℃，相对湿度 64.8%）进行加速试验，时间仍为 6 个月。

对温度特别敏感的药物，预计只能在冰箱中（4～8℃）保存，此种药物的加速试验可在温度 25℃±2℃、相对湿度 60%±10%的条件下进行，时间为 6 个月。

3. 长期试验

长期试验是将药物置于接近实际贮存的条件下进行的稳定性考察，其目的是为制定药物的有效期提供依据。各类药品在取得原料药和制得制剂开始，即应将供试品 3 批，按市售包装，在温度 25℃±2℃、相对湿度 60%±10%的条件下放置 12 个月或在温度 30℃±2℃、相对湿度 65%±5%的条件下放置 12 个月，这是根据我国南方与北方气候的差异考虑的，上述两种条件由研究者自行选择。每 3 个月取样一次，分别于 0 个月、3 个月、6 个月、9 个月、12 个月取样，按稳定性重点考察项目进行检测。12 个月以后，仍需继续考察，分别于 18 个月、24 个月、36 个月，取样进行检测。将结果与 0 个月比较，以确定药物的有效期。

由于实验数据的分散性，一般应按 95%可信限进行统计分析，得出合理的有效期。如 3 批统计分析结果差别较小，取其平均值为有效期；若差别较大，则取其最短的为有效期。如果数据表明，测定结果变化很小，说明药物很稳定，则不做统计分析。

对温度特别敏感的药物，长期试验可在温度 6℃±2℃的条件下放置 12 个月，按上述时间要求进行检测，12 个月以后仍需按规定继续考察，制订在低温贮存条件下的有效期。

原料药及常用制剂稳定性重点考察项目见表 2-2。

表 2-2 原料药及常用制剂稳定性重点考察项目参考表

剂型	稳定性重点考察项目
原料药	性状、熔点、含量、有关物质、吸湿性以及根据药品性质选定的考察项目
片剂	性状、含量、有关物质、崩解时限或溶出度或释放度
胶囊剂	性状、含量、有关物质、崩解时限或溶出度或释放度、水分，软胶囊要检查内容物有无沉淀
颗粒剂	性状、含量、粒度、有关物质、溶化性或溶出度或释放度
注射剂	性状、含量、pH 值、可见异物、有关物质，应考察无菌
口服溶液剂	性状、含量、澄明度、有关物质
软膏剂	性状、均匀度、含量、粒度、有关物质、分层现象
栓剂	性状、含量、融变时限、有关物质

（五）药品质量标准起草说明

药品质量标准起草说明是对制定新药质量标准的详细注释，其内容应充分反映制定新药质量标准的过程，并根据药品质量研究的结果、实验的数据、参考的标准和文献资料来详细说明质量标准中各项目设置的理由及限度确定的依据，以及部分研究项目（包括成熟的、不成熟的、尚待完善的等）未定入质量标准的理由等。起草说明可以反映出制定药品质量标准的水平。

同时，起草说明也是对质量控制研究和质量标准制定工作的总结，包括：检测方法的选取、采用方法的原理及方法学验证、实际测定的结果及综合评价等。起草说明在新药申报时，可作为行政审批部门的参考；在新药批准后，则是执行和修订质量标准的重要参考资料。起草说明应包括药品名称、概况、制法（生产工艺）、标准制定的理由、与已有标准的对比及其他内容等。在实际制定药品质量标准时，上述内容不一定各项都有，只要对其主要内容有清楚明确的说明即可。

与原料药相比，制剂的起草说明应增加以下内容。

（1）给出能说明鉴别方法不受处方中辅料干扰和复方制剂中各主药不互相干扰的实验数据。

（2）需简要说明合成路线、制备工艺、处方及原辅料的来源与质量要求。

（3）详细说明各检验项目选定的理由，如口服固体制剂应结合溶出度或生物利用度说明新药制剂疗效的可靠性及剂型、处方、制剂工艺的合理性。

（4）详细说明含量测定方法的原理，主要是通过按照处方配制的模拟制剂进行的分析方法学验证，来说明测定方法的可靠性，并给出实验数据。

（5）说明制定含量限度的依据，应考虑剂型特点、主药含量、生产工艺、测定方法和给药途径等因素。

（6）制剂的检查项目，如固体制剂的崩解时限和溶出度、缓控释制剂的释放度考察数据，热原与安全性试验结果，选择剂量的参考资料，无菌试验的测定结果，微生物检查情况等，都应详细列出。

工作任务　《中国药典》的查阅

一、任务准备

详见“必备知识二　药品质量标准”。

二、任务实施

（一）任务要求

（1）能熟练使用《中国药典》查阅相关药品的质量标准。

（2）能熟练查阅本实验要求的项目。

（二）工作内容

按照下列项目，查阅《中国药典》二部，记录所在页码及括号中内容的查阅结果。

序号	查阅项目	页码	查阅结果
1	阿司匹林片(游离水杨酸杂质限量)		
2	甘露醇(熔点)		

续表

序号	查阅项目	页码 查阅结果
3	布洛芬(制剂)	
4	地西泮(含量测定方法)	
5	地西泮片(含量测定方法)	
6	地西泮注射液(含量测定方法)	
7	地塞米松磷酸钠滴眼液(pH值)	
8	依诺沙星(类别)	
9	鱼肝油(贮藏方法)	
10	维生素B_{12}注射液(性状)	
11	葡萄糖(比旋度)	
12	重金属检查法	
13	高效液相色谱法	
14	崩解时限检查法	
15	氢氧化钠滴定液的配制(标定的基准物)	
16	制药用水(类型)	
17	氨制硝酸银试液的配制	
18	热原检查法	

(三) 注意事项

(1) 药品可在品名目次中，按药品名称的笔画顺序查阅（同笔画的字按起笔笔形一、丨、丿、丶、乛的顺序）。也可在英文索引或中文索引（按汉语拼音的顺序）中查阅。

(2) 制剂通则、一般鉴别试验、物理常数测定法、一般杂质检查法、分光光度法、色谱法等多种分析方法以及试液、试纸、指示液与指示剂、缓冲液等的配制、滴定液的配制及标定和指导原则等其他内容在附录中查阅。

(四) 思考题

(1)《中国药典》由哪几部分组成？

(2) 重金属检查法等方法应该在《中国药典》的哪个部分查阅？

(3)“凡例”中对“酸度”检查所用的“水”是如何规定的？

相关知识 过程分析技术简介

制药行业是一个特殊的行业，符合制造业的一般规律，但与许多其他制造行业有显著的区别：产品附加值高、开发周期长、监管严格、必须符合《药品生产质量管理规范》的规定、直接关系到生命安全等。因此，充分理解并严格控制制药生产过程，使所生产的药品尽可能安全、有效就显得至关重要。近年来，过程分析技术（process analytical technology，PAT）的发展为药品质量保证提供了新的发展方向。

一、制药过程分析技术提出的背景及意义

GMP是药品生产和质量管理的基本准则，广泛地应用于药品制剂生产的全过程和原料

药生产中影响成品质量的关键工序。自20世纪60年代初，GMP在美国问世后，已被许多国家的官方机构、制药企业和专家一致公认为是制药企业进行药品生产管理行之有效的制度而得到广泛的推广，并成为一项法规。然而，企业一旦通过GMP认证后，对于药品生产的微小变动都要重新经过相关部门的审核和确认，这需要花费企业大量的时间和精力，也使药品生产企业对于创新犹豫不决。

为鼓励制药行业的创新，减轻生产者对采用新技术的顾虑，美国FDA药品评价和研究中心发出了PAT的倡议，目的是鼓励将过程分析技术引入药品的生产和质量控制。2004年，美国FDA发表了关于PAT的工业指南，明确了PAT的地位和作用。FDA认为：PAT是通过对有关原料、生产中的物料及工艺的关键参数和性能指标进行实时检测的一个集设计、分析和生产控制为一体的系统。制药行业长期以来采用传统的生产方式，普遍采用对生产过程中的原材料、中间产物和最终产品进行抽样分析的离线检测，即人工从装置上采样后送到实验室进行分析，符合要求后准许出厂。这种传统的方法已提供了高品质的药品，但这样一个用抽样状况代替整体状况的检测过程，难以保证全部产品的合格，且这些数据的提供往往滞后于生产过程。和传统的质量保证手段相比，PAT在确保最终产品的质量方面具有非常明显的优势。

二、制药过程分析技术的分类与特点

（一）制药过程分析技术的分类

过程分析技术是通过使用一系列的工具来保证产品的质量和生产过程的可靠性，提高工作效率。目前在国际上使用的工具包括：过程分析仪器、多变量分析工具、过程控制工具、持续改善（CI）/知识管理（KM）/信息管理系统（ITS）等。

按照分析测试程序的不同，应用于制药过程的分析可分为以下类型。

（1）离线分析（off-line） 即从生产现场采样后带回实验室进行处理和分析。

（2）现场分析（at-line） 也叫近线分析，指人工采样后在现场进行分析。

（3）在线分析（on-line） 也称侧线在线分析，指依靠自动采样系统，直接从生产流程抽取样品，自动输入分析仪器中进行连续或间歇分析。

（4）内线分析（in-line） 也叫原位分析（in-situ），即将监测探头插入生产流程中进行实时连续的分析。

（5）非接触分析（noninvasive） 也称外感分析，即分析探头不与试样直接接触，无需采样与处理，进行遥感和无损检测。

上述分析方法中，在线分析、内线分析和非接触分析这几种方式统称为在线分析。按测试过程是否连续，在线分析又可分为间歇式和连续式两种。

离线分析和现场分析的工作方式在实质上和一般的实验室分析检验工作没有多大区别，是制药工业传统的分析方式，目前在许多工厂仍大量使用，它们的分析结果都只能说明生产过程“过去”某一时间的状况，提供的是滞后信息。

（二）制药过程分析技术的特点

与传统方法相比，制药过程分析技术具有以下特点。

1. 分析方法的快速性

与常规的药物分析不同，制药过程分析中，样品是在生产线上采样，要求在较短时间内迅速获取分析结果，并将结果反馈回生产线，用于监测药物生产工艺过程是否正常、产品质量状况如何，以便调节生产参数、更好地控制生产过程、降低生产风险。因此，制药过程质量监测中，快速是第一要求，而准确度则可以根据实际情况在允许的限度内适当降低。

2. 分析对象的多样性

制药过程分析的对象是多种多样的，对象不同，分析要求也不一样。样品可能来自于化学反应过程、提取分离过程、制剂过程或包装过程等；样品可能是气态、液态或固态；样品可以是原辅料、中间体、包装材料或成品等；但不管何种对象，快速、简便、重现性好是制药过程分析的基本要求。

3. 分析仪器的耐用性和可靠性

由于生产现场环境和实验室环境有明显的不同，其不易达到恒温、恒湿，因此，过程分析所用的仪器必须能够承受温度、压力、尘埃或腐蚀性气体、振动等各种现场环境的影响；且无论是高温或高压下，都必须能对可能是黏稠的、含微粒状物质或非水溶液进行取样和分析。同时，仪器必须能长时间连续可靠地工作，如取样操作、样品预处理、测量、数据采集及处理均需在无人照顾的情况下正常运行，能自动检测故障，发出警报，方法的校准曲线可适于长时期操作并可自动校准。

4. 化学计量学的重要性

过程分析化学计量学是过程监测和控制的软件系统，其主要解决过程分析中检测信号的提取与解析、过程建模和过程控制等问题，自动地处理和存贮数据及其结果，并将分析结果快速地反馈给生产过程，对过程进行及时的控制和优化。在制药过程控制中，常用的方法主要有偏最小二乘法、多重线性回归法、主成分分析法等多变量分析方法。

三、常用的过程分析方法

过程分析方法主要有光谱法、色谱法、质谱法等方法。

（一）光谱法

光谱法有原子发射分光光度法、原子吸收分光光度法、紫外-可见分光光度法、红外分光光度法等。

（1）原子发射分光光度法是常见方法之一，但不能给出物质分子的有关信息，且类似氧、氨、卤素等尚无法检测。

（2）原子吸收分光光度法的应用较广，测定的元素有七十多种，可用间接原子吸收分光光度法测定非金属和有机化合物，但多元素同时测定尚有困难。

（3）紫外-可见分光光度法多用于研究具有共轭双键结构的分子，常用于痕量分析、发光探针和分子取向测定。

（4）红外分光光度法是PAT中较常用的复杂分析技术，这是由于各种化合物均有红外吸收现象。按光谱区域分为远红外、中红外、近红外，最重要的应用是中红外区有机化合物结构的鉴定。

（二）色谱法

色谱法通常分气相色谱（GC）和液相色谱（LC）两种。按流动相物态和固定相物态、流动相使用形式、分离过程的机制来分，则有多种类型。色谱法因分离效率高、灵敏度高、分析速度快而被广泛应用。

（1）气相色谱检测常有热传导、氢火焰离子、火焰光度、电子捕获等。气相色谱适用于在500 ℃以下、热稳定性好、相对分子质量在400以下物质的检测。

（2）液相色谱中的高效液相色谱法应用广泛，其采用高压泵、高效固定相和高灵敏度检测器等，具有色谱柱可反复使用、流动相可选择范围宽、流出组分容易收集、分离效率高、分析速度快、灵敏度高等特点。

（三）质谱法

质谱法是一种通过对被测样品粒子的质荷比的测定来进行分析的方法，它具有灵敏度高、样品用量少、分析速度快、分离和鉴定同时进行的特点，包括有机质谱仪、无机质谱仪、同位素质谱仪、气体质谱仪等几种。

（四）其他过程分析方法及联用技术

其他过程分析方法有核磁共振、X射线荧光光谱、电子能谱分析、拉曼光谱法。其中，拉曼光谱法可用于对合成高分子、生物大分子的分析，X射线荧光光谱可对溶液与浆状液体进行分析。

联用技术是几种过程分析法之间的联用，如光谱法与色谱法或质谱法以及两种色谱法之间的联用。

四、过程分析技术（PAT）在制药领域中的应用及前景

PAT强调在生产工艺流程中直接应用，而不是局限于在实验室中。FDA倡导的PAT计划力图从过程、工艺上保证药品的质量，改变目前只能依靠严格和生硬的认证规范的现状，这为制药行业提供了新的法规框架和强大动力。此计划鼓励制药行业识别出哪些参数对质量至关重要，以及哪项技术最适合于测量这些参数。其最终目的是为提高药品生产效率和确保最终药品质量达到标准，营造一个良好的监管环境。PAT在半导体行业、石油行业、汽车行业、餐饮业中已应用多年，但迄今为止，在药品的生产中应用还不广泛。但在FDA的倡导下，已经有越来越多的制药企业开始尝试将PAT应用于制药领域，如利用模型为基础的过程分析工具对制药冷冻干燥过程的压力、温度等参数进行控制；将PAT技术用于制药过程的清洗工作，改进了产品质量并降低了生产成本等。

一般在制药工业现场应用较多的是过程分析仪和过程分析仪表。

近红外光谱仪自20世纪90年代初问世，属于过程分析仪的一种，因其具有分析速度快、非破坏性、无污染、投资少、操作技术要求低、多组分同时测定等特点，已广泛应用于石油化工、制药和烟草等领域。随着近红外光谱仪的发展，近红外分光光度法（near-infrared spectrometry，NIRS）在制药工业中的应用也日趋广泛，从药物的定性、定量分析，到生产过程各个阶段的在线监控均有应用，并取得了显著的经济和社会效益。利用该技术，使得制药生产过程能够可靠、快速、直接、容易地评估生产的关键环节，实现质量控制。这使得NIRS在原料药、制剂过程及成品药的分析中大显身手。近年来，NIRS在中药质量控制中得到了越来越多的应用，在假药、劣药的识别、有效成分定量及中药生产等领域开辟了广阔的天地。目前我国的中药生产正处于从传统的生产方式向工程化生产过渡的时期，NIRS在中药领域的成功应用将加速中药现代化的进程，对中药走出国门产生巨大的推动作用。拉曼光谱仪也是近几年发展较快的一种过程分析仪器，在制药生产的混料过程终点判断、冷冻干燥在线监测、含水化合物干燥、制粒过程监测、含量均一性的在线检验及局部用凝胶体和乳剂制备过程的质量控制等方面均有应用。此外，比较成功应用的过程分析仪还有工业在线色谱仪、紫外线分析仪、工业质谱仪、核磁共振仪等以及这些过程分析仪的联合使用。

过程分析仪表是指过程分析中结构、使用维护均相对简单而且常用的一类分析仪表，如常用的工业pH计、工业黏度计、电导率计、工业温度计、水分分析仪、工业氧分析仪、各种浓度计等。这些过程分析仪表在文献中报道较少，但已广泛应用于制药生产过程，尤其是生物制药的发酵过程。

制药行业需要从现有的生产模式向一个具有前瞻性的PAT生产模式进行转变。现有制药企业彻底实施PAT将会是一个漫长的过程，需要对这个过程的充分理解。PAT正在或已经步入工业化阶段。今后几十年，制药领域的一个重要的变化将是PAT的推行，这将对制药行业产生重大影响。

自我测试

一、单项选择题

1. 关于《中国药典》，叙述正确的是（ ）

A. 药品的技术文件 B. 药检工必备书
C. 药学教学参考书 D. 国家关于药品质量标准的法典

2.《中国药典》(2010 年版）分为（ ）

A. 2 部 B. 3 部 C. 4 部 D. 5 部

3.《英国药典》的缩写为（ ）

A. USP B. Ch. P C. EP D. BP

4.《中国药典》（2010 年版）规定“精密称定”是指称取重量应准确至所取重量的（ ）

A. 十分之一 B. 百分之一 C. 千分之一 D. 万分之一

5.《中国药典》(2010 年版）规定“恒重”是指连续两次称量之差不超过（ ）

A. 0.03mg B. 0.3mg C. 0.1mg D. 0.01mg

6. 试液配制方法收载在药典的（ ）

A. 凡例 B. 正文 C. 附录 D. 索引

7. 新中国成立后，第 1 版《中国药典》为哪版（ ）

A. 1949 年版 B. 1950 年版 C. 1951 年版 D. 1953 年版

8.《药品生产质量管理规范》的简称为（ ）

A. GCP B. GMP C. GLP D. GAP

9. 在制定药品质量标准时，对于化学原料药应首先用（ ）

A. 紫外分光光度法 B. 色谱法 C. 容量分析法 D. 重量分析法

10. 原料药的含量上限超过 100% 时，是指（ ）

A. 规定方法可能达到的数值 B. 允许的实际含量
C. 分析过程有误 D. 理论计算错误

二、多项选择题

1.《中国药典》(2010 年版）的内容包括（ ）

A. 凡例 B. 正文 C. 附录
D. 索引 E. 参考文献

2. 药品的质量管理包括（ ）

A. GCP B. GMP C. GLP
D. OTC E. GC

3.《中国药典》(2010 年版）二部收载的药品有（ ）

A. 化学药品 B. 中药材 C. 生物制品
D. 药用辅料 E. 中药饮片

4. 药品稳定性试验分为（ ）

A. 影响因素试验 B. 加速试验 C. 长期试验
D. 对照试验 E. 空白试验

5.《中国药典》(2010 年版）检查项目下包括（ ）

A. 安全性 B. 有效性 C. 唯一性
D. 均一性 E. 稳定性

三、简答题

1. 我国现行的药品质量标准体系是什么？我国的药品质量标准有哪些？
2.《中国药典》2010 年版与 2005 年版有何不同？
3. 药品质量标准制定的原则和主要内容是什么？

（施 菁 葛求富）

模块二 药物制剂检验专项技术

项目三　药物制剂鉴别技术

项目四　药物制剂检查技术

项目五　药物制剂含量测定技术

项目三　药物制剂鉴别技术

【知识目标】

掌握药品鉴别的概念、药品性状的内容与意义；掌握化学鉴别法、光谱鉴别法及色谱鉴别法等常用鉴别方法的原理与测定技术。

熟悉药品鉴别的意义与特点；熟悉熔点、比旋度、吸收系数等常用物理常数的测定方法。

了解专属性与耐用性对药品鉴别试验的意义；了解其他光谱技术在药品鉴别中的应用。

【能力目标】

能按照《中国药典》的规定对常见药品的性状进行观测，正确测定熔点、比旋度等物理常数，并熟练应用常用的鉴别方法，对常见药品进行鉴别，详细记录结果，并得出正确结论。

鉴别试验是指用理化方法或生物学方法来反映已知药品的某些物理、化学或生物学等性质的特征，不完全代表对该药品化学结构的确证，亦不是对未知物进行定性分析，因此只要求专属性强，灵敏度高以及操作简便、快速等。鉴别试验是药品质量控制的重要环节，只有在药品鉴别真伪无误的情况下，进行药品的杂质检查、含量测定等分析才有意义。

原料药尽量采用红外鉴别，制定标准光谱；应保留特殊基团的化学鉴别反应（如呈色反应、沉淀反应等）。常用的方法还有色谱法、紫外-可见分光光度法、红外分光光度法以及常见盐基或酸根的一般鉴别试验等。由于性状项下的物理常数也常能协助鉴别其真伪，所以选用的条目不要太多，能证明其真实性即可。

制剂的鉴别在具备专属性的前提下，可以采用与其原料药相同的方法，但应注意：①由于制剂大多加有辅料，采用红外分光光度法鉴别时应明确规定供试品的处理方法，如处理后辅料无干扰，则可直接与原料药的标准光谱进行比对；如辅料仍存在不同程度的干扰，则可参考原料药的标准光谱在指纹区内选择 3～5 个辅料无干扰的待测成分的特征吸收峰，列出它们的波数位置作为鉴别的依据，实测谱带的波数误差应小于规定波数的 0.5%。②制剂的含量测定采用高效液相色谱法、气相色谱法的，也可以其保留时间作为鉴别依据；采用紫外-可见分光光度法的也可用最大吸收波长或特定波长间吸收度的比值作为鉴别依据。③复方制剂中除了应考虑辅料对鉴别的干扰而予以排除外，还应重视共存药物可能对鉴别造成的干扰，也应排除。④注意应考虑制定能与同类药物或化学结构相近药物相区别的鉴别试验，如在尼可刹米注射液项下增订与烟酰胺注射液的区别。⑤若同时在标准中列有两个专属性强、灵敏度高的方法，可考虑仅选用其中的一种方法作为鉴别。制剂的鉴别试验如采用原料药项下的鉴别法时，应根据不同的剂型进行预处理，如引用原料药的化学反应鉴别则为“显相同的反应”，如为物理方法鉴别则为“显相同的结果”。

必备知识一 性状鉴别

药品的性状（description）反映了药品特有的物理性质，包括外观、溶解度、晶型和物理常数等。

一、外观性状

外观性状是对药品的色泽和外表感观的规定，包括药品的聚集状态、色泽、臭、味等性质，是药品质量检验必检的内容之一。状态是指药物呈固体、半固体、液体或气体，也可指剂型。色泽是指药物呈现的颜色，大多为白色或无色，少数呈现颜色，如维生素 E 显“微黄色至黄色或黄绿色”。有色药物可根据其颜色来判断药物的真伪、优劣，而无色药物变质呈色，也可用于鉴别。臭、味是药物本身的气、味，而不是指因混入残留溶剂或其他有气味物质而带入的臭、味。

对于原料药，外观主要记载药品的外观、臭、味等，如《中国药典》对奥美拉唑的外观描述为“本品为白色或类白色结晶性粉末，无臭，遇光易变色。”

对于药物制剂，外观主要记述剂型、内容物的状态、颜色等，如对奥美拉唑肠溶片的外观描述为“本品为肠溶衣片，除去包衣后显白色或类白色”。

此外，性状项下还描述稳定性和酸碱性。稳定性是指是否具有引湿、风化、遇光变质等与贮藏条件相关的性质；酸碱性是指药物的水溶液显酸性或碱性反应。

二、溶解度

溶解度是药品的一种物理性质，在原料药的性状项下描述。各品种项下选用的部分溶剂及其在该溶剂中的溶解性能，可供精制或制备溶液时参考，在一定程度上反映了药品的纯度；对在特定溶剂中的溶解性能需作质量控制时，在该品种检查项下另作具体规定。除新药外，一般情况下不进行溶解度检查。《中国药典》采用“极易溶解、易溶、溶解、略溶、微溶、极微溶解、几乎不溶或不溶”来描述药品的近似溶解度，详见表 3-1。

表 3-1 表示药品溶解度的名词术语

术语	溶解情况
极易溶解	溶质 lg(ml)能在溶剂不到 1ml 中溶解
易溶	溶质 lg(ml)能在溶剂 1～不到 10ml 中溶解
溶解	溶质 lg(ml)能在溶剂 10～不到 30ml 中溶解
略溶	溶质 lg(ml)能在溶剂 30～不到 100ml 中溶解
微溶	溶质 lg(ml)能在溶剂 100～不到 1000ml 中溶解
极微溶解	溶质 lg(ml)能在溶剂 1000～不到 10000ml 中溶解
几乎不溶或不溶	溶质 lg(ml)在溶剂 10000ml 中不能完全溶解

知识拓展

药品的晶型

许多结晶质药品常存在多晶现象。由于同一药品的晶型不同，其密度、熔点、溶解度、溶出速率、硬度等物理性质均有显著差异，从而影响其稳定性、生物利用度、疗效及毒副反应。因此，对药物多晶型的研究已成为控制药品质量及设计新药剂型的重要内容。

目前，药物晶型研究常用的方法主要有熔点法、热分析法、红外分光光度法、X 射线粉末衍射法以及 X 单晶衍射法等，近年来，还有拉曼光谱法、近红外光谱技术法、漫反射红外分光光度法、衍射测定计的区域检测器法以及它们与传统方法联用等技术。

必备知识二　物理常数

物理常数是物质的特性常数，包括相对密度、馏程、熔点、凝点、比旋度、折射率、黏度、吸收系数、碘值、皂化值和酸值等。其测定结果不仅对药品具有鉴别意义，也可反映药品的纯度，是评价药品质量的主要指标之一。

一、熔点

熔点系指供试品按规定的方法测定，由固体熔化成液体的温度、熔融同时分解的温度或在熔化时自初熔至全熔的一段温度。初熔系指供试品在毛细管内开始局部液化，出现明显的液滴时的状态。全熔系指供试品全部液化时的状态。熔融同时分解是指样品在一定温度下熔融同时分解产生气泡、变色或浑浊。

测定熔点可以鉴别药品，也可以检查药品的纯杂程度。《中国药典》规定采用毛细管法测定熔点。依照待测物质的性质不同，测定法分为三种：第一法测定易粉碎的固体药品；第二法测定不易粉碎的固体药品（如脂肪、脂肪酸、石蜡、羊毛脂等）；第三法测定凡士林或其他类似物质。其中最常用的为第一法，因此除必须采用第二法或第三法的个别品种并在标准中注明者外，均系指用第一法。

知识拓展

衍生物熔点测定鉴别法

对于某些熔点过高、对热不稳定或熔点不敏锐的药物，可通过加入试剂使药物与试剂反应生成衍生物，通过测定其衍生物的熔点对该药进行鉴别。该鉴别法虽较复杂、繁琐，但专属性强，故目前仍可采用。如盐酸利多卡因的鉴别：

取本品 2g，加水 20ml 溶解后，取溶液 10ml，加三硝基苯酚试液 10ml，即生成沉淀；滤过，沉淀用水洗涤后，105℃干燥，熔点为 228～232℃，熔融时同时分解。

二、吸收系数

吸收系数的物理意义是在一定波长下，吸光物质在单位浓度及单位厚度时的吸光度。在给定单色光、溶剂和温度等条件下，吸收系数是物质的特性常数，表明物质对某一特定波长光的吸收能力。

吸收系数有两种表示方式：摩尔吸收系数和百分吸收系数，用紫外-可见分光光度计测定。《中国药典》采用百分吸收系数，用 $E_{1cm}^{1\%}$ 来表示，即换算成溶液浓度为 1%（g/ml）、光路长度为 1cm 时的吸光度，将其列入性状项下的物理常数之中，不仅可用于考查该原料药的质量，并可作为其制剂含量均匀度、溶出度检查及含量测定用。采用以 $E_{1cm}^{1\%}$ 值计算的分光光度法，根据朗伯-比尔定律当单色光辐射穿过被测物质溶液时，在一定的浓度范围内被该物质吸收的量与该物质的浓度和液层厚度（即光路长度）成正比，其关系式如下。

$$A=\frac{\lg 1}{T}=E_{1cm}^{1\%}CL$$

式中，吸光度为A；透光率为T；百分吸收系数为$E_{1cm}^{1\%}$，C为每100ml溶液中含有被测物质的质量，g；L为液层厚度，cm。

三、比旋度

平面偏振光通过含有某些光学活性化合物的液体或溶液时，偏振光的振动平面会向左或向右偏转，这就是旋光现象，旋转的角度称为旋光度。迎着光传播的方向观察，使偏振光向右旋转者（即顺时针方向）定义为右旋，以符号“+”表示；使偏振光向左旋转者（即逆时针方向）定义为左旋，以符号“-”表示。

在一定波长与温度下，偏振光透过长1dm且每毫升中含有旋光性物质1g的溶液时，测得的旋光度称为比旋度，以$[\alpha]_{\lambda}^{t}$表示，t为测定时的温度，λ为测定波长。除另有规定外，《中国药典》采用钠光谱的D线（589.3nm）测定旋光度，测定管长度为1dm（如使用其他管长，应进行换算），测定温度为20℃，使用读数至0.01°并经过检定的旋光计。旋光度其他测定波长常见的有365nm、405nm、436nm、546nm、633nm等。现代仪器一般采用的光源为卤素灯。

比旋度（或旋光度）是反映手性化合物特性及其纯度的主要指标之一，测定比旋度（或旋光度）可以区别或检查某些药品的纯杂程度，因此，凡具有光学异构体的药品，在其性状项下的物理常数中，应尽可能对其比旋度作出明确规定。

比旋度的计算公式如下。

液体供试品 $[\alpha]_{D}^{t}=\frac{\alpha}{Ld}$ 固体供试品 $[\alpha]_{D}^{t}=\frac{100\alpha}{LC}$

式中，$[\alpha]_{D}^{t}$为比旋度；D为钠光谱的D线（589.3nm）；t为测定温度，20℃；L为测定管长度，dm；α为测得的旋光度；d为液体的相对密度；C为每100ml溶液中含有被测物质的质量，g。

课堂互动

《中国药典》收载了哪些物理常数测定法？

必备知识三 鉴别试验项目

鉴别试验通常可分为一般鉴别试验和专属鉴别试验。一般鉴别试验是依据某一类药物的化学结构或理化性质的特征，通过化学反应来鉴别药物的真伪。对无机药物是根据其组成的阴离子和阳离子的特殊反应；对有机药物则多采用典型的官能团反应。一般鉴别试验只能证实某一大类药物，而不能证实是哪一种药物。而药物的专属鉴别试验是证实某一种药物的依据，它是根据每一种药物化学结构的差异及其所引起的理化特性不同，选用某些特有的灵敏反应，来鉴别药物的真伪。例如，吡啶类药物含有吡啶环的相同母核，但这类药物吡啶环母核上的取代基不同，因此具有不同的理化性质，可用于鉴别：如异烟肼吡啶环上连有肼基，可利用肼基的还原性进行专属鉴别试验；尼可刹米吡啶环上连有酰胺键，利用酰胺键在碱性下水解反应也可进行专属鉴别试验。

一、一般鉴别试验

（一）无机酸盐

1. 硫酸盐

方法（1）　取供试品溶液，滴加氯化钡试液，即生成白色沉淀；分离，沉淀在盐酸或硝酸中均不溶解。

方法（2）　取供试品溶液，滴加乙酸铅试液，即生成白色沉淀；分离，沉淀在乙酸铵试液或氢氧化钠试液中溶解。

方法（3）　取供试品溶液，加盐酸，不生成白色沉淀（与硫代硫酸盐相区别）。

2. 硝酸盐

方法（1）　取供试品溶液，置试管中，加等量的硫酸，小心混合，冷却后，沿管壁加硫酸亚铁试液，使呈两液层，接界面显棕色。

方法（2）　取供试品溶液，加硫酸与铜丝（或铜屑），加热，即产生红棕色的蒸气。

方法（3）　取供试品溶液，滴加高锰酸钾试液，紫色不应褪去（与亚硝酸盐相区别）。

3. 氯化物

方法（1）　取供试品溶液，加稀硝酸使成酸性后，滴加硝酸银试液，即生成白色凝乳状沉淀；分离，沉淀加氨试液，即溶解，再加稀硝酸酸化后，沉淀复生成。如供试品为生物碱或其他有机碱的盐酸盐，须先加氨试液使成碱性，将析出的沉淀滤过除去，取滤液进行试验。

方法（2）　取供试品少量，置试管中，加等量的二氧化锰，混匀，加硫酸湿润，缓缓加热，即产生氯气，能使用水湿润的碘化钾淀粉试纸显蓝色。

（二）无机金属盐

1. 钠盐、钾盐、钙盐、钡盐的焰色反应

方法　取铂丝，用盐酸湿润后，蘸取供试品，在无色火焰中燃烧，火焰即显各离子的特征颜色。钠离子显鲜黄色、钾离子显紫色、钙离子显砖红色、钡离子显黄绿色，通过绿色玻璃透视，火焰显蓝色。

反应原理　钠的火焰光谱的主要谱线有 589.0nm、589.6nm，显黄色。钾的火焰光谱的主要谱线有 766.49nm、769.90nm 等，由于人眼在此波长附近的敏感度较差，故显紫色。如有钠盐混存，因钠焰的灵敏度很高，遮盖了钾焰的紫色，需透过蓝色钴玻璃将钠焰的黄色滤去，此时火焰显粉红色。钙的火焰光谱的主要谱线有 622nm、554nm、442.67nm 与 602nm，其中 622nm 的谱线最强，显砖红色。钡的火焰光谱在可见光区有 533.56nm、513nm、488nm 这几条主要谱线，其中以 533.56nm 波长的谱线最强。

2. 铵盐

方法　取供试品，加过量的氢氧化钠试液后，加热，即分解，发生氨臭；遇用水湿润的红色石蕊试纸，能使之变蓝色，并能使硝酸亚汞试液湿润的滤纸显黑色。

反应原理：

$$NH_4^+ + OH^- \longrightarrow NH_3\uparrow + H_2O$$

$$Hg_2Cl_2 + 2NH_3 \longrightarrow Hg(\text{黑色}) + Hg(NH_2)Cl + NH_4Cl$$

（三）有机酸盐

1. 水杨酸盐

方法（1）　取供试品的稀溶液，加三氯化铁试液 1 滴，即显紫色。

反应原理　在中性或弱酸性条件下，水杨酸与三氯化铁试液生成配位化合物，在中性时呈红色，弱酸性时呈紫色。

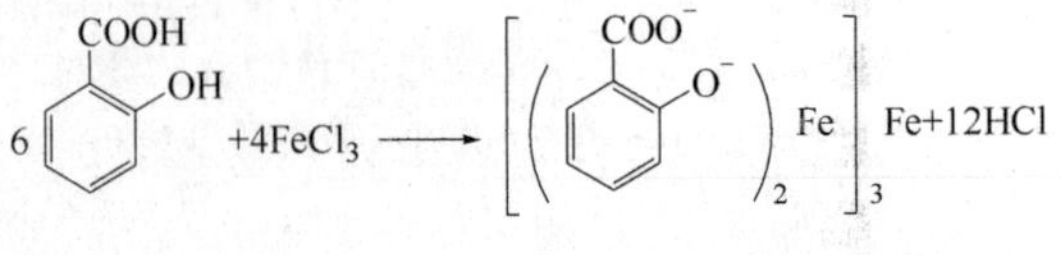

该反应极为灵敏，可检出 0.1μg 的水杨酸。只需取稀释溶液进行试验，如取用量大，产生的颜色过深，可加水稀释后观察。

方法（2）　取供试品溶液，加稀盐酸，即析出白色水杨酸沉淀；分离，沉淀在乙酸铵试液中溶解。

反应原理　水杨酸不溶于水，而水杨酸盐溶于水。在水杨酸盐溶液中加盐酸即析出游离的水杨酸；由于水杨酸的酸性（$K_a=1.06\times10^{-3}$，25℃）大于乙酸的酸性（$K_a=1.85\times10^{-5}$，25℃），故能与乙酸铵作用释放出乙酸，同时生成可溶性的铵盐。

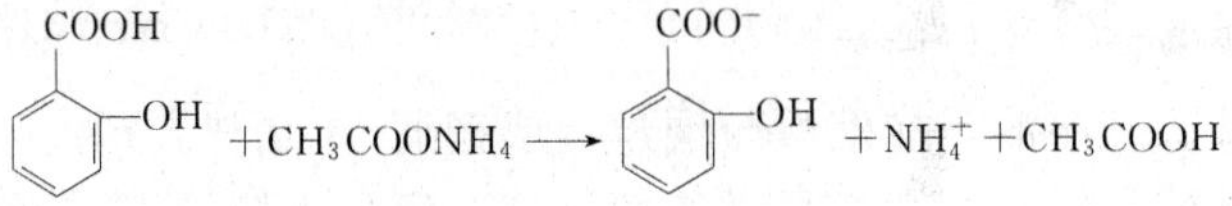

2. 酒石酸盐

方法（1）　取供试品的中性溶液，置洁净的试管中，加氨制硝酸银试液数滴，置水浴中加热，银即游离并附在试管的内壁形成银镜。

反应原理

$$\begin{array}{l}HO—CH—COOH\\ \quad\;\;|\\ HO—CH—COOH\end{array}+2Ag(NH_3)_2OH\xrightarrow{\triangle}\underset{（银镜生成）}{2Ag\downarrow}+\begin{array}{l}HO—C—COONH_4\\ \quad\;\;\|\\ HO—C—COONH_4\end{array}+2NH_3\uparrow+2H_2O$$

方法（2）　取供试品溶液，加乙酸成酸性后，加硫酸亚铁试液 1 滴和过氧化氢试液 1 滴，待溶液褪色后，用氢氧化钠试液碱化，溶液即显紫色。

反应原理

$$3\begin{array}{l}HO—C—COOH\\ \quad\;\;\|\\ HO—C—COOH\end{array}+Fe(CH_3COO)_3+6NaOH\longrightarrow Na_3\underset{（紫色）}{\left[\left(\begin{array}{l}HO—C—COO\\ \quad\;\;\|\\ HO—C—COO\end{array}\right)_3Fe\right]}+3CH_3COONa+6H_2O$$

（四）有机氟化物

方法　取供试品约 7mg，照氧瓶燃烧法进行有机破坏，用水 20ml 与 0.01mol/L 氧氧化钠溶液 6.5ml 为吸收液，等燃烧完毕后，充分振摇；取吸收液 2ml，加茜素氟蓝试液 0.5ml，再加 12%乙酸钠的稀乙酸溶液 0.2ml，用水稀释至 4ml，加硝酸亚铈试液 0.5ml，即显蓝紫色；同时做空白对照试验。

反应原理　有机氟化物经氧瓶燃烧法破坏，被碱性溶液吸收，成为无机氟化物，与茜素氟蓝、硝酸亚铈在 pH 4.3 的弱酸性条件下，生成蓝紫色的配位化合物。

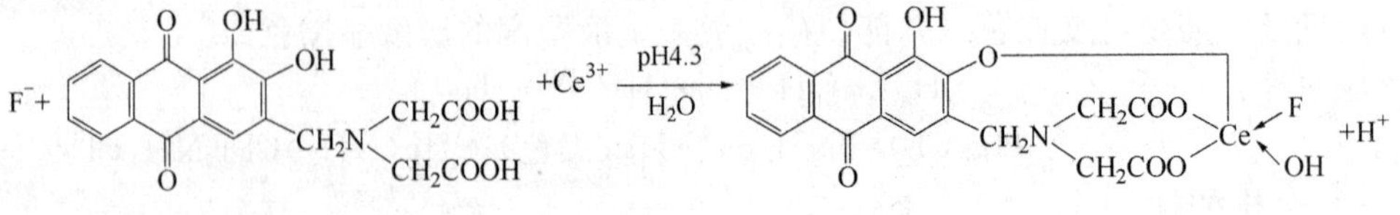

（茜素氟蓝）　　　　（蓝紫色）

【应用示例】　《中国药典》中醋酸地塞米松片的鉴别：取本品细粉适量（约相当于醋酸地塞米松 7mg），加乙醇 25ml，浸渍 15min，时时振摇，滤过，滤液置水浴上蒸干，残渣显有机氟化物的鉴别反应。

知识拓展

氧瓶燃烧法

本法系将分子中含有卤素或硫等元素的有机药物在充满氧气的燃烧瓶中进行燃烧，等燃烧产物被吸入吸收液后，再采用适宜的分析方法来检查或测定卤素或硫等元素的含量。

（1）仪器装置　燃烧瓶为 500ml、1000ml 或 2000ml 磨口、硬质玻璃锥形瓶，瓶塞应严密，空心，底部熔封铂丝一根（直径为 1mm），铂丝下端做成网状或螺旋状，长度约为瓶身长度的 2/3，如图 3-1。

（2）操作法　按各品种项下的规定，精密称取供试品（如为固体，应研细）适量，除另有规定外，置于无灰滤纸［图 3-2(a)］中心，按虚线折叠［图 3-2(b)］后，固定于铂丝下端的网内或螺旋处，使尾部露出。如为液体供试品，可在透明胶纸和滤纸做成的纸袋中称样，方法为将透明胶纸剪成规定的大小和形状［图 3-2(c)］，中部贴一约 16mm × 6mm 的无灰滤纸条，并于其突出部分贴一 6mm × 35mm 的无灰滤纸条［图 3-2(d)］，将胶纸对折，紧粘住底部及另一边，并使上口敞开［图 3-2(e)］；精密称定重量，用滴管将供试品从上口滴在无灰滤纸条上，立即捏紧粘住上口，精密称定重量，两次重量之差即为供试品重，将含有供试品的纸袋固定于铂丝下端的网内或螺旋处，但尾部露出。另在燃烧瓶内按各品种项下的规定加入吸收液，并将瓶口用水湿润，小心急速通入氧气约 1min（通气管应接近液面，使瓶内空气排尽），立即用表面皿覆盖瓶口，移置他处；点燃包有供试品的滤纸尾部，迅速放入燃烧瓶中，按紧瓶塞，用水少量封闭瓶口。待燃烧完毕（应无黑色碎片），充分振摇，使生成的烟雾完全吸入吸收液中，放置 15min，用水少量冲洗瓶塞及铂丝，合并洗液及吸收液。同法另做空白试验。然后按各品种项下规定的方法进行检查或测定。

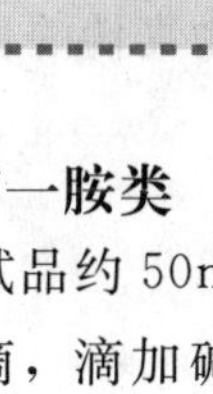

图 3-1　燃烧瓶

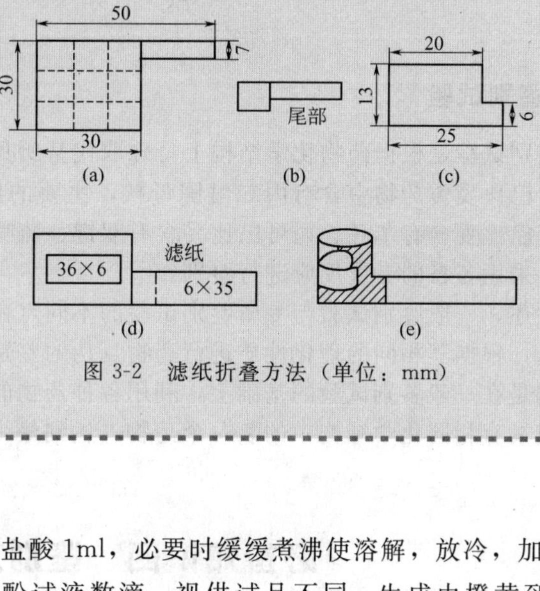

图 3-2　滤纸折叠方法（单位：mm）

（五）芳香第一胺类

方法　取供试品约 50mg，加稀盐酸 1ml，必要时缓缓煮沸使溶解，放冷，加 0.1mol/L 亚硝酸钠溶液数滴，滴加碱性 β-萘酚试液数滴，视供试品不同，生成由橙黄到猩红色的沉淀。

反应原理　具有芳伯氨基的药物，在酸性条件下，与亚硝酸钠反应生成重氮盐；再在碱性条件下，与 β-萘酚偶合生成有色的偶氮染料沉淀。

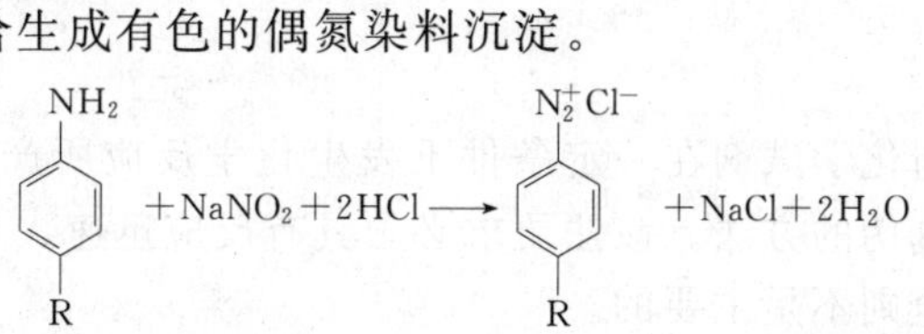

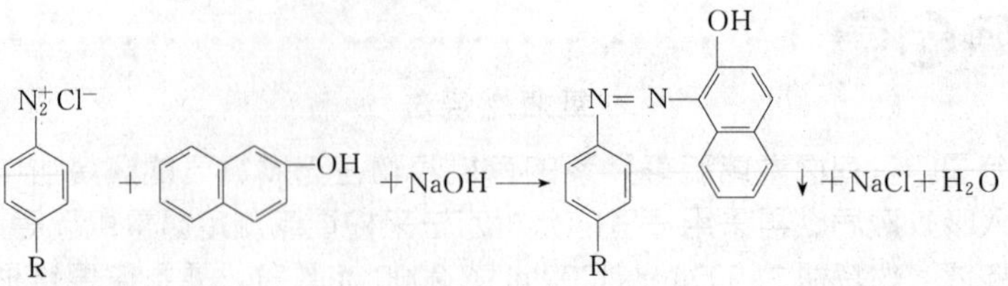

（六）托烷生物碱类

方法　取供试品约10mg，加发烟硝酸5滴，置水浴上蒸干，得黄色的残渣，放冷，加乙醇2～3滴湿润，加固体氢氧化钾一小粒，即显深紫色。

反应原理　托烷生物碱类均具有莨菪酸的结构，可发生Vitali反应，水解生成莨菪酸，经发烟硝酸处理，转变为三硝基衍生物，再与氢氧化钾溶液作用，转变为醌式产物而显深紫色。后马托品水解产物没有莨菪酸，不能发生此反应，可以此区别。

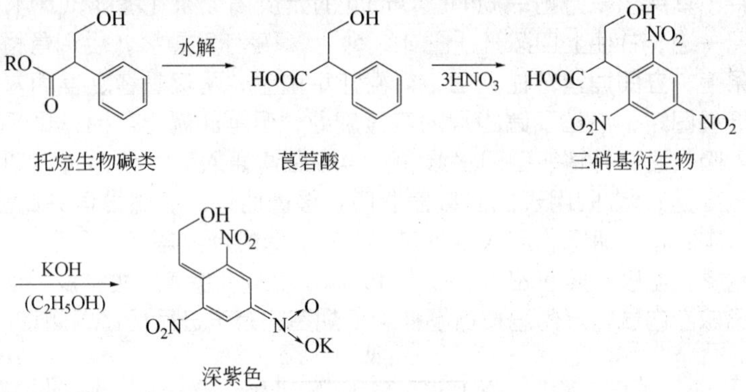

二、专属鉴别试验

专属鉴别试验是根据药物化学结构上特殊取代基所具有的特有理化性质来进行的鉴别试验。例如，巴比妥类药物中含有丙二酰脲母核，主要的区别在5,5-位取代基和2-位取代基不同，即苯巴比妥含有苯环、司可巴比妥含有双键、硫喷妥钠含有硫原子，可根据这些取代基的性质，采用各自的专属反应进行鉴别。

综上所述，一般鉴别试验与专属鉴别试验的不同点在于：前者是以某些药物的共同化学结构为依据，根据其相同的理化性质进行药物真伪的鉴别，以区别不同类别的药物；而专属鉴别试验则是在一般鉴别试验的基础上，利用各种药物的化学结构差异来鉴别药物，以区别同类药物或具有相同化学结构中的某一个药物，达到最终确证药物真伪的目的。

必备知识四　鉴别方法

药物的鉴别方法要求专属性强、灵敏度高、重现性好、操作便捷等。常用的鉴别方法有化学法、光谱法和色谱法等。

一、化学法

化学法是根据药物与化学试剂在一定条件下发生化学反应所产生的颜色、沉淀、气体、荧光等现象来鉴别药物真伪的方法。该法要求必须具有反应迅速、现象明显的特点才有实用价值，至于反应是否完全则不是主要的。

(一) 呈色反应鉴别法

呈色反应鉴别法是指在供试品溶液中加入适当的试剂溶液，在一定条件下进行反应，生成易于观测的有色产物。如酚羟基的三氯化铁呈色反应；芳香第一胺的重氮化-偶合反应；肾上腺皮质激素类的四氮唑盐反应；氨基醇结构的双缩脲反应；氨基酸及氨基糖苷类的茚三酮反应等。

(二) 沉淀反应鉴别法

沉淀反应鉴别法是指供试品溶液中加入适当的试剂溶液，在一定条件下进行反应，生成不同颜色的沉淀，有的具有特殊的沉淀形状。如磺胺类药物的铜盐反应、利多卡因与重金属离子的沉淀反应、丙二酰脲类药物的硝酸银反应、氯化物的银盐沉淀反应等。

(三) 荧光反应鉴别法

该鉴别法分为两种，一种为在适当的溶剂中，药物本身可在可见光下发射荧光，如硫酸奎宁的稀硫酸溶液显蓝色荧光；另一种为药物与适当试剂反应后发射出荧光，如维生素 B_1 的硫色素反应等。

(四) 气体生成反应鉴别法

含乙酸酯和乙酰胺类的药物，经硫酸水解后，加乙醇可产生乙酸乙酯的香味，如醋酸地塞米松；胺（铵）类、酰脲类、酰胺类药物经强碱处理后，产生氨气（胺），如尼可刹米在碱性条件下加热水解，释放出二乙胺，能使湿润的红色石蕊试纸变蓝；含碘有机药物，经直火加热可生成紫色碘蒸气，如泛影酸。

利用化学反应生成具有特臭的挥发性产物，依靠嗅觉来进行鉴别的情况应尽可能避免采用，尤其是生成有毒的挥发性物质，更不应采用。

二、光谱法

化学结构不同的药物，对光能的吸收特性是不同的，即对不同波长范围的光谱吸收强度是不同的。根据药物的吸收光谱特征进行鉴别的方法，称为光谱法（spectrometry）。紫外-可见分光光度法与红外分光光度法是在药物鉴别中应用非常广泛的两种光谱鉴别法。

(一) 紫外-可见分光光度法

利用紫外-可见吸收光谱对物质进行分析的方法称为紫外-可见分光光度法（UV）。含有芳环或具有共轭结构的有机药物，一般在波长 200～400nm 的紫外光区和 400～760nm 的可见光区有明显的吸收。紫外-可见吸收光谱与物质的结构有关，同一物质在相同的条件下测得的紫外吸收光谱具有相同的特征，故常用于药物的鉴别。该法操作简便、快速，应用广泛；但因紫外吸收光谱较为简单，曲线形状变化不大，因此紫外吸收光谱相同，不一定就是相同的物质，其鉴别的专属性远不如红外光谱，一般不能单独使用，应与其他鉴别方法配合，才能对药物的真伪做出判断。

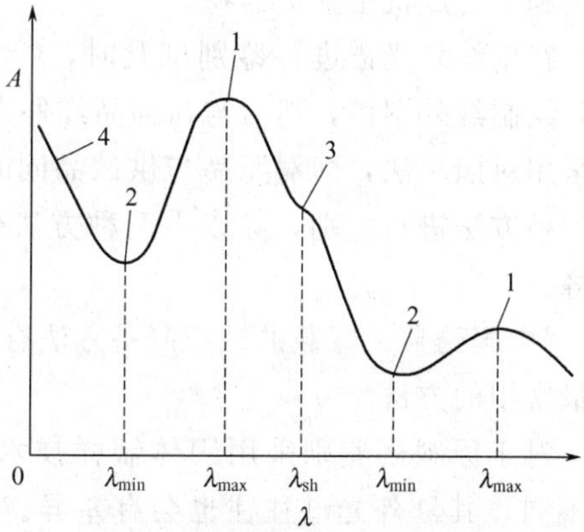

图 3-3 紫外-可见吸收光谱

1—吸收峰；2—吸收谷；3—肩峰；4—末端吸收

紫外-可见吸收光谱一般具有如下性状特征（图 3-3）：①吸收峰，其所在波长处称为最大吸收波长（λ_{max}）；②吸收谷，其所在波长处称为最小吸收波长（λ_{min}）；③肩峰，其所在波长处用 λ_{sh} 表示；④末端吸收。

用紫外-可见分光光度法鉴别药物，常用的方法主要有以下几种，可以单个应用，也可几个结合起来使用，以提高方法的专属性。

(1) 比较最大吸收波长（λ_{max}），或同时比较最小吸收波长（λ_{min}）。

(2) 比较一定浓度的供试液在最大吸收波长处的吸光度。

(3) 比较吸收波长与吸收系数。

(4) 比较吸收波长与吸光度比值 $A_{\lambda1}/A_{\lambda2}$。

(5) 比较一定浓度的供试液的吸收光谱。

实例解析

氯贝丁酯的UV鉴别

取本品，加无水乙醇制成每毫升含0.10mg的溶液A与每毫升含10μg的溶液B，溶液B在226nm的波长处有最大吸收；溶液A在280nm与288nm的波长处有最大吸收。

盐酸布比卡因的UV鉴别

取本品适量，精密称定，按干燥品计算，加0.01mol/L盐酸溶液溶解并定量稀释，制成每毫升中约含0.40mg的溶液，在263nm与271nm波长处有最大吸收，其吸光度分别为0.53～0.58与0.43～0.48。

贝诺酯的UV鉴别

照紫外-可见分光光度法测定，在240nm的波长处有最大吸收，在240nm波长处测定吸光度，按干燥品计算，吸收系数（$E_{1cm}^{1\%}$）为730～760。

丙酸倍氯米松的UV鉴别

取本品，精密称定，加乙醇溶解并定量稀释制成每毫升中含20μg的溶液，照紫外-可见分光光度法测定，在239nm的波长处有最大吸收，吸光度为0.57～0.60；在239nm与263nm波长处的吸光度比值应为2.25～2.45。

(二) 红外分光光度法

红外光谱是由物质分子的振动和转动能级跃迁所产生的光谱。利用红外光谱对物质进行分析的方法称为红外分光光度法（infrared spectrophotometry，IR）。由于物质分子发生振动和转动能级跃迁所需的能量较低，几乎所有的有机化合物在红外光区均有吸收，而且分子中不同官能团，在发生振动和转动能级跃迁时所需的能量各不相同，产生的吸收谱带其波长（波数）位置就成为药物鉴别的依据，故红外分光光度法是有机原料药物最常用的鉴别方法，其专属性强、适用范围广，尤其适合于用其他方法不易区分的同类药物，如磺胺类、甾体激素类和半合成抗生素类药物。

在用红外光谱进行鉴别试验时，ChP和BP均采用标准图谱对照法，即依法制备供试品，绘制红外图谱，然后与《药品红外光谱集》上相应的标准图谱对照，两者应一致。USP则采用对照品法，即对照品与供试品同时制备、测定，比较两者图谱的一致性。JP规定可用三种方法进行鉴别，除以上两种方法外，还可采用规定条件下测定一定波数处的特征吸收峰。

《中国药典》收载的试样制备方法有四种：压片法、糊法、膜法和溶液法。其中压片法是最常用的方法。

对于原料药鉴别采用固体制样技术时，最常碰到的问题是多晶现象，固体样品的晶型不同，其红外光谱往往也会有差异。当供试品的实测光谱与《药品红外光谱集》所收载的标准光谱不一致时，在排除各种可能影响光谱的外在或人为因素后，应按该药品光谱图中备注的方法或各品种项下规定的方法进行预处理，再绘制光谱比对。如未规定该品种供药用的晶型或预处理方法，则可使用对照品，并采用适当的溶剂对供试品与对照品在相同的条件下同时进行重结晶，然后依法绘制光谱比对。如已规定特定的药用晶型，则应采用相应晶型的对照品依法比对。当固体制样技术不能满足鉴别需要时，可改用溶液法绘制光谱后比对。

与原料药的IR鉴别法相比，制剂的鉴别一般需要采用提取分离，经适当干燥后再压片，绘制图谱。提取时应选择适宜的溶剂，以尽可能地减少辅料的干扰，并力求避免可能导致的晶型转变。提取的样品再经适当干燥后依法进行红外光谱鉴别。当制剂辅料无干扰，待测成分的晶型不变化，此时可直接与原料药的标准光谱进行比对；当制剂辅料无干扰，但待测成分的晶型有变化，此种情况可用对照品经同法处理后的光谱比对；若待测成分的晶型不变化，而辅料存在不同程度的干扰，此时可参照原料药的标准光谱，在指纹区内选择3～5个不受辅料干扰的待测成分的特征谱带作为鉴别的依据。鉴别时，实测谱带的波数误差应小于规定值的0.5%；若待测成分的晶型有变化，辅料也存在干扰，此种情况一般不宜采用红外光谱鉴别。

虽然红外分光光度法的专属性强，但绘制光谱时易受外界条件影响，图谱容易发生变异，为了确保鉴别结果准确无误，《中国药典》不单独用红外分光光度法进行鉴别，常与其他方法联合进行。

【应用示例】　《中国药典》收载的炔雌醇的红外分光光度法鉴别方法：取本品适量，

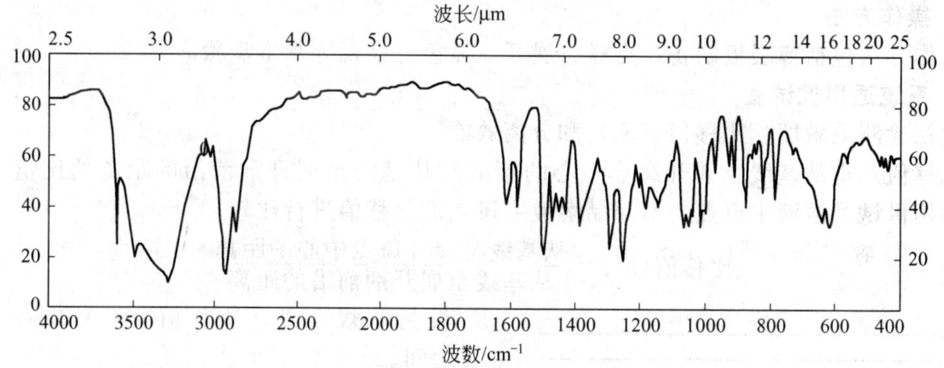

图3-4　炔雌醇的红外吸收光谱

用压片法制样后，依法测定红外吸收光谱，测定结果见图3-4。从红外吸收光谱中可以获得吸收光谱的形状、吸收峰波数的位置、吸收相对强度等信息，这些均可用于药物的鉴别。《中国药典》采用标准图谱对比法，将炔雌醇的红外吸收光谱与对照的图谱（光谱集259图）相比较，要求一致。该药物典型化学键的红外特征吸收峰见表3-2。炔雌醇分子中有苯环、酚羟基、醇羟基和乙炔基，对比表3-2的数据，均可找到这些官能团吸收峰的归属。

表3-2　炔雌醇典型化学键的红外特征吸收峰

峰位/cm^{-1}	振动形式	归属基团	峰位/cm^{-1}	振动形式	归属基团
3750～3000	ν_{OH}、ν_{NH}	O—H、N—H	1900～1650	$\nu_{C=O}$	C═O
3000～2700	ν_{-CH}	—CH(烷基)、—CHO	1670～1500	$\nu_{C=C}$、$\nu_{C=N}$、δ_{N-H}	C═C、C═N、N—H
3300～3000	$\nu_{=CH}$、$\nu_{\equiv CH}$、ν_{Ar-H}	≡CH、═CH、Ar—H	1300～1000	ν_{C-O}	C—O
2400～2100	$\nu_{C\equiv C}$、$\nu_{C\equiv N}$	C≡C、C≡N	1000～650	$\delta_{=N-H}$、δ_{Ar-H}	不同取代形式双键、苯环

知识链接

《药品红外光谱集》简介

《药品红外光谱集》是执行药品标准的必须工具书。1985 年，开始收集绘制国产药品红外光谱图；后分卷出版《药品红外光谱集》，1995 年出版第一卷，收载了光栅型红外分光光度计绘制的药品红外光谱图；2000 年第二卷全部改由傅里叶红外光谱仪绘制；2010 年已出版至第四卷。凡在《中国药典》和国家药品标准中收载红外鉴别或检查的品种，除特殊情况外，该光谱集中均有相应收载，以供比对。

三、色谱法

色谱法是利用不同物质在一定色谱条件下，产生各自的特征色谱行为（如 R_f 值或保留时间）而进行的鉴别试验。将供试品与对照品（或经确证的已知药品）在相同的条件下进行色谱分离、比较，根据两者保留行为和检测结果是否一致来判断药品的真伪。常用的方法有薄层色谱法、高效液相色谱法、气相色谱法。纸色谱法因操作繁琐，宜少用或不用。

（一）薄层色谱法

薄层色谱法系将供试品溶液点样于薄层板上，经展开、检视后所得的色谱图，与适宜的对照物按同法所得的色谱图作对比。与其他色谱方法相比，薄层色谱法具有操作简便快速、方法灵敏、专属性强的特点，且一次试验可同时鉴别多种成分，因此在药物鉴别中应用广泛。

1. 操作方法

操作方法包括薄层板制备、点样、展开、显色与检视等基本步骤。

2. 系统适用性试验

包括检测灵敏度、比移值（R_f）和分离效能。

比移值系指从基线至展开斑点中心的距离与从基线至展开剂前沿的距离的比值。鉴别时，可用供试品溶液主斑点与对照品溶液主斑点的比移值进行比较。

$$比移值(R_f)=\frac{从基线至展开斑点中心的距离}{从基线至展开剂前沿的距离}$$

除另有规定外，比移值（R_f）应在 0.2～0.8之间。

分离效能是指鉴别时在药物对照品与结构相似药物的对照品制成混合对照溶液的色谱图中，应显示两个清晰分离的斑点。

3. 鉴别方法

（1）采用供试品溶液与同浓度的对照品溶液，在同一块薄层板上点样、展开与检视，供试品溶液所显主斑点的颜色（或荧光）与位置（R_f 值）应与对照品溶液的主斑点一致，而且主斑点的大小与颜色的深浅也应大致相同［图 3-5(a)］。

（2）采用供试品溶液与对照品溶液等体积混合，点样、展开与检视，应显示单一、紧密的斑点［图 3-5(b)］。

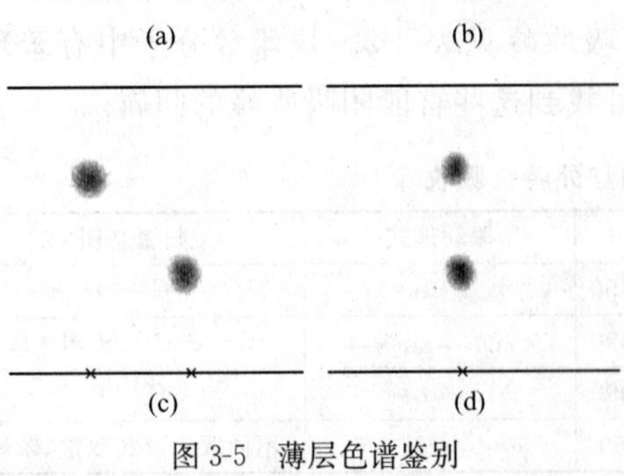

图 3-5 薄层色谱鉴别

（3）选用与供试品化学结构相似的药物对照品与供试品溶液，在同一块薄层板上分别点样、展开与检视，比较两者主斑点的 R_f 值，应显示不同［图 3-5(c)］。

(4) 将方法 (3) 中两种溶液等体积混合，点样、展开与检视，应显示两个清晰分离的斑点［图 3-5(d)］。

由于薄层板的种类、展开剂的种类与比例、实验温度和湿度等多种因素均可影响色谱的分离效果，故要注意实验条件的控制。

(二) 高效液相色谱法

高效液相色谱法具有灵敏度高、专属性强、分析速度快的优点，只要被分离的化合物能溶解于某些溶剂中，即能用高效液相色谱进行分析，不受药物气化和热稳定性的限制，适合于大多数药物的鉴别，已成为药物鉴别中应用最广、发展最快的方法。

高效液相色谱法一般是在检查或含量测定项下采用高效液相色谱法时附带引用，要求供试品与对照品色谱峰的保留时间 (t_R) 应一致。高效液相色谱法的系统适用性试验通常包括理论板数、分离度、重复性和拖尾因子。其中，分离度和重复性尤为重要。

测定时应注意色谱系统的稳定性和保证系统的平衡时间，使同一物质不同时间进样的保留时间重现性有保证。

实例解析

依托咪酯注射液的高效液相色谱鉴别（引用有关物质测定色谱条件）

取本品与依托咪酯对照品各适量，分别用流动相稀释，制成每毫升中约含依托咪酯 0.1mg 的溶液作为供试品溶液与对照品溶液，照有关物质项下方法试验，供试品溶液主峰的保留时间应与对照品溶液主峰的保留时间一致。

(三) 气相色谱法

气相色谱法具有灵敏度高、专属性强、分析速度快的优点，主要用于对热稳定、容易气化的药物（如含挥发油或其他挥发性成分的药物）的鉴别。

一般采用对照品或标准品比较法，要求供试品色谱峰的保留时间 (t_R) 应与对照品一致。气相色谱法的系统适用性试验内容与高效液相色谱法一致。

实例解析

安宫牛黄丸中麝香与冰片的气相色谱法鉴别

(1) 色谱条件与系统适用性试验　以 SE-30 为固定液，涂布浓度为 5%；色谱柱长为 2m，初柱温 50℃，保持 5min 后，以 25℃/min 的速率升温 2min，100℃保温 3min，然后再以 20℃/min 的速率升温至 200℃。检测器 FID、气化室及检测室温为 180℃。

(2) 测定法　取冰片对照品 50mg，加苯溶解，并移入 10ml 的容量瓶中，稀释至刻度，分取 1ml，作为冰片对照液，另将剩余 9ml 继续溶解 160mg 的麝香酮对照品，即得混合对照液（每毫升含冰片 5mg，麝香酮 18mg）。再取样品 1 粒（约 3g），剪碎，置 500ml 圆底烧瓶中，加水 100ml，连接挥发油测定器，并在测定器上端加水使充满刻度部分，再加入苯 0.4ml，直火缓缓加热至沸，并保持微沸 2h，放冷，取苯液作为供试品溶液。分别取混合对照品溶液和供试品溶液 1μl，注入气相色谱仪，记录色谱图。

(3) 结论　按保留时间鉴定出样品中冰片和麝香酮成分的存在。

必备知识五 鉴别试验的方法验证

药物鉴别方法学的验证内容主要为专属性，必要时也包括检测限。

一、专属性

鉴别试验的专属性就是指在其他成分（如杂质、降解产物、辅料等）存在的情况下，采用的鉴别方法能否正确地鉴别出被测物质的特性。专属性试验要求能与可能共存的物质或结构相似的化合物相区分，并确证含被分析物的供试品呈正反应，不含被测成分的供试品，以及结构相似或组分中的有关物质，应呈负反应。为了保证鉴别试验结果是准确可靠的，通常设置3组试验，即在对供试品进行鉴别反应的同时，进行空白组试验和对照组试验。空白组试验是指在不加供试品或以等量溶剂替代供试液的情况下，按同法操作所得的结果。空白组试验不出现正反应，说明试剂等不干扰鉴别试验。对照组试验则是用供试品的对照品或标准品在相同条件下反应，结果与之比较。供试品组中待鉴别成分的试验结果应与相应的对照组一致。由于每种鉴别试验都存在一定的局限性，因此鉴别试验通常需要采用两种以上不同类型的方法，如化学法与红外分光光度法联合等；对具有异构体的药物应用专属性更强的鉴别试验，如色谱法。

二、耐用性

鉴别反应的耐用性是指测定条件发生小的变动时，测定结果所受的影响程度。一般要求测定条件有小的变动时不影响测定结果才行，也可以在制定标准时限定相应的条件，如色谱柱的型号、pH 等。

课堂互动

1. 常用的鉴别方法有哪些？
2. 紫外-可见分光光度法的专属性强吗？

工作任务 醋酸泼尼松及其制剂的鉴别

一、任务准备

醋酸泼尼松属于肾上腺皮质激素，是甾体类药物，临床上常使用其片剂和眼膏剂。

（一）结构

醋酸泼尼松的结构如下。

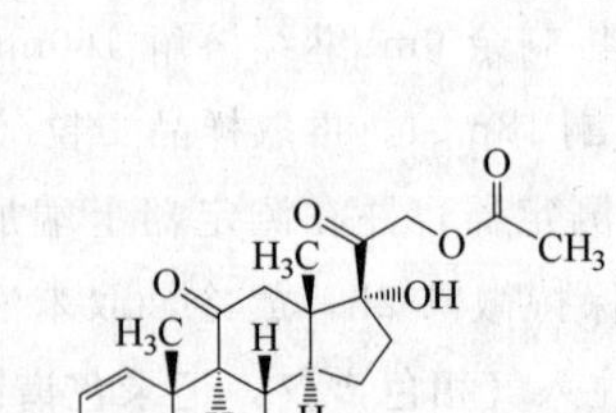

($C_{23}H_{28}O_6$ 400.47)

（二）性质

1. 性状

本品为白色或类白色的结晶性粉末；无臭，味苦。在三氯甲烷中易溶，在丙酮中略溶，在乙醇或乙酸乙酯中微溶，在水中不溶。

2. 与硫酸呈色

醋酸泼尼松能与多种强酸（如硫酸、盐酸、高氯酸等）反应呈色，其中与硫酸的呈色反应最为常用。

3. C_{17}-α-醇酮基的还原性

醋酸泼尼松的结构中有C_{17}-α-醇酮基，具有还原性，可与四氮唑、氨制硝酸银、碱性酒石酸铜等试液反应呈色。其中，四氮唑的显色反应还用于其制剂薄层色谱的斑点检出。

4. 光谱特征

醋酸泼尼松的结构中含有共轭体系和特征官能团，具有紫外和红外特征吸收，可用于鉴别和含量测定。

（三）临床应用

醋酸泼尼松主要用于各种急性、严重的细菌感染，严重过敏性疾病，结缔组织病（如红斑狼疮、结节性动脉周围炎等），风湿病，类风湿性关节炎，肾病综合征，严重支气管哮喘，血小板减少性紫癜，粒细胞减少症，急性淋巴白血病，各种肾上腺皮质功能不全症，剥脱性皮炎，天疱疮，神经性皮炎，湿疹等。老年人患有带状疱疹者，在发病早期可加用少量强的松，以缩短病程和防止后遗神经痛的发生。

二、任务实施

（一）任务要求

（1）能根据醋酸泼尼松原料药及其制剂的鉴别试验原理进行操作，并根据现象进行结果判断。

（2）能针对醋酸泼尼松的不同剂型选择正确的前处理方法。

（二）仪器与试药

（1）主要仪器　电子天平、试管架与试管、量瓶、量筒、玛瑙研钵、牛角匙、漏斗与漏斗架、滤纸、水浴锅、硅胶G薄层板、烧杯、层析缸、显色剂喷瓶、定量毛细点样管、紫外-可见分光光度计、红外光谱仪、液相色谱仪、C_{18}柱、液相进样针。

（2）试药　乙醇、10%氢氧化钠溶液、氯化三苯四氮唑试液、硫酸、石油醚、三氯甲烷、二氯甲烷、乙腈、纯化水、溴化钾、甲醇、乙醚、醋酸泼尼松、醋酸泼尼松片、醋酸泼尼松眼膏。

（三）工作内容

1. 醋酸泼尼松的鉴别试验

（1）鉴别一　取醋酸泼尼松约1mg，加乙醇2ml使溶解，加10%氢氧化钠溶液2滴与氯化三苯四氮唑试液1ml，即显红色。

（2）鉴别二　取醋酸泼尼松约5mg，加硫酸1ml使溶解，放置5min，即显橙色；将此溶液倾入10ml水中，即变成黄色，渐渐变为蓝绿色。

（3）鉴别三　分别取醋酸泼尼松和醋酸泼尼松对照品适量，精密称定，各加甲醇溶解并定量稀释制成每毫升中约含0.1mg的溶液，作为供试品溶液和对照品溶液。以十八烷基硅烷键合硅胶为填充剂，以乙腈-水（33∶67）为流动相，检测波长为240nm。分别精密量取20μl供试品溶液和对照品溶液，注入液相色谱仪，记录色谱图。供试品溶液主峰的保留时间与对照品溶液主峰的保留时间应一致。

（4）鉴别四　称取干燥的醋酸泼尼松约 1mg，置于洁净的玛瑙研钵中，加入干燥的溴化钾粉末（200 目）约 200mg，在红外灯照射下，研磨混匀，然后转移至专用红外压片模具中铺匀，压片后进行红外测定。所得红外光吸收图谱应与对照的图谱（光谱集 549 图）（图 3-6）一致。

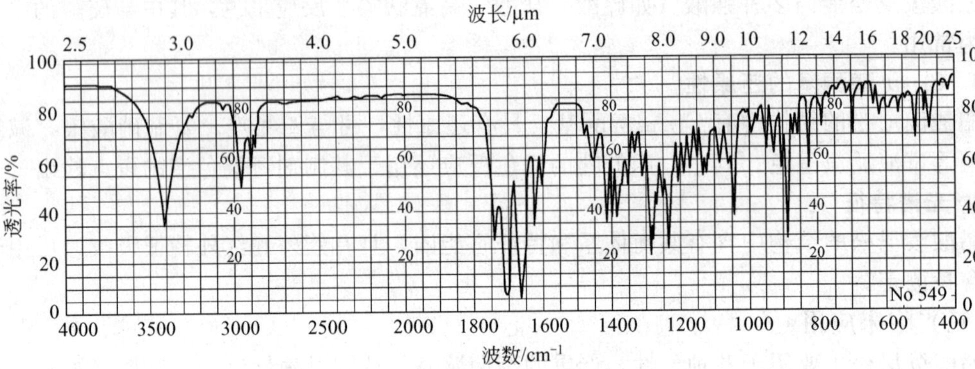

图 3-6　醋酸泼尼松的红外光谱

2. 醋酸泼尼松片的鉴别试验

（1）鉴别一　取醋酸泼尼松片细粉适量（约相当于醋酸泼尼松 0.1g），加三氯甲烷 50ml，搅拌，使醋酸泼尼松溶解，滤过，取滤液，置水浴上蒸干，加硫酸 1ml 使溶解，放置 5min，即显橙色；将此溶液倾入 10ml 水中，即变成黄色，渐渐变为蓝绿色。

（2）鉴别二　取鉴别一项下滤液作为供试品溶液；另取醋酸泼尼松对照品，加三氯甲烷溶解并稀释制成每毫升中约含 2mg 的溶液，作为对照品溶液。吸取上述两种溶液各 5μl，分别点于同一硅胶 G 薄层板上，以二氯甲烷-乙醚-甲醇-水（385：60：15：2）为展开剂，展开，晾干，在 105℃干燥 10min，放冷，喷以碱性四氮唑蓝试液，立即检视。供试品溶液所显主斑点的位置和颜色应与对照品溶液的主斑点相同。

（3）鉴别三　同醋酸泼尼松的鉴别三。

（4）鉴别四　取醋酸泼尼松片细粉适量（约相当于醋酸泼尼松 50mg），加乙醇 10ml 研磨使溶解，滤过，滤液室温挥干，残渣经减压干燥。称取干燥残渣约 1mg，置于洁净的玛瑙研钵中，加入干燥的溴化钾粉末（200 目）约 200mg，在红外灯照射下，研磨混匀，然后转移至专用红外压片模具中铺匀，压片后进行红外测定。所得红外光吸收图谱与对照的（光谱集 549 图）（图 3-6）一致。

3. 醋酸泼尼松眼膏的鉴别试验

取本品 2g，置具塞锥形瓶中，加石油醚 30ml，充分振摇使基质溶解，滤过，滤渣用石油醚分次洗涤后，加无水乙醇 10ml，加温搅拌使醋酸泼尼松溶解，在冰浴中放冷，滤过，滤液置水浴上蒸干，加三氯甲烷 5ml 溶解，作为供试品溶液；另取醋酸泼尼松对照品，加三氯甲烷溶解并稀释制成每毫升中约含 2mg 的溶液，作为对照品溶液。照薄层色谱法试验，吸取上述两种溶液各 5μl，分别点于同一硅胶 G 薄层板上，以二氯甲烷-乙醚-甲醇-水（385：60：15：2）为展开剂，展开，晾干，在 105℃干燥 10min，放冷，喷以碱性四氮唑蓝试液，立即检视，供试品溶液所显主斑点的位置和颜色应与对照品溶液的主斑点相同。

（四）注意事项

（1）鉴别试验受反应温度、时间、pH、试剂用量与加入方式等因素的影响，仔细观察各步反应现象，尤其需注意结果现象的变化过程。

（2）各品种项下规定"应与对照的图谱（光谱集××图）一致"，系指《药品红外光谱集》各卷所载的图谱。同一化合物的图谱若在不同卷上均有收载时，则以后卷所收图谱为准。

（3）红外光谱鉴别多用于原料药的鉴别，当用于制剂鉴别时须做一定的前处理，将干扰物（如辅料等）去除。例如片剂的红外鉴别，须先过滤，除去辅料杂质，再将药物干燥后方可进行红外鉴别。

（4）进行红外光谱鉴别操作时，应注意研磨应既充分又不过度，且应在红外灯下进行。片厚宜调节至0.5mm以上。

（五）思考题

（1）试述以上化学鉴别试验的反应原理。

（2）红外光谱鉴别应注意哪些问题？

相关知识 其他鉴别方法简介

一、近红外分光光度法

近红外分光光度法（NIR）系通过测定物质在近红外光谱区（波长范围约在780～2500nm，按波数计约为12800～4000cm^{-1}）的特征光谱并利用适宜的化学计量学方法提取相关信息，对物质进行定性、定量分析的一种光谱分析技术。近红外光谱主要由C—H、N—H、O—H和S—H等基团基频振动的倍频和合频组成，由于其信号频率高于中红外区（4000～400cm^{-1}），而吸收强度远低于物质中红外光谱的基频振动，且吸收峰重叠严重，因此通常不能直接对其进行解析，而需要对测得的光谱数据经验证的数学方法处理后，才能进行定性、定量分析。

（一）应用范围

近红外分光光度法具有预处理简单、分析快速、准确、对样品无破坏的检测特性，不仅能进行离线分析，还能直接进行在线过程控制；不仅可以直接测定原料和制剂中的活性成分，还能对药物的某些理化性质如水分、脂肪类化合物的羟值、碘值和酸值等进行分析；并能对药物辅料、中间产物以及包装材料进行定性和分级。《中国药典》附录收载了近红外分光光度法的指导原则，虽然质量标准在正文中尚未采用，但在应用方面研究活跃，一些药品快检车上已经安装有近红外光谱仪，用于药物的现场快速鉴别。

（二）测量模式

近红外分光光度法中常采用透射式或反射式（又称漫反射式）两种类型。反射式主要用于分析固体和半固体样品，透射式主要用于分析液体样品。

（三）测定方法

近红外光谱一般通过建立校正模型实现对药品的鉴别。鉴别的主要程序为：选择有代表性的样品并测量其近红外光谱，采用标准或认可的参考方法测定样品的数据，比较两者的数据并用适当的化学计量方法建立校正模型，测定样品的近红外光谱数据，对药物的真伪做出判断。

二、原子吸收分光光度法

原子吸收分光光度法（atomic absorption spectrophotometry，AAS）是利用原子蒸气可以吸收由待测元素作为阴极的空心阴极灯所发出的特征谱线的性质，根据供试品溶液中特征谱线处的最大吸收和特征谱线的强度减弱程度而进行定性、定量分析的方法。其测量对象是无机金属元素和部分非金属元素。测定的样品一般经高温破坏成原子，在气态下利用自由原子的光谱性质进行测量。如 USP（32）中氯化锌注射液的鉴别就是按氯化锌注射液含量测定项下方法配制对照液和供试液，以水为空白进行原子吸收测定，在锌的发射波长 213.8nm 处应有最大吸收来进行鉴别。

三、核磁共振波谱法

核磁共振波谱法（nuclear magnetic resonance spectroscopy，NMR）是利用原子核的物理性质，通过测定供试品指定基团上的质子峰的化学位移 δ、偶合常数、弛豫时间等重要参数对药物进行鉴别。NMR 可检测的原子有很多，如^{1}H、^{13}C、^{15}N、^{19}F、^{23}Na、^{31}P 等，但由于大多药物都有质子，因此最常用的是^{1}H-NMR。NMR 技术已在 BP 和 USP 中用于药物的鉴别。

四、质谱法

质谱法是在高真空状态下将被测物质离子化后，按离子的质荷比（m/z）大小分离，而实现物质成分和结构分析的方法。质谱图通过离子谱峰及相互关系提供与分子结构有关的信息。质谱是物质的固有特性之一，不同的物质除一些异构体外，均有不同的质谱，可利用此性质进行定性分析。若一个中性分子丢失或得到一个电子，则分子离子的质荷比与该分子质量数相同，使用高分辨率质谱可得到离子的精确质量数，然后计算出该化合物的分子式。根据分子离子的各化学键发生断裂后所形成的碎片离子，可推断其裂解方式，从而得到相应的结构信息。《中国药典》、USP（32）、BP（2009）均收载了该法。

质谱法常用的鉴别方法为：用准分子离子峰确认化合物，进行二级质谱扫描，推断结构化合物的裂解方式，确定碎片离子的合理性，并结合其他相关信息，推测化合物的分子结构。

五、X 射线粉末衍射法

X 射线粉末衍射法（X-ray powder diffraction）是用 X 射线通过物质的粉末并记录衍射图像，对晶体物质的空间结构进行分析的方法。X 射线是波长为 0.01～1nm 的电磁波，穿透能力很强，可以发生衍射，即绕过障碍物边缘向前传播的现象。无论是单晶还是多晶药物，都有其特定的 X 射线衍射图，因此可以通过比较供试品与对照品的 X 射线粉末衍射图进行鉴别。

X 射线粉末衍射法准确度高、分辨能力强。根据测定对象的不同，又分为单晶衍射法和粉末衍射法两种。单晶衍射法的测定对象是单晶，主要用于晶体结构的测定。粉末衍射法的测定对象是许多取向随机的小晶体的总和，主要用于结晶性和非晶性物质区别以及结晶性物质的不同晶型的鉴别。

自我测试

一、单项选择题

1. 药物鉴别的主要目的是（　　）
   A. 判断药物的优劣　　B. 判断药物的真伪
   C. 控制药物的纯度　　D. 判断未知物的组成和结构
2. 外观性状是对药品的色泽和（　　）的规定。
   A. 气味　　B. 外表感观　　C. 味道　　D. 溶解度
3. 对专属鉴别试验的叙述不正确的是（　　）
   A. 是证实某一种药物的试验
   B. 是证实某一类药物的试验
   C. 是在一般鉴别试验的基础上，利用各种药物化学结构的差异来鉴别药物的试验
   D. 是根据某一种药物化学结构的差异及其所引起的物理化学特性的不同，选用某些特有的灵敏定性反应来鉴别药物真伪的试验
4. 下列不属于物理常数的是（　　）
   A. 旋光度　　B. 折射率　　C. 吸收系数　　D. 熔点
5. 能与茜素氟蓝、$Ce(NO_3)_2$ 作用，显蓝紫色的是（　　）
   A. Na^+　　B. Cl^-　　C. F^-　　D. Ca_2^+
6. 硫酸盐鉴别试验中，生成的白色沉淀溶于下列哪种试液中（　　）
   A. 浓硫酸　　B. 浓硝酸
   C. 浓盐酸　　D. 氢氧化钠试液
7. 芳香第一胺的鉴别反应为（　　）
   A. 异羟肟酸铁反应　　B. Vitali 反应
   C. 重氮化-偶合反应　　D. 茚三酮反应
8. 三氯化铁反应属于（　　）
   A. 荧光反应　　B. 显色反应
   C. 沉淀反应　　D. 衍生物生成反应
9. 地蒽酚软膏的鉴别方法为：取含量测定项下的溶液，照紫外-可见分光光度法测定，供试品溶液在 440～470nm 波长范围内的吸收光谱应与对照品溶液的吸收光谱一致。该法是利用（　　）进行鉴别的。
   A. 供试品与对照品吸收光谱的一致性
   B. 吸收光谱的特征参数的一致性
   C. 最大、最小吸收波长的一致性
   D. 吸光度比值的一致性
10. 比移值是（　　）
    A. 展开剂的迁移距离与组分的迁移距离之比
    B. 组分的迁移距离与展开剂的迁移距离之比
    C. 进样至色谱峰顶的记录时间
    D. 组分的迁移距离与原点至展开剂前沿的距离之比

二、多项选择题

1. 红外分光光度法中的试样制备方法有（ ）

A. 膜法 B. 压片法 C. 溶液法

D. 糊法 E. 溶剂法

2. 影响旋光度测定的因素包括（ ）

A. 浓度 B. 温度 C. 波长

D. 溶剂 E. 压强

3. 重氮化-偶合反应中，所用的试剂有（ ）

A. 硝酸亚铈 B. 亚硝酸钠 C. β-萘酚

D. 茜素氟蓝 E. 亚硝基铁氰化钠

4. 可用于鉴别试验的色谱方法有（ ）

A. TLC 法 B. GC 法 C. HPLC 法

D. UV 法 E. IR 法

5. 影响化学鉴别反应的因素主要有（ ）

A. 反应温度 B. 溶液的浓度 C. 溶液的酸碱度

D. 反应速率 E. 反应的时间

6. 可用于鉴别试验的光谱方法有（ ）

A. TLC 法 B. GC 法 C. HPLC 法

D. UV 法 E. IR 法

三、简答题

1. 常用的鉴别方法有哪些？什么是一般鉴别试验？什么是专属鉴别试验？

2. 举例说明药物的化学鉴别方法及鉴别原理。

（陈 婷）

项目四　药物制剂检查技术

【知识目标】

掌握杂质的来源与分类、杂质限量的概念与计算；掌握氯化物、硫酸盐、铁盐、重金属、砷盐等一般杂质的检查原理与方法。

熟悉药物纯度的概念，熟悉药物制剂常规检查的内容与方法。

了解炽灼残渣、残留溶剂、溶液颜色、澄清度、干燥失重及水分的检查原理与方法；了解药物制剂中某些特殊杂质的检查原理与方法；了解药物制剂中各项安全性检查的原理与方法。

【能力目标】

能熟练进行药物制剂的一般杂质和特殊杂质的检验操作，进行杂质限量的计算，并对检验结果作出正确的判断；掌握《中国药典》中有关剂型检查与安全性检查的常规技术要求。

《中国药典》“凡例”中指出：检查项下包括反映药品的安全性与有效性的试验方法和限度、均一性与纯度等制备工艺要求等内容。安全性检查项目有无菌、异常毒性、热原、细菌内毒素、升压或降压物质等。有效性检查是指针对某些药物的药效进行的特定的项目检查，如氢氧化铝、胃舒平片制酸力的检查、药用炭吸着力的检查、硫酸钡疏松度、固体制剂的溶出度和释放度的检查等。均一性检查主要是对制剂均匀程度的检查，如重量（或装量）差异、含量均匀度检查等。纯度检查是对各类杂质的检查。

必备知识一　杂质检查技术

一、概述

杂质（impurity）是指药品在按既定工艺进行生产和正常贮藏过程中可能含有或产生并需要控制的无治疗作用或影响药物稳定性或疗效，甚至对人体健康有害的物质（如残留溶剂、有关物质等）。药物的杂质检查主要是为了保证药品质量和临床用药的安全、有效，同时也为药品生产流通过程中的质量管理提供依据。

（一）药物的纯度

药物的纯度（purity of drug）是指药物的纯净程度，它是判断药品质量优劣的一个重要指标。药物中的杂质是影响药物纯度的主要因素，如果药物中所含的杂质超过质量标准规定的限度要求，就有可能使药物的外观性状、物理常数和有效成分含量发生变化，降低药物的活性或增加其毒副作用。例如，青霉素在生产过程中可能引入过敏性杂质，而导致过敏性休克，甚至造成心衰死亡；阿司匹林在生产和贮藏过程中都易产生水杨酸，水杨酸对胃有刺激性，且其分子中的酚羟基易被氧化，可使药品变色。

因此，药物的纯度需要从药物的外观性状、理化常数、杂质检查和含量测定等多方面来综合评定。其中，杂质检查是控制药物纯度的一个最重要的方面，所以，药物的纯度检查也称为杂质检查。

需要注意的是：药物的纯度与化学试剂的纯度不一样，因为两者需要控制的杂质项目与限度要求是不同的。药物的纯度要求主要从用药安全、有效和对药物稳定性等方面来考虑；化学试剂的纯度要求则不考虑杂质的生理作用及其毒副作用，其杂质限量主要从可能引起的化学变化对使用的影响来限定，对试剂的使用范围和使用目的加以规定，如超高纯、优级纯、分析纯和化学纯、光谱纯、色谱纯等。

（二）杂质的来源

药物杂质的主要来源有两个：一是由生产过程中引入的；二是在贮藏过程中产生的。

1. 生产过程中引入的杂质

在原料药合成的过程中，由于起始原料不纯或反应不完全，反应的中间产物和副产物在精制时未能完全除去，以及由于生产过程中所用的设备等原因而引入杂质。

在药物生产过程中，所用的试剂、溶剂、催化剂等，若不能完全除去，也会残留在产品中成为杂质；所用的金属器皿、装置以及其他不耐酸、碱的金属工具，都有可能将铅、铜、铁、锌等金属杂质引入产品中。另外，在生产过程中产生的异构体、无效晶型等也影响药物的纯度。

在药物的制剂生产过程中，也可能产生新的杂质。如葡萄糖注射液高温灭菌时，葡萄糖易分解产生 5-羟甲基糠醛，后者对人体有害，因此需对其进行检查。

2. 贮藏过程中产生的杂质

药物在贮藏和运输过程中，由于温度、湿度、日光、空气等的影响以及微生物的作用，可能发生水解、氧化、分解、异构化、晶型转变、聚合、潮解和发霉等反应，而产生有关的杂质。例如，对乙酰氨基酚易水解产生对氨基酚，肾上腺素在光和氧气存在的条件下，易发生氧化生成酮体或因聚合而变色，异烟肼在贮藏过程中易发生降解反应产生游离肼等。

（三）杂质的分类

1. 按杂质来源分类

（1）一般杂质　是指在自然界中分布较广，在多种药物的生产和贮藏过程中容易引入的杂质，如酸、碱、氯化物、硫酸盐、铁盐、重金属、砷盐、干燥失重、水分、炽灼残渣、易炭化物和残留溶剂等。

（2）特殊杂质　是指在特定药物的生产和贮藏过程中引入的杂质，常称为有关物质。这类杂质随药物的不同而不同，如对乙酰氨基酚中的对氨基酚、阿司匹林中的游离水杨酸等。

2. 按杂质毒性分类

（1）毒性杂质　是指存在于药物中对人体有毒害作用的杂质，如重金属、砷盐、氰化物等，必须严格控制其限量。

（2）信号杂质　是指一般无毒，但其含量的多少可反映出药物的纯度情况和工艺正常情况的杂质，如氯化物、硫酸盐等。信号杂质含量高，表明药物的纯度差，提示该药的生产工艺或生产控制可能出现了问题。

3. 按杂质结构特点分类

（1）有机杂质　包括合成中未反应完全的原料、中间体、副产物、降解产物、异构体等。有机杂质又分为特定杂质和非特定杂质。特定杂质是指在质量标准中分别规定了明确的限度，并单独进行控制的杂质，特定杂质包括结构已知的杂质和结构未知的杂质。非特定杂质是指在质量标准中未单独列出，而仅采用一个通用的限度进行控制的一系列杂质，其在药品中出现的种类和概率是不固定的。

（2）无机杂质　包括反应试剂、配位体、催化剂、重金属、无机盐、活性炭等，它们一般是已知的和确定的，了解药品中无机杂质的情况对于评价药品生产工艺的状况有重要意义。

（3）残留溶剂　是指生产过程中使用的但未能完全除去的有机溶剂，一般具有已知的毒性。

应当指出，杂质的分类完全是人为进行的，只是为了更好地认识与控制杂质。在某些情况下，有些杂质到底属于哪一类，并无严格区分，关键是科学合理地控制其限量。

（四）杂质限量与检查方法

1. 杂质限量的概念

药物的纯度是相对的，绝对纯净的药物是不存在的，药物中的杂质不可能完全去除。因此，在不影响疗效、不引起毒性和保证药物质量的前提下，应综合考虑杂质的安全性、产品的稳定性与生产的可行性，允许药物存在一定限量的杂质。

杂质限量（limit of impurity）是指药物中所含杂质的最大允许量，通常用百分之几（%）或百万分之几（parts per million，ppm）来表示。

2. 杂质限量的检查方法

药物中杂质限量的控制方法有两种：一种是限量检查法（limit test），另一种是对杂质的定量测定。限量检查法一般不要求准确测定杂质的含量，而是检查杂质是否超过规定的限量，在药品质量标准中多采用此法。常用的限量检查方法如下。

（1）对照法　是指取一定量的待检杂质标准溶液与一定量的供试品溶液，在相同条件下处理，比较反应结果，以判断供试品中所含杂质是否超过规定限量。《中国药典》中一般杂质检查大多采用此法。采用此法检查需遵循平行操作原则，如加入的试剂、反应的温度、放置的时间等均应相同，这样检查结果才有可比性。如布洛芬中氯化物的检查：取本品1.0g，加水50ml，振摇5min，滤过，取续滤液25ml，依法检查。所显浑浊与标准氯化钠溶液（每毫升相当于10μg的Cl）5.0ml制成的对照液比较，不得更浓，氯化物的限量是0.01%。

（2）比较法　是指取供试品一定量依法检查，测得特定待检杂质的吸光度或旋光度等指标不得超过规定的值。本法的特点是可以准确测定杂质的吸光度或旋光度并与规定限量比较，不需要对照品。如葡萄糖注射液中5-羟甲基糠醛的检查：精密量取注射液适量（约相当于葡萄糖1.0g），置100ml量瓶中，用水稀释至刻度，摇匀，照紫外-可见分光光度法，在284nm的波长处测定，吸光度不得大于0.32。

（3）灵敏度法　是指在供试液中加入一定量的试剂，在一定反应条件下观察反应结果，以不出现正反应为符合规定限量，即以检测条件下的灵敏度来控制杂质限量。本法的特点是不需用杂质对照品溶液对比。如氯化钠中钙盐的检查：取本品2.0g，加水10ml使溶解，加氨试液1ml，摇匀，加草酸铵试液1ml，5min内不得发生浑浊。

3. 杂质限量的计算

根据杂质限量的定义，药物的杂质限量通过以下公式计算得到：

$$杂质限量=\frac{杂质最大允许量}{供试品量}\times 100\%$$

当供试品中的杂质限量是通过与一定量杂质标准溶液比较来确定时，杂质的最大允许量即为所取杂质标准溶液的浓度与体积的乘积，此时，可按以下公式计算杂质限量。

$$杂质限量=\frac{标准溶液浓度\times 标准溶液体积}{供试品量}\times 100\%$$

$$L=\frac{c_{标}\times V_{标}}{m_s}\times 100\%$$

式中，L 为杂质限量；m_s 为供试品取样量；$c_{标}$ 为标准溶液浓度；$V_{标}$ 为标准溶液体积。

实例解析

氯化钠中重金属的检查

取本品5.0g，加水20ml溶解后，加乙酸盐缓冲液（pH 3.5）2ml，加水适量，使成25ml，依法检查，与标准铅溶液1.0ml制成的对照液比较，不得更深（10μg/ml）。问铅盐的限量是多少?

解析：已知 $c_{标}=10\mu g/ml$，$V_{标}=1.0ml$，$m_s=5.0g$

$$L=\frac{c_{标}\times V_{标}}{m_s}\times 100\%=\frac{10\times 10^{-6}\times 1.0}{5.0}\times 100\%=2ppm(2\times 10^{-6})$$

答：铅盐的限量是2ppm。

二、一般杂质检查技术

一般杂质包括氯化物、硫酸盐、铁盐、重金属、砷盐、硫化物等。它们的检查方法收载在《中国药典》“附录”中。下面主要介绍原料药中一般杂质检查的原理、方法及注意事项。

（一）氯化物检查法

在药物的生产过程中，常用到盐酸或将药物制成盐酸盐的形式，所以药物中极易引入氯化物。少量的氯化物对人体无害，但其存在量可以显示药物的纯度以及反映生产过程是否正常。因此，氯化物是信号杂质，在很多药物中均需检查。

1. 检查原理

药物中存在的微量氯化物在硝酸酸性条件下，与硝酸银作用生成氯化银胶体微粒而显白色浑浊，与一定量的标准氯化钠溶液在相同条件下生成的氯化银浑浊液比较，判断供试品中的氯化物是否符合限量规定。

$$Cl^- + Ag^+ \longrightarrow AgCl\downarrow(白色)$$

2. 检查方法

除另有规定外，取各品种项下规定量的供试品，加水溶解使成约25ml（溶液如显碱性，可滴加硝酸使遇pH试纸显中性），再加稀硝酸10ml；溶液如不澄清，应滤过；置50ml纳氏比色管中，再加水使成约40ml，摇匀，即得供试品溶液。另取该品种项下规定量的标准氯化钠溶液（每毫升相当于10μg的Cl），置另一50ml纳氏比色管中，加稀硝酸10ml，加水使成约40ml，摇匀，即得对照溶液。于供试溶液与对照溶液中，分别加入硝酸银试液1.0ml，用水稀释使成50ml，摇匀，在暗处放置5min，同置黑色背景上，从比色管上方向下观察，比较所产生的浑浊。供试溶液管所显浑浊浅于对照溶液管的浑浊，判为符合规定；否则，则判为不符合规定。

3. 注意事项

（1）氯化物浓度以每50ml中含50～80μg的Cl^-为宜，在此范围内，氯化物所显浑浊梯度明显，便于比较。

（2）试验在硝酸酸性条件下进行，可避免形成弱酸盐或氧化物（如碳酸银、磷酸银及氧化银）沉淀而形成干扰，并可加速氯化银沉淀的生成，产生较好的乳浊。

（3）供试品溶液如带颜色，可采用内消色法。除另有规定外，可取供试品溶液两份，分置50ml纳氏比色管中，一份中加硝酸银试液1.0ml，摇匀，放置10min，如显浑浊，可反复滤过，至滤液完全澄清，再加规定量的标准氯化钠溶液与水适量使成50ml，摇匀，在暗处放置5min，作为对照溶液；另一份中加硝酸银试液1.0ml与水适量使成50ml，摇匀，在暗处放置5min，按上述方法与对照溶液比较，即得。

（二）硫酸盐检查法

与氯化物一样，药物中存在的微量硫酸盐杂质也是一种信号杂质。

1. 检查原理

药物中存在的微量硫酸盐在稀盐酸酸性条件下，与氯化钡作用生成硫酸钡微粒显白色浑浊，与一定量标准硫酸钾溶液在相同条件下生成的浑浊液比较，判断供试品中的硫酸盐是否符合限量规定。

$$Ba^{2+} + SO_4^{2-} \longrightarrow BaSO_4 \downarrow \text{（白色）}$$

2. 检查方法

除另有规定外，取各品种项下规定量的供试品，加水溶解使成约40ml（溶液如显碱性，可滴加盐酸使成中性）；溶液如不澄清，应滤过；置50ml纳氏比色管中，加稀盐酸2ml，摇匀，即得供试品溶液。另取该品种项下规定量的标准硫酸钾溶液（每毫升相当于100μg的SO_4），置50ml纳氏比色管中，加水使成约40ml，加稀盐酸2ml，摇匀，即得对照溶液。于供试品溶液与对照溶液中，分别加入25%氯化钡溶液5ml，用水稀释至50ml，充分摇匀，放置10min，同置黑色背景上，从比色管上方向下观察、比较，即得。供试溶液管所显浑浊浅于对照溶液管，判为符合规定，否则，判为不符合规定。

3. 注意事项

（1）硫酸根浓度以每50ml中含0.1～0.5mg的SO_4^{2-}为宜，在此范围内，硫酸盐所显浑浊梯度明显，便于比较。

（2）检查是在稀盐酸酸性溶液中进行的，加入盐酸可防止碳酸钡或磷酸钡等弱酸形成钡盐沉淀而干扰检查；若酸度过大则会使硫酸钡溶解，降低检查的灵敏度。因此，酸度以50ml溶液中含2ml稀盐酸为宜。

（3）氯化钡的浓度在10%～25%范围内，所产生的硫酸钡的浑浊度差异不大。《中国药典》采用25%氯化钡溶液。为了避免影响浊度，加入25%氯化钡溶液后，应充分摇匀，25%氯化钡溶液存放期间如有沉淀析出，应予重配。

带颜色供试溶液中硫酸盐的检查，可同氯化物检查一样，采用内消色法进行处理。

（三）铁盐检查法

微量铁盐的存在可加速药物的氧化和降解，因而需要控制药物中铁盐的限量。ChP和USP都采用硫氰酸盐法，BP采用巯基醋酸法。两法比较，后者灵敏度高，但试剂较贵。下面介绍硫氰酸盐法。

1. 检查原理

药物中微量铁盐在盐酸酸性溶液中，与硫氰酸铵生成红色可溶性的硫氰酸铁配位离子，与一定量的标准铁溶液用同法处理后进行比色，判断供试品中的铁盐是否符合限量规定。

$$Fe^{3+} + 6SCN^- \xrightarrow{H^+} [Fe(SCN)_6]^{3-}$$

2. 检查方法

除另有规定外，取各品种项下规定量的供试品，加水溶解使成25ml，移置50ml纳氏比色管中，加稀盐酸4ml与过硫酸铵50mg，用水稀释使成35ml后，加30%硫氰酸铵溶液3ml，再加水适量稀释成50ml，摇匀；如显色，立即与标准铁溶液（每毫升相当于10μg的Fe）一定量制成的对照溶液（取该品种项下规定量的标准铁溶液，置50ml纳氏比色管中，加水使成25ml．加稀盐酸4ml与过硫酸铵50mg，用水稀释使成35ml，加30%硫氰酸铵溶液3ml，再加水适量稀释成50ml，摇匀）比较，即得。供试溶液管所显颜色浅于对照溶液管，判为符合规定，否则，判为不符合规定。

3. 注意事项

（1）Fe^{3+}浓度以每50ml溶液中含10～50μg为宜，在此范围内，色泽梯度明显，便于区别。

（2）检查在盐酸酸性溶液中进行，加入盐酸可防止Fe^{3+}水解而干扰检查。酸度以50ml供试品中含4ml稀盐酸为宜。

（3）加入氧化剂过硫酸铵，可以氧化供试品中的Fe^{2+}使成Fe^{3+}，同时可防止由于光线使硫氰酸铁还原或分解褪色。

（4）铁盐与硫氰酸根离子的反应为可逆反应，加入过量的硫氰酸铵，不仅可以增加生成配位离子的稳定性，还可防止某些酸根离子如Cl^-、PO_4^{3+}、SO_4^{2-}、枸橼酸根离子与Fe^{3+}形成有色配位化合物而干扰检查。

（5）若供试管与对照管色调不一致时，可分别移至分液漏斗中，各加正丁醇提取，等分层后，将正丁醇层移置50ml纳氏比色管中，再用正丁醇稀释至25ml，比较，即得。这是因为硫氰酸铁配位离子在正丁醇中溶解度大，用正丁醇提取后比色可消除某些干扰物质的影响。

（6）某些药物如葡萄糖、糊精和硫酸镁等在检查过程中加入硝酸处理，则不用再加过硫酸铵。硝酸可将Fe^{2+}氧化为Fe^{3+}，但因硝酸中可能含亚硝酸，它能与硫氰酸根离子作用，生成红色亚硝酰硫氰化物，影响比色，所以剩余的硝酸需加热煮沸除去。

（7）某些有机药物，特别是具有环状结构的有机药物，在实验条件下不溶解或对检查有干扰，则需经炽灼破坏，使铁盐转变为Fe_2O_3留于残渣中，再依法检查。

知识拓展

巯基醋酸法

铁盐检查也可用巯基醋酸法，其原理是巯基醋酸将Fe^{3+}还原为Fe^{2+}，在氨碱性溶液中进一步与Fe^{2+}作用生成红色的配位离子，再与一定量标准铁溶液经同法处理后产生的颜色比较，判断供试品中的铁盐是否符合限量规定。该法灵敏度高，但试剂较贵。

（四）重金属检查法

重金属是指在实验条件下能与硫代乙酰胺或硫化钠作用显色的金属杂质，如银、铅、汞、铜、砷、锌、镉、铋、锑、锡、钴与镍等。因为在药品生产中遇到铅的机会较多，且铅易蓄积中毒，故以铅为代表，以铅的限量来表示重金属限度。《中国药典》“附录”中规定了三种重金属检查方法。

1. 硫代乙酰胺法

本法适用于溶于水、稀酸和乙醇的药物，为最常用的方法。

（1）检查原理　硫代乙酰胺在弱酸性（pH为3.5）条件下发生水解反应，产生硫化氢，与微量的重金属离子（以Pb^{2+}为代表）生成黄色至棕黑色的硫化物悬浊液，与一定量的标准铅溶液经同法处理后所显颜色比较，判断供试品中的重金属是否符合限量规定。

$$CH_3CSNH_2 + H_2O \longrightarrow CH_3CONH_2 + H_2S\uparrow$$

$$Pb^{2+} + H_2S \xrightarrow{pH\ 3.5} PbS\downarrow + 2H^+$$

（2）检查方法　除另有规定外，取25ml纳氏比色管三支，甲管中加标准铅溶液（每毫升相当于10μg的Pb）一定量与乙酸盐缓冲液（pH 3.5）2ml后，加水或各品种项下规定的溶剂稀释成25ml，乙管中加入按各品种项下规定的方法制成的供试品溶液25ml，丙管中加入与乙管相同量的供试品，加配制供试品溶液的溶剂适量使溶解，再加与甲管相同量的标准铅溶液与乙酸盐缓冲液（pH 3.5）2ml后，用溶剂稀释成25ml；若供试品溶液带颜色，可在甲管中滴加少量的稀焦糖溶液或其他无干扰的有色溶液，使之与乙管、丙管一致；再在甲、乙、丙三管中分别加硫代乙酰胺试液各2ml，摇匀，放置2min，同置白纸上，自上向下透视。当丙管中显出的颜色不浅于甲管时，乙管中显示的颜色与甲管比较，不得更深。如丙管中显出的颜色浅于甲管，应取样按炽灼后硫代乙酰胺法重新检查。如在甲管中滴加稀焦糖溶液或其他无干扰的有色溶液，仍不能使颜色一致时，应取样按炽灼后硫代乙酰胺法检查。

（3）注意事项

① Pb^{2+}浓度以每25ml溶液中含10～20μg为宜，在此范围内，色泽梯度明显，呈色太浅或太深均不利于目视比较。

② 检查是在乙酸盐缓冲液（pH 3.5）中进行的，在pH为3.0～3.5时，硫化铅的沉淀较完全。

③ 供试品若含高铁盐影响重金属检查时，可在甲、乙、丙三管中分别加入相同量的维生素C 0.5～1.0g，将Fe^{3+}还原成Fe^{2+}，消除干扰。

④ 供试品若自身为铁盐，必须先将供试品自身的高铁离子除去，再进行检查。

2. 炽灼后硫代乙酰胺法

本法适用于在水、稀酸及乙醇中难溶的，或能与重金属离子形成配位化合物的有机药物的重金属检查。

（1）检查原理　含芳环、杂环药物中的重金属，可能与芳环或杂环形成较牢固的价键，需先炽灼破坏，使重金属游离后再照硫代乙酰胺法检查。

（2）检查方法　取各品种项下规定量的供试品，按炽灼残渣检查法进行炽灼处理，然后取遗留的残渣；或直接取炽灼残渣项下遗留的残渣；如供试品为溶液，则取各品种项下规定量的溶液，蒸干，再按上述方法处理后取遗留的残渣；加硝酸0.5ml，蒸干，至氧化氮蒸气除尽后（或取供试品一定量，缓缓炽灼至完全炭化，放冷，加硫酸0.5～1ml，使恰湿润，用低温加热至硫酸除尽后，加硝酸0.5ml，蒸干，至氧化氮蒸气除尽后，放冷，在500～600℃炽灼使完全灰化），放冷，加盐酸2ml，置水浴上蒸干后加水15ml，滴加氨试液至对酚酞指示液显微粉红色，再加乙酸盐缓冲液（pH 3.5）2ml，微热溶解后，移置纳氏比色管中，加水稀释成25ml，作为甲管；另取配制供试品溶液的试剂，置瓷皿中蒸干后，加乙酸盐缓冲液（pH 3.5）2ml与水15ml，微热溶解后，移置纳氏比色管中，加标准铅溶液一定量，再用水稀释成25ml，作为乙管；再在甲、乙两管中分别加硫代乙酰胺试液各2ml，摇匀，放置2min，同置白纸上，自上向下透视，乙管中显出的颜色与甲管比较，不得更深。

（3）注意事项　炽灼温度对重金属的检查影响较大，应控制在500～600℃，温度越高，重金属损失越多。含钠盐或氟的药物如安乃近、诺氟沙星等，在炽灼时能腐蚀瓷坩埚而引入重金属，应改用铂坩埚或石英坩埚操作。炽灼残渣加硝酸加热处理后，必须蒸干除尽氧化氮，否则亚硝酸可氧化H_2S析出硫，影响比色。

3. 硫化钠法

本法适用于溶于碱液而难溶于稀酸或在稀酸中即生成沉淀的药物，如磺胺类、巴比妥类药物等。

（1）检查原理　在碱性介质中，以硫化钠为显色剂，使 Pb^{2+} 生成 PbS 微粒的混悬液，与一定量的标准铅溶液经同法处理后所呈颜色进行比较，判断供试品中重金属是否符合限量规定。

$$Pb^{2+} + Na_2S \xrightarrow{NaOH} PbS\downarrow + 2Na^+$$

（2）检查方法　除另有规定外，取供试品适量，加氢氧化钠试液 5ml 与水 20ml 溶解后，置纳氏比色管中，加硫化钠试液 5 滴，摇匀，与一定量的标准铅溶液同样处理后的颜色比较，不得更深。

（3）注意事项　硫化钠对玻璃有腐蚀性，久置会产生絮状物，应临用时新制。

（五）砷盐检查法

砷盐多由药物生产过程中所使用的无机试剂及反应设备引入，砷为毒性杂质，须严格控制其限量。《中国药典》采用古蔡法和二乙基二硫代氨基甲酸银（Ag-DDC）法检查砷盐。

1. 古蔡法

（1）检查原理　金属锌与酸作用产生新生态的氢，与药物中微量砷盐反应生成具有挥发性的砷化氢，遇溴化汞试纸产生黄色至棕色的砷斑，与一定量标准砷溶液在同一条件下所生成的砷斑比较，判断供试品中砷盐是否符合限量规定。反应式如下。

$$As^{3+} + 3Zn + 3H^+ \longrightarrow 3Zn^{2+} + AsH_3\uparrow$$

$$AsO_3^{3-} + 3Zn + 9H^+ \longrightarrow 3Zn^{2+} + 3H_2O + AsH_3\uparrow$$

$$AsH_3 + 3HgBr_2 \longrightarrow 3HBr + As(HgBr)_3\text{（黄色）}$$

$$2As(HgBr)_3 + AsH_3 \longrightarrow 3AsH(HgBr)_2\text{（棕色）}$$

$$As(HgBr)_3 + AsH_3 \longrightarrow 3HBr + As_2Hg_3\text{（黑色）}$$

（2）检查方法　检查砷的装置见图 4-1。A 为 100ml 标准磨口锥形瓶；B 为中空的标准磨口塞，上连导气管 C（外径 8.0mm，内径 6.0mm），全长约 180mm；D 为具孔的有机玻璃旋塞，其上部为圆形平面，中央有一圆孔，孔径与导气管 C 的内径一致，其下部孔径与导气管 C 的外径相适应，将导气管 C 的顶端套入旋塞下部孔内，并使管壁与旋塞的圆孔相吻合，黏合固定；E 为中央具有圆孔（孔径 6.0mm）的有机玻璃旋塞盖，与 D 紧密吻合。

测定时，于导气管 C 中装入醋酸铅棉花 60mg（装管高度约60～80mm），再于旋塞 D 的顶端平面上放一片溴化汞试纸（试纸的大小以能覆盖孔径而不露出平面外为宜），盖上旋塞盖 E 并旋紧，即得。

标准砷斑的制备：精密量取标准砷溶液（每毫升相当于 1μg 的 As）2ml，置 A 瓶中，加盐酸 5ml 与水 21ml，再加碘化钾试液 5ml 与酸性氯化亚锡试液 5 滴，在室温放置 10min 后，加锌粒 2g，立即将装妥的导气管 C 密塞于 A 瓶上，并将 A 瓶置 25～40℃的水浴中，反应 45min，取出溴化汞试纸，即得标准砷斑。

若供试品需经有机破坏后再进行检砷，则取标准砷溶液代替供试品，照该品种项下规定的方法同法处理后，再依法制备标准砷斑。

供试品检查：取按各品种项下规定方法制成的供试品溶液，置 A 瓶中，照上述“标准砷斑的制备”，自“再加碘化钾试液 5ml”起，依法操作。将生成的砷斑与标准砷斑比较，不得更深。

（3）注意事项

① 用三氧化二砷配制标准砷贮备液，于临用前取贮备液新鲜配制标准砷溶液，每毫升标准砷溶液相当于 1μg 的 As^{3+}。《中国药典》制备标准砷斑采用 2ml 标准砷溶液（相当于

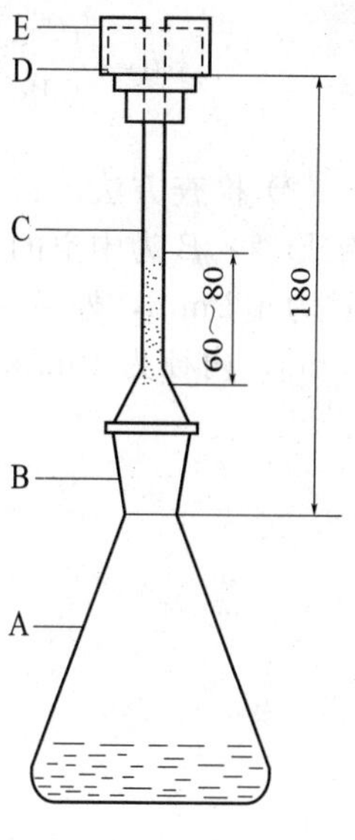

图 4-1 古蔡法检查砷的装置（单位：mm）
A—标准磨口锥形瓶；
B—中空的标准磨口塞；
C—导气管；D—旋塞；
E—旋塞盖

2μg As)，所得砷斑清晰。否则，砷斑颜色过深或过浅，均影响比色的正确性。

② 五价砷在酸性溶液中也能被金属锌还原为砷化氢，但生成的速度较三价砷慢，故在反应液中加入碘化钾及氯化亚锡，将供试品中可能存在的五价砷还原成三价砷，可加快反应速度。碘化钾被氧化所生成的碘又可被氯化亚锡还原为碘离子，后者与反应中产生的锌离子形成稳定的配位离子，有利于生成砷化氢的反应不断进行。

③ 在自然界中，锑与砷常常共存，因此供试液中可能含有微量锑，在实验条件下产生锑化氢，锑化氢也能与溴化汞试纸作用生成锑斑，100μg 锑存在时，不至于干扰测定。氯化亚锡与碘化钾则能抑制锑化氢的生成，同时氯化亚锡还能促进锌与盐酸作用，在锌粒表面形成锌锡齐，起去极化作用，从而使氢气均匀而连续地发生，有利于砷斑的形成。

④ 供试品及锌粒中可能含有少量的硫化物，在酸性条件下会产生硫化氢气体，与溴化汞作用生成硫化汞色斑，干扰检查，故在导气管 C 中装入醋酸铅棉花吸收硫化氢。如前所述用醋酸铅棉花 60mg，装管高度约 60～80mm，以控制醋酸铅棉花填充的松紧度，既可消除硫化氢（100μg 的 H_2S）的干扰，又可使砷化氢以适宜的速度通过。

⑤ 溴化汞试纸与砷化氢作用比氯化汞试纸灵敏，其灵敏度为 1μg（以 As_2O_3 计），但所呈砷斑不够稳定，反应中应避光，保持干燥，并立即与砷斑比较。

⑥ 供试品若为硫化物、硫代硫酸盐或亚硫酸盐等，在酸性溶液中可产生大量的硫化氢或二氧化硫气体，与溴化汞试纸作用生成黑色硫化汞或金属汞，干扰检查。反应前应先加硝酸处理，使之氧化成硫酸盐，除去干扰，如硫代硫酸钠中砷盐的检查。

⑦ 供试品若为铁盐，能消耗碘化钾、氯化亚锡等还原剂，影响测定条件，并可氧化砷化氢，干扰测定。反应前应先加酸性氯化亚锡试液，将高铁离子还原成低铁离子后再依法检查，如枸橼酸铁铵中砷盐的检查。

⑧ 具有环状结构的有机药物，砷可能以共价键与其结合，需先进行有机破坏，否则检出结果偏低或难以检出。常用的破坏方法有碱破坏法和酸破坏法。《中国药典》多采用碱炽灼法破坏，于供试品中加氢氧化钙或无水碳酸钠小火炽灼炭化，再于 500～600℃完全灰化后依法检查，如苯甲酸钠中砷盐的检查。

⑨ 含锑药物用本法检查时，锑盐可被还原为锑化氢，与溴化汞作用生成灰色锑斑或与二乙基二硫代氨基甲酸银试液反应，干扰检查，则可改用白田道夫法检查砷盐。方法原理为氯化亚锡在盐酸溶液中将砷盐还原成棕褐色的胶态砷，与一定量标准砷溶液用同法处理后的颜色相比较，不得更深。该法灵敏度低，加入少量二氯化汞可提高灵敏度。《中国药典》中葡萄糖酸锑钠中砷盐的检查就采用此法。

2. 二乙基二硫代氨基甲酸银法（Ag-DDC 法）

（1）检查原理　利用金属锌与酸作用产生新生态的氢，与微量砷盐反应生成具有挥发性的砷化氢，还原二乙基二硫代氨基甲酸银，产生红色的胶态银，与相同条件下使一定量的标准砷溶液呈色进行目视比色或在 510nm 波长处测定吸光度进行比较。与古蔡法相比，主要是显色试剂用 Ag-DDC 代替了溴化汞试纸。

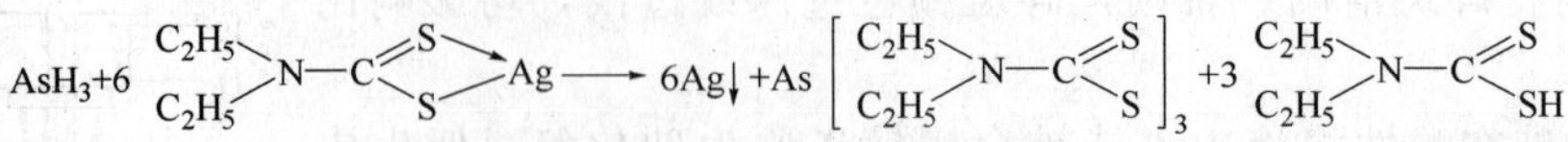

(2) 检查方法 二乙基二硫代氨基甲酸银法检查砷的装置见图 4-2。A 为 100ml 标准磨口锥形瓶；B 为中空的标准磨口塞，上连导气管 C（一端外径为 8mm，内径为 6mm；另一端长为 180mm，外径为 4mm，内径为 1.6mm，尖端内径为 1mm）；D 为平底玻璃管（长为 180mm，内径为 10mm，于 5.0ml 处有一刻度）。

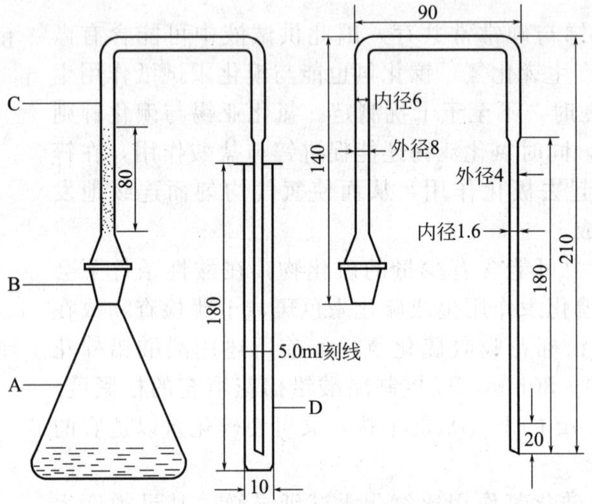

图 4-2 Ag-DDC 法检查砷的装置（单位：mm）

A—标准磨口锥形瓶；B—标准磨口塞；C—导气管；D—平底玻璃管

测试时，于导气管 C 中装入醋酸铅棉花 60mg（装管高度约 80mm），并于 D 管中精密加入二乙基二硫代氨基甲酸银试液 5ml。

标准砷对照液的制备：精密量取标准砷溶液 2ml，置 A 瓶中，加盐酸 5ml 与水 21ml，再加碘化钾试液 5ml 与酸性氯化亚锡试液 5 滴，在室温放置 10min 后，加锌粒 2g，立即将导气管 C 与 A 瓶密塞，使生成的砷化氢气体导入 D 管中，并将 A 瓶置 25～40℃水浴中反应 45min，取出 D 管，添加三氯甲烷至刻度，混匀，即得标准砷对照溶液。

若供试品需经有机破坏后再进行检砷，则应取标准砷溶液代替供试品，照各品种项下规定的方法同法处理后，再依法制备标准砷对照溶液。

供试品检查：取照各品种项下规定方法制成的供试品溶液，置 A 瓶中，照上述“标准砷对照液的制备”，自“再加碘化钾试液 5ml”起，依法操作。将所得溶液与标准砷对照溶液同置白色背景上，从 D 管上方向下观察、比较，所得溶液的颜色不得比标准砷对照溶液更深。必要时，可将所得溶液转移至 1cm 吸收池中，照紫外-可见分光光度法在 510nm 波长处以二乙基二硫代氨基甲酸银试液作空白，测定吸光度，与标准砷对照液按同法测得的吸光度比较，即得。

(3) 注意事项

① 当 As 的浓度在 1～40μg/ml 范围内线性关系良好，显色在 2h 内稳定，重现性好，可定量测定砷盐含量。

② 在 Ag-DDC 法中，需加入一定量的有机碱，以中和反应中产生的二乙基二硫代氨基甲酸，使上述反应式向右定量进行完全。USP 采用 0.5% 的 Ag-DDC 的吡啶溶液，检测灵敏度高（0.5μg/30ml），但吡啶有恶臭。ChP 采用 0.25% 的 Ag-DDC 的三乙胺-三氯甲烷溶

液，呈色灵敏度略低于吡啶溶液，但呈色及试剂稳定性良好，低毒、无臭，与砷化氢产生的颜色在510nm波长处有最大吸收。

③ 锑化氢与Ag-DDC的反应灵敏度较低，当反应液中加入40%氯化亚锡溶液3ml、15%碘化钾溶液5ml时，500μg的锑也不干扰测定。

（六）干燥失重测定法

干燥失重主要检查药品中的水分、结晶水及其他挥发性物质。干燥失重系指药品在规定的条件下，经干燥后所减失的重量，以百分率表示。干燥失重的量应恒重，恒重是指供试品连续两次干燥或炽灼后称重的差异在0.3mg以下。干燥至恒重的第二次及以后各次称重均应在规定条件下继续干燥1h后进行。

测定干燥失重的方法主要有：常压恒温干燥法、减压干燥法与恒温减压干燥法、干燥剂干燥法三种。

1. 常压恒温干燥法

本法适用于受热较稳定的药物，通常采用烘箱干燥法。将样品置于相同条件下已干燥至恒重的扁形称量瓶中，精密称定，在105℃干燥至恒重，按下式计算。

$$干燥失量(\%)=\frac{减失的重量}{取样量}\times 100\%$$

注意事项为供试品干燥时应平铺于扁形称量瓶中，厚度不可超过5mm，如为疏松物质，厚度不可超过10mm。干燥时，应将瓶盖取下，置称量瓶旁，或将瓶盖半开进行干燥；取出时，须将称量瓶盖好再称量。置烘箱内干燥的供试品，应在干燥后取出置干燥器中放冷，然后称定重量。

2. 减压干燥法与恒温减压干燥法

本法适用于对热不稳定或水分较难除尽的药物。减压可以降低干燥温度、缩短干燥时间，有助于除去水分与挥发性物质。《中国药典》规定：除另有规定外，压力应在2.67kPa(20mmHg)以下。恒温减压干燥器中常用的干燥剂为五氧化二磷。干燥剂需及时更换。

3. 干燥剂干燥法

本法适用于受热易分解或升华的药物。常将药物置于含干燥剂的干燥器中，室温放置，干燥至恒重。常用的干燥剂有五氧化二磷、无水氯化钙和硅胶等。五氧化二磷的吸水效力、吸水速度和吸水容量均较好，但价格较贵，且不能反复使用。无水氯化钙的吸水效力较差，吸水容量及吸水速度次于五氧化二磷，吸水后与水结合成不稳定的水合物，温度升高能释放出水分，如果供试品是在较高温度干燥，放在氯化钙干燥器中不易恒重。硅胶的吸水效力次于五氧化二磷，但具有价格便宜、使用方便、无腐蚀性且可反复使用的特点，为最常用的干燥剂。

（七）水分测定法

药物中水分含量的多少对其稳定性、理化性质及生理作用均有影响，因此应控制药物中水分的限量。药物中的水分包括结合水和吸附水。《中国药典》收载了费休法与甲苯法来测定药物中的水分。费休法又包括容量滴定法和库仑滴定法。现介绍费休容量滴定法。

1. 检查原理

本法是根据碘在吡啶和甲醇溶液中氧化二氧化硫时需要一定量的水分参与反应，根据消耗的碘量来计算样品的含水量。

$$I_2+SO_2+H_2O \rightleftharpoons 2HI+SO_3$$

上述反应是可逆的，为了使反应进行完全，费休试液中无水吡啶能定量吸收HI和SO_3，生成氢碘酸吡啶和硫酸酐吡啶，而硫酸酐吡啶不稳定，能与水发生副反应，可加入无水甲醇形成稳定的甲基硫酸氢吡啶，避免副反应发生。

滴定的总反应式如下。

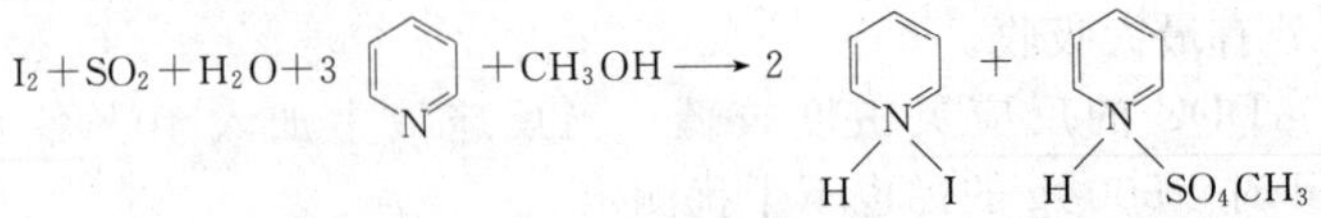

2. 检查方法

（1）费休试液的制备　称取碘（置硫酸干燥器内48h以上）110g，置干燥的具塞锥形瓶中，加无水吡啶160ml，注意冷却，振摇至碘全部溶解后，加无水甲醇300ml，称定重量，将锥形瓶置冰浴中冷却，在避免空气中水分侵入的条件下，通入干燥的二氧化硫至重量增加至72g，再加无水甲醇使成1000ml，密塞，摇匀，于暗处放置24h，临用前应标定浓度。

（2）测定方法　取供试品适量，除另有规定外，溶剂为无水甲醇，用水分测定仪直接测定。或精密称取供试品适量（约消耗费休试液1～5ml），置干燥的具塞玻璃瓶中，加溶剂适量，在不断振摇（或搅拌）下。用费休试液滴定至溶液由浅黄色变为红棕色，或用电化学方法（如永停滴定法）指示终点；另做空白试验，按下式计算。

$$供试品中水分含量(\%)=\frac{(A-B)F}{W}\times 100\%$$

式中，A 为供试品所消耗的费休试液的体积，ml；B 为空白所消耗的费休试液的体积，ml；F 为每毫升费休试液相当于水的重量，mg；W 为供试品的重量，mg。

3. 注意事项

费休试液吸水性强，试液不稳定，容易变质，故需在临用前1h内标定。

用本法测定时，应严格规范操作，所用到的仪器必须干燥洁净，操作应在干燥处进行，进入滴定装置的空气应用干燥剂除湿，操作需迅速，注意避光。

（八）炽灼残渣检查法

炽灼残渣（residue on ignition）是指有机药物经炭化或挥发性无机药物加热分解后，高温炽灼后产生的非挥发性无机杂质的硫酸盐。炽灼残渣检查法主要用于控制有机药物经炭化或挥发性无机药物中非挥发性无机杂质。

1. 检查方法

取供试品1.0～2.0g或各品种项下规定的重量，置已炽灼至恒重的坩埚（如供试品分子中含有碱金属或氟元素，则应使用铂坩埚）中，精密称定，缓缓炽灼至完全炭化，放冷；除另有规定外，加硫酸0.5～1ml使湿润，低温加热至硫酸蒸气除尽后，在700～800℃炽灼使完全灰化，移置干燥器内，放冷，精密称定后，再在700～800℃炽灼至恒重，即得。

$$炽灼残渣(\%)=\frac{残渣及坩埚重-空坩埚重}{供试品取样量}\times 100\%$$

2. 注意事项

供试品的取样量应根据炽灼残渣限量和称量误差决定。一般炽灼残渣规定限量为0.1%～0.2%，炽灼残渣量在1～2mg，故供试品取样量多为1.0～2.0g。不同药物炽灼残渣限度要求不同，可酌情改变供试品的取样量。

炽灼残渣若要留作重金属检查，则炽灼温度必须控制在500～600℃，因为一些重金属在高温下易挥发。炽灼至恒重的第二次称重应在继续炽灼约30min后进行。

（九）易炭化物检查法

易炭化物是指药品中存在的遇硫酸易炭化或易氧化呈色的微量有机杂质。该类杂质多数结构未知。易炭化物检查法可简便地控制该类杂质的总量。

检查方法：取内径一致的比色管两支，甲管中加各品种项下规定的对照溶液 5ml；乙管中加硫酸［含 H_2SO_4 94.5%～95.5%（质量分数）］5ml 后，分次缓缓加入规定量的供试品，振摇使溶解。除另有规定外，静置 15min，将甲、乙两管同置白色背景前，平视观察，乙管中所显颜色不得比甲管更深。

供试品如为固体，应先研成细粉。如需加热才能溶解时，可取供试品与硫酸混合均匀，加热溶解后，放冷至室温，再移置比色管中。

（十）溶液颜色检查法

药物溶液的颜色及其与规定颜色的差异能在一定程度上反映药物的纯度。本法系将药物溶液的颜色与规定的标准比色液相比较，或在规定的波长处测定其吸光度，以检查其颜色。《中国药典》“附录”中收载了 3 种溶液颜色的检查方法。

1. 目视比色法

该法是将药物溶液的颜色与规定的标准比色液的颜色相比较，根据颜色的深浅来判断检查结果。

用比色用重铬酸钾液、比色用硫酸铜液和比色用氯化钴液按规定的比例配制各种色调标准贮备液，然后将色调标准贮备液和水按规定的比例制成各种色调色号的标准比色液。

2. 分光光度法

除另有规定外，取各品种项下规定量的供试品，加水溶解使成 10ml，必要时滤过，滤液照分光光度法于规定波长处测定，吸光度不得超过规定值。

3. 色差计法

该法是通过色差计直接测定溶液的透射三刺激值，对其颜色进行定量表述和分析的方法。当目视比色法较难判定供试品与标准比色液之间的差异时，应考虑采用该法进行测定与判断。

供试品溶液与标准比色液之间的颜色差异，可通过分别比较它们与水之间的色差值来得到，也可通过直接比较它们之间的色差值来得到。

（十一）溶液澄清度检查法

溶液澄清度（clarity of solution）是检查药品溶液的浑浊程度，可以反映药物溶液中微量不溶性杂质的存在情况，在一定程度上可以反映药品的质量和生产工艺水平，是控制注射用原料药纯度的重要指标。

1. 检查原理

药物溶液中若存在细微颗粒，当直射光通过溶液时，细微颗粒可引起光的散射，测量光的散射就可以测量溶液的浊度。溶液澄清度检查实际上是通过比较供试品溶液和浊度标准液的浊度，来判断供试品溶液的澄清度是否符合规定。

2. 检查方法

《中国药典》采用比浊法检查，以规定级号的浊度标准液为对照，判断供试品溶液的澄清度。

浊度标准液由一定量硫酸肼和乌洛托品按规定方法配制与稀释而成，乌洛托品在偏酸性条件下水解产生甲醛，然后甲醛与肼缩合生成不溶于水的甲醛腙白色浑浊。

根据浊度的深浅，将浊度标准液分成 5 个级号：0.5、1、2、3、4 号。

《中国药典》规定：“澄清”系指供试品溶液的澄清度与所用溶剂相同，或不超过 0.5 号浊度标准液的浊度。“几乎澄清”系指供试品溶液的浊度介于 0.5 号至 1 号浊度标准液的浊度之间。

测定方法：在室温条件下，将用水稀释至一定浓度的供试品溶液与等量的浊度标准液分别置于配对的比浊用玻璃管（内径 15～16mm，平底，具塞，以无色、透明、中性硬质玻璃制成）中，在浊度标准液制备 5min 后，在暗室内垂直同置于伞棚灯下，照度为 1000 lx，从水平方向观察、比较，用以检查溶液的澄清度或其浑浊程度。除另有规定外，供试品溶解后应立即检视。

3. 注意事项

温度对浊度标准贮备液的制备有较大影响，故规定两液混合时反应温度应保持在 25℃±1℃。

多数药物澄清度检查以水为溶剂，对于有机酸的碱金属盐，由于水中可能溶解二氧化碳，将影响溶液的澄清度，应用“新沸过的冷水”溶解样品。当检查后的溶液还需用作酸度检查时，也应强调用“新沸过的冷水”。

（十二）残留溶剂测定法

药品中的残留溶剂系指在原料药、辅料及在制剂生产过程中使用的或产生的，但在工艺过程中未能完全去除的有机溶剂。《中国药典》中残留溶剂的控制与 ICH 的要求一致，在溶剂残留量的限度要求中，按有机溶剂毒性的程度分为四类。第一类有机溶剂的毒性较大，具有致癌作用并对环境有害，应尽量避免使用；第二类有机溶剂对人有一定的毒性，应限量使用；第三类有机溶剂对人的健康危险性较小，因此推荐使用。除另有规定外，第一、第二、第三类有机溶剂的残留量应符合表 4-1 中的规定；对其他溶剂（第四类等），应根据生产工艺的特点，制定相应的限度，使其符合产品规范、GMP 或其他基本的质量要求。

表 4-1　药品中常见的残留溶剂及限度

溶剂名称	限度/%	溶剂名称	限度/%	溶剂名称	限度/%
第一类溶剂(应该避免使用)					
苯	0.0002	四氯化碳	0.0004	1,2-二氯乙烷	0.0005
1,1-二氯乙烯	0.0008	1,1,1-三氯乙烷	0.15		
第二类溶剂(应该限制使用)					
乙腈	0.041	氯苯	0.036	氯仿	0.006
环己烷	0.388	1,2-二氯乙烯	0.187	二氯甲烷	0.06
1,2-二甲氧基乙烷	0.01	*N*,*N*-二甲基乙酰胺	0.109	*N*,*N*-二甲基甲酰胺	0.088
1,4-二氧六环	0.038	2-乙氧基乙醇	0.016	乙二醇	0.062
甲酰胺	0.022	正己烷	0.029	甲醇	0.3
2-甲氧基乙醇	0.005	甲基丁基酮	0.005	甲基环己烷	0.118
N-甲基吡咯烷酮	0.053	硝基甲烷	0.005	吡啶	0.02
四氢噻吩	0.016	四氢化萘	0.01	四氢呋喃	0.072
甲苯	0.089	1,1,2-三氯乙烯	0.008	二甲苯①	0.217
第三类溶剂(药品 GMP 或其他质量要求限制使用)					
乙酸	0.5	丙酮	0.5	甲氧基苯	0.5
正丁醇	0.5	仲丁醇	0.5	乙酸丁酯	0.5
叔丁基甲基醚	0.5	异丙基苯	0.5	二甲亚砜	0.5
乙醇	0.5	乙酸乙酯	0.5	乙醚	0.5
甲酸乙酯	0.5	甲酸	0.5	正庚烷	0.5
乙酸异丁酯	0.5	乙酸异丙酯	0.5	乙酸甲酯	0.5
3-甲基-1-丁醇	0.5	丁酮	0.5	甲基异丁基酮	0.5

续表

溶剂名称	限度/%	溶剂名称	限度/%	溶剂名称	限度/%
第三类溶剂(药品 GMP 或其他质量要求限制使用)					
异丁醇	0.5	正戊烷	0.5	正戊醇	0.5
正丙醇	0.5	异丙醇	0.5	乙酸丙酯	0.5
第四类溶剂(尚无足够毒理学资料)②					
1,1-二乙氧基丙烷		1,1-二甲氧基甲烷		2,2-二甲氧基丙烷	
异辛烷		异丙醚		甲基异丙基酮	
甲基四氢呋喃		石油醚		三氯乙酸	
三氟乙酸					

①通常含有60%间二甲苯、14%对二甲苯、9%邻二甲苯和17%乙苯。②药品生产企业在使用时应提供该类溶剂在制剂中残留水平的合理性论证报告。

《中国药典》采用气相色谱法检查残留溶剂，规定以下三种方法。

第一法（毛细管柱顶空进样等温法）适用于需要检查有机溶剂的数量不多且极性差异较小的有机溶剂测定。

第二法（毛细管柱顶空进样系统程序升温法）适用于需要检查的有机溶剂数量较多且极性差异较大的有机溶剂测定。

第三法（溶液直接进样法）可采用填充柱，亦可采用适宜极性的毛细管柱。

《中国药典》“凡例”项目与要求中第十七条检查规定：对于生产过程中引入的有机溶剂，应在后续的生产环节予以有效去除。除正文已明确列有“残留溶剂”检查的品种必须依法进行该项检查外，其他未在“残留溶剂”项下明确列出的有机溶剂与未在正文中列有此项检查的品种，如生产过程中引入或产品中残留有机溶剂，均应按本版药典“附录”中“残留溶剂测定法”检查并应符合相应溶剂的限度规定。

三、特殊杂质检查技术

特殊杂质包括可能存在的原料、中间体、异构体、聚合体、降解物和副反应产物等，这类杂质的化学结构多数未知，但其化学结构一般与活性成分类似，故通常称为有关物质，如甾体类激素药物中的其他甾体，羟基脲中的脲等。特殊杂质的检查主要是利用药物和杂质在物理或化学性质上的差异进行的，应选择专属性强的分析方法。特殊杂质的检查方法随药物的不同而异。常用的检查方法归纳如下：

（一）化学法

1. 酸碱性的差异

药物中存在的杂质为酸性或碱性，可据此进行检查。如在苯巴比妥中检查巴比妥酸（合成过程中的中间体）及其他酸性物质，就是利用它们的酸性比苯巴比妥强，将供试品加水煮沸后，滤液加甲基橙指示液，不显红色为合格。

2. 杂质与一定试剂产生颜色

利用药物中存在的杂质与一定试剂反应产生颜色来检查杂质，根据限量要求，可规定一定的反应条件下不得产生某种颜色，或者与杂质对照品在相同条件下所呈现的颜色进行目视比色，也可用分光光度法测定反应液的吸光度，应符合规定。如盐酸吗啡中罂粟酸的检查：取本品一定量加水溶解后，加稀盐酸及三氯化铁试液，不显红色为合格。

3. 杂质与一定试剂产生沉淀

利用药物中存在的杂质与一定试剂反应产生沉淀来检查杂质。如甘露醇、枸橼酸钾等药物中草酸盐的检查，就是利用草酸根离子在氨碱性条件下与氯化钙试液反应，生成草酸钙白色沉淀来进行检查的。

4. 杂质与一定试剂产生气体

利用药物中存在的杂质与一定试剂反应产生气体来检查杂质。如药物中含有微量硫化物，利用其在酸性环境中产生硫化氢气体，与醋酸铅试纸作用，形成棕黑色硫斑来判定杂质量。与一定量的标准硫化钠溶液在相同条件下所显示的标准硫斑比较，不得更深。

5. 氧化还原性的差异

利用药物与杂质的氧化性或还原性不同进行杂质的检查。如氯化钠中检查碘化物：取细粉 5.0g，置瓷蒸发皿内，滴加新配制的淀粉混合液（取可溶性淀粉 0.25g，加水 2ml，搅匀，再加沸水至 25ml，随加随搅拌，放冷，加 0.025mol/L 硫酸溶液 2ml、亚硝酸钠试液 3 滴与水 25ml，混匀）适量使晶粉湿润，置日光下（或日光灯下）观察，5min 内晶粒不得显蓝色痕迹。

（二）光谱法

1. 紫外-可见分光光度法

《中国药典》利用紫外-可见分光光度法检查药物中特殊的杂质有以下几种方法。

（1）当药物在某一波长处无吸收，而杂质在此处有最大吸收时，杂质的量可以通过控制供试品溶液在此波长处的吸光度来控制。如图 4-3 所示，肾上腺素中酮体的检查，就是利用肾上腺素在 310nm 波长处无吸收，而肾上腺酮在此波长处有最大吸收的特性进行的。

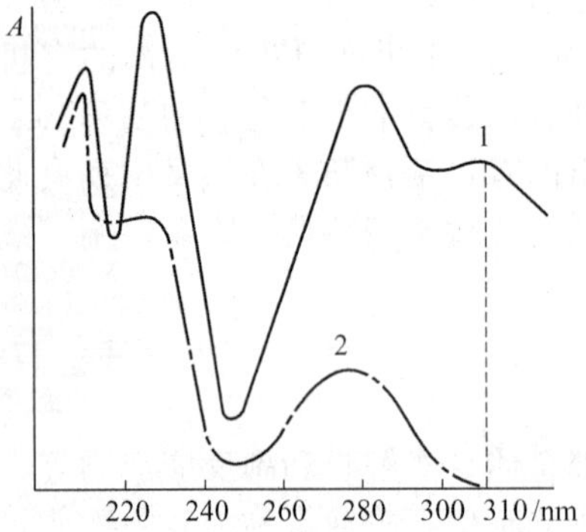

图 4-3　肾上腺素和肾上腺酮的紫外吸收光谱

1—肾上腺酮；2—肾上腺素

（2）有的杂质的紫外吸收光谱与药物的紫外吸收光谱有重叠，但可以通过控制供试品溶液在某两个波长处的吸光度比值来控制杂质的量。如碘解磷定注射液中分解产物的检查：碘解磷定在盐酸溶液（9：1000）中在 294nm 处有最大吸收，在 262nm 处有最小吸收，两波长处的吸光度比值为 3.39。而分解产物在 294nm 处无吸收，在 262nm 波长处有吸收。有分解产物存在时，供试品在 262nm 处的吸光度将增大，两波长处吸光度比值将下降。因此，通过控制该比值来控制分解产物的量。

（3）根据杂质的紫外吸收特征，测定供试品吸光度的范围，来控制药物的纯度。如头孢噻吩钠中吸光度的检查：噻吩乙酰基是头孢噻吩钠在合成过程中引入的特殊杂质，其在 237nm 处有特征吸收，产品在精制过程中如未能有效地除去噻吩乙酰基，则会使 237nm 处的吸光度上升；或药物在放置的过程中若有部分产品降解，则吸光度下降。通过测定供试品 237nm 处吸光度的上下限幅度，可在一定程度上控制产品的纯度。《中国药典》中，该供试品在 237nm 波长处的吸光度为 0.65～0.72。

2. 红外分光光度法

该法在杂质检查中主要用于药物中无效或低效晶型的检查。某些多晶型药物由于其晶型结构不同，一些化学键的键长、键角等会发生不同程度的变化，将导致红外吸收光谱中某些特征峰的强度、峰形和频率出现显著差异。根据这些差异，可检查其中的低效或无效晶型杂质。如甲苯咪唑中 A 晶型的检查：甲苯咪唑有 A、B、C 三种晶型，C 晶型为有效晶型，A 晶型为无效晶型，而 B 晶型的疗效有待证明。检查是利用 A 晶型在 640cm^{-1} 波数处有强吸收，C 晶型在此波数处的吸收很弱；而在 662cm^{-1} 波数处，A 晶型的吸收很弱，C 晶型却有较强吸收。因此，当供试品中含有 A 晶型时，这两个波数处的吸光度比值将会发生改变。

《中国药典》采用供试品与对照品同法操作，供试品的吸光度比值应小于对照品的吸光度比值的方法，控制甲苯咪唑中A晶型的量。

3. 原子吸收分光光度法

该法广泛用于微量元素的分析，是一种灵敏的测定方法，在杂质检查中，主要用于药物中金属杂质的检查，常采用标准加入法控制金属杂质的限量：即取供试品适量，按各品种项下的规定，制备供试品溶液；另取等量的供试品，加入限度量的待测元素溶液，同法制成对照品溶液。设对照品溶液读数为 a，供试品溶液读数为 b，则 b 相当于供试品溶液中待检元素的量，$(a-b)$ 相当于对照品溶液中加入的待检元素对照品的量，b 小于 $(a-b)$ 时，表示符合规定。

【应用示例】《中国药典》中明胶空心胶囊中铬的检查采用原子吸收分光光度法：取本品0.5g，置聚四氟乙烯消解罐内，加硝酸5～10ml，混匀，浸泡过夜，盖上内盖，旋紧外套，置适宜的微波消解炉内，进行消解。消解完全后，取消解内罐置电热板上缓缓加热至红棕色蒸气挥尽并近干，用2%硝酸转移至50ml量瓶中，并用2%硝酸稀释至刻度，摇匀，作为供试品溶液。同法制备试剂空白溶液；另取铬单元素标准溶液，用2%硝酸稀释制成每毫升含铬1.0μg的铬标准贮备液，临用时，分别精密量取铬标准贮备液适量，用2%硝酸溶液稀释制成每毫升含铬0～80ng的对照品溶液。取供试品溶液与对照品溶液，以石墨炉为原子化器，照原子吸收分光光度法，在357.9nm的波长处测定、计算，即得。含铬不得超过百万分之二。

（三）色谱法

色谱法就是利用杂质与药物在色谱性质上的差异达到分离与检查的目的。药物中的有关物质，如中间体、副产物、异构体、分解产物等，其结构和性质往往与药物相似，用化学法或光谱法很难进行检查。色谱法由于分离效能高，因此在药物的有关物质检查项目中应用最为广泛，常作为首选方法。

1. 薄层色谱法

薄层色谱法灵敏、简便、快速、分辨率高、不需要特殊设备，又有一定的分离效能，并可以同时检视多种斑点，获得更多的杂质信息，被各国药典广泛用于药物有关物质的检查中。

（1）杂质对照品法　适用于杂质已知并能获得杂质对照品的情况，准确度高。检查时根据杂质限量，取供试品溶液和一定浓度的杂质对照品溶液，分别点样于同一薄层板上，展开、斑点定位、检查，将供试品溶液中除主斑点外的其他斑点与相应的杂质对照品溶液或系列杂质对照品溶液的主斑点进行比较，判断药物中杂质是否超过限量。如《中国药典》中对枸橼酸乙胺嗪中 *N*-甲基哌嗪的检查，以 *N*-甲基哌嗪对照品的甲醇溶液为对照品溶液（50μg/ml），将等体积的供试品溶液（50mg/ml）和对照品溶液分别在同一薄层板上点样，经展开、斑点定位、检查，要求供试品溶液如显与对照品相应的杂质斑点，其颜色与对照品溶液主斑点比较，不得更深。

（2）供试品溶液自身稀释对照法　适用于杂质结构不确定，或虽然杂质结构已知但无杂质对照品的情况。该法仅限于杂质斑点的颜色与主成分斑点颜色相近或相同的情况，准确度较差。检查时配制一定浓度的供试品溶液，将供试品溶液按杂质限量稀释至一定浓度作为对照溶液，取供试品溶液和对照溶液分别点样于同一薄层板上，展开、斑点定位、检查。供试品溶液所显杂质斑点与自身稀释对照溶液或系列浓度自身稀释对照溶液的相应主斑点比较，判断药物中杂质是否超过限量。如《中国药典》中对吡罗昔康中有关物质的检查：取该药，加三氯甲烷制成每毫升中含20mg的溶液，作为供试品溶液；精密量取适量，加三氯甲烷定量稀释成每毫升中含0.2mg的溶液，作为对照溶液。吸取上述两种溶液各10μl，分别点于

同一硅胶 GF_{254} 薄层板上，以三氯甲烷-丙酮-甲醇（25：25：5）为展开剂，展开，晾干，置紫外光灯（254nm）下检视。供试品溶液如显杂质斑点，与对照溶液所显的主斑点比较，不得更深。

（3）杂质对照品法与供试品溶液自身稀释对照法并用 当药物中存在多个杂质，其中已知杂质有对照品时，采用杂质对照品法检查；没有对照品的杂质或共存的未知杂质，可采用供试品溶液自身稀释对照法检查，是上述两种方法并用的检查方法。

（4）对照药物法 当无合适的杂质对照品，或是供试品显示的杂质斑点颜色与主成分斑点颜色有差异，难以判断限量时，可采用与供试品相同的药物作为对照，此对照药物中所含待检杂质需符合杂质限量要求，且稳定性好。如《中国药典》中马来酸麦角新碱中有关物质的检查：该法主要检查异麦角新碱、麦角酸、异麦角酸及其他麦角碱等杂质，以母体药物马来酸麦角新碱作对照，其中所含的杂质符合质量标准中的限量要求，用它来控制供试品中的相应杂质。

2. 纸色谱法

纸色谱法主要适用于极性较大药物中有关杂质的检查。由于其展开时间较薄层色谱法长，斑点易扩散，不能用强酸等腐蚀性显色剂，故其在杂质检查方面的应用不如薄层色谱法广泛。《中国药典》中盐酸苯乙双胍中有关物质的检查采用此法。

3. 高效液相色谱法

高效液相色谱法具有分离效能高、专属性强、检测灵敏度高、操作简便等特点，既可以分离，又可以准确测定各组分的含量，在特殊杂质检查中被广泛应用，特别是采用本法在测定药物含量的同时，可在同一色谱条件下进行杂质检查。

《中国药典》采用 5 种检查方法：①加校正因子的主成分自身对照法；②不加校正因子的主成分自身对照法；③内标法；④外标法（杂质对照品法）；⑤峰面积归一化法。①法适用于杂质在规定波长下的响应值与主成分不一致的情况。②法适用于没有杂质对照品的情况，其前提是假定杂质与主成分的响应因子基本相同。一般情况下，若杂质与主成分的分子结构相似，其响应因子差别不会太大。③法适用于杂质已知，且能获得杂质对照品及有合适的内标物的情况。④法适用于有杂质对照品，进样量能准确控制的情况。⑤法不需要杂质对照品、操作简便、快捷，但测定误差较大。因此，《中国药典》“附录”规定：峰面积归一化法通常只用于粗略考察供试品中的杂质含量，不宜用于微量杂质的检查。

4. 气相色谱法

该法主要用于药物中挥发性杂质的测定，各国药典均规定采用气相色谱法来检查有机溶剂的残留量。《中国药典》规定的测定方法有：内标法、外标法、面积归一化法和标准溶液加入法。前三种方法和 HPLC 法相同，不再赘述。标准溶液加入法是将一定量的杂质对照品溶液精密加入到供试品溶液中，根据内标法或外标法测定杂质的含量，再扣除所加入的对照品溶液含量，即得供试品溶液中杂质的含量。可按以下公式计算。

$$\frac{A_{is}}{A_X}=\frac{c_X+\Delta c_X}{c_X} \qquad c_X=\frac{\Delta c_X}{(A_{is}/A_X)-1}$$

式中，A_X 为供试品中组分 X 的色谱峰面积；c_X 为供试品中组分 X 的浓度；A_{is} 为加入对照品后组分 X 的色谱峰面积；Δc_X 为所加入的已知浓度的待测组分对照品的浓度。

（四）其他方法

1. 直接检查法

（1）臭味及挥发性的差异 利用药物本身无臭味，而杂质具有特殊臭味，判断该杂质的存在。

【应用示例】 麻醉乙醚中异臭的检查 取本品 10ml，置瓷蒸发皿中，使自然挥发，挥散完毕后，不得有异臭。

（2）溶解行为的差异　利用药物与杂质在水、有机溶剂或酸、碱溶液中的溶解性差异进行检查。

【应用示例】 葡萄糖中乙醇溶液的澄清度检查：取本品1.0g，加乙醇20ml，置水浴上加热回流约40min，溶液应澄清。葡萄糖在生产过程中易引入糊精，利用葡萄糖在热乙醇中溶解度较大，而糊精溶解度较小的原理，来控制糊精的量。

2. 颜色差异检查法

有些药物无色，而其分解产物有色，或从生产过程中引入了有色杂质，可通过检查供试品溶液的颜色来控制其有色杂质的量。

【应用示例】 盐酸胺碘酮中游离碘的检查：取本品0.5g，加水10ml，振摇30s，放置5min，滤过，滤液加稀硫酸1ml与三氯甲烷2ml，振摇，三氯甲烷层不得显色。该药在合成过程中反应不完全或氧化易引入游离碘，溶于三氯甲烷显紫红色，通过比色的方法控制游离碘的量。

3. 旋光度差异

具有旋光活性的药物在制备过程中容易引入光学异构体，利用药物和杂质旋光性质的差异，通过测定旋光度或比旋度可以控制杂质的限量。

【应用示例】 硫酸阿托品中莨菪碱的检查：莨菪碱为左旋体，硫酸阿托品为消旋体，无旋光性，《中国药典》规定供试品溶液（50mg/ml）的旋光度不得超过$-0.40°$，以控制莨菪碱的量。

四、杂质分析方法验证

杂质检查分为限度检查与定量测定两种情况。用于限度检查的分析方法验证主要包括专属性、检测限和耐用性；用于杂质定量测定的分析方法验证参数则有所不同，包括专属性、定量限、线性、范围、准确度、精密度、耐用性。

（一）专属性

杂质检查采用的分析方法应确保检测出药物中的杂质，这就要求分析方法能将杂质与主药很好地分离。杂质检查中的专属性试验就是考察各种可能存在的杂质、分解产物与主药的分离效率。

（1）在杂质可获得的情况下，可向试样中加入一定量的杂质，考察试样中各杂质峰及主成分峰相互间的分离度是否符合要求，以验证该方法对杂质的分离能力。

（2）在杂质或降解产物不能获得的情况下，可与另一个已证明合理但分离或检测原理不同，或具有较强分辨能力的方法进行结果比较，来验证该方法对杂质的分离能力。实际工作中常用强光照射、高温、高湿、酸（碱）水解或氧化的方法进行加速破坏，以研究可能的降解产物和降解途径，必要时可采用光二极管阵列检测和质谱检测，进行峰纯度检查。

（二）线性与范围

在杂质定量测定的分析方法中，范围应根据初步实测，拟订为规定限度的±20％。

（三）准确度

在杂质的定量测定中可向原料药或制剂中加入已知量的杂质进行测定。如不能得到杂质或降解产物，可用该法的测定结果与另一成熟的方法，如药典标准方法或经过验证的方法进行比较。

在不能测得杂质或降解产物相对响应因子的情况下，可在线测定杂质或降解产物的相关数据，当杂质与主成分的光谱相似时，可用原料药的响应因子近似计算杂质含量（自身对照法），并应明确单个杂质和杂质总量相当于主成分的重量比（%）或面积比（%）。

（四）灵敏度

检测限主要是考察方法是否具备灵敏的检测能力。因此对杂质限度试验，需证明方法具有足够低的检测限，以保证需要控制的杂质被测出。定量限则主要是考察分析方法是否具备灵敏的定量检测能力。杂质定量检查，需考察方法的定量限，以保证含量很少的杂质能够被准确测出。

精密度和耐用性两个方法验证参数，参见项目五“药物制剂含量测定技术”。

必备知识二 剂型检查技术

药物制剂除了需对杂质进行检查外，还要进行剂型方面的检查，以确保药物制剂的安全、有效、稳定、均一。制剂的检查分常规检查和特殊检查。常规检查就是以各种剂型的通性为指标，对药物制剂的质量进行控制和评价，其中的剂型通性是指其所有品种均应具有的基本属性。《中国药典》“附录”“制剂通则”中规定了每种剂型的常规检查项目，如片剂的重量差异、崩解时限等，注射剂的装量、可见异物、不溶性微粒、渗透压摩尔浓度等，相应剂型均需符合有关的规定。

除了常规检查项目外，对某些制剂还需做一些特殊的检查。如对小剂量的片剂或胶囊剂等需检查含量的均匀度；对一些难溶的固体制剂需检查溶出度；对于缓释、控释、肠溶制剂则需检查释放度。

一、片剂的检查

片剂的检查首先是外观的检查，应完整光洁、色泽均匀，有适宜的硬度和耐磨性。其次是片剂的杂质检查，主要是针对药物在制剂生产和贮存过程中引入的杂质而制定的，如对阿司匹林片剂中的游离水杨酸的检查。此外，还应进行片剂的常规检查如重量差异、崩解时限，以及针对小剂量片剂的含量均匀度、难溶性药物的溶出度及缓控释制剂的释放度等特殊的检查项目。

1. 重量差异检查

重量差异（weight variation）是指按规定称量方法测得片剂中每片的重量与平均片重之间的差异。其检查目的在于控制各片重量的一致性，保证用药剂量的准确。在片剂的生产过程中，由于生产设备和制剂工艺、颗粒的均匀度和流动性、润滑剂的均匀度等都会引起各片之间有重量差异，而片重差异大，又意味着各片间的主药含量不一。因此，重量差异是片剂均匀性的简单、快速的检查方法，各国药典把重量差异检查作为片剂的常规检查项目之一。

但是，重量差异并不能完全反映药物含量的均匀程度，药物含量的均匀程度要按含量均匀度检查法检查，但含量均匀度检查法所需工作量大，时间长，因而对于普通片剂，还是通过简便、快速的重量差异检查来控制药物含量的均匀程度。

检查方法：取供试品 20 片，精密称定总重量，求得平均片重后，再分别精密称定每片的重量，每片重量与平均片重相比较（凡无含量测定的片剂，每片重量应与标示片重比较），计算每片重量与平均片重（或标示片重）差异的百分比。按表 4-2 的规定，20 片中超出重量差异限度的不得多于 2 片，并不得有 1 片超过限度 1 倍。糖衣片的片芯应检查重量差异，并且符合规定后方可包衣，包糖衣后不再检查。薄膜衣片应在包薄膜衣后检查重量差异并符合规定。

表 4-2 片剂的重量差异限度

平均片重或标示片重	重量差异限度
0.30g 以下	±7.5%
0.30g 及 0.30g 以上	±5%

2. 含量均匀度检查

在各国药典中，固体制剂的含量历来都是由含量测定项下所得的平均含量和重（装）量差异检查等项来保证的。但片剂由于含有辅料，重量并不等于含量，对于一些治疗量与极量接近、剂量小而作用强的一次性用药，或含量稍稍变化即能引起副作用的药物，单剂含量的不均匀将影响临床用药的安全、有效。特别是当片剂的含量较低时，如果每片仅含几毫克、零点几毫克，药物在片剂中的均匀度较难控制，所以仅靠重量差异的间接检查已不能完全反映药物含量的均匀程度，《中国药典》从 1985 年起收载了含量均匀度检查的项目。

含量均匀度（content uniformity）系指小剂量或单剂量的固体制剂、半固体制剂和非均相液体制剂的每片（个）含量符合标示量的程度。凡检查含量均匀度的制剂，一般不再检查重（装）量差异。《中国药典》规定：除另有规定外，片剂、胶囊剂或注射用无菌粉末，每片（个）标示量不大于 25mg 或主药含量不大于每片（个）重量 25%者；内容物非均一溶液的软胶囊、单剂量包装的口服混悬液、透皮贴剂、吸入剂和栓剂，均应检查含量均匀度。复方制剂仅检查符合上述条件的组分。

检查方法：取供试品 10 片（个），照各品种项下规定的方法，分别测定每片（个）以标示量为 100 的相对含量 X，求其均值和标准差 S 以及标示量与均值之差的绝对值 A，如下式所列。

$$S=\sqrt{\frac{\sum(X-\overline{X})^2}{n-1}}$$

$$A=|\ 100-\overline{X}\ |$$

结果判断：如 $A+1.80S \leqslant 15.0$，则供试品的含量均匀度符合规定；若 $A+S>15.0$，则不符合规定；若 $A+1.80S>15.0$，且 $A+S \leqslant 15.0$，则应另取 20 片（个）复试。根据初、复试结果，计算 30 片（个）的均值 $\overline{X}$、标准差 S 和标示量与均值之差的绝对值 A；若 $A+1.45S \leqslant 15.0$，则供试品的含量均匀度符合规定；若 $A+1.45S>15.0$，则不符合规定。

含量均匀度的限度应符合各品种项下的规定。除另有规定外，片剂、胶囊剂或注射用无菌粉末的限度为±15%（即判断式中的 15.0），单剂量包装的口服混悬剂、内充混悬物的软胶囊剂、胶囊型或泡囊型粉雾剂、单剂量包装的眼用、耳用、鼻用混悬剂、固体或半固体制剂的限度均应为±20%；透皮贴剂、栓剂的限度应为±25%。如该品种项下规定含量均匀度的限度为±20%或其他数值时，应将上述各判断式中的 15.0 改为 20.0 或其他相应的数值，但各判断式中的系数不变。

3. 崩解时限检查

崩解时限（disintegration time）系指口服固体制剂在规定的条件下全部崩解溶散或成碎粒并通过筛网（不溶性包衣材料或破碎的胶囊壳除外）所需时间的限度。口服片剂在胃肠道中要经过崩解，药物才能被溶出，进而为机体吸收而产生药效。崩解是溶出的前提，崩解时限是片剂有效性简单、快速的检查方法，因此各国药典都把崩解时限的检查作为片剂的常规检查项目之一。

检查方法：仪器装置为升降式崩解仪。除另有规定外，取供试品 6 片，分别置于崩解仪吊篮的玻璃管中，将吊篮通过上端的不锈钢轴悬挂于金属支架上，浸入 1000ml 烧杯中，并调节吊篮的位置使其下降时筛网距烧杯底部 25mm，烧杯内盛有温度为 37℃±1℃的介质，调节水位高度使吊篮上升时筛网在水面下 15mm 处。启动崩解仪进行检查，各片均应在

15min内全部崩解。如有1片不能崩解，应另取6片复试，均应符合规定。

不同片剂检查方法及规定不同，常见的片剂崩解时限限度规定见表4-3。

表4-3　各种片剂的崩解时限限度规定

片剂类型	崩解介质及温度	崩解时限
普通片	水，(37±1)℃	15min
薄膜衣片	水或盐酸溶液(9→1000)，(37±1)℃	30min
糖衣片	水，(37±1)℃	1h
肠溶衣片	盐酸溶液(9→1000)，(37±1)℃	2h，不得有裂缝、崩解或软化现象
	磷酸盐缓冲液(pH 6.8)，(37±1)℃	1h

4. 溶出度与释放度检查

溶出度（dissolution）系指活性药物从片剂、胶囊剂或颗粒剂等制剂在规定条件下溶出的速率和程度。药物释放度（drug release）系指药物从缓释制剂、控释制剂、肠溶制剂及透皮贴剂等在规定条件下释放的速率和程度。溶出度和释放度检查是一种模拟口服制剂在胃肠道中崩解和溶出的体外试验方法，在一定程度上反映了口服固体制剂的体内生物利用度，是控制药物制剂有效性的体外检测方法。片剂崩解是溶出的前提，但由于辅料、制剂工艺等的影响，崩解后药物溶出的速度仍会有差异，而使临床疗效不稳定。因此，对于一些难溶性药物或治疗量与中毒量接近的药物，需进行溶出度检查。而对于一些缓释制剂、控释制剂，为考察其在体内释放是否达到缓释、控释的作用，则需要进行释放度检查。

凡规定检查溶出度、释放度的制剂，不再进行崩解时限的检查。

（1）溶出度检查

① 溶出度测定方法　《中国药典》收载有三种方法，即篮法、桨法、小杯法。

a. 第一法（篮法）　采用溶出度测定仪进行检查。测定前，调试仪器装置，使转篮底部距溶出杯的内底部（25±2）mm。分别量取经脱气处理的溶出介质，置各溶出杯内，实际量取的体积与规定体积的偏差应不超过±1%，待溶出介质温度恒定在（37±0.5)℃后，取供试品6片（粒、袋），分别投入6个干燥的转篮内，将转篮降入溶出杯中，注意供试品表面上不要有气泡，按照各品种项下规定的转速启动仪器，计时；至规定的取样时间，吸取溶出液适量，立即用适当的微孔滤膜滤过，自取样至滤过应在30s内完成。取澄清滤液，照该品种项下规定的方法测定，计算每片（粒、袋）的溶出量。

b. 第二法（桨法）　以搅拌桨代替转篮。测定时将供试品6片（粒、袋），分别投入6个溶出杯内，启动搅拌桨，其余操作和要求同转篮法。

c. 第三法（小杯法）　此法的溶出杯为250ml，搅拌桨搅拌。测定前调试仪器，使桨叶底部距溶出杯的内底部（15±2）mm。量取经脱气处理溶出介质100～250ml，置各溶出杯内，其余操作及要求同桨法。

② 注意事项

a. 溶出介质　应新鲜制备，并经过脱气处理。脱气方法可在缓慢搅拌下加热至约41℃，并在真空下不断搅拌5min以上；或采用煮沸、抽滤、超声等其他有效的除气方法。

b. 溶出方法选择　片剂多采用桨法，但有些片剂崩解后的颗粒沉积在溶出杯底部，药物的溶出会变慢，此时采用转篮法更合适。由于小杯法溶剂的体积较小，适用于药物含量较低的小规格片剂的溶出度测定。

c. 转速　一般篮法50～100r/min，桨法50～75r/min；小杯法35～50r/min。

d. 取样位置与时间　转篮法与桨法取样位置应在转篮或桨叶顶端至液面的中点，距溶出杯内壁不小于10mm处；小杯法取样位置应在桨叶顶端至液面的中点，距溶出杯内壁不小于6mm处。实际取样时间与规定取样时间的差异不得超过±2%。

③ 结果判断 符合下述条件之一者，可判为符合规定。

a. 6片（粒、袋）中，每片（粒、袋）的溶出量按标示量计算，均不低于规定限度（Q）。

b. 6片（粒、袋）中，如有1～2片（粒、袋）低于Q，但不低于Q－10%，且其平均溶出量不低于Q。

c. 6片（粒、袋）中，有1～2片（粒、袋）低于Q，其中仅有1片（粒、袋）低于Q－10%，但不低于Q－20%，且其平均溶出量不低于Q时，应另取6片（粒、袋）复试；初、复试的12片（粒、袋）中有1～3片（粒、袋）低于Q，其中仅有1片（粒、袋）低于Q－10%，但不低于Q－20%，且其平均溶出量不低于Q。

以上结果判断中所示的10%、20%是指相对于标示量的百分率（%），限度（Q）为标示量的70%。

（2）释放度检查 《中国药典》收载了三种释放度测定方法：第一法主要用于缓释或控释制剂的测定，第二法用于肠溶制剂的测定，第三法则用于透皮贴剂的测定。

① 第一法 照溶出度测定法项下进行，至少采用三个时间（第1点为在开始0.5～2h的取样点，用于考察药物是否有突释；第2点为中间取样点，用于考察释药特性；最后1点，用于考察制剂释药是否基本完全，最后一个时间点的累积释放率一般为75%以上）。测定时，在规定的取样时间点，吸取溶液适量，并及时补充同温度、同体积的释放介质，滤过，自取样至滤过应在30s内完成。照各品种项下规定的方法测定，计算每片（粒、袋）的释放量。

结果判断 符合下述条件之一者，可判为符合规定。

a. 6片（粒、袋）中，每片（粒、袋）在每个时间点测得的释放量按标示量计算，均未超出规定范围。

b. 6片（粒、袋）中，在每个时间点测得的释放量，如有1～2片（粒、袋）超出规定范围，但未超出规定范围的10%，且在每个时间点测得的平均释放量未超出规定范围。

c. 6片（粒、袋）中，在每个时间点测得的释放量，如有1～2片（粒、袋）超出规定范围，其中仅有1片（粒、袋）超出规定范围的10%，但未超出规定范围的20%，且其平均释放量未超出规定范围，应另取6片（粒、袋）复试；初、复试的12片（粒、袋）中，在每个时间点测得的释放量，如有1～3片（粒、袋）超出规定范围，其中仅有1片（粒、袋）超出规定范围的10%，但未超出规定范围的20%，且其平均释放量未超出规定范围。

以上结果判断中所示超出规定范围的10%、20%是指相对于标示量的百分率，其中超出规定范围10%是指每个时间点测得的释放量不低于低限的－10%，或不超过高限的＋10%；每个时间点测得的释放量应包括最终时间测得的释放量。

② 第二法 又分为方法1和方法2。两种方法在操作上基本一致，均考察制剂在酸（0.1mol/L盐酸溶液）和缓冲液（pH 6.8的磷酸盐缓冲液）中的释放量，只是酸性介质的体积和缓冲液配制方法上略有区别。要求在规定的时间内，酸中的释放量应不大于标示量的10%；缓冲液中的释放量按标示量计算应不低于规定限度Q值（一般Q为标示量的70%）。

③ 第三法 采用溶出度测定法中的桨法，但另用网碟组成其桨碟装置。测定时，将释放介质加入溶出杯内，预温至（32±0.5)℃；将透皮贴剂固定于两层碟片之间，释放面朝上，再将网碟置于烧杯下部，使贴剂与桨底旋转面平行，两者相距（25±2）mm，开始搅拌并定时取样测定。取样位置在介质液面与桨叶上端之间正中，离杯壁不得少于1cm。取样后应补充相同体积的温度为（32±0.5)℃的空白释放介质。取样方法与结果判断同第一法。

二、注射剂的检查

注射剂除应按《中国药典》品种项下规定的检查项目检查外，还应检查装量或装量差异、可见异物和无菌。静脉用注射剂应加查热原或细菌内毒素；溶液型静脉用注射液、注射用无菌粉末及注射用浓溶液应加查不溶性微粒。其中，无菌、热原和细菌内毒素检查将在必备知识三“生物安全性检查技术”中介绍。

1. 装量检查法

为了保证单剂量注射液及注射用浓溶液的注射用量不少于标示量，以达到临床用药剂量的要求。《中国药典》“制剂通则”中规定，标示装量50ml及50ml以下的注射液及注射用浓溶液应进行装量检查；标示装量50ml以上的注射液及注射用浓溶液应照最低装量检查法检查，应符合规定。

检查方法　标示装量为不大于2ml者取供试品5支，2ml以上至50ml者取供试品3支；开启时注意避免损失，将内容物分别用相应体积的干燥注射器及注射针头抽尽，然后注入经标化的量入式量筒内（量筒的大小应使待测体积至少占其额定体积的40%），在室温下检视。测定油溶液或混悬液的装量时，应先加温摇匀，再用干燥注射器及注射针头抽尽后，同前法操作，放冷，检视，每支的装量均不得少于其标示量。

2. 装量差异检查法

注射用无菌粉末应检查装量差异，其目的在于控制各瓶间装量的一致性，以保证使用剂量的准确。凡检查含量均匀度的注射用无菌粉末，一般不再检查装量差异。

检查方法　取供试品5瓶（支），除去标签、铝盖，容器外壁用乙醇擦净，干燥，开启时注意避免玻璃屑等异物落入容器中，分别迅速精密称定，倾出内容物，容器用水或乙醇洗净，在适宜条件下干燥后，再分别精密称定每一容器的重量。求出每瓶（支）的装量与平均装量。

结果判断　每瓶（支）的装量与平均装量相比较，均应符合装量差异的限度规定，如有1瓶（支）不符合规定，应另取10瓶（支）复试，应符合规定。《中国药典》对注射用无菌粉末装量差异限度的规定见表4-4。

表4-4　注射用无菌粉末装量差异的限度

平均装量	装量差异限度
0.05g及0.05g以下	±15%
0.05g以上至0.15g	±10%
0.15g以上至0.50g	±7%
0.50g以上	±5%

3. 可见异物检查法

可见异物系指存在于注射剂、眼用液体制剂中，在规定条件下目视可以观测到的不溶性物质，其粒径或长度通常大于50μm。

注射剂中若有可见异物，可引起静脉炎、过敏反应，较大的微粒甚至可能堵塞毛细血管，因而，对于注射剂、眼用液体制剂应在符合《药品生产质量管理规范》的条件下生产，产品在出厂前应采用适宜的方法逐一检查并同时剔除不合格产品。临用前，也应在自然光下目视检查（避免阳光直射），如有可见异物，不得使用。

《中国药典》“附录”收录了灯检法和光散射法两种检查方法。一般常用灯检法，也可采用光散射法。光散射法为用于灯检法不适用的品种，如用深色透明容器包装或液体色泽较深（一般深于各标准比色液7号）的品种。

实验室检测时应避免引入可见异物。当制备注射用无菌粉末和无菌原料药供试品溶液时，或供试品溶液的容器（如不透明、不规则形状容器等）不适于检测，需转移至适宜容器中时，均应在A级或密闭系统中进行。

用于本试验的供试品，必须按规定随机抽样。

(1) 第一法 灯检法，灯检法应在暗室中进行。

① 检查装置 采用装有照度可在 1000～4000 lx 范围内调节的日光灯光源的伞棚装置，检查时的光照度，对于无色注射液或滴眼剂为 1000～1500 lx；透明塑料容器包装或用棕色透明容器包装的供试品溶液或有色供试品溶液为 2000～3000 lx；混悬型供试品或乳状液为 4000 lx。

② 检查方法 取供试品 20 支（瓶），除去容器标签，擦净容器外壁，必要时将药液转移至洁净、透明的适宜容器内；置供试品于灯检仪的遮光板边缘处，在明视距离（指供试品至人眼的清晰观测距离，通常为 25cm），分别在黑色和白色背景下，手持供试品容器颈部轻轻旋转和翻转容器，使药液中可能存在的可见异物悬浮（但应避免产生气泡），轻轻翻摇后即用目检视，重复 3 次，总时限为 20s。注射用无菌粉末、无菌原料药要用适宜的溶剂（应无可见异物）及适当的方法使药物全部溶解后，按上述方法检查。

③ 结果判断 在静置一定时间后轻轻旋转时，均不得检出烟雾状微粒柱，且不得检出金属屑、玻璃屑、长度或最大粒径超过 2mm 的纤维和块状物等明显可见异物。微细可见异物（如点状物、2mm 以下的短纤维和块状物等）如有检出，应分别符合《中国药典》对不同注射剂的相应规定。如溶液型静脉用注射液、注射用浓溶液：20 支（瓶）检查的供试品中，均不得检出明显可见异物；如检出微细可见异物的供试品仅有 1 支（瓶），应另取 20 支（瓶）同法复试，均不得检出。

(2) 第二法 光散射法。

① 检查原理 当一束单色激光照射溶液时，溶液中存在的不溶性物质使入射光发生散射，散射的能量与不溶性物质的大小有关。本方法通过测量溶液中不溶性物质引起的光散射能量，并与规定的阈值比较，以检查可见异物。

② 检查装置 光散射法仪器装置是由旋瓶装置、激光光源、图像采集器、数据处理系统和终端显示系统组成的，并配有自动上瓶和下瓶装置。

③ 检查方法 取供试品 20 支（瓶），除去不透明标签，擦净容器外壁，置仪器上瓶装置上，根据仪器的使用说明书选择适宜的测定参数，启动仪器，将供试品检测 3 次并记录检测结果。凡仪器判定有 1 次不合格者，须用灯检法做进一步确认。用深色透明容器包装或液体色泽较深等灯检法检查困难的品种不用灯检法确认。

④ 结果判断 同灯检法。

知识链接

不溶性微粒检查法

不溶性微粒检查法系在可见异物检查符合规定后，用以检查静脉用注射剂（溶液型注射液、注射用无菌粉末、注射用浓溶液）及供静脉注射用无菌原料药中不溶性微粒的大小和数量的方法。不溶性微粒是指注射液在生产或使用过程中经各种途径污染后形成的微小颗粒性杂质。可见异物的检查由于采用目视检测，一般只能检出 50μm 以上的微粒。静脉注射液用量大，须严格控制不溶性微粒。《中国药典》“附录”规定了两种不溶性微粒的检查方法，包括光阻法和显微计数法。一般先采用光阻法，当光阻法的测定结果不符合规定或供试品不适于用光阻法测定时，再采用显微计数法进行测定，并以显微计数法的测定结果作为判定依据。光阻法不适用于黏度过高和易析出结晶的制剂，也不适用于进入传感器时容易产生气泡的注射剂。对于黏度过高、采用两种方法都无法直接测定的注射液，可用适宜的溶剂经稀释后再测定。

知识拓展

渗透压摩尔浓度测定法

溶液的渗透压依赖于溶液中溶质粒子的数量，是溶液的依数性之一，通常以渗透压摩尔浓度来表示，它反映的是溶液中各种溶质对溶液渗透压贡献的总和。因此，在注射剂、眼用液体制剂制备时必须关注其渗透压。处方中添加了渗透压调节剂的制剂，均应控制其渗透压摩尔浓度。通常采用测量溶液的冰点下降来间接测定其渗透压摩尔浓度。

必备知识三 生物安全性检查技术

生物来源的药品，由于生产工艺比较复杂，常残留某些危害患者身体健康、甚至影响生命安全的特殊杂质，如抗生素中的热原、细菌内毒素等，这些特殊杂质常引起机体出现毒性反应和安全性问题。为保证用药的安全、有效，这些药物除进行必要的理化、微生物检验外，还需进行安全性检查。常规的检查项目有：无菌检查、微生物限度检查、异常毒性检查、热原与细菌内毒素检查、升压和降压物质检查及过敏反应检查等。

一、无菌检查法

无菌检查法系用于检查《中国药典》要求无菌的药品、医疗器具、原料、辅料及其他品种是否无菌的一种方法。无菌的检查项目包括需气菌、厌气菌及霉菌的检查。用微生物发酵工艺提取的药物容易引入细菌，某些药品在制备或加工过程中，受药物性质的限制，有时不能进行可靠的高压蒸汽灭菌处理，为保证用药安全，需进行无菌检查，法定无菌制剂必须进行严格的无菌检查后才能用于临床。《中国药典》对 291 个品种规定必须进行无菌检查。若供试品符合无菌检查法的规定，仅表明了供试品在该检验条件下未发现微生物污染。

无菌检查全过程应严格遵守无菌操作，防止微生物污染；单向流空气区、工作台面及环境应定期按《医药工业洁净室（区）悬浮粒子、浮游菌和沉降菌的测试方法》的现行国家标准进行洁净度验证；隔离系统按相关的要求进行验证，其内部环境的洁净度须符合无菌检查的要求。无菌检查全过程应严格遵守无菌操作，防止微生物污染并正确进行样品采集。

药品的无菌检查法包括直接接种法和薄膜过滤法。直接接种法是将供试品按规定接种到含培养基的容器中，培养后观察是否有微生物生长。此法操作简便，适用于无抗菌作用的供试品的无菌检查。薄膜过滤法准确性好，适用性广，适合于任何类型的药品。该法通过规定的滤膜过滤，将供试品中可能存在的微生物富集于滤膜上，再冲洗掉滤膜上的抑菌成分后，在滤膜过滤器滤筒内加入培养基，在规定条件下培养后，观察是否有菌生长。《中国药典》规定只要供试品性状允许，应优先采用薄膜过滤法。

案例解析

“欣弗”事件

2006 年 8 月，卫生部发出紧急通知，停用安徽华源生物药业有限公司生产的药品克林霉素磷酸酯葡萄糖注射液（商品名为欣弗）。该药品在青海、广西、浙江、黑龙江和山东等地使用过程中，患者陆续出现胸闷、心悸、肾区疼痛、腹痛、腹泻、恶心、呕吐、过敏性休克、肝肾功能损害等临床症状，共导致 11 人死亡，引发了 80 多例不良反应，引爆了“欣弗炸药包”。

解析：经国家食品药品监督管理局调查，确定该生物药业有限公司违反规定生产是导致这起不良事件的主要原因。为了降低欣弗的生产成本，该公司 2006 年 6 月至 7 月生产的克林霉素磷酸酯葡萄糖注射液未按规定的工艺参数灭菌、降低灭菌温度、缩短灭菌时间、增加灭菌柜装载量，影响了灭菌效果。中国药品生物制品检定所对相关药品样品检验结果表明，该药品无菌检查和热原检查不符合规定。

二、微生物限度检查法

药品中的微生物数量对判断药品被污染的程度有重要意义。对于口服药及外用药，不必要求达到无菌状态，但要保证药物的卫生质量，这就要求进行微生物限度检查。微生物限度检查法是指检查非规定灭菌制剂及其原料、辅料受微生物污染程度的方法；即所谓限度检查是指单位重量或体积药品内的微生物种类和数量需在《中国药典》规定允许的种类和数量之下。

微生物限度检查的项目包括细菌数、霉菌数、酵母菌数及控制菌检查。各项检查的结果均符合该品种微生物限度检查项目的规定，才能判定该供试品合格，如果其中一项不符合规定，均应判定该供试品不合格。

微生物限度检查作为药品生产企业管理和安全性评价的重要手段和依据，是体现药品卫生质量的重要指标之一。药品中污染的微生物越多，则反映药品的卫生质量越差，可推断其受致病菌污染的可能性就越大。微生物限度检查法可用于判断非规定灭菌制剂及其原料、辅料是否符合药典的规定，也可用于指导制剂、原料、辅料的微生物质量标准的制定，及指导生产过程中中间产品微生物质量的监控。

随着医药工业的迅速发展，国内外对药品卫生质量的要求越来越严格，对微生物检测技术的要求也越来越高。为了保证试验方法的可靠准确，《中国药典》“附录”已对药品的微生物限度检查法制定了统一的操作规程和严格的限度标准。为有利于对微生物限度检查法及限度标准的正确理解和有效执行，《中国药典》“附录”还增加了“微生物限度检查法应用指导原则”，对标准和方法中的特定内容及标准的应用做了进一步说明。

知识链接

微生物限度标准

非无菌药品的微生物限度标准是基于药品的给药途径及对患者健康的潜在危害而制定的。药品的生产、贮存、销售过程中的检验，原料及辅料的检验，新药标准制定，进口药品标准复核，考察药品质量及仲裁等，除品种或制剂通则项下另有规定外，其微生物限度均以《中国药典》的“微生物限度标准”为依据。《中国药典》二部“附录”中规定的需做微生物限度检查的制剂类型、检查的项目及标准如表 4-5。

表 4-5　各类制剂微生物限度标准

制剂类型	微生物限度检查项目	标　准
无菌制剂及标示无菌的制剂		符合无菌检查法规定
口服给药制剂	细菌数	每 1g 不得过 1000cfu 每 1ml 不得过 100cfu
	霉菌和酵母菌数	每 1g 或 1ml 不得过 100cfu
	大肠埃希菌	每 1g 或 1ml 不得检出

续表

制剂类型	微生物限度检查项目	标　准
含动物组织(包括提取物)的口服给药制剂	沙门菌	每 10g 或 10ml 不得检出
用于手术、烧伤及严重创伤的局部给药制剂		符合无菌检查法规定
耳、鼻及呼吸道吸入给药制剂	细菌数	每 1g、1ml 或 $10cm^2$ 不得过 100cfu
	霉菌和酵母菌数	每 1g、1ml 或 $10cm^2$ 不得过 10cfu
	金黄色葡萄球菌、铜绿假单胞菌	每 1g、1ml 或 $10cm^2$ 不得检出
鼻及呼吸道给药制剂	大肠埃希菌	每 1g、1ml 或 $10cm^2$ 不得检出
阴道、尿道给药制剂细菌数	细菌数	每 1g、1ml 或 $10cm^2$，不得过 100cfu
	霉菌和酵母菌数	每 1g、1ml 或 $10cm^2$，应小于 10cfu
	金黄色葡萄球菌、铜绿假单胞菌、白色念珠菌	每 1g、1ml 或 $10cm^2$ 不得检出
直肠给药制剂	细菌数	每 1g 不得过 1000cfu 每 1ml 不得过 100cfu
	霉菌和酵母菌数	每 1g 或 1ml 不得过 100cfu
	金黄色葡萄球菌、铜绿假单胞菌	每 1g 或 1ml 不得检出
其他局部给药制剂	细菌数	每 1g、1ml 或 $10cm^2$ 不得过 100cfu

注：cfu 表示菌落数。

三、异常毒性检查法

异常毒性检查法是给予动物一定剂量的供试品溶液，在规定的时间内观察动物出现的毒性反应和死亡情况，以判定供试品是否符合规定的一种方法。在此剂量下，一般供试品不应使实验动物中毒死亡；如果出现实验动物急性中毒死亡，则反映该供试品中含有的急性毒性物质超过了正常水平。

某些药物，特别是生物制品在生产过程中混入或在贮存过程中因药物降解等原因产生的一些导致毒性反应的杂质，其毒性有别于药物本身所具有的毒性特征，且毒性大于原药物，这些杂质难以用理化方法加以控制。因此，对这些药品必须进行异常毒性的检查。《中国药典》对 124 个品种收载有异常毒性检查。

异常毒性检查并非考察药品本身的毒性，主要和生产工艺水平有关。异常毒性试验是生物制品的非特异性毒性的通用安全试验，是检查制品中是否污染外源性毒性物质，以及是否存在意外的不安全因素的试验。

异常毒性试验方法有小鼠试验和豚鼠试验。中药、化学药、生物药物的异常毒性检查均可用小鼠试验；豚鼠试验仅用于生物制品。

四、热原和细菌内毒素检查法

热原是指由微生物产生的，能引起恒温动物体温异常升高的致热物质，主要是指细菌性热原，即某些细菌的代谢产物、尸体及内毒素。细菌内毒素是革兰阴性菌细胞壁的脂多糖，具有很强的致热作用。细菌内毒素的量用内毒素单位（endotoxin unit，EU）表示，1EU与1个内毒素国际单位（IU）相当。

用微生物发酵工艺提取的抗生素等药物尤其容易污染热原。广义的热原还包括内源性高分子热原、内源性低分子热原及化学热原等。含有热原的注射剂，特别是输液剂，在静脉注入人体后15min左右，会使人体出现寒战、体温升高、头痛、发汗、恶心、呕吐等症状，严重者甚至出现休克，如不及时抢救，可危及生命，临床上称之为热原反应。热原检查是注射剂质量控制的一项重要指标。

《中国药典》规定热原检查采用家兔法，细菌内毒素检查采用鲎试剂法。《中国药典》有76个品种的热原检查采用家兔法，有433个品种要求进行细菌内毒素检查。

家兔法系将一定剂量的供试品，静脉注入家兔体内，在规定时间内，观察家兔体温升高的情况，以判定供试品中所含热原的限度是否符合规定。家兔法可同时反映内毒素热原和非内毒素热原在动物体内引起的复杂变化过程，家兔对热原的反应与人基本相似，尤其是有些药品因存在干扰因素而不能使用细菌内毒素检查法时采用家兔法检查产品的热原更为适合。但由于动物个体之间对热原反应性的差异，家兔热原检查法的灵敏度较差，而且操作繁琐费时，无法标准化，对实验动物的状况、实验室条件和操作的规范性有较严格要求，不能用于注射剂生产过程中的质量监控，也不适用于放射性药物、肿瘤抑制剂等细胞毒性药物制剂的热原检查。

细菌内毒素检查法系利用鲎试剂来检测或量化由革兰阴性菌产生的细菌内毒素，以判断供试品中细菌内毒素的限量是否符合规定的一种方法。细菌内毒素检查法的灵敏度高、操作简单、试验费用低、重现性好，结果迅速可靠，可用于注射剂生产过程中的热原控制和家兔法不能检测的某些细胞毒性药物制剂。医药工业普遍接受控制细菌内毒素等于控制热原。但细菌内毒素检查法只能检测产品的细菌代谢产物内毒素含量，无法反映非内毒素热原，目前尚不能完全取代家兔法。

细菌内毒素检查法包括两种方法：凝胶法和光度测定法。前者是利用鲎试剂与细菌内毒素产生凝集反应的原理来检测或半定量内毒素；后者包括浊度法和显色基质法，是分别利用鲎试剂与内毒素反应过程中的浊度变化及产生的凝固酶使特定底物释放出呈色团的多少来测定内毒素含量。供试品检测时，可使用其中任何一种方法进行试验。当测定结果有争议时，除另有规定外，以凝胶法结果为准。

五、升压及降压物质检查法

药物中的特殊杂质可引起患者血压降低或升高。《中国药典》在“附录”中分别收载了升压物质检查法和降压物质检查法。

升压物质检查法是比较垂体后叶标准品（S）与供试品（T）升高大鼠血压的程度，以判定供试品中所含升压物质的限度是否符合规定的方法。降压物质检查法是利用组胺样物质对猫具有敏感的降压作用，通过比较组胺对照品（S）与供试品（T）引起麻醉猫血压下降的程度，以判定供试品中所含降压物质的限度是否符合规定的方法。

六、过敏反应检查法

一些生化药物和中药制剂中有可能存在异性蛋白等过敏反应物质，某些化学药物中也可能含有半抗原、高分子聚合物等杂质。临床使用这些药物时可能使患者致敏或出现多种过敏反应症状，轻者皮肤出现红斑或丘疹，严重者可出现窒息、发绀、血管神经性水肿、血压下降，甚至休克和死亡。因此对药物进行过敏反应检查是安全性检查中非常重要的一项。

过敏反应检查法的基本步骤是将一定量的供试品溶液注入豚鼠体内，间隔一定时间后静脉注射供试品溶液进行激发，观察动物出现过敏反应的情况，以判定供试品是否引起动物的全身过敏反应。

工作任务 葡萄糖及其注射液的检查

一、任务准备

葡萄糖是自然界分布最广且最为重要的一种单糖，它是一种多羟基醛。葡萄糖是活细胞的能量来源和新陈代谢的中间产物，在生物学领域具有重要地位。葡萄糖在糖果制造业和医药领域也有着广泛的应用。

（一）结构

1. 开链结构

葡萄糖的开链结构式如下。

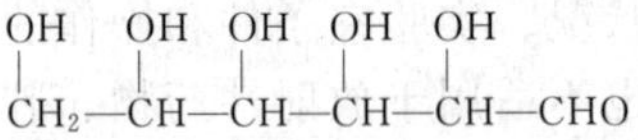

葡萄糖的开链结构为己醛糖，五羟基己醛分子中有 4 个手性碳原子，其立体异构体的数量应为 2^4 个，天然葡萄糖是其中的一个：(2R,3S,4R,5R)-2,3,4,5,6-五羟基己醛，其构型如下：

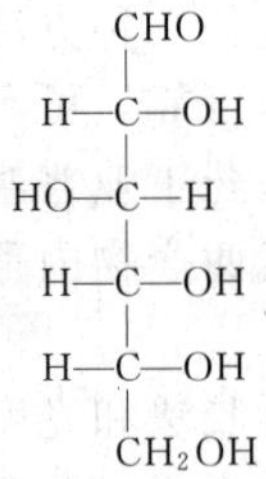

2. 环状结构

葡萄糖的开链结构是根据它的性质推断出来的，但很多性质和现象没法用开链结构来解释，《中国药典》收载的葡萄糖为 D-（+）-吡喃葡萄糖一水合物，呈环状结构，结构式如下。

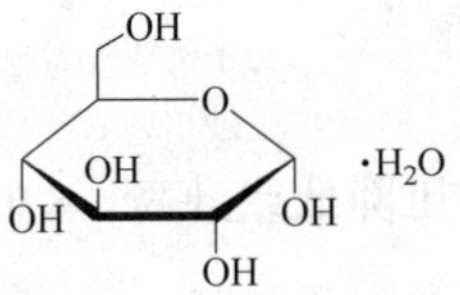

（二）性质

1. 性状

本品为无色结晶或白色结晶性或颗粒性粉末；无臭，味甜。本品在水中易溶，在乙醇中微溶。

2. 还原性

葡萄糖的醛基具有还原性，可用于鉴别。

3. 旋光性

葡萄糖的分子结构中含有多个手性碳原子，具有旋光性，可用于鉴别与含量测定。

比旋度，取本品约 10g，精密称定，置 100ml 量瓶中，加水适量与氨试液 0.2ml，溶解后，用水稀释至刻度，摇匀，放置 10min，在 25℃ 时，依法测定，比旋度为 ＋52.6° 至＋53.2°。

（三）临床应用

葡萄糖注射液是调节水、电解质及酸碱平衡的注射液，可以补充体液和能量，用于各种原因引起的进食不足或大量体液丢失（如腹泻、呕吐等），全静脉内营养，饥饿性酮症；还可用于治疗高钾血症与低血糖症；可作为高渗溶液用作组织脱水剂；此外，还用于腹膜透析液、药物稀释剂、静脉法葡萄糖耐量试验及供配制 GIK（极化液）液用。

二、任务实施

（一）任务要求

（1）掌握氯化物、硫酸盐、铁盐、重金属、砷盐及炽灼残渣等一般杂质检查的基本原理、操作方法及杂质限量的计算。

（2）能正确使用纳氏比色管、检砷器、高温炉及旋光仪；并熟悉旋光仪的构造、工作原理及保养方法。

（3）能正确使用紫外-可见分光光度计；并熟悉其构造、工作原理及保养方法。

（二）仪器与试药

（1）主要仪器　电子天平、比色管架与比色管、坩埚架与坩埚、量瓶、量筒、水浴锅、烧杯、检砷器、旋光仪、高温炉、紫外-可见分光光度计等。

（2）试药　酚酞指示液、0.02mol/L 氢氧化钠滴定液，1 号浊度标准液、比色用氯化钴溶液、比色用重铬酸钾溶液、比色用硫酸铜溶液、乙醇、稀硝酸、标准氯化钠溶液、硝酸银试液、盐酸、标准硫酸钾溶液、氯化钡溶液、碘试液、硫酸、磺基水杨酸溶液、氨试液、草酸钙试液、硫氰酸铵溶液、标准钙溶液、标准铁溶液、标准铅溶液、标准砷溶液、碘化钾试液、硫代乙酰胺试液、溴化钾溴试液、锌粒、酸性氯化亚锡试液、醋酸盐缓冲液、饱和氯化钾溶液、无菌氯化钠-蛋白胨缓冲液、葡萄糖、葡萄糖注射液（500ml：25g）等。

（三）工作内容

1. 葡萄糖的检查

（1）酸度　取本品 2.0g，加水 20ml 溶解后，加酚酞指示液 3 滴与氢氧化钠滴定液（0.02mol/L）0.20ml，应显粉红色。

（2）溶液的澄清度与颜色　取本品 5.0g，加热水溶解后，放冷，用水稀释至 10ml，溶液应澄清无色；如显浑浊，与 1 号浊度标准液比较，不得更浓；如显色，与对照液（取比色用氯化钴溶液 3.0ml，比色用重铬酸钾溶液 3.0ml 与比色用硫酸铜溶液 6.0ml，加水稀释成 50ml）1.0ml 加水稀释至 10ml 比较，不得更深。

（3）乙醇溶液的澄清度　取本品 1.0g，加乙醇 20ml，置水浴上加热回流约 40min，溶液应澄清。

（4）氯化物　取本品 0.60g，置 50ml 纳氏比色管中，加水溶解使成约 25ml（溶液如显碱性，可滴加硝酸使遇 pH 试纸显中性），再加稀硝酸 10ml（溶液如不澄清，应滤过），加水使成约 40ml，摇匀，即得供试溶液。另取标准氯化钠溶液（10μg/ml）6.0ml，置 50ml 纳氏比色管中，加稀硝酸 10ml，加水使成约 40ml，摇匀，即得对照溶液。于供试溶液与对照溶液中，分别加入硝酸银试液 1.0ml，用水稀释至 50ml，摇匀，在暗处放置 5min，同置黑色背景上，从比色管上方向下观察、比浊，供试溶液不得比对照溶液更浓（0.010%）。

（5）硫酸盐　取本品 2.0g，置 50ml 纳氏比色管中，加水溶解使成约 40ml（溶液如显碱性，可滴加盐酸使遇 pH 试纸显中性；溶液如不澄清，应滤过），加稀盐酸 2ml，摇匀，即得供试溶液。另取标准硫酸钾溶液（SO_4^{2-} 100μg/ml）2.0ml，置 50ml 纳氏比色管中，加水使成约40ml，加稀盐酸2ml，摇匀，即得对照溶液。于供试溶液与对照溶液中，分别加入25%氯化钡溶液5ml，用水稀释至50ml，充分摇匀，放置10min，同置黑色背景上，从比色管上方向下观察、比浊，供试溶液不得比对照溶液更浓（0.010%）。

（6）亚硫酸盐与可溶性淀粉　取本品1.0g，加水10ml溶解后，加碘试液1滴，应即显黄色。

（7）干燥失重　取本品1～2g，置与供试品同样条件下干燥至恒重的扁形称量瓶中，使供试品平铺于瓶底，厚度不超过5mm，加盖，精密称定。将称量瓶放入洁净的培养皿中，瓶盖半开或置瓶旁，放入（105±2)℃干燥箱中干燥。取出后迅速盖好瓶盖，置干燥器内放冷至室温，迅速精密称重（放置时间与称重顺序与空称量瓶一致），再于（105±2)℃干燥箱中干燥至恒重，即得。减失重量不得过9.5%。

（8）炽灼残渣　新坩埚按不同重量分别编号（用蓝墨水与三氯化铁溶液的混合液涂写），置电炉上烘烤至字迹牢固地附于坩埚上，洗净，擦干，置高温炉中，将盖子斜盖在坩埚上，于700～800℃炽灼至恒重，按编号的顺序放入干燥器内。

取本品1.0～2.0g，置于已炽灼至恒重的坩埚中，精密称定，斜置于通风柜内的电炉上，缓缓灼烧至完全炭化（检品全部成黑色，并不冒浓烟），放冷至室温，加硫酸0.5～1.0ml使恰湿润，低温加热至硫酸蒸气除尽后，放入高温炉中，盖子斜盖于坩埚上，于700～800℃炽灼使完全灰化。待温度降至400℃以下时取出，放在内铺洁净白瓷板的带盖珐琅盘内或坩埚架上，稍冷后移置干燥器内，放冷至室温，迅速精密称定，再于700～800℃炽灼至恒重，即得。所得炽灼残渣不得过0.1%。

（9）蛋白质　取本品1.0g，加水10ml溶解后，加磺基水杨酸溶液（1→5）3ml，不得发生沉淀。

（10）钡盐　取本品2.0g，加水20ml溶解后，溶液分成两等份，一份中加稀硫酸1ml，另一份中加水1ml，摇匀，放置15min，两液均应澄清。

（11）钙盐　取本品1.0g，加水10ml溶解后，加氨试液1ml与草酸钙试液5ml，摇匀，放置1h，如发生浑浊，与标准钙溶液（精密称取碳酸钙0.1250g，置500ml量瓶中，加水5ml与盐酸0.5ml使溶解，用水稀释至刻度，摇匀。每毫升相当于0.1mg的钙）1.0ml制成的对照液比较，不得更浓（0.01%）。

（12）铁盐　取本品2.0g，加水20ml溶解后，加硝酸3滴，缓缓煮沸5min，放冷，加水稀释使成45ml，加硫氰酸铵溶液（30→100）3ml，摇匀，如显色，与标准铁溶液（Fe 10μg/ml）2.0ml用同一方法制成的对照液比较，不得更深（0.001%）。

（13）重金属　取25ml纳氏比色管两支，甲管中加标准铅溶液（Pb 10μg/ml）一定量与乙酸盐缓冲液（pH 3.5）2ml后，加水稀释至25ml。取本品4.0g，置于乙管，加水适量溶解后，加乙酸盐缓冲液（pH 3.5）2ml，用水稀释至25ml；若供试液带颜色，可在甲管中滴加少量的稀焦糖溶液或其他无干扰的有色溶液，使之与乙管一致；再在甲乙两管中分别加硫代乙酰胺试液各2ml，摇匀，放置2min，同置白纸上，自上向下透视，乙管中显出的颜色与甲管比较，不得更深（含重金属不得过5μg/g）。

（14）砷盐　取本品2.0g置检砷瓶中，加水5ml溶解后，加稀硫酸5ml与溴化钾溴试液0.5ml，置水浴上加热约20min，使保持稍过量的溴存在，必要时，再补加溴化钾溴试液适量，并随时补充蒸散的水分，放冷，加盐酸5ml与水适量使成28ml，加碘化钾试液5ml与酸性氯化亚锡试液5滴。在室温放置10min后，加锌粒2g，迅速将已置有醋酸铅棉花及溴化汞试纸的导气管密塞于瓶口上，并将检砷器置25～40℃的水浴中反应45min。取出溴化汞试纸，将生成的砷斑与标准砷溶液一定量制成的标准砷斑比较，颜色不得更深（0.0001%）。

（15）微生物限度　取本品10g，用pH7.0无菌氯化钠-蛋白胨缓冲液制成1∶10的供试液。

① 细菌数、霉菌和酵母菌数　取供试液，依法检查（平皿法），每克供试品中细菌数不

得过 1000cfu，霉菌和酵母菌总数不得过 100cfu。

② 大肠双菌　取 1∶10 的供试液 10ml，依法检查，不得检出。

2. 葡萄糖注射液的检查

葡萄糖注射液在生产过程中可脱水分解产生 5-羟甲基糠醛，此物可进一步分解为乙酰丙酸和甲酸或聚合生成有色物等。这是导致葡萄糖溶液变黄，产生浑浊或细微絮状沉淀以及 pH 降低的主要原因。

《中国药典》规定葡萄糖注射液应检查酸度、5-羟甲基糠醛、重金属、无菌、细菌内毒素及其他有关注射剂项下的各项规定。

(1) pH 值　取本品适量，用水稀释制成含葡萄糖为 5% 的溶液，每 100ml 加饱和氯化钾溶液 0.3ml，依法检查，pH 值应为 3.2～6.5。

(2) 5-羟甲基糠醛　精密量取本品适量（约相当于葡萄糖 1.0g），置 100ml 量瓶中，加水稀释至刻度，摇匀，照紫外-可见分光光度法，在 284nm 波长处测定，吸光度不得大于 0.32。

(3) 重金属　取本品适量（约相当于葡萄糖 3g），必要时，蒸发至约 20ml，放冷，加醋酸盐缓冲液（pH 3.5）2ml 与水适量使成 25ml，依照《中国药典》（附录Ⅷ H 第一法），按葡萄糖含量计算，含重金属不得过百万分之五。

(4) 无菌　取本品，采用薄膜过滤法，以金黄色葡萄球菌为阳性对照菌，依法检查，应符合规定。

(5) 细菌内毒素　取本品，依法检查，每毫升中含内毒素的量应小于 0.50EU。

(6) 其他　应符合注射剂项下有关的各项规定。

（四）注意事项

(1) 大输液由于是在金属罐中制备的，所以一般要控制重金属的限量。限度检查应遵循平行操作的原则，即供试管与对照管的实验条件应尽可能一致，包括实验用具的选择、试剂与试液的量取方法及加入顺序、反应时间的长短等。

(2) 比色前应使比色管内的试剂充分混匀。比色方法是将两管同置于白色背景上，从侧面或自上而下观察。所用比色管刻度高低的差异不应超过 2mm，使用过的比色管应及时清洗，注意不能用毛刷刷洗，可用铬酸洗液浸泡。

(3) 一般情况下可取 1 份供试品进行检查。如结果不符合规定或在限度边缘时，应对供试品和对照管各复检 2 份，方可判定。

（五）思考题

(1) 葡萄糖注射液的检查项目中哪些属于一般杂质？哪些属于特殊杂质？试述它们的来源及检查意义。

(2) 重金属检查中的操作注意事项有哪些？

(3) 亚硝酸盐和可溶性淀粉超标会出现什么现象？

(4) 氯化物、重金属及砷盐检查中的操作注意事项有哪些？比浊检查时，为什么应将反应液稀释后再加沉淀剂？

(5) 炽灼残渣测定成败的关键是什么？平行操作的实验条件有哪些？怎样恒重？

(6) 采用紫外-可见分光光度法检查 5-羟甲基糠醛的原理是什么？

相关知识　热分析法在药物纯度检查中的应用

热分析法是在程序控制温度下，准确记录物质的理化性质随温度变化的关系，研究其在受热过程中所发生的脱水、蒸发、熔融、晶型转化等物理变化或热分解、氧化等化学变化以及伴随发生的温度、重量或能量改变的方法。热分析法具有样品用量少，方法灵敏度高、快速等优点，广泛应用于药物的纯度检查，如药物中水分的检查、结晶水分析以及药物中杂质的检查等。《中国药典》收载的热分析法有热重分析法、差热分析法与差示扫描量热法。

一、热重分析法

热重分析法（thermogravimetric analysis，TGA）是在程序控制温度的条件下，测量物质的重量与温度关系的一种技术。记录的重量变化对温度的关系曲线称为热重曲线（TG 曲线）。由于物相变化（如失去结晶水、结晶溶剂或热分解等）时的温度保持不变，所以热重曲线通常呈台阶状，重量基本不变的区段称平台。利用这种特性，可以方便地区分供试品所含水分是吸附水还是结晶水，并根据平台之间的失重率计算出所含结晶水的分子比。

通常，在加热过程中，吸附水的失去是一个渐进的过程，而结晶水的失去则发生在特定的温度或温度范围（与升温速率有关），在此温度由于失重率发生突跃而呈台阶状。

TGA 法有时也用于某些药物干燥失重的测定。

二、差热分析法

差热分析法（differential thermal analysis，DTA）是在程序控制温度下，测定供试品与参比物之间温度差与温度（或时间）关系的技术。参比物应是热惰性物质，即在加热过程中不发生相变和化学变化，与被测物具有相似的热熔。在对供试品与热惰性的参比物进行同时加热的条件下，当供试品发生某些物理或化学的变化时，由于这些变化的热效应，使供试品与参比物之间产生温度差（ΔT）。将供试品与参比物的温度差作为温度或时间的函数连续记录下来，即得到差热曲线（DTA 曲线）。

三、差示扫描量热法

差示扫描量热法（differential scanning calorimetry，DSC）是在程序控制温度条件下，测量维持供试品与参比物的温度相同，系统所输入的热量差（dQ/dT）与温度（或时间）关系的技术。功率补偿型差示扫描量热分析仪可自动调节输给供试品的加热功率，以补偿供试品发生变化时的热效应，从而使供试品与参比物之间的温度始终保持不变（$\Delta T=0$）。

DSC 曲线与 DTA 曲线的形状极为相似，横坐标均为温度 T（或时间 t），不同之处仅在于 DSC 曲线的纵坐标为 dQ/dT，而 DTA 曲线的纵坐标为 ΔT，在两者的曲线上，随供试品而异而显示不同的吸热峰或放热峰。因为 DSC 定量测定的准确度通常好于 DTA，故在药物的熔点、晶型及纯度研究中应用更为广泛。

热重分析、差热分析和差示扫描量热分析的测定方法应按各仪器说明书操作。为了尽可能得到客观的和能重现的热分析曲线，首先应在室温比分解温度（或熔点）高 10～20℃的宽范围内，以较高的升温速率（每分钟 10～20℃）做预试验，然后在较窄的温度范围内，以较低的升温速率（必要时可降至每分钟 1℃）进行仔细的重复试验，以获得满意的热分析结果。

由于热分析法测定的结果受试验条件影响很大，因此，《中国药典》规定：在每条热分析曲线报告中应附上测定条件，包括仪器型号、温度的校正值、供试品的取样量和颗粒细度、大气压、温度变化的方向和速率，以及仪器的灵敏度等。

热分析法主要的发展趋势是联用技术，可以是热分析技术之间的联用，如 TGA-DTA、TGA-DSC、TGA-DTA/DSC，也可以是与其他先进的检测系统及计算机系统的联用，如 TGA-IR 和 TGA-MS。

自我测试

一、单项选择题

1. 杂质限量是指（　　）

A. 药物中存在的杂质的实际含量　　B. 药物中所含杂质的最大允许量

C. 药物中所含杂质的最小允许量　　D. 药物中所含杂质未超过最大允许量

2. 1ppm 是（　　）

A. 千分之一　　B. 万分之一　　C. 十万分之一　　D. 百万分之一

3. 溴化钠中砷盐的检查，取标准砷溶液 2.0ml（每毫升相当于 1μg 的 As），制备标准砷斑，含砷量不得过 0.0004%，问应取供试品多少克？（　　）

A. 0.05　　B. 0.50　　C. 2.0　　D. 0.20

4. 下列杂质不属于一般杂质的是（　　）

A. 硫酸盐　　B. 干燥失重　　C. 水杨酸　　D. 炽灼残渣

5. 重金属检查以哪种金属为代表（　　）

A. 银　　B. 铁　　C. 铅　　D. 汞

6. 适用于含芳环、杂环以及不溶于水、稀酸及乙醇的有机药物中重金属检查的方法为重金属检查的第几法（　　）

A. 第一法　　B. 第二法　　C. 第三法　　D. 第四法

7. 在古蔡法检砷装置中，装入醋酸铅棉花的目的是（　　）

A. 吸收多余的氢气　　B. 吸收氯化氢气体

C. 吸收硫化氢气体　　D. 吸收二氧化硫气体

8. 氯化物检查的条件是（　　）

A. 盐酸酸性下　　B. 硝酸酸性下　　C. 硫酸酸性下　　D. 乙酸酸性下

9.《中国药典》进行硫酸盐检查时，所采用的方法是（　　）

A. 对照法　　B. 灵敏度法　　C. 含量测定法　　D. 比色法

10. 干燥失重检查法不包括下列哪一种（　　）

A. 常压恒温干燥法　　B. 干燥剂干燥法

C. 红外干燥法　　D. 减压干燥法

11. 如需将炽灼残渣留作重金属检查，炽灼温度必须控制在（　　）

A. 400～500℃　　B. 500～600℃　　C. 600～700℃　　D. 700～800℃

12.《中国药典》所采用的溶液颜色检查法共有（　　）

A. 1 种　　B. 2 种　　C. 3 种　　D. 4 种

13. 片剂中应检查的项目有（　　）

A. 可见异物　　B. 检查生产和贮存过程中引入的杂质

C. 应重复原料药的检查项目　　D. 含量均匀度和重量差异检查应同时进行

14. 片剂的重量差异测定可被下列哪项试验代替（　　）

A. 装量差异　　B. 含量均匀度　　C. 溶出度　　D. 含量

15. 溶出度测定的结果判断中，除另有规定外，“Q”值应为标示量的（　　）

A. 60%　　B. 70%　　C. 80%　　D. 90%

16. 装量在 0.05g 及 0.05g 以下的注射剂的装量差异限度为（　　）

A. ±15%　　B. ±10%　　C. ±7%　　D. ±5%

17. 鲎试剂法检查的是（　　）

A. 异常毒性　　B. 热原　　C. 细菌内毒素　　D. 升压和降压物质

18. 热原检查使用的实验动物是（　　）

A. 小鼠　　B. 大鼠　　C. 家兔　　D. 猫

二、多项选择题

1. 干燥失重检查法系指药物在规定的条件下经干燥后所减失的重量，主要控制药物中的（　　）

A. 水分　　B. 灰分　　C. 挥发性物质

D. 易炭化物　　E. 炽灼残渣

2. 下列检查项目中，哪些属于一般杂质的检查（　　）

A. 铁盐检查　　B. 溶出度检查　　C. 重金属检查

D. 硫酸盐检查　　E. 崩解时限

3. 关于药物纯度和化学试剂的主要区别，以下说法不正确的是（　　）

A. 所含杂质的生理效应不同　　B. 所含有效成分的量不同

C. 所含杂质的绝对量不同　　D. 化学性质及化学反应速度不同

E. 化学试剂不能代替药物使用

4. 检查重金属杂质，常用的显色剂有（　　）

A. 硫化钠　　B. 硫化铵　　C. 硫化铁

D. 硫代乙酰胺　　E. 硫化氢

5. 关于氯化物检查法，以下说法正确的是（　　）

A. 氯化物浓度以每 50ml 中含 50～80μg 的 Cl^- 为宜

B. 氯化物浓度以每 50ml 中含 100～120μg 的 Cl^- 为宜

C. 为避免弱酸银盐（如碳酸银、磷酸银及氧化银）干扰，试验在硝酸酸性条件下进行

D. 为避免弱酸银盐（如碳酸银、磷酸银及氧化银）干扰，试验在硫酸酸性条件下进行

E. 为避免弱酸银盐（如碳酸银、磷酸银及氧化银）干扰，试验在盐酸酸性条件下进行

6. 片剂的常规检查项目包括（　　）

A. 重量差异　　B. 装量差异　　C. 崩解时限

D. 可见异物　　E. 不溶性微粒

7. 凡规定检查以下哪个项目的制剂，不再进行崩解时限的检查（　　）

A. 重量差异　　B. 溶出度　　C. 装量差异

D. 释放度　　E. 含量均匀度

8. 药品安全性检查的常规检验项目有（　　）

A. 异常毒性　　B. 热原　　C. 细菌内毒素

D. 升压和降压物质　　E. 过敏反应

9. 微生物限度检查的项目包括（　　）

A. 细菌数　　B. 霉菌数　　C. 酵母菌数

D. 无菌检查　　E. 控制菌检查

三、简答题

简述古蔡法检砷的原理和注意事项。

（崔勤敏　周海鸥）

项目五　药物制剂含量测定技术

【知识目标】

掌握滴定分析法、紫外-可见分光光度法和高效液相色谱法的基本原理、定量方法及其在药物制剂含量测定中的应用。

熟悉色谱法中系统适用性试验的考察方法。

了解重量分析法、荧光分析法、原子吸收分光光度法与气相色谱法的基本原理及定量方法。

【能力目标】

能根据药物选择适当的含量测定方法，并根据药品质量标准，按照标准操作规程要求独立完成药物制剂的含量测定，准确记录与处理、分析数据，并对药物制剂质量作出正确评价。

必备知识一　化学分析法

化学分析法是以物质的化学反应为基础的分析方法。通常采用分析天平和滴定管等作为主要的测量仪器，可将其分为重量分析法和滴定分析法。化学分析法的准确度较高，所用设备简单，在药物的含量测定中起着非常重要的作用。

一、重量分析法

（一）基本原理

称取一定量的供试品，采用适当的方法将被测组分从试样中与其他组分分离，将分离的物质转化成一定的称量形式后称重，由称量形式的重量计算被测组分的含量。

（二）特点

重量分析法直接利用分析天平进行称量而获得分析结果，不需要与对照品或基准物质进行比较，不使用容量器具。本法具有以下特点：①结果准确、可重现；②适用广；③操作较繁琐、费时；④灵敏度低。

（三）分类

重量分析法包括分离和称量两个过程。根据分离的方法不同，重量分析法又可分为挥发法、萃取法和沉淀法，其中最常用的为沉淀法。重量分析法对低含量组分的测定误差大，一般只适用于常量的测定。

1. 挥发法

挥发法是利用被测组分具有挥发性或将其转化为挥发性物质，称取挥发前后供试品的重量，计算被测组分含量的方法。它又分为直接法和间接法。直接挥发法是利用加热等方法使试样中的挥发性组分逸出，用适宜的吸收剂将其全部吸收，根据吸收剂增加的重量来计算该组分含量的方法。间接挥发法则是利用加热等方法使样品中挥发性组分逸出后，称量剩余的残渣，根据挥发前后试样重量的差值来计算挥发组分的含量。《中国药典》中的“干燥失重”检查项就是典型的间接挥发法。

2. 萃取法

萃取法是利用被测组分与其他组分在两个互不相溶的溶剂中分配系数不同，使被测组分从试样中定量转移至提取溶剂中，然后将萃取液中溶剂挥干，称取干燥物的重量，计算被测组分含量的方法。

3. 沉淀法

沉淀法是利用沉淀反应将被测组分以沉淀的形式分离出来，并转化为称量形式，最后称定其重量，计算被测组分含量的方法。

（四）含量计算

在进行重量分析时，如果称量形式与被测组分相同，其结果计算比较简单。但实际中，称量形式与被测组分的存在形式往往不同，这时就需要将得到的称量形式量换算成被测组分的重量。结果计算时常用换算因数进行换算。换算因数是指被测组分的摩尔质量与称量形式的摩尔质量之比，常用 F 表示。

$$F=\frac{aM_a}{bM_b}$$

式中，a、b 为使待测组分存在形式与称量形式中含有的待测元素原子数或分子数相等的最小公倍数；M_a 为供试品中待测组分的摩尔质量，g/mol；M_b 为待测组分称量形式的摩尔质量，g/mol。

【应用示例】 蒙脱石散中蒙脱石的含量测定：取装量差异项下的内容物，混合均匀，精密称取适量（约相当于蒙脱石 400mg），置 105℃恒重的离心管中，加 50％乙醇 30ml，搅拌均匀后，离心（2000r/min 以上），弃去上清液，再加 50％乙醇 30ml，搅拌，离心，弃去上清液，所得沉淀，在 105℃干燥至恒重，称得供试品中所含蒙脱石的重量，计算，即得。

二、滴定分析法

（一）基本原理

滴定分析法又叫容量分析法，是将一种已知准确浓度的试剂溶液（滴定液）准确地滴加到待测药物的溶液中，根据滴定液浓度和所消耗的体积，来计算待测药物含量的方法。

当加入的滴定液与被测药物按化学计量定量反应完成时，反应达到了化学计量点，也称为等当点。在滴定过程中，电位突越点称为滴定终点。滴定终点与计量点不一定恰好符合，由此所造成的误差称为滴定误差。指示剂的变色范围是根据电位的变化来选择的，为了减少滴定误差，需要选择合适的指示剂，使滴定终点尽可能地接近化学计量点。

（二）特点

滴定分析法的特点为：①所用仪器简单、价廉，玻璃仪器主要有移液管（刻度吸管）、容量瓶、滴定管等；②操作简便、快速；③应用范围较广；④准确度高，通常情况下相对误差在 0.2％以下；⑤专属性和灵敏度较差，一般仅适用于含量较高的试样分析。

容量分析法在化学原料药的含量测定中应用较广。

（三）分类

根据滴定液和被测组分之间所发生化学反应类型的不同，滴定分析法一般可分为酸碱滴定法、配位滴定法、氧化还原滴定法和沉淀滴定法。大多数的滴定分析是在水溶液中进行的，但也有在非水溶剂中进行滴定的，称为非水溶液滴定法。根据滴定方式，滴定分析法又可分为直接滴定、剩余滴定、置换滴定和间接滴定等。

（四）含量计算

1. 基本概念

（1）滴定度（T）　滴定度系指每毫升规定浓度的滴定液相当于被测药物的质量。根据滴定液中的溶质与被测物质之间的反应式求得。如被测药物分子（A）与滴定液（B）之间的反应如下。

$$aA+bB \longrightarrow cC+dD$$

反应完全时，被测药物的量（W_A）可根据下式计算。

$$W_A=c_B\times V_B\times\frac{a}{b}\times M_A$$

式中，a 与 b 分别为被测药物与滴定液进行反应的物质的量，mol；M_A 为被测药物的摩尔质量（分子量），g/mol；c_B 为滴定液的规定浓度，mol/L；V_B 为消耗的滴定液体积，ml。当 $V_B=1$ml 时，上式变为：

$$W_A=T=c_B\times\frac{a}{b}\times M_A$$

如阿司匹林的含量测定，用酸碱滴定法测定阿司匹林［$M(C_9H_8O_4)=180.16$］的含量时，氢氧化钠滴定液的浓度为 0.1mol/L，化学反应式如下。

$$C_9H_8O_4+NaOH \longrightarrow C_9H_7O_4Na+H_2O$$

阿司匹林与氢氧化钠反应时的物质的量之比为 1∶1，滴定度（T）的计算式如下。

$$T=c_B\times\frac{a}{b}\times M_A=0.1\times\frac{1}{1}\times 180.16=18.02\ (\text{mg})$$

（2）校正因子（F） 滴定液的实际浓度与规定浓度的比值称为校正因子，常用“F”表示。在《中国药典》中给出的滴定度都是滴定液的规定浓度，但在实际工作中，所配制的滴定液的实际浓度不可能恰好与滴定液的规定浓度一致，而且也没有必要。此时就需要乘以滴定液的浓度校正因子（F）来换算成实际的滴定度（T'）。

$$F=\frac{\text{实际浓度}}{\text{规定浓度}}$$

$$T'=F\times T$$

2. 含量计算

滴定分析法测定药物含量时，常用直接滴定法和剩余滴定法。

（1）直接滴定法

① 原料药 原料药的含量（%），除另有规定外，均按重量计。本法是用滴定液直接滴定被测药物，被测药物的含量计算式如下。

$$\text{含量}(\%)=\frac{F\times T\times V}{W}\times 100\%$$

式中，W 为供试品取样量，mg；V 为滴定液消耗的体积，ml；T 为滴定度，mg/ml；F 为滴定液的校正因子。

实例解析

阿司匹林含量的测定

精密称取阿司匹林 0.3898g，加中性乙醇（对酚酞指示液显中性）20ml 溶解后，加酚酞指示液 3 滴，用氢氧化钠滴定液（0.1023mol/L）滴定，消耗滴定液 21.10ml。每毫升氢氧化钠滴定液（0.1mol/L）相当于 18.02mg 的 $C_9H_8O_4$。《中国药典》规定，按干燥品计算，含 $C_9H_8O_4$ 不得少于 99.5%。试计算阿司匹林含量，并判断是否符合规定。

阿司匹林的百分含量为：

$$\text{含量}(\%)=\frac{F\times T\times V_{NaOH}}{W}\times 100\%$$

$$=\frac{\frac{0.1023}{0.1}\times 18.02\times 10^{-3}\times 21.10}{0.3898}\times 100\%=99.8\%$$

本品含量符合规定。

② 制剂　制剂的含量以标示量百分含量表示，本书重点介绍片剂和注射剂的含量测定，其他剂型可以参照这两种剂型的含量计算。

$$标示量(\%)=\frac{实测量}{标示量}\times 100\%$$

a. 片剂

$$标示量(\%)=\frac{\dfrac{测得量}{供试品量}\times 平均片重}{标示量}\times 100\%$$

故

$$标示量(\%)=\frac{\dfrac{F\times T\times V}{W}\times 平均片重}{标示量}\times 100\%$$

式中，V 为供试品消耗滴定液的体积，ml；T 为滴定度，mg/ml；F 为滴定液的校正因子；W 为供试品片粉的取样量，mg。

实例解析

维生素C片的含量测定

取本品20片（标示量为100mg），精密称定为2.6832g，研细，精密称取0.2647g，置100ml量瓶中，加新沸过的冷水100ml与稀乙酸10ml的混合液适量，振摇使维生素C溶解并稀释至刻度，摇匀，迅速滤过，精密量取续滤液50ml，加淀粉指示液1ml，立即用碘滴定液（0.0496mol/L）滴定，至溶液显蓝色并持续30s不褪，消耗碘滴定液22.72ml。每毫升碘滴定液（0.05mol/L）相当于8.806mg的 $C_6H_8O_6$。《中国药典》规定本品含维生素C应为标示量的93.0%～107.0%。试计算本品的标示量百分含量，并判断是否符合规定。

维生素C片的标示量百分含量计算为：

$$标示量(\%)=\frac{F\times T\times V_{I_2}\times 平均片重}{W\times 标示量}\times 100\%$$

$$=\frac{\dfrac{0.0496}{0.05}\times 8.806\times 22.72\times \dfrac{2.6832}{20}}{0.2647\times 100}\times 100\%=100.6\%$$

本品含量符合规定。

b. 注射剂

$$标示量(\%)=\frac{C_{实测}}{C_{标示}}\times 100\%$$

故

$$标示量(\%)=\frac{F\times T\times V\times 每支容量}{V_s\times C_{标示}}\times 100\%$$

式中，V_s 为供试品的取样体积，ml；V 为供试品消耗滴定液的体积，ml；$C_{标示}$ 为注射剂的标示量，mg/ml；T 为滴定度，mg/ml；F 为滴定液的校正因子。

实例解析

盐酸普鲁卡因注射剂的含量测定

盐酸普鲁卡因注射剂（规格2ml：40mg）含量测定：精密量取盐酸普鲁卡因注射剂5ml，加水35ml，盐酸溶液（1→2）15ml，溴化钾2g，按照永停滴定法，用亚硝酸钠滴定液（0.1024mol/L）滴定，消耗亚硝酸钠滴定液3.52ml。每毫升亚硝酸钠滴定液（0.1mol/L）相当于27.18mg的 $C_{13}H_{21}N_{30}\cdot HCl$。《中国药典》规定本品含 $C_{13}H_{21}N_{30}\cdot HCl$ 应为标示量的 95.0%～105.0%。试计算本品的标示量百分含量，并判断是否符合规定。

$$标示量(\%)=\frac{F\times T\times V\times 每支容量}{V_s\times C_{标示}}\times 100\%$$

$$=\frac{\frac{0.1024}{0.1}\times 27.18\times 3.52\times 2}{5\times 40}\times 100\%=98.0\%$$

本品含量符合规定。

(2) 剩余滴定法

① 原料药　原料药的含量计算公式。

$$含量(\%)=\frac{F\times T\times (V_0-V)}{W}\times 100\%$$

式中，W 为供试品的取样量，mg；V_0 为空白消耗滴定液的体积，ml；V 为供试品消耗滴定液的体积，ml；T 为滴定度，mg/ml；F 为滴定液的校正因子。

空白试验系指在不加供试品或以等量的溶剂替代供试品的情况下，按同法操作所得的结果。

实例解析

司可巴比妥钠的含量测定

精密称取本品 0.1029g，置 250ml 碘瓶中，加水 10ml，振摇使溶解，精密加溴滴定液(0.1mol/L) 25ml，再加盐酸 5ml，立即密塞，并振摇 1min，在暗处放置 15min 后，注意微开瓶塞，加碘化钾试液 10ml，立即密塞，摇匀后，用硫代硫酸钠滴定液（0.1008mol/L）滴定，至近终点时，加淀粉指示液，继续滴定至蓝色消失，消耗硫代硫酸钠滴定液(0.1008mol/L) 17.27ml，并将滴定的结果用空白试验校正，空白消耗硫代硫酸钠滴定液(0.1008mol/L) 25.01ml。每毫升溴滴定液（0.1mol/L）相当于 13.01mg 的$C_{12}H_{17}N_2NaO_3$。《中国药典》规定，按干燥品计算，含 $C_{12}H_{17}N_2NaO_3$ 不得少于 98.5%。试计算含量，并判断是否符合规定。

司可巴比妥钠的含量计算如下。

$$含量(\%)=\frac{F\times T\times (V_0-V)_{Na_2S_2O_3}}{W}\times 100\%$$

$$=\frac{\frac{0.1008}{0.1}\times 13.01\times (25.01-17.27)\times 10^{-3}}{0.1029}=98.6\%$$

本品含量符合规定。

② 制剂　制剂的含量以标示量百分含量表示，计算公式如下。

a. 片剂

$$标示量(\%)=\frac{\frac{测得量}{供试品量}\times 平均片重}{标示量}\times 100\%$$

故

$$标示量(\%)=\frac{F\times T\times (V_0-V)\times 平均片重}{W\times 标示量}\times 100\%$$

式中，各符号意义同原料药。

b. 注射剂

$$标示量(\%)=\frac{C_{实测}}{C_{标示}}\times 100\%$$

故

$$标示量(\%)=\frac{F\times T\times (V_0-V)\times 每支容量}{V_s\times C_{标示}}\times 100\%$$

式中，各符号意义同前所述。

实例解析

右旋糖酐20葡萄糖注射液中葡萄糖的含量测定

精密量取注射液（规格100ml：10g）2ml，置250ml碘瓶中，精密加入碘滴定液（0.05mol/L）25ml，在不断振摇下，滴加NaOH溶液（0.1mol/L）50ml，在暗处放置30min，加稀硫酸5ml，摇匀。用硫代硫酸钠滴定液（0.1006mol/L）滴定，近终点时加淀粉指示液2ml，继续滴定至蓝色消失，消耗硫代硫酸钠滴定液（0.1006mol/L）4.15ml，同时用0.20g的右旋糖酐20作空白试验进行校正，空白消耗硫代硫酸钠滴定液（0.1006mol/L）24.20ml。每毫升碘滴定液（0.1mol/L）相当于9.909mg的$C_6H_{12}O_6\cdot H_2O$。《中国药典》规定，含葡萄糖（$C_6H_{12}O_6\cdot H_2O$）应为标示量的95.0%～105.0%。试计算标示量百分含量，并判断是否符合规定。

$$标示量(\%)=\frac{F\times T\times (V_0-V)\times 每支容量}{V_s\times C_{标示}}\times 100\%$$

$$=\frac{\frac{0.1006}{0.1}\times 9.909\times (24.20-4.15)\times 100\times 10^{-3}}{2\times 10}\times 100\%=99.9\%$$

本品含量符合规定。

必备知识二　光谱分析法

光谱分析法包括吸收光谱法（如紫外-可见分光光度法）、发射光谱法（如荧光光谱法）和散射光谱法（如拉曼光谱法）三大类，在药物分析中应用广泛。《中国药典》收载的用于药物含量测定的光谱分析法主要包括：紫外-可见分光光度法、原子吸收分光光度法和荧光分析法等。药物含量测定中应用最多的是紫外-可见分光光度法。

一、紫外-可见分光光度法

紫外-可见分光光度法是根据物质分子在紫外光区（波长为200～400nm）和可见光区（波长为400～760nm）范围的电磁波的吸收特性建立起来的光谱分析方法。

（一）基本原理

单色光辐射穿过被测物质溶液时，在一定的浓度范围内被该物质吸收的量与该物质的浓度和液层的厚度（光路长度）成正比，即其关系如下式。

$$A=\lg(1/T)=EcL$$

式中，A为吸光度；T为透光率；E为吸收系数，采用的表示方法为$E_{1cm}^{1\%}$，其物理意义为在一定条件（波长、温度、溶剂）下，当溶液浓度为1%（g/ml），液层厚度为1cm时的吸光度数值；c为100ml溶液中所含被测物质（按干燥品或无水物计算）的重量，g；L为液层厚度，cm。

物质对光的选择性吸收波长及相应的吸收系数是该物质的物理常数。当已知某纯物质在一定条件下的吸收系数时，就可用同样条件测定该供试品溶液的吸光度，根据上式计算出供试品中该物质的含量。

在可见光区，一些物质本身对光没有吸收，可在一定条件下加入显色剂或经适当处理使其显色后再测定，该法称为比色法。通常采用对照法或标准曲线法定量。

（二）特点

紫外-可见分光光度法的特点为：①灵敏度高，可达 $10^{-7}\sim10^{-4}$g/ml；②精密度和准确度高，相对误差为 2%～5%，能满足微量组分的测定要求；③仪器价格较低廉、操作简单、分析速度较快、易于普及；④应用广泛，许多化合物均可采用本法进行测定；同时还可以利用计算分光光度法不经分离直接测定混合物中各组分的含量。

（三）仪器的校正和检定

1. 波长校正

由于环境因素对机械部分的影响，仪器的波长经常会略有变动，因此，除应定期对所用的仪器进行全面校正检定外，还应于测定前校正测定波长。常用汞灯中的较强谱线237.83nm、253.65nm、275.28nm、296.73nm、313.16nm、334.15nm、365.02nm、404.66nm、435.83nm、546.07nm 与 576.96nm；或用仪器中氘灯的 486.02nm 与656.10nm 谱线进行校正；钬玻璃在波长 279.4nm、287.5nm、333.7nm、360.9nm、418.5nm、460.0nm、484.5nm、536.2nm 与 637.5nm 处有尖锐吸收峰，也可作波长校正用，但因来源不同或随着时间的推移会有微小的变化，使用时应注意。近年来，常使用高氯酸钬溶液校正双光束仪器，以 10%高氯酸溶液为溶剂，配制含氧化钬（Ho_2O_3）4%的溶液，该溶液的吸收峰波长为 241.13nm、278.10nm、287.18nm、333.44nm、345.47nm、361.31nm、416.28nm、451.30nm、485.29nm、536.64nm 和 640.52nm。

仪器波长的允许误差为紫外光区±1nm，500nm 附近±2nm。

2. 吸光度的准确度检定

可用重铬酸钾的硫酸溶液检定。取在 120℃干燥至恒重的基准重铬酸钾约 60mg，精密称定，用 0.005mol/L 硫酸溶液溶解并稀释至 1000ml，在规定的波长处测定并计算其吸收系数，并与规定的吸收系数比较，应符合表 5-1 的规定。

表 5-1 紫外分光光度计吸光度的准确度检定波长与吸收系数（$E_{1cm}^{1\%}$）

波长/nm	235(最小)	257(最大)	313(最小)	350(最大)
吸收系数规定值	124.5	144.0	48.6	106.6
吸收系数的允许范围	123.0～126.0	142.8～146.2	47.0～50.3	105.5～108.5

3. 杂散光的检查

可按表 5-2 所列的试剂和浓度，配制成水溶液，置 1cm 石英吸收池中，在规定的波长处测定透光率，应符合表中的规定。

表 5-2 紫外分光光度计杂散光的检查波长与透光率

试剂	浓度/(%,g/ml)	测定波长/nm	透光率/%
碘化钠	1.00	220	＜0.8
亚硝酸钠	5.00	340	＜0.8

（四）对溶剂的要求

含有杂原子的有机溶剂通常具有很强的末端吸收。当作为溶剂使用时，它们的使用范围均不能小于截止使用波长。如甲醇、乙醇的截止使用波长为 205nm。另外，当溶剂不纯时，也可能增加干扰吸收。因此，在测定供试品前，应先检查所用的溶剂在供试品所用的波长附近是否符合要求，即将溶剂置 1cm 石英吸收池中，以空气为空白（即空白光路中不置任何物质）测定其吸光度。溶剂和吸收池的吸光度，在 220～240nm 范围内不得超过 0.40；在

241～250nm 范围内不得超过 0.20；在 251～300nm 范围内不得超过 0.10；在 300nm 以上时不得超过 0.05。

（五）测定方法与应用

测定时，除另有规定外，应以配制供试品溶液的同批溶剂为空白对照，采用 1cm 的石英吸收池，在规定的吸收峰波长±2nm 以内测试几个点的吸光度，或由仪器在规定波长附近自动扫描测定，以核对供试品的吸收峰波长位置是否正确。除另有规定外，吸收峰波长应在该品种项下规定的波长±2nm 以内。

一般供试品溶液的吸光度读数以控制在 0.3～0.7 之间为宜。仪器的狭缝波带宜小于供试品吸收带的半高宽度的十分之一，否则测得的吸光度会偏低；狭缝宽度的选择，应以减小狭缝宽度时供试品的吸光度不再增大为准。由于吸收池和溶剂本身可能有空白吸收，因此测定供试品的吸光度后应减去空白读数，或由仪器自动扣除空白读数后再计算含量。

当溶液的 pH 值对测定结果有影响时，应将供试品溶液的 pH 值和对照品溶液的 pH 值调成一致。含量测定方法一般有以下几种。

1. 对照品比较法

分别配制供试品溶液和对照品溶液，对照品溶液中所含被测成分的量应为供试品溶液中被测成分标示量的 100%±10%。当在吸收曲线的陡然上升或下降部位测定吸光度时，波长的微小变化可能对测定结果造成显著影响，故对照品和供试品的测试条件应尽可能一致。在规定的波长处测定供试品溶液和对照品溶液的吸光度后，按下式计算供试品中被测溶液的浓度。

$$c_x = \frac{A_x}{A_R} \times c_R$$

式中，c_x 为供试品溶液的浓度，mg/ml；A_x 为供试品溶液的吸光度；c_R 为对照品溶液的浓度，mg/ml；A_R 为对照品溶液的吸光度。

（1）原料药　原料药的百分含量计算公式如下：

$$含量(\%) = \frac{c_x \times V \times D}{W} \times 100\%$$

故

$$含量(\%) = \frac{\frac{A_x}{A_R} \times c_R \times V \times D}{W} \times 100\% = \frac{A_x \times W_R}{A_R \times W} \times 100\%$$

式中，W_R 为对照品的取样量，g；W 为供试品的取样量，g；V 为供试品初次配制的体积，ml；D 为供试品的稀释倍数，其他各符号意义同前。

实例解析

奥沙西泮原料药的含量测定

精密称定本品 0.0153g，置 200ml 容量瓶中，加乙醇 150ml，于温水浴中加热，振摇，使奥沙西泮溶解，放冷，用乙醇稀释至刻度，摇匀，精密量取 5ml，置 100ml 容量瓶中，用乙醇稀释至刻度，摇匀，在 229nm 的波长处测定的吸光度为 0.480；另精密称取奥沙西泮对照品 0.0148g，同法操作，在 229nm 的波长处测定的吸光度为 0.459。《中国药典》规定本品按干燥品计算，含 $C_{15}H_{11}ClN_2O_2$ 应为 98.0%～102.0%。试计算供试品含量，并判断是否符合规定。

$$含量(\%) = \frac{A_x \times W_R}{A_R \times W} \times 100\%$$

$$= \frac{0.480 \times 0.0148}{0.459 \times 0.0153} \times 100\% = 101.2\%$$

本品含量符合规定。

(2) 制剂

① 片剂 片剂的标示量百分含量计算公式如下。

$$标示量(\%)=\frac{\frac{A_x}{A_R}\times c_R\times V\times D\times 平均片重}{W\times 标示量}\times100\%=\frac{A_x\times W_R\times 平均片重}{A_R\times W\times 标示量}\times100\%$$

式中，各符号意义同前。

② 注射剂 注射剂的标示量百分含量计算公式如下。

$$标示量(\%)=\frac{\frac{A_x}{A_R}\times c_R\times V\times D\times 每支容量}{W\times 标示量}\times100\%=\frac{A_x\times W_R\times 每支容量}{A_R\times W\times 标示量}\times100\%$$

式中，W 为取样量，ml；其他各符号意义同前。

实例解析

甲氧苄啶片（标示量为 50mg）的含量测定

取本品 20 片，精密称定为 1.2012g，研细，精密称取 0.05785g 置 250ml 容量瓶中，加稀乙酸约 150ml，充分振摇使甲氧苄啶溶解，加稀乙酸稀释至刻度，摇匀，滤过，精密量取续滤液 10ml，置 100ml 容量瓶中，加稀乙酸 10ml，加水稀释至刻度，摇匀。按照紫外-可见分光光度法，在 271nm 波长处测定的吸光度为 0.409。另取甲氧苄啶对照品 0.05131g，同法测定，在 271nm 波长处测定的吸光度为 0.417。《中国药典》规定，本品含甲氧苄啶应为标示量的 95.0%～105.0%。试计算甲氧苄啶片的标示量百分含量，并判断含量是否符合规定。

$$标示量(\%)=\frac{A_x\times W_R\times 平均片重}{A_R\times W\times 标示量}\times100\%$$

$$=\frac{0.409\times0.05131\times\frac{1.2012}{20}}{0.417\times0.05785\times50\times10^{-3}}\times100\%=104.5\%$$

本品含量符合规定。

2. 吸收系数法

配制供试品溶液，在规定的波长处测定其吸光度，再以该品种在规定条件下的吸收系数计算含量。用本法测定时，测定前需进行最大吸收波长校准，吸收系数通常应>100，并注意仪器的校正和检定。本法在制剂的含量测定、溶出度和含量均匀度的检查方面应用广泛。

(1) 原料药 原料药的百分含量计算公式如下。

$$含量(\%)=\frac{\frac{A}{E_{1cm}^{1\%}}\times\frac{1}{100}\times V\times D}{W}\times100\%$$

式中，A 为测定的吸光度；$E_{1cm}^{1\%}$ 为供试品的百分吸收系数；V 为供试品初次配制的体积，ml；D 为供试品的稀释倍数；W 为供试品的质量，g。

实例解析

对乙酰氨基酚原料药含量的测定

精密称取对乙酰氨基酚 0.0415g，置 250ml 容量瓶中，加 0.4%氢氧化钠溶液 50ml，加水至刻度，摇匀，精密量取 5ml，置 100ml 容量瓶中，加 0.4%氢氧化钠溶液 10ml，加水至刻度，摇匀。依照分光光度法，在 257nm 波长处测得吸收度为 0.587。《中国药典》规定对乙酰氨基酚按干燥品计算，含 $C_8H_9NO_2$ 应为 98%～102%，$C_8H_9NO_2$ 的百分吸收系数为

719。试计算对乙酰氨基酚的百分含量，并判断是否符合规定。

$$含量(\%)=\frac{\frac{A}{E_{1cm}^{1\%}}\times\frac{1}{100}\times V\times D}{W}\times100\%$$

$$=\frac{\frac{0.587}{719}\times\frac{1}{100}\times250\times\frac{100}{5}}{0.0415}\times100\%=98.4\%$$

本品含量符合规定。

（2）制剂

① 片剂　片剂的标示量百分含量计算公式如下。

$$标示量(\%)=\frac{\frac{A}{E_{1cm}^{1\%}}\times\frac{1}{100}\times V\times D\times 平均片重}{W\times 标示量}\times100\%$$

式中，各符号意义同前。

② 注射剂　注射剂的标示量百分含量计算公式如下。

$$标示量(\%)=\frac{\frac{A}{E_{1cm}^{1\%}}\times\frac{1}{100}\times V\times D\times 每支容量}{W\times 标示量}\times100\%$$

式中，W 为供试品的体积，ml；其他符号意义同前。

实例解析

马来酸氯苯那敏注射液（标示量 1ml：10mg）**的含量测定**

精密量取本品 2ml，置 100ml 容量瓶中，加盐酸溶液稀释至刻度，摇匀。精密量取稀释液 5ml，置 50ml 容量瓶中，用同一浓度盐酸溶液稀释至刻度，摇匀。取该溶液置 1cm 厚的石英吸收池中，以相同盐酸溶液为空白，在 264nm 波长处测得吸收度为 0.433，按吸收系数为 217 计算。《中国药典》规定本品含马来酸氯苯那敏应为标示量的 95.0%～110%。试计算本品的标示量百分含量，并判断其含量是否符合规定。

$$标示量(\%)=\frac{\frac{A}{E_{1cm}^{1\%}}\times\frac{1}{100}\times V\times D\times 每支容量}{W\times 标示量}\times100\%$$

$$=\frac{\frac{0.433}{217}\times\frac{1}{100}\times100\times\frac{50}{5}\times1}{2\times10\times10^{-3}}\times100\%=99.8\%$$

本品含量符合规定。

3. 计算分光光度法

计算分光光度法有多种，如双波长法、维生素 A 的三点校正法等，使用时均应按各品种项下规定的方法进行。计算分光光度法一般不宜用于含量测定。

4. 比色法

供试品本身在紫外-可见光区没有强吸收，或在紫外光区虽有吸收但为了避免干扰或提高灵敏度，可加入适当的显色剂，使反应产物的最大吸收移至可见光区，该法称为比色法。比色法的测定方法主要有对照品比较法和标准曲线法。

（1）对照品比较法

① 原料药　原料药的含量计算公式如下。

$$含量(\%)=\frac{A_x\times c_R}{A_R\times c_x}\times 100\%$$

式中，A_x 为供试品溶液的吸光度；A_R 为对照品溶液的吸光度；c_R 为对照品溶液的浓度，μg/ml；c_x 为供试品溶液的理论浓度（配制浓度），μg/ml。

或

$$含量(\%)=\frac{A_x\times W_R}{A_R\times W_x}\times 100\%$$

式中，W_R 为对照品称量，mg；W_x 为供试品称量，mg；其他各符号意义同前。

② 制剂　制剂的标示量百分含量计算公式如下。

$$标示量(\%)=\frac{\dfrac{A_x}{A_R}\times c_R}{\dfrac{W_x\times 标示量}{标示装量\times V\times D}}\times 100\%=\frac{A_x\times c_R\times V\times D\times 标示装量}{A_R\times W_x\times 标示量}\times 100\%$$

式中，V 为供试品初次配制的体积，ml；D 为稀释倍数；其他各符号意义同前。

实例解析

醋酸可的松眼膏含量测定

精密称取醋酸可的松对照品 25.31mg，置 100ml 量瓶中，加无水乙醇溶解并稀释至刻度，摇匀，作为对照品溶液；另精密称取醋酸可的松眼膏（规格：0.5%）5.2855g，置烧杯中，加无水乙醇 30ml，置水浴中加热，充分搅拌使醋酸可的松溶解，再置冰浴中放冷后，滤入 100ml 量瓶中，同法提取 3 次，滤液并入量瓶中，加无水乙醇稀释至刻度，摇匀，作为供试品溶液。

精密量取对照品溶液与供试品溶液各 1ml，分别置干燥具塞试管中，各精密加无水乙醇 9ml、氯化三苯四氮唑试液 1ml 与氢氧化四甲基铵试液 1ml，摇匀，在 25℃ 的暗处放置 40min，照分光光度法，在 485nm 的波长处测得吸收度分别为 0.485 和 0.478。试计算含量为标示量的百分率。

醋酸可的松眼膏的含量计算公式如下。

$$标示量(\%)=\frac{A_x\times c_R\times V\times D\times 标示装量}{A_R\times W_x\times 标示量}\times 100\%$$

$$=\frac{0.478\times\dfrac{25.31}{100}\times 10^{-3}\times 100\times 1\times 100}{0.485\times 5.2855\times 0.5}\times 100\%=94.4\%$$

其含量为 94.4%。

（2）标准曲线法　当吸光度和浓度不呈良好的线性关系时，应取数份梯度量的对照品溶液，用溶剂补充至同一体积，显色后测定各份溶液的吸光度，然后以吸光度与相应的浓度绘制标准曲线，再根据供试品的吸光度在标准曲线上查得其相应浓度，并求出其含量。

课堂互动

《中国药典》规定对乙酰氨基酚的含量测定采用紫外-可见分光光度法，其依据是什么？是否可以采用高效液相色谱法或亚硝酸钠法测定其含量？

二、荧光分析法

（一）基本原理

荧光分析法是利用某些物质受紫外光或可见光照射激发后，能发射出比激发光波长更长的荧光，当激发光强度、波长、所用溶剂及温度等条件固定时，物质在一定浓度范围内，其发射光强度与溶液中该物质的浓度成正比关系，可以用作定量分析。

（二）特点

荧光分析法具有如下特点：①灵敏度高，可达 $10^{-12}\sim10^{-10}$g/ml。与紫外-可见分光光度法比较，荧光是从与入射光垂直方向检测，即在黑背景下检测荧光的发射，所以，一般来说，荧光分析法的灵敏度要比紫外-可见分光光度法高 2～4 个数量级。②干扰因素多，必须做空白试验。③浓度太高会有“自熄灭”作用，故适用于低浓度的溶液。④对易被光分解或弛豫时间较长的样品，为使仪器灵敏度定标准确、避免因激发光多次照射而影响荧光强度，可选择一种激发光和发射光波长与供试品近似而对光稳定的物质配成适当浓度的溶液，作为基准溶液，如蓝色荧光可用硫酸奎宁的稀硫酸溶液作基准溶液，在测定供试品溶液时，用基准溶液代替对照品溶液校正仪器的灵敏度。

能产生荧光的物质数量不多，如用荧光衍生试剂，常使无荧光或弱荧光物质得到强荧光产物，以提高分析方法的灵敏度和选择性。

（三）测定与含量计算

通常荧光分析法都是在一定条件下，用对照品溶液测定荧光强度与浓度的线性关系。当线性关系良好时，可在每次测定前，用一定浓度的对照品溶液校正仪器的灵敏度，然后在相同的条件下，分别读取对照品溶液及其试剂空白的荧光强度与供试品溶液及其试剂空白的荧光强度，用下式计算供试品浓度。

$$c_x=\frac{R_x-R_{xb}}{R_r-R_{rb}}\times c_r$$

式中，c_x 为供试品溶液的浓度；c_r 为对照品溶液的浓度；R_x 为供试品溶液的荧光强度；R_{xb} 为供试品溶液试剂空白的荧光强度；R_r 为对照品溶液的荧光强度；R_{rb} 为对照品溶液试剂空白的荧光强度。

由于荧光分析法中的浓度与强度的线性范围较窄，故 $(R_x-R_{xb})/(R_r-R_{rb})$ 应在 0.50～2 范围内，否则应调节溶液浓度后再测定，或改用工作曲线法。

实例解析

利血平片的含量测定

（1）供试品溶液的制备　避光操作，取本品（规格：0.25mg）20 片，如为糖衣片应除去包衣，精密称定，研细，精密称取适量（约相当于利血平 0.5mg），置 100ml 棕色量瓶中，加热水 10ml，摇匀后，加三氯甲烷 10ml 溶解，振摇，用乙醇定量稀释至刻度，摇匀，滤过，精密量取续滤液，用乙醇稀释成每毫升约含利血平 2μg 的溶液，摇匀，即得。

（2）对照品溶液的制备　精密称取利血平对照品 10mg，置 100ml 棕色量瓶中，加三氯甲烷 10ml，溶解后，再用乙醇稀释至刻度，摇匀；精密量取 2ml，至 100ml 棕色量瓶中，用乙醇稀释至刻度，摇匀，即得。

（3）测定法　精密量取对照品溶液与供试品溶液各 5ml，分别置具塞试管中，加五氧化二钒试液 2.0ml，强烈振摇后，在 30℃放置 1h，照荧光分析法，在激发光波长 400nm、发射光波长 500nm 处测定荧光强度，计算，即得。

利血平片的含量计算公式如下。

$$\text{标示量}(\%)=\frac{\dfrac{R_x-R_{xb}}{R_r-R_{rb}}\times c_r\times V\times D\times \text{平均片重}}{W\times \text{标示量}}\times 100\%$$

式中，V 为供试品初次配制的体积，ml；D 为稀释倍数；W 为取样量，g；其他符号意义同前。

三、原子吸收分光光度法

（一）基本原理

原子吸收分光光度法的测量对象是呈原子状态的金属元素和部分非金属元素，系由待测元素灯发出的特征谱线通过供试品经原子化产生的原子蒸气时，被蒸气中待测元素的基态原子所吸收，通过测定辐射光强度减弱的程度，求出供试品中待测元素的含量。原子吸收分光光度法遵循分光光度法的吸收定律，受影响因素较多，一般采用线性法求得供试品中待测元素的含量。

（二）特点

原子吸收分光光度法具有如下特点：①灵敏度高，火焰原子吸收法检测限可达 ng/ml 级，石墨炉原子吸收法可达 $10^{-14}\sim10^{-13}$g。②选择性好，每种元素的原子结构不同，吸收各自不同的特征光谱，一般没有共存元素的光谱重叠，大多数情况下对被测元素不产生干扰。③精密度高，火焰原子吸收法的相对误差可小于 1%，而石墨炉原子吸收法一般为 3%～5%。④应用范围广，可测定元素周期表上大多数的金属和非金属元素。有些可间接进行分析。

（三）测定方法

《中国药典》收载了两种测定方法：标准曲线法与标准加入法。具体方法详见《中国药典》二部“附录ⅣD”。

必备知识三 色谱分析法

色谱法（chromatography）也称层析法，是一种分离分析方法。根据待测组分间吸附、分配、分子大小或电荷大小等性能的差异，在相对运动的两相中的差速迁移而使混合物达到分离的目的，进而对待测组分进行定性定量分析。

色谱法根据其分离原理可分为：吸附色谱法、分配色谱法、离子交换色谱法与排阻色谱法等。此外，又可根据分离方法分为：纸色谱法、薄层色谱法、柱色谱法、气相色谱法、高效液相色谱法等。由于色谱法具有灵敏度高、专属性强的优点，在各国药典中广泛用于定性定量分析，使用最广泛的是高效液相色谱法。

一、高效液相色谱法

（一）基本原理

高效液相色谱法系采用高压输液泵将规定的流动相泵入装有填充剂的色谱柱中，对供试品进行分离测定的色谱方法。注入的供试品，由流动相带入柱内，各组分在柱内被分离，并依次进入检测器，由积分仪或数据处理系统记录和处理色谱信号。

（二）特点

本法具有高灵敏度（可达 $10^{-15}\sim10^{-12}$g/ml）、高选择性、高效能及高速度等特点，是在药物、尤其是复方制剂的定量分析中应用最为广泛的分析方法。

（三）对仪器的一般要求

所用的仪器为高效液相色谱仪，仪器应定期检定并符合有关规定。

1. 色谱柱

常用的色谱柱填充剂为化学键合硅胶，以十八烷基硅烷键合硅胶最为常用，辛基硅烷键合硅胶和其他类型的硅烷键合硅胶（如氰基键合硅烷和氨基键合硅烷等）也有使用。正相色谱系统使用极性填充剂，常用的填充剂有硅胶等。

以硅胶为载体的键合固定相的使用温度通常不超过40℃。为改善分离效果，可适当提高色谱柱的使用温度，但不宜超过60℃。流动相的pH值应控制在2～8之间。当pH值大于8时，可使载体硅胶溶解；当pH值小于2时，与硅胶相连的化学键合相易水解脱落。当色谱系统中需使用pH值大于8的流动相时，应选用耐碱的填充剂。当需使用pH值小于2的流动相时，应选用耐酸的填充剂。

2. 检测器

最常用的检测器为紫外检测器，其他常见的检测器有二极管阵列检测器（DAD）、荧光检测器、蒸发光散射检测器、示差折光检测器、电化学检测器和质谱检测器等。

3. 流动相

反相色谱系统的流动相首选甲醇-水系统（采用紫外末端波长检测时，首选乙腈-水系统），如经试用不适合时，再改用其他溶剂系统。应尽可能少用含有缓冲液的流动相，必须使用时，应尽可能选用含较低浓度缓冲液的流动相。由于C_{18}链在水相中不易保持其伸展状态，故对十八烷基硅烷键合硅胶为固定相的反相色谱系统，流动相中有机溶剂的比例通常应不低于5%，否则C_{18}链的随机卷曲将导致组分的保留值变化，造成色谱系统不稳定。

调整流动相组分比例时，以组分比例较低者（小于或等于50%）相对于自身的改变量不超过±30%且相对于总量的改变量不超过±10%为限，如30%相对改变量的数值超过总量的10%时，则改变量以总量的±10%为限。

（四）系统适用性试验

色谱系统的适用性试验通常包括理论板数、分离度、重复性和拖尾因子等四个参数。其中，分离度和重复性尤为重要。对样品进行分析测试前，需用规定的对照品溶液或系统适用性试验溶液在规定的色谱系统中进行试验，必要时，可对色谱系统进行适当调整，以符合要求。

1. 理论板数（n）

理论板数用于评价色谱柱的分离效能。在规定的色谱条件下，注入供试品溶液或各品种项下规定的内标物质溶液，记录色谱图，量出供试品主成分峰或内标物质峰的保留时间t_R和峰宽（W）或半高峰宽（$W_{h/2}$），按下式计算色谱柱的理论板数。

$$n=16\times\left(\frac{t_R}{W}\right)^2 \text{ 或 } n=5.54\times\left(\frac{t_R}{W_{h/2}}\right)^2$$

由于不同物质在同一色谱柱上的色谱行为不同，采用理论板数作为衡量柱效能的指标时，应指明测定物质。

2. 分离度（R）

分离度用于评价待测组分与相邻共存物或难分离物质之间的分离程度，是衡量色谱系统效能的关键指标。可以通过测定待测物质与已知杂质的分离度，也可以通过测定待测组分与某一添加的指标性成分（内标物质或其他难分离物质）的分离度，或将供试品或对照品用适当的方法降解，通过测定待测组分与某一降解产物的分离度，对色谱系统进行评价与控制。

无论是定性鉴别，还是定量分析，均要求待测峰与其他峰、内标峰或特定的杂质对照峰之间有较好的分离度。除另有规定外，待测组分与相邻共存物之间的分离度应大于1.5。分离度的计算公式如下。

$$R=\frac{2\times(t_{R_2}-t_{R_1})}{W_1+W_2}\text{或}R=\frac{2\times(t_{R_2}-t_{R_1})}{1.70(W_{1,h/2}+W_{2,h/2})}$$

式中，t_{R2}为相邻两峰中后一峰的保留时间；t_{R1}为相邻两峰中前一峰的保留时间；W_1、W_2及$W_{1,h/2}$、$W_{2,h/2}$分别为此相邻两峰的峰宽及半高峰宽。色谱参数如图 5-1 所示。

3. 重复性

重复性用于评价连续进样中，色谱系统响应值的重复性能。采用外标法时，通常取各品种项下的对照品溶液，连续进样 5 次，除另有规定外，其峰面积测量值的相对标准偏差应不大于 2.0%；采用内标法时，通常配制相当于 80%、100%和 120%的对照品溶液，加入规定量的内标溶液，配成 3 种不同浓度的溶液，分别至少进样 2 次，计算平均校正因子，其相对标准偏差应不大于 2.0%。

4. 拖尾因子（T）

拖尾因子用于评价色谱峰的对称性。为保证分离效果和测量精度，应检查待测峰的拖尾因子是否符合各品种项下的规定。拖尾因子的计算公式为：

$$T=\frac{W_{0.05h}}{2\times d_1}$$

式中，$W_{0.05h}$为 5%峰高处的峰宽；d_1 为峰顶点至峰前沿之间的距离。色谱峰拖尾因子如图 5-2。

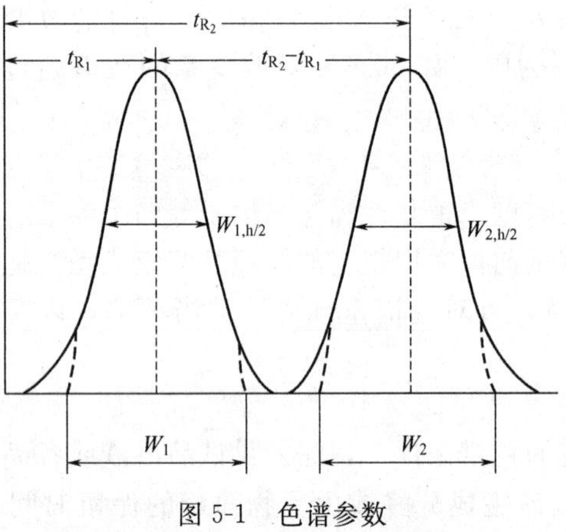

图 5-1　色谱参数

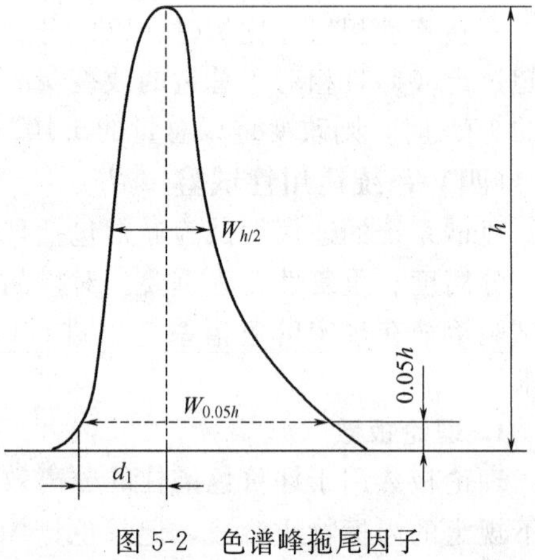

图 5-2　色谱峰拖尾因子

除另有规定外，峰高法定量时，T 应在 0.95～1.05 之间。峰面积法测定时，若拖尾严重，将影响峰面积的准确测量。必要时，应在各品种项下对拖尾因子作出规定。

（五）测定方法

《中国药典》收载的高效液相色谱法的测定法有五种：外标法、内标法、加校正因子的主成分自身对照法、不加校正因子的主成分自身对照法和面积归一化法。其中，用于含量测定的主要方法有外标法和内标法。

1. 外标法

按各品种项下的规定，精密称（量）取对照品和供试品，配制成溶液，分别精密取一定量，注入仪器，记录色谱图，测量对照品溶液和供试品溶液中待测成分的峰面积（或峰高），按下式计算含量。

$$c_x=c_R\times\frac{A_x}{A_R}$$

$$\text{含量}(\%)=\frac{c_x\times V\times D}{W}\times100\%=\frac{c_R\times A_x\times V\times D}{A_R\times W}\times100\%$$

式中，A_x 为供试品的峰面积或峰高；A_R 为对照品的峰面积或峰高；c_x 为供试品的浓度，μg/ml；c_R 为对照品的浓度，μg/ml；V 为供试品初次配制的体积，ml；D 为稀释倍数；W 为供试品的质量，g。

实例解析

头孢唑林钠的含量测定

某制药企业用高效液相色谱法测定头孢唑林钠的含量，取含量为99.5%的头孢唑林钠对照品25.12mg，配成溶液，取此溶液10μl注入液相色谱仪，测定峰面积，3次测定值分别为：2490179、2492793和2492175；另外精密称取头孢唑林钠供试品28.12mg，按上法测定，取10μl溶液注入液相色谱仪，测得峰面积为2634658，试求供试品的百分含量。

采用外标法计算本品的含量，供试品和对照品配制溶液的方法、稀释倍数完全相同，以 W_R 表示对照品的质量，则

$$含量(\%)=\frac{c_R\times A_x\times V\times D}{A_R\times W}\times 100\%$$

$$=\frac{W_R\times A_x}{W\times A_R}\times 100\%$$

$$对照品峰面积\ A_R=\frac{2490179+2492793+2492175}{3}=2491716$$

$$含量(\%)=\frac{W_R\times A_x}{W\times A_R}\times 100\%=\frac{25.12\times 99.5\%\times 2634658}{28.12\times 2491716}\times 100\%=94.10\%$$

供试品的含量为94.10%。

2. 内标法

按各品种项下的规定，精密称（量）取对照品和内标物质，分别配成溶液，精密量取各适量，混合配成校正因子测定用的对照溶液。再取一定量注入仪器，记录色谱图。测量对照品和内标物质的峰面积或峰高，按下式计算校正因子（f）。

$$f=\frac{A_s/c_s}{A_R/c_R}$$

式中，A_s 为内标物质的峰面积或峰高；A_R 为对照品的峰面积或峰高；c_s 为内标物质的浓度；c_R 为对照品的浓度。

再取各品种项下含有内标物质的供试品溶液，注入仪器，记录色谱图，测量供试品中待测成分和内标物质的峰面积或峰高，按下式计算含量（c_x）。

$$c_x=f\times\frac{A_x}{A_s'/c_s'}$$

式中，A_x 为供试品的峰面积或峰高；A_s'为供试品中内标物质的峰面积或峰高；c_x 为供试品的浓度，μg/ml；c_s'为供试品中内标物质的浓度，μg/ml；f 为校正因子。

$$含量(\%)=\frac{c_x\times V\times D}{W}\times 100\%=\frac{f\times A_x\times c_s'\times V\times D}{A_s'\times W}\times 100\%$$

式中，V 为供试品初次配制的体积，ml；D 为稀释倍数；W 为供试品的质量，g；其他符号意义同前。

实例解析

氢化可的松的含量测定

（1）色谱条件与系统适用性试验 用十八烷基硅烷键合硅胶作为填充剂；以甲醇-水（70∶30）为流动相；检测波长为240nm。理论板数按氢化可的松峰计算不低于2000，氢化可的松峰与内标物质峰的分离度应符合要求。

（2）内标溶液的制备 取炔诺酮，加甲醇溶解并稀释制成每毫升中约含0.40mg的溶液，摇匀，即得。

（3）测定法 精密称取供试品12.40mg，置25ml容量瓶中，以流动相溶解至刻度；精密量取该溶液与内标溶液各5ml，置25ml容量瓶中，加甲醇稀释至刻度，摇匀，取10μl注入液相色谱仪，记录色谱图，测得供试品与内标物的峰面积分别为2990322和4020123；另取氢化可的松对照品13.80mg，置25ml容量瓶中，以流动相溶解至刻度；同法测定。测得对照品与内标物的峰面积分别为3382473与4020201。试按内标法计算氢化可的松的含量。

氢化可的松的含量计算如下。

$$f=\frac{A_s/c_s}{A_R/c_R}=\frac{4020201/0.40}{3382473/(13.80/25)}=1.6402$$

$$c_x=f\times\frac{A_x}{A_s'/c_s'}=1.6402\times\frac{2990322}{4020123/0.40}=0.4880\text{mg/ml}$$

$$含量(\%)=\frac{c_x\times V\times D}{W}\times100\%$$

$$=\frac{0.4880\times25\times1}{12.40}\times100\%=98.4\%$$

氢化可的松的含量为98.4%。

无论用外标法还是内标法，制剂的计算方法与原料药相似，先按原料药的计算方法求出供试溶液的浓度c_x，标示量百分含量按以下方法计算。

片剂：$标示量(\%)=\frac{c_x\times V\times D\times 平均片重}{W\times 标示量}\times100\%$

式中，各符号意义同前。

注射剂：$标示量(\%)=\frac{c_x\times V\times D\times 每支容量}{W\times 标示量}\times100\%$

式中，W为取样体积，ml；其他符号意义同前。

二、气相色谱法

（一）原理

气相色谱法系采用气体为流动相（载气）流经装有填充剂的色谱柱进行分离测定的色谱方法。物质或其衍生物气化后，被载气带入色谱柱进行分离，各组分先后进入检测器，用数据处理系统记录色谱信号。

（二）特点

GC法具有操作简便、分析速度快、分离效能高、方法灵敏等优点。但要求待测样品具有挥发性和热稳定性，主要适用于对热稳定、加热易气化的药物的测定。在药物分析中，GC法主要用于残留溶剂检查、水分测定和中药挥发油成分分析等。

（三）对仪器的一般要求

所用的仪器为气相色谱仪，由载气源、进样部分、色谱柱、柱温箱、检测器和数据处理系统等组成。

1. 载气源

氦气、氮气和氢气可用作为载气。根据供试品的性质和检测器的种类选择载气，除另有规定外，常用载气为氮气。

2. 进样部分

气相色谱法的进样方式一般可采用溶液直接进样或顶空进样。溶液直接进样采用微量注射器、微量进样阀或有分流装置的气化室进样；采用溶液直接进样或自动进样时，进样口温度应高于柱温30～50℃；进样量一般不超过数微升；柱径越细，进样量应越少，采用毛细管柱时，一般应分流以免过载。顶空进样适用于固体和液体供试品中挥发性组分的分离和测定。将固态或液态的供试品制成供试液后，置于密闭小瓶中，在恒温控制的加热室中加热至供试品中挥发性组分在液态和气态达到平衡后，由进样器自动吸取一定体积的顶空气注入色谱柱中。

3. 色谱柱

色谱柱为填充柱或毛细管柱。填充柱的材质为不锈钢或玻璃，内径为2～4mm，柱长为2～4m，内装吸附剂、高分子多孔小球或涂渍固定液的载体，粒径为0.18～0.25mm、0.15～0.18mm或0.125～0.15mm。常用载体为经酸洗并硅烷化处理的硅藻土或高分子多孔小球，常用固定液有甲基聚硅氧烷、聚乙二醇等。

毛细管柱的材质为玻璃或石英，内壁或载体经涂渍或交联固定液，内径一般为0.25mm、0.32mm或0.53mm，柱长5～60m，固定液膜厚0.1～5.0μm，常用的固定液有甲基聚硅氧烷、不同比例组成的苯基甲基聚硅氧烷、聚乙二醇等。

4. 柱温箱

由于柱温箱温度的波动会影响色谱分析结果的重现性，因此柱温箱控温精度应在±1℃，且温度波动小于每小时0.1℃。温度控制系统分为恒温和程序升温两种。

5. 检测器

适合气相色谱法的检测器有火焰离子化检测器（FID）、热导检测器（TCD）、氮磷检测器（NPD）、火焰光度检测器（FPD）、电子捕获检测器（ECD）、质谱检测器（MS）等。除另有规定外，一般用火焰离子化检测器，用氢气作为燃气，空气作为助燃气。火焰离子化检测器对碳氢化合物的响应良好，适合检测大多数的药物。在使用火焰离子化检测器时，检测器温度一般应高于柱温，并不得低于150℃，以免水汽凝结，通常为250～350℃。

6. 数据处理系统

数据处理系统可分为记录仪、积分仪以及计算机工作站等。

(四) 系统适用性试验

除另有规定外，应照高效液相色谱法项下的规定试验。

(五) 测定方法

除高效液相色谱法项下的内标法与外标法外，亦可采用标准溶液加入法，方法如下。

精密称（量）取待测组分对照品适量，配制成适当浓度的对照品溶液，取一定量，精密加入到供试品溶液中，根据外标法或内标法测定含量，再扣除加入的对照品溶液含量，即得供试品溶液中待测组分的含量。

加入对照品溶液前后校正因子应相同，故可按下式计算待测组分的浓度（c_X）。

$$c_X=\frac{\Delta c_X}{\dfrac{A_{is}}{A_X}-1}$$

式中，c_X为供试品中组分X的浓度；A_X为供试品中组分X的色谱峰面积；Δc_X为所加入的已知浓度的待测组分对照品的浓度；A_{is}为加入对照品后组分 X 的色谱峰面积。

由于气相色谱法的进样量一般仅为数微升，为减小进样误差，尤其当采用手动进样时，由于留针时间和室温等对进样量也有影响，故以采用内标法定量为宜；若采用自动进样器时，由于进样重复性的提高，在保证分析误差的前提下，也可采用外标法定量。当采用顶空进样时，由于供试品和对照品处于不完全相同的基质中，故可采用标准溶液加入法以消除基质效应的影响；当标准溶液加入法与其他定量方法结果不一致时，应以标准溶液加入法结果为准。

实例解析

维生素 E 注射液的含量测定

精密量取本品（规格 1ml∶50mg）2ml，置棕色具塞锥形瓶中，精密加入内标溶液（每毫升中含 1.0mg 正三十二烷的正己烷溶液）50ml，密塞，摇匀，作为供试品溶液；另精密称取维生素 E 对照品 20.02mg，置棕色具塞锥形瓶中，精密加入内标溶液 10ml，密塞，振摇使溶解，作为对照品溶液。分别量取上述供试品溶液和对照品溶液各 2μl，注入气相色谱仪，记录色谱图。

测得各色谱峰的面积分别为供试品溶液中正三十二烷的峰面积（A'_s）为 538736，维生素 E 的峰面积（A_x）为 675877，对照品溶液中正三十二烷的峰面积（A_s）为 512986，维生素 E 的峰面积（A_R）为 639675。试按内标法计算维生素 E 注射液中维生素 E 的标示量百分含量。

$$f=\frac{A_s/c_s}{A_R/c_R}=\frac{512986/1.0}{639675/(20.02/10)}=1.6055$$

$$c_x=f\times\frac{A_x}{A'_s/c'_s}=1.6055\times\frac{675877}{538736/1.0}=2.0142\text{mg/ml}$$

$$\text{标示量}(\%)=\frac{c_x\times V\times D\times \text{每支容量}}{W\times \text{标示量}}\times100\%=\frac{2.0142\times50\times1\times1}{2\times50}\times100\%=100.7\%$$

其标示量百分含量为 100.7%。

必备知识四　药物含量测定方法的验证

药物含量测定方法的验证参数包括专属性、线性、范围、精密度、准确度、耐用性。

一、专属性

专属性（specificity）系指在其他成分（如杂质、降解产物、辅料等）可能存在时，采用的方法能正确测定出被测物质的特性，也称为选择性（selectivity）。鉴别反应、杂质检查和含量测定方法，均需考察其专属性。如果方法不够专属，应采用多个方法予以补充。

色谱法和其他分离方法，应附代表性图谱，以说明方法的专属性，并应标明诸成分在图中的位置，色谱法中的分离度应符合要求。

在杂质可获得的情况下，对于主要成分的含量测定，试样中可加入杂质或辅料，考察测定结果是否受干扰，并可与未加杂质或辅料的试样比较测定结果。对于杂质的定量测定，也可向试样中加入一定量的杂质，考察杂质与主成分之间或杂质之间能否得到分离和检出。

在杂质或降解产物不能获得的情况下，可将含有杂质或降解产物的试样进行测定，与另一个经验证了的方法或药典方法比较结果。用强光照射、高温、高湿、酸（碱）水解或氧化的方法进行加速破坏，以研究可能的降解产物和降解途径。含量测定方法应比对二法的结果，杂质检查应比对检出的杂质个数，必要时可采用光二极管阵列检测和质谱检测，进行峰纯度检查。

二、线性与范围

线性（linearity）系指在设计的范围内，测试结果与试样中被测物浓度（量）直接呈正比关系的程度。线性是定量的基础，涉及定量的项目，如主成分含量测定和杂质定量试验均需验证线性。应在规定的范围内测定线性关系。可用一贮备液经精密稀释，或分别精密称样，制备一系列供试样品的方法进行测定，至少制备5份供试样品。以测得的响应信号作为被测物浓度的函数作图，观察是否呈线性，再用最小二乘法进行线性回归。必要时，响应信号可经数学转换，再进行线性回归计算。

范围（range）系指能够达到一定的准确度、精密度和线性，测试方法适用的高低限浓度或量的区间。范围是规定值，在试验研究开始前应确定验证的范围和试验方法。

涉及到定量测定的检测项目均需要对范围进行验证，如主成分含量测定、含量均匀度、溶出度或释放度、特殊元素或特殊杂质的定量检查等。范围应根据分析方法的具体应用和线性、准确度、精密度结果和要求确定。原料药和制剂含量测定，范围应为测试浓度的80%～120%；制剂含量均匀度检查，范围应为测试浓度的70%～130%；溶出度或释放度中的溶出量测定，范围应为限度的±20%，如规定了限度范围，则应为下限的－20%至上限的＋20%；杂质测定，范围应根据初步实测，拟订为规定限度的±20%。如果含量测定与杂质检查同时进行，用百分归一化法，则线性范围应为杂质规定限度的－20%至含量限度（或上限）的＋20%。

三、精密度

精密度（precision）系指在规定的测试条件下，同一个均匀供试品，经多次取样测定所得结果之间的接近程度。精密度一般用偏差（d）、标准偏差（S，SD）或相对标准偏差（RSD）表示，主成分的含量测定和杂质的定量测定应考虑方法的精密度。

精密度的验证内容包括重复性、中间精密度和重现性。重复性要求在规定范围内至少进行9次测定（高、中、低三种浓度/每种3个样品）或在100%试验浓度时测定6个样品的结果进行评价；中间精密度主要用来考察随机事件（如日期、仪器、分析者）对精密度的影响；重现性则是体现不同实验室之间的精密度。

四、准确度

准确度（accuracy）系指用该方法测定的结果与真实值或参考值接近的程度，一般用回收率（%）表示。准确度应在规定的范围内测试。

原料药可用已知纯度的对照品或供试品进行测定，或用该法所得结果与已知准确度的另一个方法的测定结果进行比较。

制剂可用含已知量被测物的各组分混合物进行测定。如不能得到制剂的全部组分，可向制剂中加入已知量的被测物进行测定，或用本法所得结果与已知准确度的另一个方法的测定结果进行比较。

通常在规定的线性范围内，用3个浓度9个样品的测定结果进行回收率评价。

回收率计算公式： $R=\frac{C_x}{C_{std}}\times 100\%$ 或 $\frac{C_t-C_b}{C_{std}}\times 100\%$

式中，C_x 为测得的标准物质量；C_{std} 为纯溶剂或空白样品中加入的标准物质量；C_t 为测得的药物总量；C_b 为回收率试验前测得的药物本底量。

如该分析方法已经测试并求出了精密度、线性和专属性，在准确度也可推算出来的情况下，这一项可不必再做。

回收率一般要求达到 98.0%～102.0%，痕量测量要求达到 80.0%～120.0%。

五、耐用性

耐用性（robustness）系指测定条件有小的变动时，测定结果不受影响的承受程度，使方法可为常规检验提供依据。该项目主要用于证实某些参数发生微小变化时，分析方法仍可靠。在 GC 中如柱子（批号和供应商）、温度、流速等的变化，在 HPLC 中则如流动相的 pH 值与组成比例、色谱柱、柱温、流速等的变化。如果分析方法对这些分析参数的变化是敏感的，则该分析参数就应适当控制或在方法中注明。

工作任务 葡萄糖酸钙片的质量检验

一、任务准备

葡萄糖酸钙片是补钙类药物。

（一）结构

葡萄糖酸钙的结构如下。

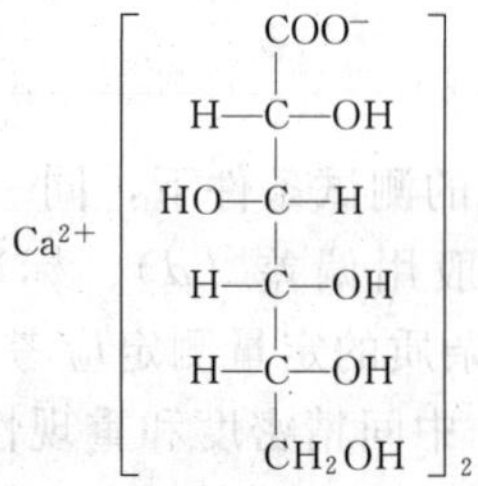

（二）性质

（1）本品为白色颗粒性粉末；无臭，无味。在沸水中易溶，在水中缓缓溶解，在无水乙醇、三氯甲烷或乙醚中不溶。

（2）葡萄糖酸钙与三氯化铁试液作用，生成深黄色的碱式葡萄糖酸铁，可用于鉴别。

（3）钙盐在酸性条件下与草酸铵试液作用，产生草酸钙的白色沉淀，可用于鉴别与含量测定。

（三）临床应用

用于预防和治疗钙缺乏症，如骨质疏松、佝偻病、手足抽搐症、骨发育不全以及儿童、妊娠期和哺乳期妇女、绝经期妇女、老年人钙的补充。

（四）质量标准

葡萄糖酸钙片的质量标准参照《中国药典》二部：本品含葡萄糖酸钙（$C_{12}H_{22}CaO_{14}\cdot H_2O$）应为标示量的 95.0%～105.0%。

二、任务实施

（一）任务要求

（1）能熟练对葡萄糖酸盐和钙盐进行鉴别。

（2）能利用配位滴定原理完成葡萄糖酸钙片的含量测定操作及计算。

（3）能正确选择排除片剂中不溶性辅料干扰的方法并完成其操作。

（二）仪器与试药

（1）主要仪器　量筒、烧杯、试管、试管架、铁架台、漏斗、滤纸、溶出仪、原子吸收分光光度计。

（2）试药　三氯化铁试液、甲基红指示液、氨试液、稀盐酸、草酸铵试液、乙酸、钙紫红素、0.05mol/L乙二胺四乙酸二钠滴定液、氢氧化钠试液、葡萄糖酸钙对照品、葡萄糖酸钙片（0.1g或0.5g）。

（三）工作内容

1. 性状

本品为白色片。

2. 鉴别

取本品的细粉适量（约相当于葡萄糖酸钙1g），加温热的水10ml，振摇，滤过，滤液做如下操作。

（1）与三氯化铁的反应　加三氯化铁试液1滴，显深黄色。

（2）沉淀反应　取供试品溶液（1→20），加甲基红指示液2滴，用氨试液中和，再滴加盐酸至恰呈酸性，加草酸铵试液，即生成白色沉淀；分离，沉淀不溶于乙酸，但可溶于稀盐酸。

3. 检查

（1）溶出度　取本品，照溶出度测定法（《中国药典》附录ⅩC第二法），以水900ml为溶出介质，转速为每分钟50转，依法操作，经45min时，取溶液10ml，滤过，取续滤液作为供试品溶液（0.1g规格）；或精密量取续滤液2ml，置10ml量瓶中，用水稀释至刻度，摇匀，作为供试品溶液（0.5g规格）。照原子吸收分光光度法（《中国药典》附录ⅣD第一法），在422.7nm的波长处测定；另取葡萄糖酸钙对照品，精密称定，加水溶解并稀释制成每毫升中约含0.1mg的溶液，同法测定，计算每片的溶出量。限度为标示量的75%，应符合规定。

（2）其他　应符合片剂项下有关的各项规定。

4. 含量测定

利用葡萄糖酸钙中的Ca^{2+}在碱性条件下能与乙二胺四乙酸二钠配位结合，以钙紫红素为指示剂，用乙二胺四乙酸二钠滴定液（0.05mol/L）直接滴定，以测出含量。

$$Ca^{2+} + HIn^{2-}_{(蓝)} \longrightarrow CaIn^{-}_{(紫)} + H^{+}$$

$$Ca^{2+} + H_2Y^{2-} \longrightarrow CaY^{2-} + 2H^{+}$$

$$CaIn^{-}_{(紫)} + H_2Y^{2-} \longrightarrow CaY^{2-} + HIn^{2-}_{(蓝)} + H^{+}$$

《中国药典》的测定方法：取本品20片，精密称定，研细，精密称取片粉适量（约相当于葡萄糖酸钙1g），置100ml量瓶中，加水约50ml，微热使葡萄糖酸钙溶解，放冷，用水稀释至刻度，摇匀，滤过，精密量取续滤液 25ml，加水 75ml，再加氢氧化钠试液 15ml 与钙紫红素指示剂 0.1g，用乙二胺四乙酸二钠滴定液（0.05mol/L）滴定至溶液自紫色转变为纯蓝色。每毫升乙二胺四乙酸二钠滴定液（0.05mol/L）相当于 22.42mg 的 $C_{12}H_{22}CaO_{14}\cdot H_2O$。计算，即得。

$$葡萄糖酸钙标示量(\%)=\frac{V_{EDTA\text{-}2Na}\times\frac{c_{EDTA\text{-}2Na}}{0.05}\times10^{-3}\times22.42\times平均片重}{W_{供}\times\frac{25}{100}\times标示量}\times100\%$$

《中国药典》规定本品含葡萄糖酸钙（$C_{12}H_{22}CaO_{14}\cdot H_2O$）应为标示量的 95.0%～105.0%。

（四）注意事项

（1）葡萄糖酸钙片由葡萄糖酸钙、淀粉、硬脂酸镁等配成。

（2）过滤溶液时，接受续滤液的容器须用续滤液淌洗（或用干燥洁净的容器收集续滤液），以保证溶液的浓度不改变。

（3）微热以使葡萄糖酸钙溶解（但存在赋形剂，溶液仍显浑浊）。

（4）钙紫红素指示剂为钙紫红素 0.1g，加无水硫酸钠 10g，研磨均匀，即得。贮存时应注意防潮。

（五）思考题

（1）在葡萄糖酸钙片的含量测定中，过滤的目的是什么？

（2）为什么要用干燥滤纸过滤？为什么要弃去初滤液，取续滤液？

（3）实验中量取各种液体，各应采用什么规格的量具？

相关知识 抗生素效价的微生物检定法

抗生素类药物的含量测定方法有理化方法和微生物检定法两种。抗生素对微生物具有抑制或杀灭作用。当抗生素浓度达到一定量时（最低抑菌浓度，MIC），微生物就不能生长。在一定的抗生素浓度范围内，抗生素的抑菌能力与抗生素的浓度呈现相关性。抗生素的微生物检定即是利用抗生素对特定微生物的生长起抑制作用而进行检测的技术。

一、检定原理

抗生素微生物检定法系在适宜条件下，根据量反应平行线原理设计，通过检测抗生素对微生物的抑制作用，计算抗生素活性（效价）的方法。利用此原理，检定方法可设计为一剂量法（标准曲线法）、二剂量法和三剂量法等。

《中国药典》收载的抗生素微生物检定法包括两种，即管碟法和浊度法。

二、特点

微生物检定法以抗生素对微生物的杀伤或抑制程度为指标来衡量抗生素的活性（效价），试验结果与临床效果一致，可特异性地反映出抗生素的抗菌活性。方法灵敏度高、供试品用量较少、适用范围广，特别是对分子结构复杂、多组分的抗生素含量测定，微生物检定法仍为首选方法。

三、测定方法

1. 管碟法

管碟法系利用抗生素在琼脂培养基内的扩散作用，比较标准品与供试品两者对接种的试验菌产生抑菌圈的大小，以测定供试品效价的一种方法。其基本原理是：当抗生素在含菌层培养基中扩散时，形成连续的浓度梯度，即扩散中心浓度高而边缘浓度低。试验菌在最低抑菌浓度范围内生长繁殖受阻，产生透明的无菌生长的区域，常呈圆形，称为抑菌圈。抑菌圈大小（直径或面积）与抗生素浓度相关，根据扩散定律的推导，抗生素总量的对数值与抑菌圈直径的平方成线性关系。通过比较已知效价的抗生素标准品与检品的抑菌圈大小，可计算出抗生素的效价。

该法是国际上抗生素药品检定的经典方法。《中国药典》法定方法为二剂量法和三剂量法。一般常规含量测定采用二剂量法，标准品标定采用三剂量法。管碟法易受不锈钢小管放置位置、溶液滴装速度、液面高低、菌层厚度等因素的影响，造成结果差异或试验失败，而浊度法在液体中进行，影响因素少，结果比较准确。

2. 浊度法

浊度法是利用抗生素在液体培养基中对试验菌生长的抑制作用，通过测定培养后细菌浊度值的大小，比较标准品与供试品对试验菌生长抑制的程度，以测定供试品效价的一种方法。

《中国药典》法定方法为标准曲线法、二剂量法和三剂量法。抗生素对试验菌生长的抑制作用，可直接影响液体培养基中细菌浊度值的大小。分别将不同浓度的抗生素标准品和供试品溶液加入到已接种有试验菌的培养液中，因不同浓度的抗生素对试验菌的抑制作用不同，在一定时间内，通过测量培养基内试验菌浓度（浊度）的变化就可确定供试品的效价。

实例解析

红霉素肠溶片的含量测定

《中国药典》中红霉素肠溶片的含量测定方法：取本品 4 片，研细，用乙醇适量（红霉素约 0.25g 用乙醇 25ml），分次研磨使红霉素溶解后，用灭菌水定量制成每毫升中约含 1000 单位的溶液，摇匀，静置，精密量取上清液适量，照抗生素微生物检定法测定，可信限率不得大于 7%。红霉素 1000 单位相当于 1mg 的 $C_{37}H_{67}NO_{13}$。

解析：按照《中国药典》“附录ⅪA 抗生素微生物检定试验设计表”规定，红霉素的试验菌为短小芽孢杆菌［CMCC(B)63 202］，培养基用 pH 值为 7.8～8.0 的Ⅰ号培养基，灭菌缓冲液 pH 值为 7.8，培养条件为 35～37℃、14～16h，选择红霉素标准品（$C_{37}H_{67}NO_{13}$，理论计算值 1000U/mg)，抗生素浓度范围 5.0～20.0 单位/ml。

微生物检定法测定抗生素效价具有许多优点，但操作步骤繁琐、试验周期长、误差和影响因素较多，正逐渐被理化方法所取代。但大多数氨基糖苷类和大环内酯类等分子结构复杂、多组分的抗生素，其含量测定目前仍采用微生物检定法。《中国药典》有 74 个品种的抗生素类药、5 个品种的抗菌药和 4 个品种的抗真菌药的含量测定采用微生物检定法。几乎所有采用微生物检定法测定的抗生素，均同时收载了管碟法或浊度法，虽然目前未明确要求采用何种方法试验，但当遇到仲裁样品，特别是多组分仲裁样品时，浊度法的结果更为可靠。

自我测试

一、单项选择题

1. 用紫外-可见分光光度法测定含量时，供试品溶液的吸光度读数以在多少范围为宜（ ）

A. 0.1～0.9　　B. 0.2～0.8　　C. 0.3～0.7　　D. 0.4～0.6

2. 高效液相色谱法中所谓反相色谱是指（ ）

A. 固定相极性小于流动相的色谱　　B. 固定相极性大于流动相的色谱

C. 采用葡聚糖凝胶为载体的色谱　　D. 采用离子对试剂的色谱

3. 高效液相色谱法用于含量测定时，对系统性能的要求是（ ）

A. 理论板数越高越好

B. 依法测定相邻两峰，分离度一般须>1

C. 柱长尽可能长

D. 依法测定相邻两峰，分离度一般须>1.5

4. 非水碱量法一般以何为溶剂（ ）

A. 稀盐酸　　B. 冰醋酸　　C. 稀硫酸　　D. 稀硝酸

5. 关于滴定终点，以下说法正确的是（ ）

A. 滴定终点即化学计量点

B. 滴定终点即理论终点

C. 滴定终点即指示剂变色点

D. 滴定终点滴定液与被测药物刚好反应完成

6. 紫外-可见分光光度法的紫外光区波长范围为（ ）

A. 100～300nm　　B. 200～400nm　　C. 300～500nm　　D. 400～760nm

7. 反相高效液相色谱柱最常用的填充剂为（ ）

A. 十八烷基硅烷键合硅胶　　B. 辛基硅烷键合硅胶

C. 氰基硅烷键合硅胶　　D. 氨基硅烷键合硅胶

8. 高效液相色谱法中流动相的 pH 应控制在（ ）

A. 1～9　　B. 2～8　　C. 3～8　　D. 3～7

9. 高效液相系统适用性试验中，重复性的要求是（ ）

A. 相对标准偏差不大于1.0%　　B. 相对标准偏差不大于2.0%

C. 相对标准偏差不大于3.0%　　D. 相对标准偏差不大于5.0%

10. 气相色谱法最常用的载气为（ ）

A. 氦气　　B. 氮气　　C. 氢气　　D. 氧气

11. 回收率属于药物分析方法效能指标中的（ ）

A. 精密度　　B. 准确度　　C. 检测限　　D. 线性与范围

二、多项选择题

1. 荧光分析法具有如下特点（ ）

A. 灵敏度高，仅次于紫外-可见分光光度法

B. 干扰因素多，必须做空白试验

C. 适用于高浓度溶液，否则会“自熄灭”

D. 适用于低浓度溶液

E. 灵敏度低，选择性高

2. 高效液相色谱法常用的检测器包括（　　）

A. 紫外检测器　　B. 荧光检测器　　C. 蒸发光散射检测器

D. 示差折光检测器　　E. 质谱检测器

3. 反相高效液相色谱法的流动相（　　）

A. 首选甲醇-水系统

B. 采用紫外末端波长检测时，首选乙腈-水系统

C. 尽可能采用含有缓冲液的流动相

D. 流动相极性大于固定相

E. 流动相极性小于固定相

4. 药品分析方法验证内容包括（　　）

A. 准确度　　B. 精密度　　C. 标准曲线

D. 范围　　E. 线性

5. 精密度验证的内容包括（　　）

A. 重复性　　B. 中间精密度　　C. 重现性

D. 中间重复性　　E. 回收率

三、计算题

高效液相色谱法测定某药物的含量：取内标物 25.0mg，置 25ml 量瓶中，加甲醇溶液并稀释至刻度，摇匀。取该药物对照品 25.6mg，置 25ml 量瓶中，加甲醇溶液并稀释至刻度，摇匀，精密量取该溶液与上述内标溶液各 5ml，置 25ml 量瓶中，加甲醇溶液并稀释至刻度，摇匀，作为对照液。取 5μl 注入液相色谱仪，记录色谱图，测得药物对照品峰面积为 537808，内标物峰面积为 503246；另取样品 24.6mg，同法测定。记录色谱图，测得药物成分峰面积为 519397，内标物峰面积为 497048，问校正因子 f 是多少？

（崔勤敏　黄卫平）

模块三 常用制剂的质量检验

项目六　液体制剂的质量检验

【知识目标】

掌握液体制剂的定义、特点与分类；掌握糖浆剂的质量要求与检查项目。

熟悉糖浆剂制备过程的质量控制点以及含量测定中附加剂干扰的排除方法；熟悉典型制剂布洛芬糖浆剂的质量检验方法。

了解药用辅料的相关知识。

【能力目标】

能正确查阅《中国药典》中有关药物制剂的质量标准，并依据该标准对药物进行质量检验操作，正确填写相关药物的检验原始记录及检验报告单，同时给出正确的检验结论。

必备知识一　液体制剂的概述

一、液体制剂的定义与特点

（一）定义

液体制剂（liquid preparations）系指药物分散在适宜的分散介质中制成的、可供内服或外用的液体形态的制剂。通常是将药物以不同的分散方式（溶解、胶溶、乳化或混悬）和不同的分散程度（分子、离子、胶体、液滴或微粒状态）分散在适宜的分散介质中制成的液体分散体系。

液体制剂的理化性质、稳定性、药效甚至毒性等均与药物粒子的大小有密切关系。药物以分子或离子状态分散在介质中形成均相液体制剂，如低分子溶液剂、高分子溶液剂等；药物以胶体、液滴或微粒状态分散在介质中形成非均相液体制剂，如溶胶剂、乳剂、混悬剂等。

（二）特点

1. 优点

（1）药物以分子或微粒状态分散在介质中，分散度大，吸收快，能较迅速地发挥药效；（2）能减少某些药物的刺激性，如调整液体制剂浓度而减少刺激性，避免口服后由于局部浓度过高而引起胃肠道刺激作用；（3）某些固体药物制成液体制剂后，有利于提高药物的生物利用度；（4）给药途径多，可以内服，也可以外用，如用于皮肤、黏膜和人体腔道等；（5）易于分剂量，服用方便，特别适用于婴幼儿和老年患者。

2. 缺点

（1）药物分散度大，又受分散介质的影响，易引起药物的化学降解等变化，使药效降低甚至失效；（2）液体制剂的体积较大，携带、运输、贮存都不方便；（3）水性液体制剂容易霉变，需加入防腐剂；（4）非均匀分散的液体制剂，药物的分散度大，分散粒子具有很大的比表面积，易产生一系列的物理稳定性问题。

二、液体制剂的质量要求

均相液体制剂应是澄明溶液；非均相液体制剂的药物粒子应分散均匀，液体制剂的浓度应准确。口服的液体制剂应外观良好，口感适宜；外用的液体制剂应无刺激性。液体制剂应有一定的防腐能力，保存和使用过程中不应受到微生物污染，发生质变；包装容器应适宜，方便患者携带和用药。

三、液体制剂的分类

（一）按分散系统分类

1. 均相液体制剂

药物以分子或离子状态均匀分散的澄明溶液，是热力学稳定的分散体系，包括以下两种。

（1）低分子溶液剂　由低分子药物形成的均相液体制剂，也称溶液剂。

（2）高分子溶液剂　由高分子化合物形成的均相液体制剂。在水中溶解时，因为分子较大，亦称亲水胶体溶液。

2. 非均相液体制剂

药物以微粒状态分散在分散介质中形成的液体制剂，系多相分散体系，热力学不稳定。非均相液体制剂包括以下三种。

（1）溶胶剂　不溶性药物以纳米粒（＜100nm）分散的液体制剂，又称疏水胶体溶液。

（2）乳剂　由不溶性液体药物以乳滴分散在分散介质中形成的液体制剂。

（3）混悬剂　由不溶性固体药物以微粒分散在分散介质中形成的液体制剂。

（二）按给药途径分类

1. 内服液体制剂

如糖浆剂、乳剂、混悬液、滴剂等。

2. 外用液体制剂

外用液体制剂又可以分为：（1）皮肤用液体制剂，如洗剂、搽剂等。（2）五官科用液体制剂，如洗耳剂、滴耳剂、滴鼻剂、含漱剂、滴牙剂等。（3）直肠、阴道、尿道用液体制剂，如灌肠剂、灌洗剂等。

必备知识二　糖浆剂的质量检验

一、糖浆剂的概述

糖浆剂（syrups）系指含药物的浓蔗糖水溶液，供口服用。纯蔗糖的饱和水溶液浓度为85％（g/ml）或64.7％（质量分数），称为单糖浆或糖浆。糖浆剂中的药物可以是化学药物也可以是药材的提取物。

蔗糖和芳香剂能掩盖某些药物的苦味、咸味及其他不适臭味，使容易服用，尤其受儿童欢迎。但糖浆剂易被真菌和其他微生物污染，使糖浆剂浑浊或变质。糖浆剂中含蔗糖浓度高时，渗透压大，微生物的生长繁殖受到抑制。低浓度的糖浆剂应添加防腐剂。

二、糖浆剂的质量监控

(一) 糖浆剂的质量要求

1. 外观性状

《中国药典》规定，除另有规定外，糖浆剂应澄清，在贮存期间不得有酸败、异臭、产生气体或其他变质现象。含药材提取物的糖浆剂，允许含少量轻摇即散的沉淀。

2. 常规检查

糖浆剂除按各品种项下的规定检查相对密度、pH 值等项目外，还应检查装量和微生物限度，以保证用药的安全、剂量的准确。

(1) 装量　单剂量灌装的糖浆剂，照下述方法检查，应符合规定。

检查法：取供试品 5 支，将内容物分别倒入经标化的量入式量筒内，尽量倾净。在室温下检视，每支装量与标示装量相比较，少于标示装量的不得多于 1 支，并不得少于标示装量的 95%。

多剂量灌装的糖浆剂，照最低装量检查法（附录Ⅹ F）检查，应符合规定。

(2) 微生物限度检查　照微生物限度检查法（附录Ⅺ J）检查，应符合规定。

(二) 糖浆剂制备过程中的质量控制

《中国药典》规定，糖浆剂应在避菌的环境中配制，及时灌装于灭菌的洁净干燥容器中。除另有规定外，一般将药物用新煮沸过的水溶解，加入单糖浆；如直接加入蔗糖配制，则需煮沸，必要时滤过，并自滤器上添加适量新煮沸过的水至处方规定量。

根据需要可加入附加剂。如需加入防腐剂、山梨酸和苯甲酸，用量不得超过 0.3%（其钾盐、钠盐的用量分别按酸计），羟苯酯类的用量不得超过 0.05%；如需加入其他附加剂，其品种与用量应符合国家标准的有关规定，不影响产品的稳定性，并应避免对检验产生干扰。必要时可加入适量的乙醇、甘油或其他多元醇。

糖浆剂的制备一般采用热溶法、冷溶法和混合法。制备糖浆剂时应注意：①应在符合生产净化要求的环境中进行，所用的容器、用具应进行洁净或灭菌处理，并及时灌装。②蔗糖质量的优劣对糖浆剂的质量有极大的影响，应选择无色、无异臭的药用白糖而不能选用食用糖。食用糖含杂质多，且易吸潮、长霉。③严格控制加热的温度、时间，并注意调节 pH 值，以防止蔗糖水解后生成转化糖。④糖浆剂应在 30℃以下密闭贮藏。

(三) 糖浆剂的含量测定

糖浆剂除主药外，还含有蔗糖、水以及其他适宜的附加剂。附加剂的存在有可能对药物的含量测定产生干扰，需予以排除。蔗糖主要对氧化还原滴定法有干扰，而水主要对非水溶液滴定法有干扰，排除干扰的方法可分别参照片剂和注射剂分析中所采用的方法。

工作任务　布洛芬糖浆的质量检验

一、任务准备

(一) 结构与性质

布洛芬（ibuprofen）属于苯丙酸类非甾体抗炎药，又名异丁苯丙酸、异丁洛芬等。由于它兼有抗风湿和解热镇痛的疗效，而且毒性低，在疗效和副作用等方面均优于阿司匹林和扑热息痛，是目前临床使用最普遍的非甾体类抗炎药之一，是抗炎、解热、止痛类 OTC 产品，广泛用于治疗风湿或类风湿疾病以及关节肌肉痛、头痛、痛经等。

布洛芬的结构式如下。

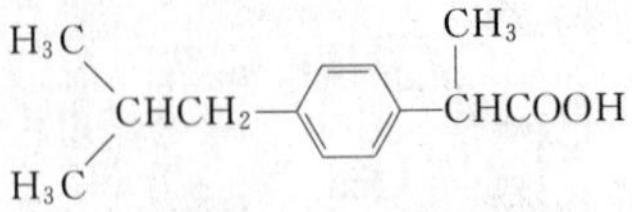

知识链接

布洛芬简介

20 世纪 50、60 年代，Stewart Adams 博士、科研专家 Colin Burrows 和化学家 John Nicholson 博士在开发治疗类风湿性关节炎的“超级阿司匹林”过程中发现了布洛芬。1966 年，布洛芬在英国上市，1974 年在美国上市。1983 年，布洛芬在英国成为第一个可以通过非处方药方式销售的非甾体类抗炎药（NSAID），1984 年，布洛芬在美国也成为非处方药。

布洛芬是一种非选择性环氧合酶（COX）抑制剂，其抗炎特性是通过调节白细胞活性、减少细胞因子产生、抑制自由基和信号转导等途径实现的；其止痛作用可能主要是由于抑制了背角和脊髓丘脑中心的 COX-2，并抑制了氮氧化合物合成酶，通过对血清素激活通路和肾上腺素通路的刺激作用，在背角水平调节疼痛反应。与其他 NSAID 一样，布洛芬也可减少认知功能损害及降低随后的阿尔茨海默病的发生率，对治疗多发性硬化症也有效。在治疗囊性纤维化肺炎时，布洛芬的抗炎作用可能非常有用。长期应用布洛芬和其他 NSAID 可以使结肠癌和乳腺癌的发生危险性降低。

（二）布洛芬糖浆的质量标准

布洛芬糖浆的质量标准参照《中国药典》二部：本品含布洛芬（$C_{13}H_{18}O_2$）应为标示量的 93.0%～107.0%。

二、任务实施

（一）任务要求

（1）能熟练利用紫外-可见分光光度法对布洛芬糖浆中的布洛芬进行鉴别。

（2）能应用 HPLC 法完成布洛芬糖浆的含量测定操作及计算。

（二）仪器与试药

（1）主要仪器　量瓶、比重瓶、酸度计、玻璃电极、甘汞电极、紫外-可见分光光度计、内容量移液管、C_{18}柱、液相色谱仪。

（2）试药　1mol/L 盐酸、0.4%氢氧化钠溶液、乙酸钠、冰醋酸、乙腈、甲醇、布洛芬对照品、布洛芬糖浆（10ml∶0.2g）。

（三）工作内容

1. 性状

本品为淡黄棕色澄清的黏稠液体，有芳香气味。

2. 鉴别

（1）紫外-可见分光光度法鉴别　取本品 20ml，用 1mol/L 盐酸溶液调节 pH 值至 2.0，加水 20ml，混匀，滤过，用少量水洗涤残渣，晾干。取残渣约 25mg，置 100ml 量瓶中，加 0.4%氢氧化钠溶液溶解并稀释至刻度，摇匀，照紫外-可见分光光度法测定，在 265nm 与 273nm 的波长处有最大吸收，在 245nm 与 271nm 的波长处有最小吸收，在 259nm 的波长处有一肩峰。

（2）高效液相色谱鉴别　在含量测定项下记录的色谱图中，供试品溶液主峰的保留时间应与对照品溶液主峰的保留时间一致。

3. 检查

（1）相对密度　本品的相对密度应不低于1.200。

（2）pH值　应为7.0～8.5。

4. 含量测定

高效液相色谱法测定。

（1）色谱条件与系统适用性试验　用十八烷基硅烷键合硅胶为填充剂；以乙酸钠缓冲液（取乙酸钠6.13g，加水750ml使溶解，用冰醋酸调节pH值至2.5）-乙腈（40∶60）为流动相；检测波长为263nm。理论板数按布洛芬峰计算不低于2500。

（2）测定法　用内容量移液管，精密量取本品适量，用甲醇定量稀释制成每毫升中含布洛芬0.5mg的溶液，精密量取20μl，注入液相色谱仪，记录色谱图；另取布洛芬对照品，同法测定。按外标法以峰面积计算，即得。

（四）注意事项

（1）液体的相对密度采用比重瓶法测定：取干燥洁净且精密称定重量的比重瓶，装满供试品（低于20℃）后，插入中心有毛细孔的瓶塞，并用滤纸将从塞孔溢出的液体擦干，置20℃恒温水浴中，放置若干分钟。随着供试液温度的上升，过多的液体将不断从塞孔中溢出，随时将瓶塞顶端擦干，待液体不再由塞孔溢出，立即将比重瓶自水浴中取出，再用滤纸将比重瓶的外壁擦干，精密称定，减去比重瓶的重量，求得供试品的重量后，将供试品倾出，洗净比重瓶，装满新沸放冷的蒸馏水，再照上述方法测定同一温度时水的重量，按下式计算：

$$\text{供试品的相对密度}=\frac{\text{供试品重量}}{\text{水重量}}$$

（2）水溶液的pH值通常以玻璃电极为指示电极，饱和甘汞电极为参比电极，用酸度计进行测定。酸度计需先用标准缓冲液进行校正。测定前，先选择两种相差3个pH单位的标准缓冲液，使供试品溶液的pH值处于两者之间。测定时，取与供试品溶液pH值较接近的第一种标准缓冲液对仪器进行校正（又称作定位），使仪器示值与表列数值一致，再用第二种标准缓冲液核对仪器示值，误差应不大于±0.02个pH单位，若大于此偏差，则应小心调节斜率，使示值与第二种标准缓冲液的表列数值相符。重复上述定位与斜率调节操作，直至仪器示值与标准缓冲液的规定数值相差不大于0.02个pH单位。否则，需检查仪器或更换电极后，再行校正，直到符合要求。

注意每次更换标准缓冲液或供试液前，应用纯化水充分洗涤电极，然后将水吸干，也可用所换的标准缓冲液或供试液洗涤。配制标准缓冲液与溶解供试品的水，应是新沸过并放冷的纯化水，其pH值应为5.5～7.0。

（五）思考题

（1）《中国药典》二部的“制剂通则”对糖浆剂有哪些规定？

（2）布洛芬糖浆剂在用紫外-可见分光光度法鉴别中，加入盐酸调节pH的作用是什么？

相关知识　药用辅料简介

药用辅料（pharmaceuticl adjurant）系生产药品和调配处方时使用的赋形剂和附加剂，是除活性成分以外，在安全性方面已进行了合理的评估，且包含在药物制剂中的物质。药用辅料除了赋形、充当载体、提高稳定性外，还具有增溶、助溶、缓控释等重要功能，是可能会影响到药品的质量、安全性和有效性的重要成分。

一、药用辅料的要求

药用辅料在生产、贮存和应用中应符合下列规定。

(1) 生产药品所用的药用辅料必须符合药用要求；注射用药用辅料应符合注射用质量要求。

(2) 药用辅料应经安全性评估对人体无毒害作用；化学性质稳定，不易受温度、pH值、保存时间等的影响；与药物成分之间无配伍禁忌；不影响制剂的检验，或可按允许的方法除去对制剂检验的影响；且尽可能用较小的用量发挥较大的作用。

(3) 根据不同的生产工艺及用途，药用辅料的残留溶剂、微生物限度或无菌应符合要求；注射用药用辅料的热原或细菌内毒素、无菌等应符合要求。

(4) 药用辅料的包装上应注明为“药用辅料”，药用辅料的适用范围（给药途径）、包装规格及贮藏要求应在包装上标明。

二、药用辅料的分类

《中国药典》共收载药用辅料132种，并将其从来源、作用和用途、给药途径等进行了分类。

按来源分类，可分为天然物、半合成物和全合成物。

按作用与用途分类，可分为溶剂、抛射剂、增溶剂、助溶剂、乳化剂、着色剂、黏合剂、崩解剂、填充剂、润滑剂、润湿剂、渗透压调节剂、稳定剂、助流剂、矫味剂、防腐剂、助悬剂、包衣材料、芳香剂、抗黏着剂、抗氧化剂、螯合剂、渗透促进剂、pH值调节剂、缓冲剂、增塑剂、表面活性剂、发泡剂、消泡剂、增稠剂、包合剂、保湿剂、吸收剂、稀释剂、絮凝剂与反絮凝剂、助滤剂、释放阻滞剂等。

按给药途径分类，可分为口服、注射、黏膜、经皮或局部给药、经鼻或口腔吸入给药和眼部给药等。

三、药用辅料质量标准的制定

同一药用辅料可用于不同给药途径的药物制剂，且有不同的作用和用途。药用辅料的质量标准应建立在经主管部门确认的生产条件、生产工艺以及原材料的来源等基础上，上述任何影响因素发生变化，均应重新确认药用辅料质量标准的适用性；药用辅料可用于多种给药途径，同一药用辅料用于给药途径不同的制剂时，其用量和质量要求亦不相同，应根据实际情况在安全用量范围内确定用量，并根据临床用药要求制定相应的质量控制项目，质量标准的项目设置需重点考察安全性指标。

《中国药典》明确给出了药用辅料质量标准的内容要求，即在制定药用辅料质量标准时，既要考虑药用辅料自身的安全性，也要考虑影响制剂生产、质量、安全性和有效性的性质。药用辅料质量标准的内容主要包括两部分：①与生产工艺及安全性有关的常规试验，如性状、鉴别、检查、含量测定等项目；②影响制剂性能的功能性试验，如黏度等。

自我测试

一、单项选择题

1. 关于液体制剂的特点，叙述错误的是(　　)

A. 同相应固体剂型比较，能迅速发挥药效

B. 携带、运输、贮存方便

C. 易于分剂量，服用方便，特别适用于儿童和老年患者
D. 能减少某些药物的刺激

2. 液体制剂的质量要求不包括(　　)
A. 液体制剂要有一定的防腐能力
B. 外用液体药剂应无刺激性
C. 口服液体制剂外观良好，口感适宜
D. 液体制剂应是无色溶液

3. 关于糖浆剂的说法，错误的是(　　)
A. 蔗糖浓度高时渗透压大，微生物的繁殖受到抑制
B. 糖浆剂为高分子溶液
C. 冷溶法适用于对热不稳定或挥发性药物制备糖浆剂，制备的糖浆剂颜色较浅
D. 单糖浆可用作矫味剂、助悬剂或黏合剂

4. 单糖浆含糖量为多少（g/ml）(　　)
A. 45　　B. 64.7　　C. 67　　D. 85

5. 溶液型液体药剂不包括(　　)
A. 糖浆剂　　B. 甘油剂　　C. 酯剂　　D. 溶胶剂

6. 制备糖浆剂应注意(　　)
A. 必须在洁净度为 10000 级的环境中制备
B. 可选用食用糖制备
C. 应在酸性条件下配制
D. 严格控制加热的温度、时间

7. 布洛芬属于下列哪一类药物(　　)
A. 苯乙胺类　　B. 苯丙酸类　　C. 苯甲酸类　　D. 苯酰胺类

8.《中国药典》(2010 年版）收载的布洛芬糖浆含量测定方法是(　　)
A. 高效液相色谱法　　B. 紫外分光光度法
C. 酸碱滴定法　　D. 配位滴定法

二、多项选择题

1. 液体制剂按分散系统分类属于非均相液体制剂的是(　　)
A. 低分子溶液剂　　B. 乳剂
C. 溶胶剂　　D. 高分子溶液剂
E. 混悬剂

2. 关于液体制剂的质量要求包括(　　)
A. 均相液体制剂应是澄明溶液
B. 非均相液体制剂粒子应分散均匀
C. 口服液体制剂应口感好
D. 所有液体制剂应浓度准确
E. 液体制剂应无热原

3. 关于糖浆剂的叙述，正确的是(　　)
A. 低浓度的糖浆剂特别容易污染和繁殖微生物，必须加防腐剂
B. 蔗糖浓度高时渗透压大，微生物的繁殖受到抑制
C. 热溶法制备有溶解快、滤速快、可以杀死微生物等优点
D. 冷溶法生产周期长，制备过程中容易污染微生物
E. 纯蔗糖的近饱和水溶液称为单糖浆或糖浆，其浓度为 85%（质量分数）

4. 属于液体药剂的是(　　)

A. 磷酸可待因糖浆　　B. 盐酸麻黄碱滴鼻剂

C. 碘酊　　D. 复方硼酸钠溶液

E. 表面活性剂

5. 均相的液体药剂是(　　)

A. 溶液剂　　B. 乳剂　　C. 混悬剂

D. 单糖浆　　E. 溶胶剂

6. 布洛芬糖浆剂应检查的项目有(　　)

A. 相对密度　　B. pH　　C. 装量

D. 热原　　E. 微生物限度

三、简答题

1. 什么是液体制剂？液体制剂有何特点？可分为哪几类？

2. 糖浆剂在制备过程中需要通过哪些措施来控制质量？

（王　玮）

项目七 灭菌制剂的质量检验

灭菌制剂（sterilized preparation）系指采用某一物理、化学方法杀灭或除去制剂中所有活的微生物的一类药物制剂，如临床上使用的注射剂、眼用制剂等。

无菌制剂（sterile preparation）系指在无菌环境中采用无菌操作法或无菌技术制备的不含任何活的微生物的一类药物制剂。对于那些热稳定性差的药物以及蛋白质、核酸和多肽类等生物大分子药物经常采用无菌操作法制备无菌制剂。

根据给药方式、给药部位、临床应用等特点可将灭菌制剂与无菌制剂分为注射剂、眼用制剂、植入型制剂、局部用外用制剂、手术用制剂等。注射剂是指用针头注入人体的制剂，如小容量注射剂、大型输液、冻干粉针等；眼用制剂是指用于眼部疾病的制剂，如滴眼液、眼用膜剂、眼膏和眼用凝胶等；植入型制剂是指用埋植方式给药的制剂，如植入片、植入微球、原位凝胶等；局部用外用制剂是指用于外伤、烧伤以及溃疡等的创面用制剂，如溶液、凝胶、软膏和气雾剂等；手术用制剂是指手术时使用的制剂，如止血海绵剂和骨蜡等。

知识链接

制药用水简介

制药用水因其使用的范围不同而分为饮用水、纯化水、注射用水及灭菌注射用水。《中国药典》收载了纯化水、注射用水和灭菌注射用水。纯化水为饮用水经蒸馏法、离子交换法、反渗透法或其他适宜的方法制备的制药用水，不含任何附加剂，可作为配制普通药物制剂的溶剂、稀释剂或试验用水，也可作为中药注射剂、眼用制剂等灭菌制剂或其他非灭菌制剂所用材料的提取溶剂及非灭菌制剂所用器具的精洗用水，但不得用于注射剂的配制与稀释。注射用水为纯化水经蒸馏所得的水，应符合细菌内毒素试验要求，可作为配制注射剂的溶剂或稀释剂，也可作为配制眼用制剂的溶剂。灭菌注射用水为注射用水按照注射剂生产工艺制备所得，主要用于注射用灭菌粉末的溶剂或注射剂的稀释剂。

《中国药典》对于纯化水要求进行酸碱度硝酸盐、亚硝酸盐、氨、电导率、总有机碳、易氧化物、不挥发物、重金属及微生物限度检查；对注射用水除了硝酸盐、亚硝酸盐、电导率、总有机碳、不挥发物、重金属与纯化水的要求相同外，在酸碱度、氨、细菌内毒素和微生物限度检查方面有更严格的要求；灭菌注射用水的质量要求除了和注射用水基本相同外，还要进行氯化物、硫酸盐、钙盐、二氧化碳和易氧化物的检查。

必备知识一 注射剂的质量检验

【知识目标】

掌握注射剂的概念与分类；注射剂的含量测定与计算方法以及附加剂干扰排除的方法。

熟悉注射剂的质量要求与质量检查项目，典型药物盐酸普鲁卡因注射剂和注射用异烟肼的质量检验原理与方法。

了解注射剂的生产工艺流程及主要质量控制点，对氨基苯甲酸酯类和杂环类药物质量检验的相关知识。

【能力目标】

能正确查阅《中国药典》中有关药物制剂的质量标准，并依据该标准对药物进行质量检验操作，正确填写相关药物的检验原始记录及检验报告单，同时给出正确的检验结论。

一、注射剂的定义、分类与溶剂

(一) 定义

注射剂 (injections) 系指药物与适宜的溶剂或分散介质制成的供注入体内的溶液、乳状液或混悬液及供临用前配制或稀释成溶液或混悬液的粉末或浓溶液的无菌制剂。它是临床应用最广泛、最重要的剂型之一，是一种不可替代的临床给药剂型，在危重病人抢救时尤为重要。

(二) 分类

注射剂可分为注射液、注射用无菌粉末与注射用浓溶液。

1. 注射液

包括溶液型、乳状液型或混悬型注射液，可用于肌内注射、静脉注射、静脉滴注等。其中，供静脉滴注用的大体积（除另有规定外，一般不小于 100ml）注射液也称静脉输液。

2. 注射用无菌粉末

系指药物制成的供临用前用适宜的无菌溶液配制成澄清溶液或均匀混悬液的无菌粉末或无菌块状物。可用适宜的注射用溶剂配制后注射，也可用静脉输液配制后静脉滴注。无菌粉末用溶剂结晶法、喷雾干燥法或冷冻干燥法等制得。

3. 注射用浓溶液

系指药物制成的供临用前稀释后静脉滴注用的无菌浓溶液。

(三) 溶剂

注射剂除了所用的原辅料应符合注射用的质量要求外，注射剂所用的溶剂必须安全无害，并不得影响疗效和质量。一般分为水性溶剂和非水性溶剂。

水性溶剂最常用的为注射用水，也可用 0.9% 氯化钠溶液或其他适宜的水溶液。非水性溶剂常用的为植物油，主要为供注射用的大豆油，其他还有乙醇、丙二醇和聚乙二醇等溶剂。供注射用的非水性溶剂，应严格限制其用量，并应在品种项下进行相应的检查。

二、注射剂的质量监控

(一) 注射剂的质量检查项目

1. 装量

注射液及注射用浓溶液照《中国药典》“附录”中注射剂的装量检查方法进行检查，应符合规定。具体方法详见项目四下“剂型检查技术”中的相关内容。

标示装量为50ml以上的注射液及注射用浓溶液照最低装量检查法（见《中国药典》“附录Ⅹ F”）检查，应符合规定。

灌装标示装量为不大于50ml的注射剂，应适当增加装量。除另有规定外，多剂量包装的注射剂，每一容器的装量不得超过10次注射量，增加装量应能保证每次注射用量。

2. 装量差异

注射用无菌粉末应进行装量差异限度检查，具体方法详见项目四下“剂型检查技术”中的相关内容。

某些品种的注射用无菌粉末还规定检查含量均匀度。凡进行含量均匀度检查的注射用无菌粉末，一般不再进行装量差异检查。

3. 渗透压摩尔浓度

注射剂的渗透压应与血浆的渗透压相等或接近。静脉输液应尽可能与血液等渗或稍高渗，不允许低渗。除另有规定外，静脉输液及椎管注射用注射液按各品种项下的规定，照《中国药典》渗透压摩尔浓度测定法（见附录Ⅸ G）检查，应符合规定。

4. 可见异物

注射剂在规定条件下检查，不得有肉眼可见的浑浊或异物，溶液型注射剂应澄明。混悬型注射剂均不得检出色块、纤毛等可见异物。除另有规定外，照《中国药典》可见异物检查法（见附录Ⅸ H）检查，应符合规定，具体方法详见项目四下“剂型检查技术”的相关内容。

5. 不溶性微粒

除另有规定外，溶液型静脉用注射剂、注射用无菌粉末及注射用浓溶液在可见异物检查合格后，还应检查不溶性微粒的大小和数量。溶液型注射剂应澄明，混悬型注射剂不得用于静脉及椎管注射，药物粒度控制在15μm以下，含20～50μm的粒子不应超过10%；乳状液不得用于椎管注射，乳状液注射剂应稳定，不得有相分离现象，分散相乳滴的粒度90%应在1μm以下，不得有大于5μm的乳滴。具体方法详见项目四下“剂型检查技术”的相关内容。

6. 无菌

注射剂中不得含有任何活的微生物。无论灭菌制剂还是无菌操作生产的制剂，都必须符合《中国药典》关于注射剂无菌检查的要求，常用的无菌检测法为薄膜过滤法和直接接种法，具体方法详见项目四下“安全性检查技术”的相关内容。

7. 热原

热原是注射剂的重要质量指标，特别是供静脉及脊椎腔注射的制剂，均需按照《中国药典》细菌内毒素检查法（附录Ⅺ E）或热原检查法（附录Ⅺ D）检查，并符合规定。

8. pH值

注射剂的pH值应与血液pH值相等或接近（血液pH值约7.4），注射剂pH值一般控制在4～9的范围内。

9. 安全性

注射剂不应引起组织的刺激性或发生毒性反应，特别是非水溶剂及附加剂，必须经过必要的动物试验，以确保安全。

10. 稳定性

通常注射剂的溶剂为注射用水，因此制剂的稳定性尤为重要，注射剂必须具有一定的物

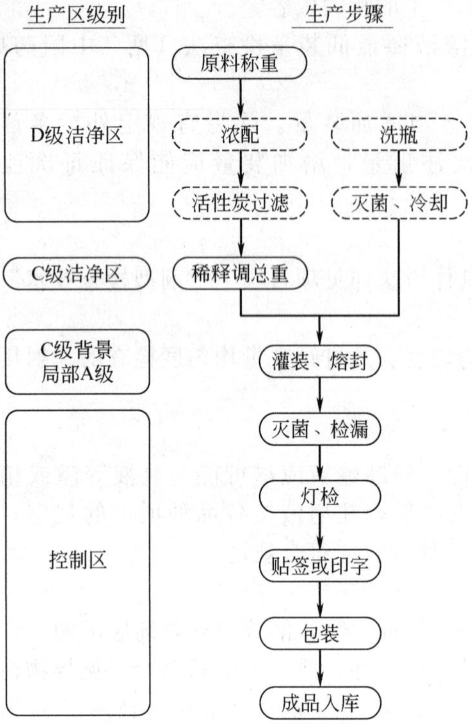

图 7-1 最终灭菌小容量注射剂一般生产工艺流程及环境区域划分

理、化学及生物学稳定性，以确保产品在运输、贮存、使用过程中安全有效。

11. 其他

不同药物有不同的质量要求和检查项目。如大多数有色的注射溶液或虽为无色溶液但不稳定、易变色的产品应进行颜色检查；大体积注射液所含重金属必须在规定的限度以下；一些特殊品种必须进行异常毒性、过敏反应、降压物质检查，以确保用药的安全性。

（二）注射剂制备过程的质量控制

注射剂为无菌制剂，不仅要按照生产工艺流程进行生产，还要严格按照GMP进行生产管理，以保证注射剂的质量和用药安全。小容量注射剂也称水针剂，是指装量小于50ml的注射剂，通常采用湿热灭菌法制备。其生产过程包括原辅料和容器的前处理、称量、配制、过滤、灌封、灭菌、质量检查、包装等步骤，其一般生产工艺流程及环境区域划分如图7-1所示，注射剂生产工艺流程中关键工序的质量控制点及控制要求如表7-1所示。

表 7-1 注射剂生产工艺流程中关键工序的质量控制点及控制要求

关键工序	质量控制点	控制要求
洗瓶	①洁净度	应光洁，不得有纤维、白点、异物、玻璃等，符合企业内控标准
	②破损率	应符合企业内控标准
安瓿干燥灭菌	①外观	应光亮、洁净、无花斑
	②干燥程度	应符合企业内控标准
	③可见异物	应符合药典或企业内控标准
	④无菌检查	应符合药典或企业内控标准
配液与过滤	①色泽	根据注射液品种不同，符合要求
	②含量	根据药典或企业内控标准，应符合规定
	③pH	根据注射液品种不同，符合要求
	④可见异物	根据药典或企业内控标准，应符合规定
灌封	①封口质量	封口应严密、光滑，不得有封口不严、焦头、泡头、平头、尖头等现象
	②装量	灌装时需根据药典的规定增加装量，灌装量略多于标示量
	③可见异物	应符合药典要求
检漏、灭菌	①温度与压力	根据待灭菌产品的性质，应保持设定值
	②时间	根据设定温度与压力，灭菌时间应能确保灭菌效果

（三）注射剂的含量测定

1. 注射剂含量测定中附加剂的干扰及其排除

注射剂一般系由原料药溶于一定的注射用溶剂中，经滤过、灌封、灭菌而制成的具有一定浓度的液体制剂。为减少注射剂对人体的刺激、并保证注射剂中主药的稳定，在注射剂中还常常加入一些附加剂，如渗透压调节剂、pH值调节剂、增溶剂、助溶剂、抗氧剂、抑菌剂、乳化剂、助悬剂等。其中抗氧剂是还原性药物的注射剂常需添加的附加剂，如亚硫酸钠、亚硫酸氢钠、焦亚硫酸钠、维生素 C 等均为常用的抗氧剂，这些物质均具有较强的还原性，当用氧化还原滴定法测定药物含量时便会产生干扰，使测定结果偏高，故需采用适当措施消除干扰。此外，注射用油、等渗溶液、助溶剂等均会对测定产生干扰，因此需要加以排除。

（1）抗氧剂的处理

① 含硫抗氧剂　这类抗氧剂主要指亚硫酸钠、亚硫酸氢钠、焦亚硫酸钠等。采用的排除干扰的方法有：第一，加入掩蔽剂，如丙酮或甲醛，使生成加成物而消除干扰；第二，加强酸分解，使产生二氧化硫气体，经加热逸出而消除干扰；第三，加弱氧化剂，如过氧化氢、硝酸等，使氧化成硫酸盐而消除干扰；第四，提取分离，利用药物与抗氧剂的溶解性能不同，采用提取分离后再测定或直接用色谱法测定。

例如，维生素 C 注射液中添加了亚硫酸氢钠作为抗氧剂，若采用碘量法测定其中维生素 C 的含量，《中国药典》规定加入丙酮作掩蔽剂，以消除亚硫酸氢钠（或亚硫酸钠）的干扰。其反应式如下。

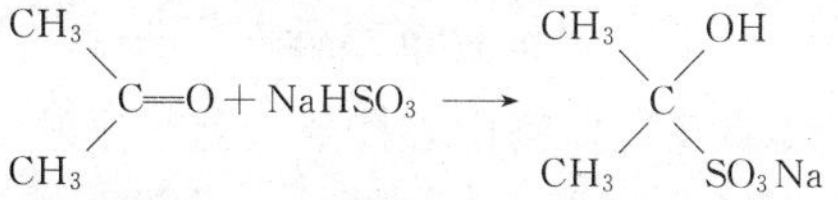

丙酮和甲醛均可掩蔽亚硫酸钠、亚硫酸氢钠和焦亚硫酸钠，但在选用时应注意甲醛的还原性。若采用的滴定液为较强的氧化剂，有可能氧化甲醛时，则不宜选用甲醛作掩蔽剂。

② 具有紫外吸收的抗氧剂　一些注射液中添加维生素 C 等作为抗氧剂，当采用紫外法测定含量时，由于维生素 C 也有紫外吸收，易造成干扰。此时可根据主药和抗氧剂的紫外吸收光谱的差异，选择抗氧剂无吸收的波长测定主药的含量。

例如，盐酸异丙嗪的紫外吸收光谱有两个吸收峰，分别在 249nm 和 299nm，紫外法测定含量时一般选择具有强吸收的 249nm 处进行测定，而其注射液中由于添加了抗氧剂维生素 C，因维生素 C 在 243nm 波长处有最大吸收，干扰盐酸异丙嗪在 249nm 处的测定，因此《中国药典》（2005 年版）采用在 299nm 波长处测定盐酸异丙嗪注射液的吸光度来计算其含量。虽然选用此波长，灵敏度会有所降低，但能消除维生素 C 的干扰，后者在 299nm 波长处无吸收。《中国药典》则改用了 HPLC 法测定盐酸异丙嗪注射剂的含量。

（2）溶剂油的干扰及排除　许多脂溶性药物，如甾体激素类药物的注射液是用植物油为溶剂制成的。《中国药典》多采用精制大豆油作为注射用植物油。溶剂油对以水为溶剂的分析方法，如容量法、光谱法、色谱法等可产生影响。一般采取稀释法、萃取法或柱色谱分离法排除干扰。如《中国药典》收载的丙酸睾酮注射液、黄体酮注射液等的含量测定，采用有机溶剂萃取法消除干扰，即先用乙醚溶解药物和注射用油，然后温水浴挥干乙醚，并利用药物易溶于甲醇而注射用油难溶于甲醇性质，以甲醇提取药物并稀释至一定体积后，用 HPLC 测定。又如己酸羟孕酮注射液的含量测定，采用有机溶剂稀释法消除干扰，即用甲醇定量稀释成一定浓度的溶液后，用 HPLC 法测定。

（3）溶剂水的干扰及排除　注射液一般以水作溶剂，若采用非水滴定法测定主药含量时会有干扰，必须先除去水后，再进行测定。如果主药对热稳定，测定前，可在水浴上加热蒸发或在 105℃下干燥，除去水分后，再按非水滴定法测定，如乳酸钠注射液的含量测定；如果主药遇热易分解，则在适当的 pH 条件下，用有机溶剂提取后，再按原料药的方法进行测定，如盐酸氯胺酮注射液的含量测定。

（4）等渗溶液的干扰及排除　注射剂中常加入适量的氯化钠以使注射液与体液等渗，但氯化钠的存在会在用银量法或离子交换法测定主药含量时对结果产生干扰，应设法予以排除。如用离子交换法测定复方乳酸钠注射剂中的乳酸钠，必须另用银量法测得氯化钠的含量，再从离子交换法中所消耗的氢氧化钠物质的量中减去氯化钠所消耗的硝酸银物质的量，求出供试品中乳酸钠的含量。

（5）助溶剂的干扰及排除 在注射剂中常加入一些协助主药溶解，且使注射剂稳定性增加的物质，称为助溶剂。助溶剂的存在可能会对主药的含量测定产生干扰。如葡萄糖酸钙注射液因加入氢氧化钙等作助溶剂而干扰配位滴定法的测定。为排除干扰，常在制备过程中控制钙盐的用量。

2. 注射剂的含量测定及计算

通常精密量取一定体积的样品（约相当于规定的主药含量或按规定取样），按规定方法测定，计算出供试品中药物的量（m，mg），再根据取样体积（V，ml）和标示量（mg/ml）计算注射剂中的药物相当于标示量的百分数。计算公式如下。

$$相当于标示量(\%)=\frac{m}{V\times 标示量}\times 100\%$$

实例解析

“鱼腥草事件”

2006 年 6 月，国家药品不良反应监测中心接到鱼腥草注射液不良反应报告 5488 例，严重药品不良反应 258 例，死亡 44 例，鉴于鱼腥草注射液等 7 类含鱼腥草或新鱼腥草素钠的注射液在临床应用中出现严重不良反应，鱼腥草注射液被暂停销售使用。

案例分析：鱼腥草注射液经过人工提取时，受技术限制，难以达到纯制剂的要求，植物蛋白无法除尽，容易造成过敏反应。近年来，中药注射剂致过敏反应等不良反应的报道屡见不鲜，而且有不断增加的趋势，中药注射剂的安全问题较为突出。究其原因主要是因为中药注射剂成分复杂，而目前许多制备工艺还比较落后，缺乏科学可靠的质量控制方法，使杂质难以除去，从而影响中药注射剂的质量；另外，中药注射剂的临床用药缺乏合理性，在用药剂量、给药速度、配伍禁忌等方面还不够重视或缺乏经验，因此，不良反应发生率较高。

工作任务 盐酸普鲁卡因注射液的质量检验

一、任务准备

盐酸普鲁卡因（procaine hydrochloride）是临床应用广泛的局麻药，属于具有对氨基苯甲酸酯结构的芳胺类药物，临床上使用其盐酸盐。

（一）结构

盐酸普鲁卡因的结构式如下。

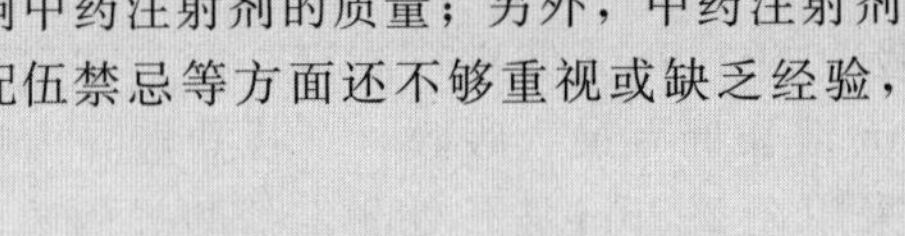

（二）性质

1. 性状

本品为白色结晶或结晶性粉末；无臭，味微苦，随后有麻痹感；易溶于水，略溶于乙醇，微溶于三氯甲烷，几乎不溶于乙醚。

2. 芳香第一胺特性

分子结构中有芳香第一胺结构，可发生重氮化-偶合反应；可与芳醛缩合，生成席夫碱；易氧化变色。

3. 弱碱性

分子中脂烃胺侧链为叔胺氮原子，同时分子中又具有芳香第一胺结构，因此显弱碱性，可与生物碱沉淀试剂发生沉淀反应；但其碱性较弱，在水溶液中不能用标准酸直接滴定，在非水溶剂中可用高氯酸滴定。

4. 水解性

分子结构中具有酯键，易发生水解反应，生成对氨基苯甲酸和二乙氨基乙醇。光、热及碱性条件均可影响其水解速度。

5. 紫外吸收

分子结构中具有苯环，在紫外光区有吸收。

(三) 临床应用

盐酸普鲁卡因是临床常用的局部麻醉药，它能稳定细胞膜并降低其对离子的通透性，使神经冲动到达时，钠、钾离子不能进出细胞膜产生去极化和动作电位，从而产生局麻作用。该药对黏膜的穿透力差，不适于表面麻醉，但毒性小，效果确实，主要应用于浸润麻醉、阻滞麻醉、硬膜外麻醉等。

(四) 质量标准

盐酸普鲁卡因注射液的质量标准参照《中国药典》二部：本品为盐酸普鲁卡因加氯化钠适量使成等渗的灭菌水溶液。含盐酸普鲁卡因（$C_{13}H_{20}N_2O_2 \cdot HCl$）应为标示量的95.0%～105.0%。

二、任务实施

(一) 任务要求

(1) 能利用 HPLC 法对盐酸普鲁卡因注射液进行鉴别、杂质检查和含量测定。

(2) 能根据《中国药典》“制剂通则”的有关规定完成盐酸普鲁卡因注射液的常规检查操作。

(二) 仪器与试药

(1) 主要仪器　试管、量瓶、滴管、试剂瓶、玛瑙研钵、红外光谱仪、液相色谱仪、C_{18}柱、酸度计、玻璃电极、甘汞电极。

(2) 试药　稀盐酸、0.1mol/L 亚硝酸钠溶液、碱性 β-萘酚试液、稀硝酸、硝酸银试液、氨试液、鳖试剂、庚烷磺酸钠、0.05mol/L 磷酸二氢钾溶液、磷酸、甲醇、盐酸普鲁卡因对照品、盐酸普鲁卡因注射液（2ml：40mg）。

(三) 工作内容

1. 性状

本品为无色的澄明液体。

2. 鉴别

(1) 重氮化-偶合反应　本品显芳香第一胺的鉴别反应。

方法：取本品适量（约相当于盐酸普鲁卡因 50mg），加稀盐酸 1ml，加 0.1mol/L 亚硝酸钠溶液数滴，滴加碱性 β-萘酚试液数滴，即生成猩红色沉淀。

(2) 氯化物反应　本品为盐酸盐，其水溶液显氯化物的鉴别反应。

方法：取本品适量（约相当于盐酸普鲁卡因 50mg），加稀硝酸使成酸性后，滴加硝酸银试液数滴，即生成白色凝乳状沉淀；分离，沉淀加氨试液即溶解，再加稀硝酸酸化后，沉淀复生成。

(3) 红外吸收光谱鉴别 取本品（约相当于盐酸普鲁卡因 80mg），水浴蒸干，残渣经减压干燥，依法测定。本品的红外吸收图谱应与对照的图谱（光谱集 397 图）一致。

(4) 高效液相色谱鉴别 在含量测定项下记录的色谱图中，供试品溶液主峰的保留时间应与对照品溶液主峰的保留时间一致。

3. 检查

(1) pH 值 pH 应为 3.5～5.0。

(2) 对氨基苯甲酸 普鲁卡因分子结构中具有酯键，易发生水解反应，同时注射液在制备过程中受灭菌时间、温度、溶液 pH、光线以及贮藏时间和重金属离子等因素的影响，可发生水解反应，生成对氨基苯甲酸和二乙氨基乙醇。经高温加热或长时间贮存，对氨基苯甲酸还可进一步脱羧转化成苯胺，而苯胺又可被氧化成有色物，使注射液变黄，不仅疗效下降，而且毒性增加。故《中国药典》规定，采用高效液相色谱法检查对氨基苯甲酸的限度，其限度不得超过标示量的 1.2%。

(3) 细菌内毒素 取本品，可用 0.06EU/ml 以上高灵敏度的鲎试剂，按照《中国药典》（附录Ⅺ E）依法检查，1mg 盐酸普鲁卡因中含细菌内毒素的量应小于 0.20EU。

(4) 其他 应符合注射液项下有关的各项规定。

4. 含量测定

采用高效液相色谱法测定含量。

(1) 色谱条件与系统适用性试验 用十八烷基硅烷键合硅胶为填充剂，以含 0.1% 庚烷磺酸钠的 0.05mol/L 磷酸二氢钾溶液（用磷酸调 pH 至 3.0）-甲醇（68∶32）为流动相，检测波长为 290nm，理论板数按盐酸普鲁卡因峰计算，不低于 2000，盐酸普鲁卡因峰与相邻杂质峰的分离度应符合要求。

(2) 测定法 精密量取本品适量，用水定量稀释成 1ml 中含盐酸普鲁卡因 0.02mg 的溶液，作为供试品溶液，精密量取 10μl，注入液相色谱仪，记录色谱图；另取盐酸普鲁卡因对照品，精密称定，加水溶解并定量稀释成 1ml 含盐酸普鲁卡因 0.02mg 的溶液，同法测定。按外标法以峰面积计算，即得。

（四）注意事项

(1) 对氨基苯甲酸的检查方法如下 精密量取本品适量，用水定量稀释成 1ml 中含盐酸普鲁卡因 0.2mg 的溶液，作为供试品溶液；取对氨基苯甲酸对照品，精密称定，加水溶解并定量制成每毫升中含 2.4μg 的溶液，作为对照品溶液。取供试品溶液 1ml 与对照品溶液 9ml 混合均匀，作为系统适用性试验溶液。照高效液相色谱法试验，用十八烷基硅烷键合硅胶为填充剂，以含 0.1% 庚烷磺酸钠的 0.05mol/L 磷酸二氢钾溶液（用磷酸调 pH 至 3.0）-甲醇（68∶32）为流动相，检测波长为 279nm。取系统适用性试验溶液 10μl，注入液相色谱仪，理论板数按对氨基苯甲酸峰计算，不低于 2000，盐酸普鲁卡因峰和对氨基苯甲酸峰的分离度应大于 2.0。取对照品溶液 10μl，注入液相色谱仪，调节检测灵敏度，使主成分峰高约为满量程的 20%。精密量取供试品溶液与对照品溶液各 10μl，分别注入液相色谱仪，记录色谱图。供试品溶液色谱图中如有与对氨基苯甲酸峰保留时间一致的色谱峰，按外标法以峰面积计算，不得超过标示量的 1.2%。

(2) pH 值测定的注意事项见项目六工作任务“布洛芬糖浆的质量检验”项下相关内容。

（五）思考题

(1)《中国药典》二部的“制剂通则”中对注射液有哪些规定？

(2) 根据盐酸普鲁卡因的合成路线和实际测定结果，试分析注射液中可能存在的杂质。

相关知识 对氨基苯甲酸酯类药物的质量检验

胺类药物为临床常用的药物，国内外药典收载的品种亦较多。胺类药物按其结构特点可分为芳胺类、芳烃胺类、脂肪胺类、季铵盐类和磺酰胺类等。芳胺类药物（aromatic amines drugs）是氨基直接取代在芳环上的药物。基本结构有两类：对氨基苯甲酸酯类和酰胺类，下面介绍对氨基苯甲酸酯类。

本类药物具有对氨基苯甲酸酯的基本结构，代表药物有苯佐卡因、盐酸普鲁卡因、盐酸丁卡因等局部麻醉药。

一、结构与性质

（一）结构

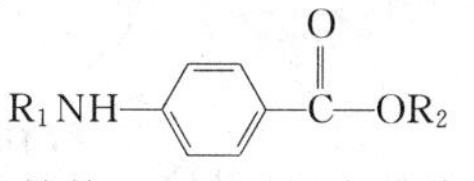

基本结构（R_1，R_2 为取代基）

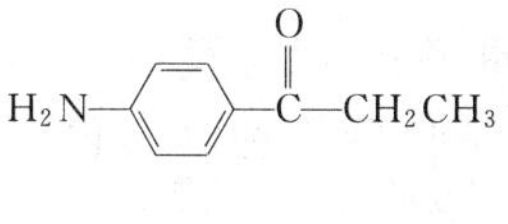

苯佐卡因

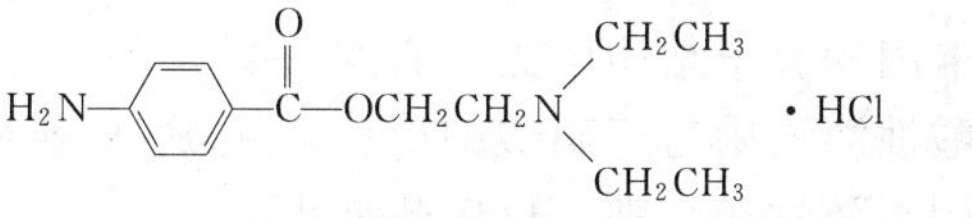

盐酸普鲁卡因

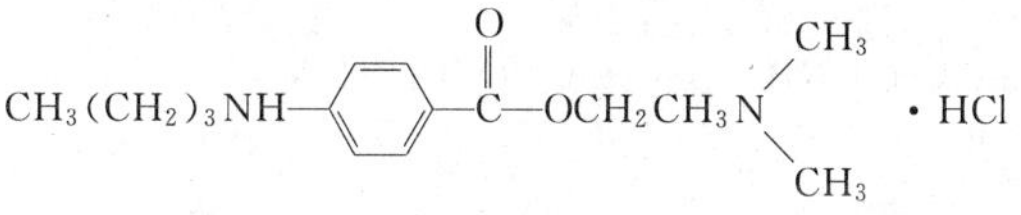

盐酸丁卡因

（二）性质

1. 性状

本类药物的游离碱多为碱性油状液体或低熔点的固体，难溶于水，可溶于有机溶剂；其盐酸盐均系白色结晶性粉末，具有一定的熔点，易溶于水、乙醇，难溶于有机溶剂。

2. 芳伯氨基特性

上述药物除盐酸丁卡因外，均具有芳伯氨基，可发生重氮化-偶合反应；可与芳醛发生缩合反应，生成席夫碱（schiff）；易氧化变色等。

3. 弱碱性

分子结构多具有脂烃胺侧链，具有弱碱性，在冰醋酸等非水溶剂中与高氯酸定量反应，此性质可用于该类药物的含量测定。

4. 水解特性

分子结构中的酯键或酰胺键易水解。光线、热或碱性条件可以促进其水解。

5. 光吸收特性

本类药物都有苯环等共轭结构，在紫外光区有特征吸收；苯环、氨基、羟基、羧基等结构则具有红外特征吸收。

二、鉴别试验

（一）重氮化-偶合反应

分子结构中具有芳伯氨基和潜在芳伯氨基的药物，均可发生重氮化-偶合反应，即在酸性条件下，与亚硝酸钠试液发生重氮化反应，生成的重氮盐再与碱性 β-萘酚偶合，视供试品不同，生成由橙黄到猩红色的偶氮化合物，此为芳香第一胺反应，收载于《中国药典》“附录”“一般鉴别试验”中。

盐酸普鲁卡因和苯佐卡因结构中含有芳伯氨基，可直接进行重氮化-偶合反应。《中国药典》中收载的盐酸普鲁卡因、盐酸普鲁卡因注射液、注射用盐酸普鲁卡因、盐酸普鲁卡因胺、苯佐卡因均采用此法鉴别。反应式如下。

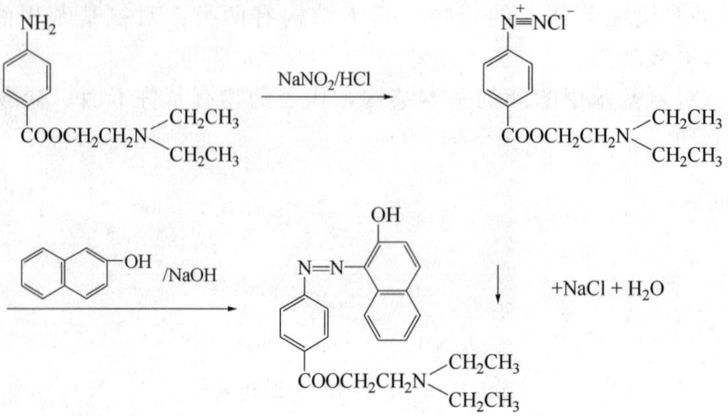

盐酸丁卡因的分子结构中无芳香第一胺，不发生重氮化-偶合反应，但其分子结构中的芳香仲胺在酸性溶液中与亚硝酸钠反应，生成 *N*-亚硝基化合物的乳白色沉淀，可与具有芳香第一胺的同类药物相区别，反应式如下：

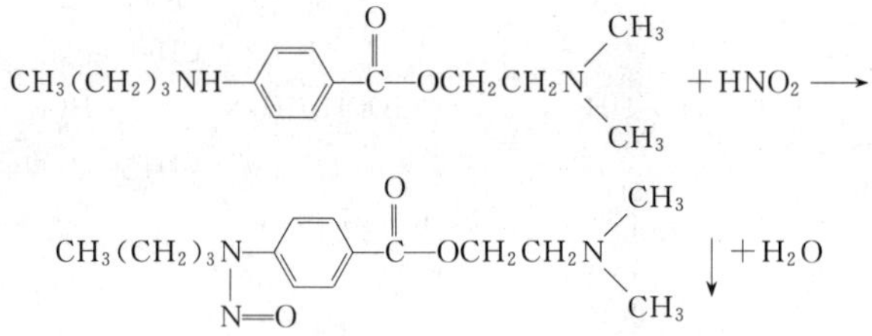

（二）水解反应

本类药物具有酯的结构，可在碱性条件下水解，利用水解产物的特性或与某些试剂反应而进行鉴别。《中国药典》中盐酸普鲁卡因和苯佐卡因的鉴别就采用此法。

1. 盐酸普鲁卡因的水解反应中

盐酸普鲁卡因遇氢氧化钠试液，普鲁卡因游离，即生成白色沉淀，加热，沉淀变为油状物；因具有对氨基苯甲酸酯的结构，继续加热则酯键水解，生成对氨基苯甲酸钠和二乙氨基乙醇（碱性气体，能使湿润的红色石蕊试纸变为蓝色），前者经盐酸酸化，即生成对氨基苯甲酸的白色沉淀，此沉淀能溶于过量的盐酸。反应式如下。

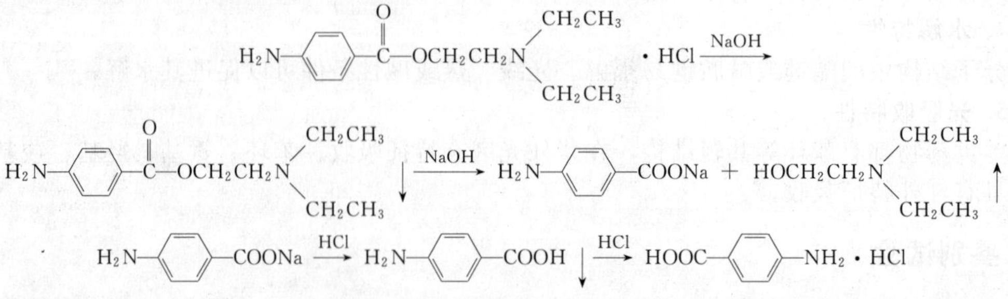

鉴别方法：取本品约 0.1g，加水 2ml 溶解后，加 10％氢氧化钠溶液 1ml，即生成白色沉淀；加热，变为油状物；继续加热，发生的蒸气能使湿润的红色石蕊试纸变为蓝色；加热至油状物消失后，放冷，加盐酸酸化，即析出白色沉淀。此沉淀溶于过量的盐酸。

2. 苯佐卡因的水解反应

苯佐卡因在氢氧化钠试液中加热水解生成乙醇，乙醇可与碘发生碘仿反应，生成黄色的碘仿沉淀，并具有特殊臭气。

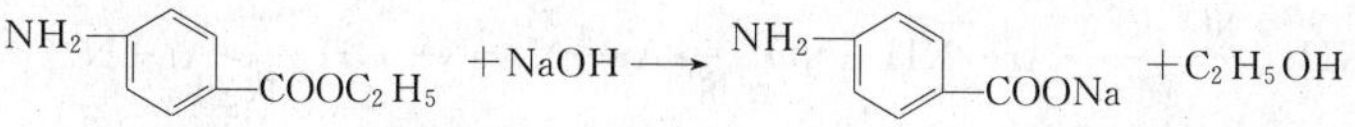

$$C_2H_5OH + 4I_2 + 6NaON \longrightarrow CHI_3 \downarrow + 5NaI + HCOONa + 5H_2O$$

鉴别方法：取本品约 0.1g，加氢氧化钠试液 5ml，煮沸，即有乙醇生成，加碘试液，加热，即生成黄色沉淀，并产生碘仿的臭气。

（三）氯化物鉴别

盐酸普鲁卡因与盐酸丁卡因为盐酸盐，其水溶液显氯化物的鉴别反应。

（四）测定衍生物的熔点

测定衍生物的熔点是国内外药典经常采用的鉴别方法。

【应用示例】　盐酸丁卡因的鉴别：取本品约 0.1g，加 5%乙酸钠溶液 10ml 溶解后，加 25%硫氰酸铵溶液 1ml，即析出白色结晶；滤过，结晶用水洗涤，在 80℃干燥，依照《中国药典》（附录Ⅵ C）测定，熔点约为 131℃。

（五）红外吸收光谱鉴别

《中国药典》收载的盐酸普鲁卡因、苯佐卡因、盐酸丁卡因均采用此法鉴别，供试品的红外吸收图谱与对照品的图谱比较应一致。

三、检查

（一）酸度

盐酸普鲁卡因的生产一般以对硝基甲苯为原料，经氧化、酯化、还原、成盐等反应而合成，各步骤均需在酸性条件下进行，可能会引入酸性杂质；在储藏过程中，可能会水解生成对氨基苯甲酸。因此，《中国药典》规定检查酸度。

检查方法：取本品 0.40g，加水 10ml 溶解后，加甲基红指示液 1 滴，如显红色，加氢氧化钠滴定液（0.02mol/L）0.20ml，应变为橙色。

（二）对氨基苯甲酸

详见工作任务“盐酸普鲁卡因注射液的质量检验”中的相关内容。

四、含量测定

（一）亚硝酸钠滴定法

分子结构中具有芳伯氨基或水解后具有芳伯氨基的药物，在酸性条件下可与亚硝酸钠定量反应，均可用亚硝酸钠滴定法测定含量。本法适用范围广，被各国药典采用。《中国药典》收载的盐酸普鲁卡因、注射用盐酸普鲁卡因和苯佐卡因可直接采用本法测定含量。

1. 原理

芳伯氨基在酸性溶液中与亚硝酸钠定量反应，生成重氮盐，可用永停滴定法指示终点，反应式如下。

$$Ar—NHCOR + H_2O \xrightarrow[\triangle]{H^+} Ar—NH_2 + RCOOH$$

$$Ar—NH_2 + NaNO_2 + 2HCl \longrightarrow Ar—N^+ \equiv NCl^- + NaCl + 2H_2O$$

2. 测定条件

重氮化反应的速率受多种因素的影响。亚硝酸钠滴定液及反应生成的重氮盐均不够稳定，因此在测定中应注意以下条件。

（1）加入适量溴化钾加速反应　在盐酸存在的情况下，重氮化反应的历程如下。

$$NaNO_2 + HCl \longrightarrow HNO_2 + NaCl$$

$$HNO_2 + HCl \longrightarrow NOCl + H_2O$$

$$Ar{-}NH_2 \xrightarrow[\text{慢}]{NO^+Cl^-} Ar{-}NH{-}NO \xrightarrow[\text{快}]{} Ar{-}N{=}N{-}OH \xrightarrow[\text{快}]{} Ar{-}N^+ \equiv NCl^-$$

第一步反应的速度较慢，后两步反应的速度较快，所以整个反应速度取决于第一步。而第一步反应的快慢又与芳香第一胺的游离程度密切相关。若芳香第一胺的碱性较弱，则在一定强度的酸性溶液中成盐的比例较小，即游离芳香第一胺多，重氮化反应速度就快；反之，芳香第一胺碱性较强，则在一定强度的酸性溶液中成盐的比例较大，游离芳香第一胺较少，则重氮化反应速度就慢。所以，在测定中一般向供试品溶液中加入适量溴化钾，使重氮化反应速度加快。

溴化钾与盐酸作用产生溴化氢，后者与亚硝酸作用生成NOBr。

$$HNO_2 + HBr \longrightarrow NOBr + H_2O \qquad (\text{Ⅰ})$$

若供试品溶液中仅有HCl，则生成NOCl。

$$HNO_2 + HCl \longrightarrow NOCl + H_2O \qquad (\text{Ⅱ})$$

由于（Ⅰ）式的平衡常数比（Ⅱ）式的大约300倍，即生成的NOBr量大得多，即在供试液中NO^+的浓度就大得多，从而加速了重氮化反应的进行。

（2）加过量盐酸加速反应　因胺类药物的盐酸盐较其硫酸盐的溶解度大，反应速度也较快，所以多采用盐酸。盐酸的用量按其反应，1mol的芳香第一胺与2mol的盐酸作用，但实际测定时，盐酸用量要大得多，尤其是某些在酸中较难溶的药物，往往要多加一些。因为加过量的盐酸有利于：①加快重氮化反应的速度；②重氮盐在酸性溶液中稳定；③防止生成偶氮氨基化合物，影响测定结果。

$$Ar{-}N^+ \equiv NCl^- + H_2N{-}Ar \rightleftharpoons Ar{-}N{=}N{-}NH{-}Ar + HCl$$

如在上述反应中，加大酸度，使反应向左进行，可以防止偶氮氨基化合物的生成。但若酸度过大，可阻碍芳伯氨基的游离，反而影响重氮化反应的速度。浓度过高的盐酸还可使亚硝酸分解。所以，加入盐酸的量一般按芳胺类药物与盐酸的浓度比约为1∶2.5～6为宜。

（3）滴定温度　通常情况下，温度越高，重氮化反应速度越快；但温度太高，可使亚硝酸逸失，并可使重氮盐分解。

$$Ar{-}N^+ \equiv NCl^- + H_2O \longrightarrow Ar{-}OH + N_2\uparrow + HCl$$

一般温度每升高10℃，重氮化反应速度加快2.5倍，但重氮盐分解的速度亦相应地加快2倍，所以测定一般在低温下进行。而低温时反应又太慢，因此一般以室温（10～30℃）条件为宜。

（4）滴定速度　重氮化反应为分子反应，反应速度较慢，所以滴定速度不宜过快。但为了避免滴定过程中亚硝酸的逸失，滴定时将滴定管尖端插入液面下约2/3处，一次将大部分亚硝酸钠滴定液在搅拌条件下迅速加入，使其尽快反应，然后将滴定管尖端提出液面，用少量水冲洗尖端，再缓缓滴定，尤其是在近终点时，因尚未反应的芳香第一胺药物的浓度极稀，须在最后一滴加入后，搅拌1～5min，再确定终点是否真正到达。这样先快后慢，既可缩短滴定时间，也可保证结果的准确。

3. 指示终点的方法

指示终点的方法有永停滴定法、电位滴定法、外指示剂法和内指示剂法等。

《中国药典》收载的本类药物，如盐酸普鲁卡因、苯佐卡因的亚硝酸钠滴定法均采用永停法指示终点。永停滴定仪可按图7-2装置，也可用自动永停滴定仪。

图 7-2 中，电流计灵敏度应为每格 10^{-9}A，电极应为铂-铂电极系统。此装置用作亚硝酸钠滴定法指示终点时，先将电极插入供试品的盐酸溶液中，调节 R 使加在电极上的电压约为 50mV。用亚硝酸钠液滴定，终点前，溶液中无亚硝酸，线路无电流通过，电流计指针指零。终点时，溶液中有微量亚硝酸存在，在电极上即起氧化还原反应。

阳极　$NO + H_2O \longrightarrow HNO_2 + H^+ + e$

阴极　$HNO_2 + H^+ + e \longrightarrow NO + H_2O$

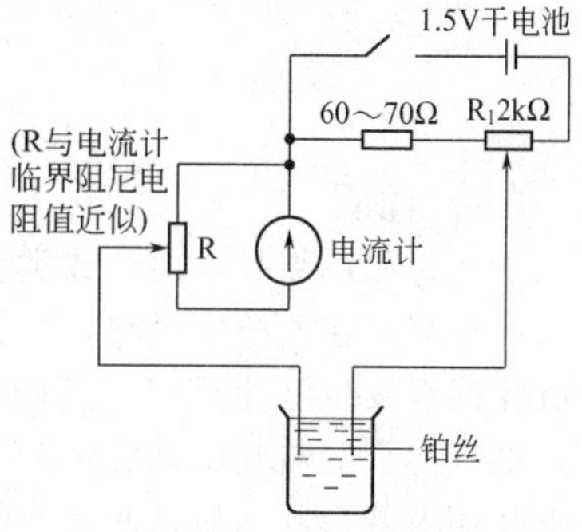

图 7-2　永停滴定装置

此时线路中即有电流通过，电流计指针突然偏转，并不再回零，即为滴定终点。永停法装置简单，方法准确。缺点是电极易钝化，污染的电极在滴定时指示迟钝，到终点时电流变化小，此时需对电极进行活化处理。处理方法为用 10ml 浓硝酸（加有 1～2 滴三氯化铁试液）的溶液煮沸数分钟，或用铬酸洗液浸泡数分钟，取出后用水冲洗干净。

（二）中和法

【应用示例】　盐酸丁卡因含量的测定：取本品约 0.25g，精密称定，加乙醇 50ml 振摇使溶解，加 0.01mol/L 盐酸溶液 5ml，摇匀，照电位滴定法，用氢氧化钠滴定液（0.1mol/L）滴定，两个突跃点体积的差作为滴定体积。每毫升氢氧化钠滴定液（0.1mol/L）相当于 30.08mg 的 $C_{15}H_{24}N_2O_2 \cdot HCl$。

（三）紫外-可见分光光度法

【应用示例】　注射用盐酸丁卡因含量的测定：取本品 10 瓶，分别加水溶解，并分别定量转移至 250ml 量瓶中，用水稀释至刻度，摇匀，作为供试品溶液；另取盐酸丁卡因对照品，精密称定，加水溶解并定量稀释制成每毫升中约含 0.2mg 的溶液，作为对照品溶液。精密量取供试品溶液与对照品溶液各 3ml，分别置 100ml 量瓶中，加盐酸溶液（1→200）5ml 与磷酸盐缓冲液（取磷酸氢二钾 20g 与磷酸二氢钾 80g，加水溶解并稀释至 1000ml，用 6mol/L 的磷酸溶液或 10mol/L 的氢氧化钾溶液调节 pH 值至 6.0）10ml，用水稀释至刻度，摇匀，照紫外-可见分光光度法，在 310nm 的波长处分别测定吸光度，计算每瓶的含量，求出平均含量，即得。

（四）高效液相色谱法

高效液相色谱法具有较强的分离能力，又有较高的灵敏度，因此，国内外药典广泛地采用此法进行本类药物及其制剂的含量测定。如《中国药典》中盐酸普鲁卡因注射液的含量测定就采用此法，具体方法详见工作任务“盐酸普鲁卡因注射液的质量检验”的相关内容。

工作任务　注射用异烟肼的质量检验

一、任务准备

异烟肼的英文名为 isoniazid，中文别名有雷米封、异烟酰肼，属于吡啶类药物。

（一）结构

异烟肼的化学名称为 4-吡啶甲酰肼，结构式如下。

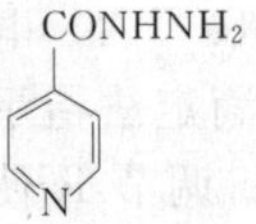

(二) 性质

本品为无色结晶，白色或类白色的结晶性粉末；无臭，味微甜后苦；遇光渐变质。本品在水中易溶，在乙醇中微溶，在乙醚中极微溶解。异烟肼吡啶环上的氮原子具有弱碱性，可与沉淀试剂发生沉淀反应。其吡啶环 γ 位上有酰肼基，具有较强的还原性，能被氧化剂氧化；也可与某些羰基试剂发生缩合反应；在一定条件下，酰肼基还能发生水解反应。异烟肼的吡啶环为芳杂环，对紫外光有特征吸收。

(三) 临床应用

该药为治疗结核病的首选药物，适用于各种类型的结核病，如肺、淋巴、骨、肾、肠等的结核以及结核性脑膜炎、胸膜炎及腹膜炎等。为预防和延缓耐药性的产生，应与其他一线抗结核药联合应用。对急性粟粒性结核和结核性脑膜炎应增大剂量，必要时，采用静脉滴注。异烟肼可用于预防与活动性肺结核病人接触的人群。

(四) 质量标准

注射用异烟肼的质量标准参照《中国药典》二部：本品为异烟肼的无菌粉末。按平均装量计算，含异烟肼（$C_6H_7N_3O$）应为标示量的 95.0%～105.0%。

知识链接

经典老药——异烟肼

1951 年，异烟肼的发明对结核病的治疗产生了根本性的影响。异烟肼可以抑制结核杆菌菌壁分枝菌酸的合成，从而使结核杆菌丧失多种能力（如增殖力、疏水性、耐酸染色等）而死亡；异烟肼还能与结核杆菌菌体辅酶结合，起到干扰脱氧核糖核酸和核糖核酸合成的作用，从而达到杀灭结核杆菌的目的；此外，异烟肼对代谢活力强的结核杆菌作用更强。因此，在过去 60 多年的使用历程中，虽然有的病人所感染的结核菌已产生了耐药性，但大多数医生仍把它作为治疗结核病的一种不可或缺的主药。

二、任务实施

(一) 任务要求

(1) 能利用溴酸钾法完成注射用异烟肼的含量测定操作及计算。

(2) 能应用薄层色谱法（已知杂质对照品法）对注射用异烟肼中游离肼的限量进行检查。

(二) 仪器与试药

(1) 主要仪器　试管、红外光谱仪、酸度计、玻璃电极、甘汞电极、硅胶 G 薄层板、层析缸、定量毛细管点样管、酸式滴定管、移液管、量瓶。

(2) 试药　氨制硝酸银试液、比色用重铬酸钾溶液、比色用硫酸铜溶液、硫酸肼对照品、丙酮、乙醇制对二甲氨基苯甲醛试液、异丙醇、盐酸、甲基橙指示剂、溴酸钾滴定液（0.01667mol/L）。

(三) 工作内容

1. 性状

本品为无色结晶、白色或类白色的结晶性粉末。

2. 鉴别

（1）银镜反应　取本品约10mg，置试管中，加水2ml溶解后，加氨制硝酸银试液1ml，即发生气泡与黑色浑浊，并在试管壁上生成银镜。

（2）红外吸收光谱鉴别　异烟肼的红外吸收图谱应与对照的图谱（光谱集166图）一致。

3. 检查

（1）溶液的颜色　取本品5瓶，加水10ml使溶解，与同体积的对照溶液（取比色用重铬酸钾溶液3.0ml与比色用硫酸铜溶液0.10ml，加水稀释至250ml）比较，不得更深。

（2）酸碱度　取本品0.5g，加水10ml溶解后，依法测定，pH为6.0～8.0。

（3）游离肼　异烟肼中的游离肼是由制备时反应不完全或贮存过程中降解反应而引入的。肼是一种诱变剂和致癌物质，故许多国家药典规定了异烟肼及其制剂中游离肼的限度检查。检查方法有薄层色谱法、差示分光光度法和比浊法等。《中国药典》采用薄层色谱法对注射用异烟肼中的游离肼做限量检查。

检查方法：取本品，加丙酮-水（1∶1）溶解并稀释制成每毫升约含100mg的溶液，作为供试品溶液；另取硫酸肼对照品，加丙酮-水（1∶1）溶解并稀释制成每毫升约含0.08mg（相当于游离肼20μg）的溶液，作为对照品溶液；取异烟肼与硫酸肼各适量，加丙酮-水（1∶1）溶解并稀释制成每毫升分别含异烟肼100mg及硫酸肼0.08mg的混合溶液，作为系统适用性试验溶液。依照《中国药典》（附录Ⅴ B）试验，吸取上述三种溶液各5μl，分别点于同一硅胶G薄层板上，以异丙醇-丙酮（3∶2）为展开剂，展开，晾干，喷以乙醇制对二甲氨基苯甲醛试液，15min后检视。系统适用性试验溶液所显游离肼与异烟肼的斑点应完全分离，游离肼的R_f值约为0.75，异烟肼的R_f值约为0.56。在供试品溶液主斑点前方与对照品溶液主斑点相应的位置上，不得显黄色斑点。

（4）干燥失重　取本品，在105℃干燥至恒重，减失重量不得过1.0%。

（5）无菌　取本品，分别加灭菌水制成每毫升约含20mg的溶液，依法检查，应符合规定。

4. 含量测定

采用溴酸钾法测定含量。

取装量差异项下的内容物，混合均匀，精密称取约0.2g，置100ml量瓶中，加水使溶解并稀释至刻度，摇匀；精密量取25ml，加水50ml、盐酸20ml与甲基橙指示液1滴，用溴酸钾滴定液（0.01667mol/L）缓缓滴定（温度保持在18～25℃）至粉红色消失。每毫升溴酸钾滴定液（0.01667mol/L）相当于3.429mg的$C_6H_7N_3O$。

（四）注意事项

（1）甲基橙褪色反应不可逆，因此滴定过程中应充分缓缓搅拌滴定，以免溶液中溴酸钾局部过浓而引起指示剂提前褪色。

（2）薄层色谱法的点样一般用定量毛细管（或自动点样器）吸取规定量供试品溶液，点样于薄层板上，注意勿损伤薄层表面。点样斑点要集中，应分次点样，待前一滴干后再点第二滴，对照品与样品应点在同一水平位置上，点样基线距底边2.0cm，点样直径为2～4mm，点样距离为1.0～2.0cm。

（3）薄层色谱的层析缸内需先用展开剂饱和，然后将点好样的薄层板浸入展开剂中，薄层板浸入深度为0.5～1.0cm，勿将样点浸入展开剂中，密封缸盖，待展开至规定距离，取出薄层板，晾干，检测。

（五）思考题

（1）薄层色谱法用于杂质检查还有哪几种方法？它们各有什么特点？请计算本实验中杂

质游离肼的限量。

(2) 用溴酸钾滴定异烟肼时，滴定速度过快有哪些影响？

相关知识 杂环类药物的质量检验

碳环中夹杂非碳原子的环状有机化合物称为杂环化合物，其中非碳原子称为杂原子，常见的有氧、氮、硫等。杂环类药物的种类多、数量大，自然界中就有不少具有生理活性的杂环类化合物，如生物碱、维生素、抗生素等；化学合成药物中，杂环类药物也占了相当大的比例。

通常所指的杂环类药物是化学合成的杂环类药物，按其所具有的杂原子的种类、数目、环的元数以及环数等差异可分为吡啶类、吩噻嗪类、苯并二氮杂䓬类、呋喃类、吡唑酮类、喹诺酮类、哌啶类、咪唑类等，各类又根据环上取代基的类型、数目、位置的不同衍生出许多同系列药物。以下以吡啶类、吩噻嗪类和苯并二氮杂䓬类的几种典型药物为例进行重点讨论。

一、吡啶类药物

本类药物均含吡啶环，常用的代表性药物有异烟肼、异烟腙（ftivazide）、尼可刹米（nikethamide）、硝苯地平（nifedipine）等。

(一) 结构与性质

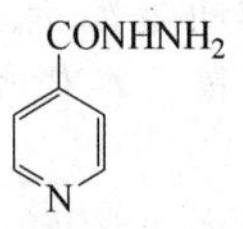

异烟肼

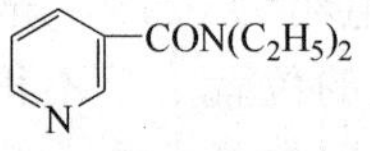

尼克刹米

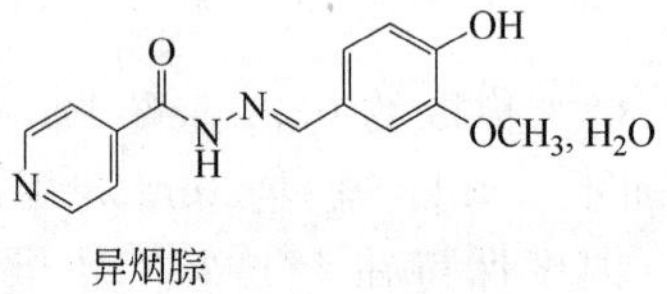

异烟腙

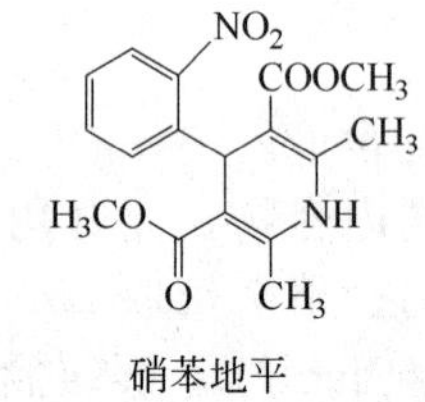

硝苯地平

1. 吡啶环的性质

本类药物的分子结构中均含有 β 或 γ 位被羧基衍生物所取代的吡啶环，可发生开环反应。异烟肼和尼可刹米结构中的吡啶环 α、α' 位未取代，而 β 或 γ 位被羧基衍生物所取代；硝苯地平结构中的吡啶环 β、β' 位被甲酸甲酯所取代。

2. 弱碱性

本类药物吡啶环上的氮原子具有弱碱性，可利用其碱性进行含量测定，还可与重金属离子发生沉淀反应，可供鉴别。

3. 还原性

本类药物异烟肼的吡啶环 γ 位上具有酰肼基，具有较强的还原性，能被不同的氧化剂氧化；并可与某些羰基试剂发生缩合反应，生成衍生物，具有一定的颜色和熔点。以上性质可用于鉴别和含量测定。

4. 水解性

异烟肼中的酰肼基在一定的酸、碱溶液中，易水解生成异烟酸和肼，肼的毒性较大，故应检查异烟肼中的游离肼。尼可刹米分子中的酰胺基遇碱可发生水解反应，生成二乙胺，可用于鉴别。

5. 紫外吸收特征

本类药物的吡啶环为芳杂环，对紫外光有一定的特征吸收，可用于鉴别和含量测定。

(二) 鉴别试验

1. 吡啶母核的开环反应

(1) 戊烯二醛反应　溴化氰作用于吡啶环，可使吡啶环水解，开环形成戊烯二醛，再与芳伯胺（如苯胺、联苯胺等）缩合，形成有色的戊烯二醛衍生物。其颜色随所用芳胺的不同而有所差异，如与苯胺缩合显示黄至黄棕色，与联苯胺缩合则显示粉红至红色。

本法适用于吡啶环上 N 原子的 α、α'位未被取代以及 β、γ 位被羧基衍生物所取代的吡啶类药物。异烟肼和尼可刹米均具有此反应。

【应用示例】　尼可刹米的鉴别：取尼可刹米 1 滴，加水 50ml，摇匀，取 2ml，加溴化氰试液 2ml 与 2.5%苯胺溶液 3ml，摇匀，溶液渐显黄色。

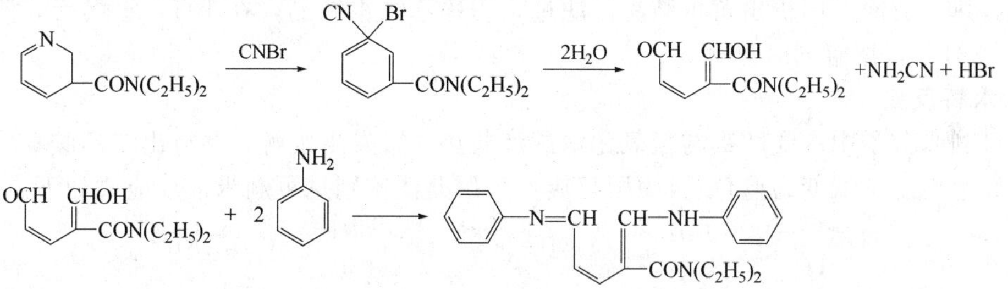

【应用示例】　在用本法鉴别异烟肼时，应先用溴水或高锰酸钾将异烟肼氧化成异烟酸，再与溴化氰作用，然后与芳伯胺缩合，形成有色的戊烯二醛衍生物。

(2) 二硝基氯苯反应　在无水条件下，将吡啶类药物与 2，4-二硝基氯苯混合共热或共热使其熔融，放冷后，加醇制氢氧化钾试液或氢氧化钠溶液将残渣溶解，溶液呈紫红色或鲜红色。异烟肼、尼可刹米需经处理后有此反应。

【应用示例】　异烟腙的鉴别：取异烟腙约 50mg，加 2,4-二硝基氯苯 50mg 与乙醇 3ml，置水浴中煮沸 2～3min，放冷，加 10%氢氧化钠溶液 2 滴，静置后，即显鲜红色。

2. 沉淀反应

本类药物可与某些重金属盐类（如氯化汞、硫酸铜、碘化铋钾）及苦味酸等试剂形成沉淀，可用于鉴别。

如异烟肼与氯化汞试液反应生成白色沉淀。

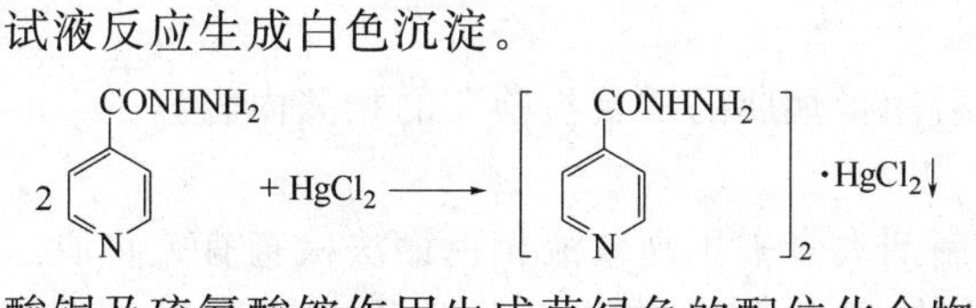

又如尼可刹米与硫酸铜及硫氰酸铵作用生成草绿色的配位化合物。

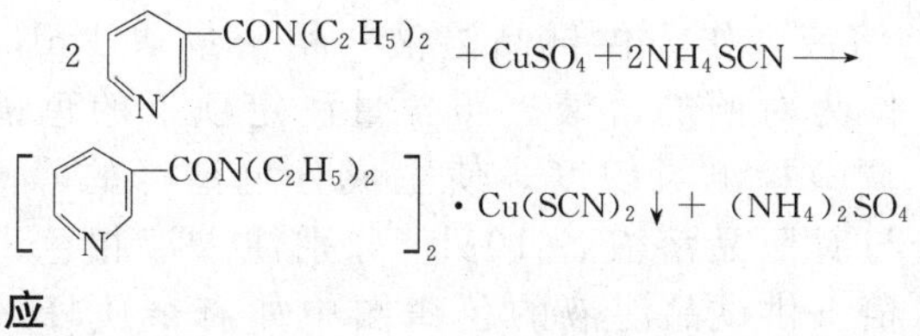

3. 酰肼基的鉴别反应

(1) 还原反应　异烟肼分子中的酰肼基具有还原性，可与氨制硝酸银试液反应生成异烟酸和单质银沉淀，肼基则被氧化成氮气。反应式如下。

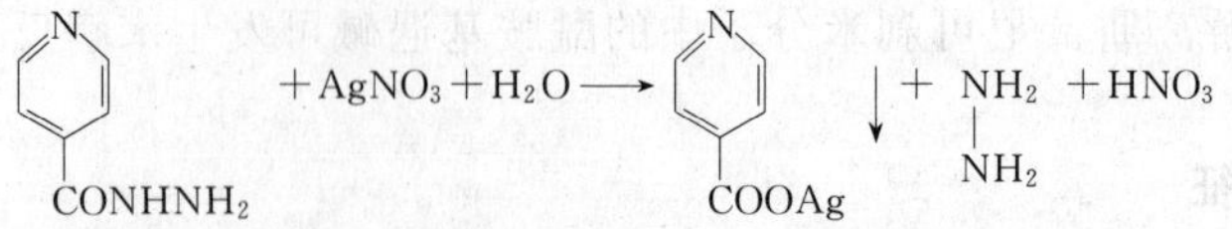

$$HN_2-NH_2+4AgNO_3 \longrightarrow 4Ag\downarrow+N_2\uparrow+4HNO_3$$

【应用示例】 取异烟肼约 10mg，置试管中，加水 2ml 溶解后，加氨制硝酸银试液 1ml，即产生气泡与黑色浑浊，并在试管壁上生成银镜。

(2) 缩合反应 异烟肼分子中的酰肼基可与芳醛发生缩合反应生成异烟腙，具有一定的熔点，可用于鉴别。《中国药典》(2005 年版) 采用此法鉴别异烟肼，反应式如下。

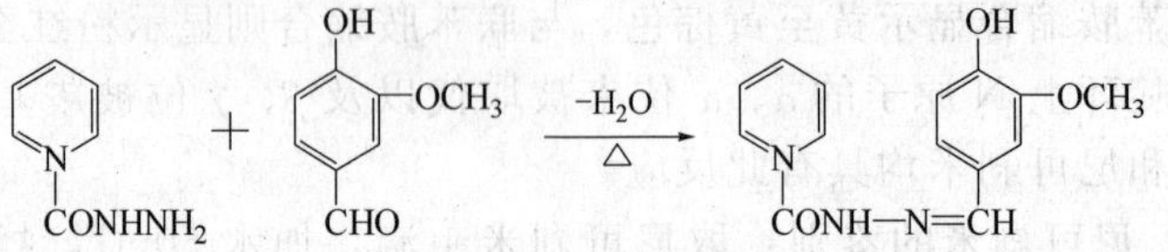

【应用示例】 取异烟肼约 0.1g，加水 5ml 溶解后，加 10%香草醛的乙醇溶液 1ml，摇匀，微热，放冷，即析出黄色结晶；滤过，用稀乙醇重结晶，在 105℃干燥后，测定熔点为 228～231℃，熔融同时分解。

4. 水解反应

尼可刹米分子中的酰胺键与氢氧化钠试液共热，可发生水解，并放出二乙胺臭气，能使湿润的红色石蕊试纸变为蓝色。《中国药典》采用此法鉴别尼可刹米，反应式如下。

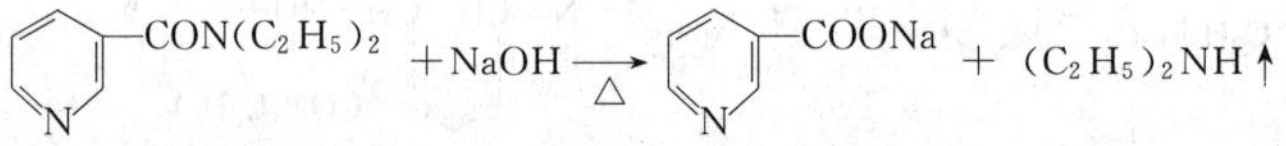

【应用示例】 取尼可刹米 10 滴，加氢氧化钠试液 3ml，加热，即放出二乙胺的臭气，能使湿润的红色石蕊试纸变为蓝色。

5. 光谱鉴别

本类药物由于具有芳杂环，因此在紫外光区有特征吸收，可供鉴别。

本类药物的原料药及某些制剂经适当的前处理后可采用红外分光光度法鉴别。《中国药典》收载的异烟肼片、注射用异烟肼、尼群地平片、烟酰胺片均采用红外分光光度法鉴别。

6. 色谱鉴别

《中国药典》采用 HPLC 法鉴别异烟肼及其片剂、硝苯地平片等 10 多种制剂；烟酰胺和烟酸制剂则采用 TLC 法鉴别。

(三) 异烟肼的杂质检查

1. 游离肼

详见工作任务“注射用异烟肼的质量检验”的相关内容。

2. 有关物质

本类药物的原料及制剂大多采用高效液相色谱法检查有关物质。

【应用示例】 异烟肼原料药中有关物质的检查：取异烟肼，加水溶解并稀释制成每毫升中约含 0.5mg 的溶液，作为供试品溶液；精密量取 1ml，置 100ml 量瓶中，用水稀释至刻度，摇匀，作为对照的溶液。照含量测定项下的色谱条件，取对照品溶液 10μl 注入液相色谱仪，调节检测灵敏度，使主成分色谱峰的峰高约为满量程的 20%；再精密量取供试品溶液与对照品溶液各 10μl，分别注入液相色谱仪，记录色谱图至主成分峰保留时间的 3.5 倍。供试品溶液的色谱图中如有杂质峰，单个杂质峰面积不得大于对照品溶液主峰面积的 0.35 倍 (0.35%)，各杂质峰面积的和不得大于对照品溶液主峰面积 (1.0%)。

（四）含量测定

1. 异烟肼的含量测定

异烟肼的吡啶环具有碱性，酰肼基具有还原性，都可用于含量测定。现介绍溴酸钾法、溴量法和高效液相色谱法。

（1）溴酸钾法　异烟肼具有强还原性，在强酸性介质中可被溴酸钾氧化为异烟酸和氮气，溴酸钾被还原为溴化钾，终点时微过量的溴酸钾可氧化甲基橙指示剂，使其在酸性溶液中粉红色消失而指示终点。1mol 的溴酸钾相当于 3/2mol 的异烟肼。本法操作简便，结果准确。《中国药典》对注射用异烟肼的含量测定采用溴酸钾法，反应式如下。

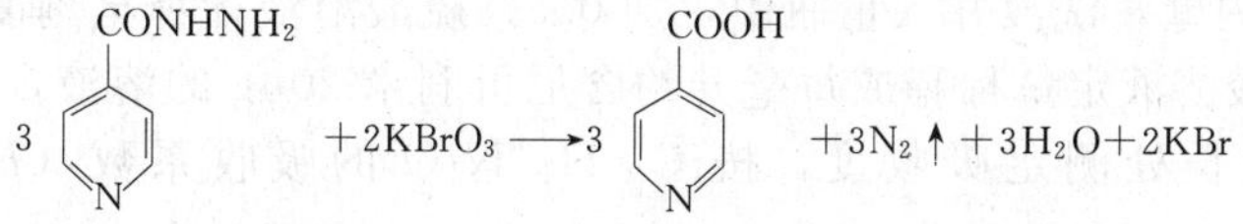

测定方法详见工作任务“注射用异烟肼的质量检验”的相关内容。

待测液中含适量的盐酸是获得定量反应的基本条件。甲基橙是不可逆氧化还原指示剂，为防止溶液中温度过高、溴酸钾局部过浓等使指示剂破坏而提前指示终点，应充分搅拌、缓缓滴定，且温度保持在 18～25℃。

（2）溴量法　异烟肼在稀盐酸介质中可被定量过量的溴氧化，剩余的溴用碘量法测定，根据消耗的硫代硫酸钠滴定液的量，计算供试品的含量。异烟肼与溴反应的物质的量比为 1∶2。

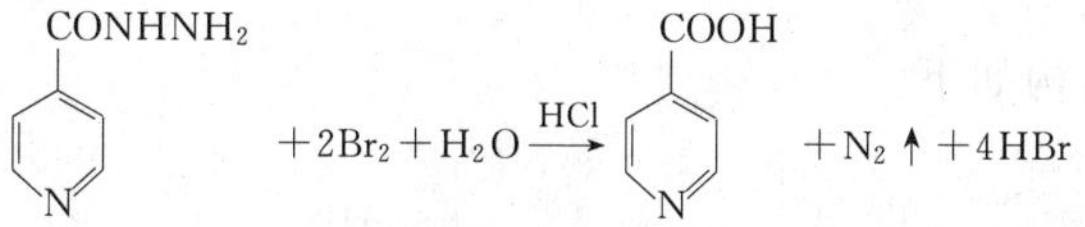

【应用示例】　BP（2009）收载的异烟肼注射液采用该法测定含量：精密量取异烟肼注射液适量（约相当于异烟肼 0.4g），加水稀释至 250ml，摇匀。精密量取 25ml，置具塞锥形瓶中，精密加溴滴定液（0.05mol/L）25ml，再加盐酸 5ml，立即密塞并振摇 1min，在暗处静置 15min 后，注意微开瓶塞，加碘化钾 1g，立即密塞，摇匀后，用硫代硫酸钠滴定液（0.1mol/L）滴定，至近终点时，加淀粉指示液，继续滴定至蓝色消失，并将滴定的结果用空白试验校正。每毫升溴滴定液（0.05mol/L）相当于 3.429mg 的 $C_6H_7N_3O$。

（3）高效液相色谱法　高效液相色谱法通过分离可消除有关物质及制剂中辅料的干扰，准确测定药物含量。《中国药典》中异烟肼及其片剂采用高效液相色谱法测定含量。

【应用示例】　异烟肼原料药的含量测定：

① 色谱条件与系统适用性试验　用十八烷基硅烷键合硅胶为填充剂；以 0.02mol/L 磷酸氢二钠溶液（用磷酸调 pH 至 6.0）-甲醇（85∶15）为流动相；检测波长为 262nm。理论板数按异烟肼峰计算不低于 4000。

② 测定法　取异烟肼精密称定，加水溶解并定量稀释成每毫升中约含 0.1mg 的溶液，精密量取 10μl 注入液相色谱仪，记录色谱图；另取异烟肼对照品，同法测定。按外标法以峰面积计算，即得。

2. 尼可刹米的含量测定

《中国药典》对尼可刹米原料药的含量测定多采用非水溶液滴定法，而对其注射液的含量测定采用紫外-可见分光光度法。

（1）非水溶液滴定法　尼可刹米分子中的吡啶环具有碱性，可在冰醋酸溶剂中与高氯酸定量生成高氯酸盐，以结晶紫为指示剂指示终点。

【应用示例】　尼可刹米原料药的含量测定：取尼可刹米约 0.15g，精密称定，加冰醋酸 10ml 与结晶紫指示液 1 滴，用高氯酸滴定液（0.1mol/L）滴定至溶液显蓝绿色，并将滴定结果用空白试验校正。每毫升高氯酸滴定液（0.1mol/L）相当于 17.82mg 的$C_{10}H_{14}N_2O$。

（2）紫外-可见分光光度法　尼可刹米分子中的吡啶环为芳香环，在 0.5%的硫酸溶液中，在紫外光区 263nm 波长处有最大吸收，为避免注射液中的水分对非水溶液滴定法的干扰，尼可刹米注射液采用紫外-可见分光光度法测定含量。尼可刹米黏度较大，而与硫酸成盐后易溶于水，因此，《中国药典》采用 0.5%的硫酸溶液溶解样品。

【应用示例】　用内容量移液管精密量取本品 2ml，置 200ml 量瓶中，用 0.5%硫酸溶液分次洗涤移液管内壁，洗液并入量瓶中，加 0.5%硫酸溶液稀释至刻度，摇匀；精密量取适量，加 0.5%硫酸溶液定量稀释成每毫升约含尼可刹米 20μg 的溶液，照紫外-可见分光光度法，在 263nm 波长处测定吸收度，按 $C_{10}H_{14}N_2O$ 的吸收系数（$E_{1cm}^{1\%}$）为 292 计算，即得。

二、吩噻嗪类药物

吩噻嗪类药物是苯并噻嗪的衍生物，分子结构中具有共同的硫氮杂蒽母核。常用的药物有盐酸氯丙嗪（chlorpromazine hydrochloride）、盐酸异丙嗪（promethazine hydrochloride）、奋乃静（perphenazine）、盐酸氟奋乃静（fluphenazine hydrochloride）、盐酸三氟拉嗪（trifluoperazine hydrochloride）等。

（一）结构与性质

本类药物的基本结构如下。

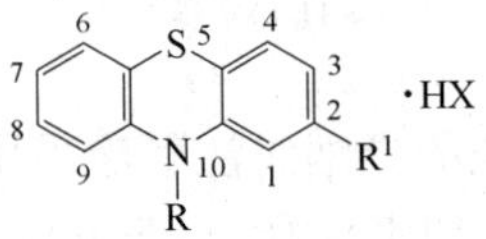

随母核 2 位碳原子上 R′取代基和 10 位氮原子上 R 取代基的不同，构成各种吩噻嗪类药物，典型药物的结构如表 7-2 所示。

表 7-2　常用吩噻嗪类药物的化学结构

药物名称	R	R′	HX
盐酸氯丙嗪	$-(CH_2)_3N(CH_3)_2$	—Cl	HCl
盐酸异丙嗪	$-CH_2CH(CH_3)N(CH_3)_2$	—H	HCl
奋乃静	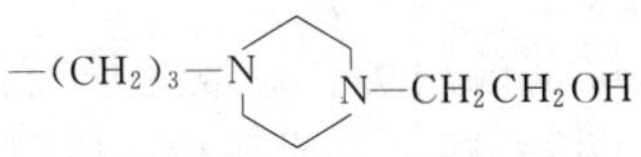	—Cl	
盐酸氟奋乃静	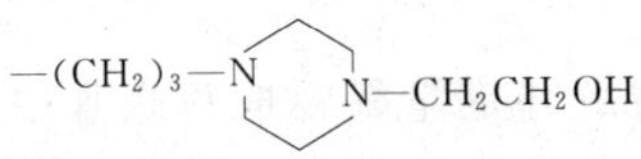	CF_3	HCl
癸氟奋乃静	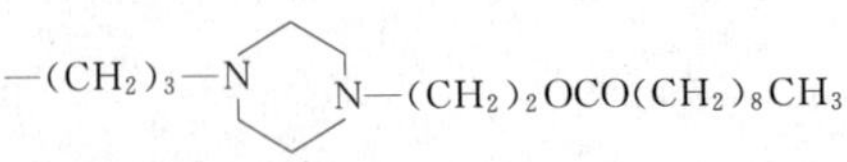	CF_3	

1. 还原性

本类药物的硫氮杂蒽母核中的二价硫易被氧化，遇空气和氧化剂（如硝酸、过氧化氢、硫酸和三氯化铁等）可氧化为砜、亚砜等不同产物，氧化产物的颜色随取代基的不同而不同，可用于本类药物的鉴别或含量测定。

2. 弱碱性

本类药物母核上氮原子的碱性极弱，但10位氮上的取代基烃胺（二甲氨基）或哌嗪基碱性较强，可用非水溶液滴定法测定含量，也可与盐酸成盐。

3. 与金属离子反应

本类药物分子结构中未被氧化的硫，可与金属钯离子形成配位化合物，其氧化产物砜和亚砜则无此反应。此反应的专属性强，可消除氧化产物的干扰，可用于本类药物的鉴别和含量测定。

4. 紫外光谱特征

吩噻嗪类药物中硫氮杂蒽母核由三个大π键形成共轭系统，在紫外光区有三个较强的吸收峰，分别在204～209nm、250～265nm和300～325nm附近。《中国药典》收载的品种其最大吸收峰分别在205nm、254nm和300nm，最强峰多在254nm附近。其氧化产物砜和亚砜的吸收光谱与未取代的硫氮杂蒽母核的吸收光谱明显不同，可增加成4个吸收峰，如图7-3。因此，可利用其紫外特征吸收进行鉴别和含量测定。

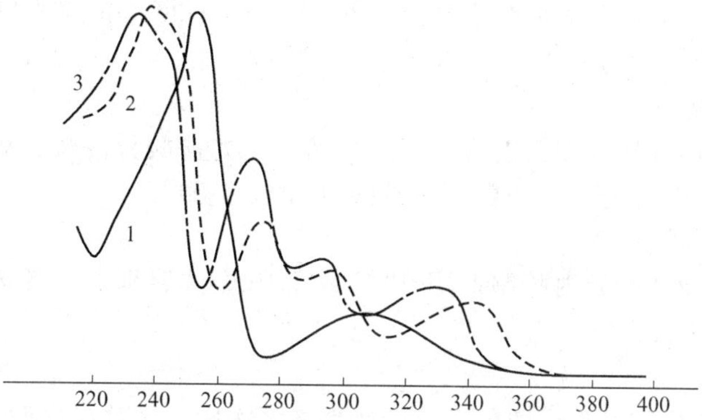

图7-3　吩噻嗪及其氧化产物的紫外图谱

1—吩噻嗪；2—吩噻嗪的亚砜化物；3—吩噻嗪的砜化物

2位上的不同取代基R′对吸收光谱有影响，可引起最大吸收波长的位移，当2位上被卤素取代时，可引起最大吸收波长红移，同时会使250～265nm区段的吸收峰强度增加；当2位上被—SCH_3、—$COCH_3$基取代时，则最大吸收波长红移更显著，并在240～245nm及275～285nm波长处有强吸收。

10位上的烃胺侧链R对最大吸收波长也有一定影响，其波长位移的大小与侧链长短有关，碳链越短，影响越大，即使氨基在四个碳链的末端，对吸收峰的位置仍会有轻微影响。

（二）鉴别试验

1. 显色反应

（1）氧化显色　本类药物的硫氮杂蒽母核具有还原性，可被不同的氧化剂氧化而呈色，利用此反应对本类药物进行鉴别。

【应用示例】　盐酸异丙嗪的鉴别：①取本品约5mg，加硫酸5ml溶解后，溶液显樱桃红色；放置后，色渐变深。②取本品约0.1g，加水3ml溶解后，加硝酸1ml，即生成红色沉淀；加热，沉淀即溶解，溶液由红色转变为橙黄色。

【应用示例】　盐酸氯丙嗪的鉴别：取本品约10mg，加水1ml溶解后，加硝酸5滴即显红色，渐变淡黄色。

（2）钯离子络合显色　本类药物的硫氮杂蒽母核中未被氧化的硫原子能与金属钯离子形成红色的配位化合物，可用于鉴别和含量测定。

【应用示例】 癸氟奋乃静的鉴别：取本品约50mg，加甲醇2ml溶解后，加0.1%氯化钯溶液3ml，即有沉淀生成，并显红色，再加过量的氯化钯溶液，颜色变深。

(3) 氟元素显色反应　含氟药物与碳酸钠及碳酸钾在600℃共同炽灼后，与酸性茜素锆试液反应生成 $[ZrF_6]^{2-}$ 配位离子，茜素游离使溶液由红色变为黄色。

【应用示例】 癸氟奋乃静的鉴别：取本品15～20mg，加碳酸钠与碳酸钾各约0.1g，混匀，在600℃炽灼15～20min，放冷，加水2ml使溶解，加盐酸溶液（1→2）酸化，滤过，滤液加茜素锆试液0.5ml，应显黄色。

2. 氯化物反应

本类药物常用其盐酸盐，显氯化物的鉴别反应。

3. 紫外-可见分光光度法

本类药物的鉴别常利用紫外吸收光谱中的最大吸收波长、最小吸收波长以及最大吸收波长的吸收度或吸收系数进行鉴别。

【应用示例】 盐酸氯丙嗪的鉴别：取本品，加盐酸溶液（9→1000）制成每毫升中含5μg的溶液，照紫外-可见分光光度法测定，在254nm与306nm的波长处有最大吸收，在254nm的波长处吸收度约为0.46。

4. 红外分光光度法

《中国药典》还用红外分光光度法鉴别本类药物，如盐酸异丙嗪、盐酸氯丙嗪的红外吸收图谱应分别与对照的图谱（光谱集350图、391图）一致。

5. 色谱法

《中国药典》收载盐酸异丙嗪制剂用TLC或HPLC法鉴别，二者选一；盐酸氟奋乃静及其制剂采用HPLC法鉴别。

（三）检查

吩噻嗪类药物在生产过程中的副反应会产生有关物质，在贮存过程中易被氧化生成砜类化合物，因此吩噻嗪类药物的原料及制剂均需进行有关物质的检查，一般采用HPLC法。

【应用示例】 盐酸氯丙嗪片中有关物质的检查：检查应避光操作。精密量取本品适量，用流动相稀释制成每毫升中含盐酸氯丙嗪0.4mg的溶液，作为供试品溶液；精密量取适量，用流动相定量稀释制成每毫升中含2μg的溶液，作为对照溶液。照高效液相色谱法试验，用辛烷基硅烷键合硅胶为填充柱；以乙腈-0.5%三氟乙酸（用四甲基乙二胺调节pH至5.3）（50∶50）为流动相；检测波长为254nm。取对照溶液10μl注入液相色谱仪，调节检测灵敏度，使主成分色谱峰的峰高约为满量程的20%。精密量取供试品溶液和对照溶液各10μl，分别注入液相色谱仪，记录色谱图至主成分峰保留时间的4倍。供试品溶液的色谱图中如有杂质峰，单个杂质峰面积不得大于对照溶液主峰面积（0.5%），各杂质峰面积的和不得大于对照溶液主峰面积的2倍（1.0%）。

（四）含量测定

1. 非水碱量法

目前，各国药典多采用非水碱量法测定吩噻嗪类药物原料药的含量。本类药物母核上氮原子的碱性极弱，而10位取代基的烃胺（二甲氨基）、哌啶基或哌嗪基碱性较强，可在非水介质中用高氯酸液滴定。

【应用示例】 盐酸氯丙嗪原料药的含量测定：取本品约0.2g，精密称定，加冰醋酸10ml与醋酐30ml溶解后，照电位滴定法，用高氯酸滴定液（0.1mol/L）滴定，并将滴定的结果用空白试液校正。每毫升高氯酸滴定液（0.1mol/L）相当于35.53mg的 $C_{17}H_{19}ClN_2S \cdot HCl$。

吩噻嗪类药物的制剂，由于赋形剂的干扰，往往不能直接采用非水碱量法测定，需经碱化提取后再用本法测定。

【应用示例】　奋乃静注射液的含量测定：精密量取本品适量（约相当于奋乃静125mg），置分液漏斗中，加氢氧化钠试液2ml使成碱性，用三氯甲烷振摇提取4次，每次20ml，合并提取液，以置有无水硫酸钠5g的干燥滤纸滤过，滤液置水浴上蒸干，加冰醋酸10ml溶解，加结晶紫指示液1滴，用高氯酸滴定液（0.1mol/L）滴定，并将滴定的结果用空白试验校正。每毫升高氯酸滴定液（0.1mol/L）相当于20.20mg的$C_{21}H_{26}ClN_3OS$。

本法为消除溶剂水对测定的干扰，样品经碱化、有机溶剂提取，挥干有机溶剂后，再照原料药的方法测定。奋乃静与高氯酸反应的物质的量比为1∶2。

2. 紫外-可见分光光度法

目前，各国药典对吩噻嗪类药物制剂大多采用紫外-可见分光光度法测定含量。

【应用示例】　盐酸氯丙嗪片的含量测定：避光操作。取本品10片，除去包衣后，精密称定，研细，精密称取适量（约相当于盐酸氯丙嗪10mg），置100ml量瓶中，加溶剂[盐酸溶液（9→1000）]70ml，振摇使盐酸氯丙嗪溶解，用同一溶剂稀释至刻度，摇匀，滤过；精密量取续滤液5ml，置100ml量瓶中，加同一溶剂稀释至刻度，摇匀，照紫外-可见分光光度法，在254nm的波长处测定吸收度，按$C_{17}H_{19}ClN_2S \cdot HCl$的吸收系数（$E_{1cm}^{1\%}$）为915计算，即得。

因吩噻嗪类药物易被氧化，为防止其在空气或日光中变色，应避光操作。

3. 钯离子比色法

吩噻嗪类药物在pH 2.0±0.1的缓冲溶液中可与金属钯离子形成有色配位化合物，在500nm波长附近具有最大吸收，可用比色法测定含量。

钯离子只与未被氧化的硫原子形成配位化合物，当硫原子已被氧化为砜或亚砜时，不与钯离子呈色，因此，本法可选择性地用于未被氧化的吩噻嗪类药物的测定，可利用空白试验对照的方法，消除本类药物中氧化物的干扰。USP（32）采用该法测定盐酸异丙嗪栓剂和片剂，奋乃静注射液、糖浆剂及片剂的含量。

【应用示例】　奋乃静片的含量测定：取本品20片，精密称定，研细，精密称取适量（约相当于奋乃静4mg），置具塞锥形瓶中，精密加入盐酸-乙醇溶液（取乙醇500ml，加水300ml和盐酸10ml，加水至1000ml，摇匀）25ml，振摇30min，离心。精密量取上清液10ml，与氯化钯溶液（取氯化钯100mg，置100ml棕色量瓶中，加盐酸1ml和水50ml，水浴加热使溶解，放冷，加水稀释至刻度，摇匀，30天内使用。临用前，精密量取50ml，置500ml量瓶中，加盐酸4ml，无水乙酸钠4.1g，用水稀释至刻度，摇匀）15.0ml，混合均匀，必要时滤过，作为供试品溶液；以试剂作空白，照紫外-可见分光光度法，在480nm的波长处测定吸光度；另精密称取奋乃静对照品适量，加盐酸-乙醇溶液制成每毫升中约含160μg的溶液，作为对照品溶液，同法测定。计算，即得。

选用氯化钯作显色剂，所形成的配位化合物在水中的溶解度较小，当供试品量大时，易出现浑浊而影响测定。此时，可改用十二烷基硫酸酯钯盐，既增加了有色配位化合物的溶解度，又可提高方法的灵敏度。

4. 高效液相色谱法

药物制剂中的杂质、辅料及稳定剂等，常对主成分的含量测定构成干扰，故高效液相色谱法广泛用于吩噻嗪类药物制剂的含量测定。

【应用示例】　盐酸异丙嗪片含量的测定。

（1）色谱条件与系统适用性试验　用十八烷基硅烷键合硅胶为填充剂；以水（用冰醋酸调节pH值至2.3）-甲醇（55∶45）为流动相；检测波长为254nm。理论板数按盐酸异丙嗪峰计算不低于3000，盐酸异丙嗪峰与相对保留时间1.1～1.2的杂质峰的分离度应大于2.0。

(2) 测定法　取本品10片，精密称定，研细，精密称取适量（约相当于盐酸异丙嗪20mg），置100ml量瓶中，加0.1mol/L盐酸溶液适量，振摇使盐酸异丙嗪溶解并用0.1mol/L盐酸溶液稀释至刻度，摇匀，滤过，精密量取续滤液5ml，置50ml量瓶中，用水稀释至刻度，摇匀，精密量取20μl注入液相色谱仪，记录色谱图；另取盐酸异丙嗪对照品，精密称定，加0.1mol/L盐酸溶液溶解并定量稀释制成每毫升中约含0.02mg的溶液，同法测定。按外标法以峰面积计算，即得。

课堂互动

盐酸氯丙嗪的原料药含量测定采用非水滴定法，而其注射剂的含量测定为什么采用紫外-可见分光光度法？

由于盐酸异丙嗪也易被氧化，为防止其在空气或日光中变色，整个操作应避光。

三、苯并二氮杂䓬类药物

苯并二氮杂䓬类药物为苯环与七元亚胺内酰胺环稠合而成的有机药物，其中1，4-苯并二氮杂䓬类药物是目前临床上应用最广泛的抗焦虑、抗惊厥药。常用的有地西泮（diazepam）、硝西泮（nitrazepam）、氯硝西泮（clonazepam）、奥沙西泮（oxazepam）、氯氮䓬（chlordiazepoxide）、阿普唑仑（alprazolam）等。这类药物中，除氯氮䓬外，均为地西泮的衍生物。

（一）结构与性质

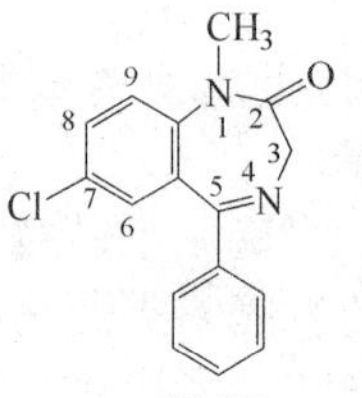

地西泮

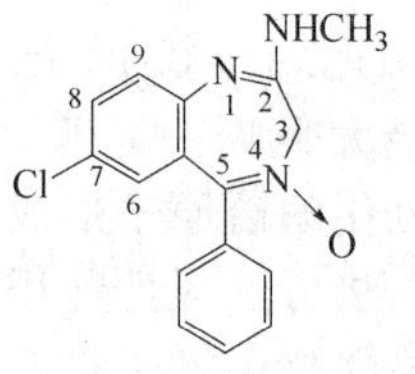

氯氮䓬

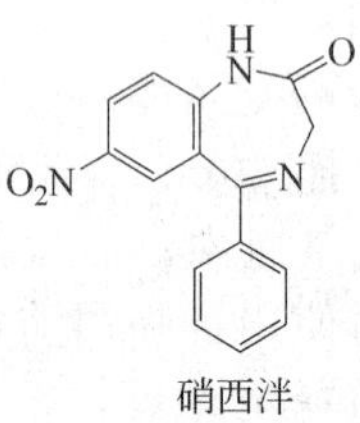

硝西泮

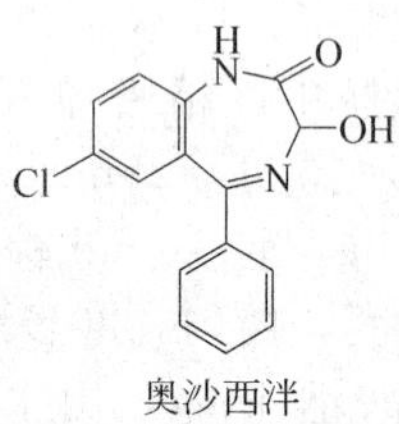

奥沙西泮

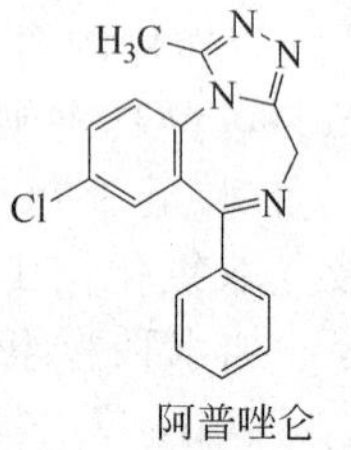

阿普唑仑

1. 弱碱性

苯并二氮杂䓬类药物结构中的二氮杂䓬环上的氮原子具有强碱性，但被苯基取代后，碱性降低，可用非水溶液滴定法测定含量；也可与生物碱沉淀试剂发生沉淀反应，用于鉴别。

2. 水解性

通常情况下二氮杂䓬环比较稳定，但在强酸性溶液中可水解开环，生成相应的二苯甲酮衍生物，是本类药物的主要有关物质，其水解产物所呈现的某些特性可用于本类药物的鉴别和含量测定。

3. 紫外和红外吸收

本类药物的分子结构中有共轭体系，在紫外光区和红外光区均有特征吸收，可用于本类药物的鉴别。

（二）鉴别试验

1. 化学鉴别法

(1) 沉淀反应　苯并二氮杂䓬类药物在稀盐酸溶液中可与碘化铋钾、硅钨酸等生物碱沉淀试剂发生沉淀反应，用于鉴别。如氯氮䓬的鉴别：取本品约 10mg，加盐酸溶液（9→1000）10ml 溶解后，加碘化铋钾试液 1 滴，即生成橙红色沉淀。

（2）水解后呈芳香第一胺反应　二氮杂䓬环的 N_1 位未被取代的本类药物，在盐酸溶液（1→2）中缓缓加热煮沸，水解开环，产生芳伯氨基，可用水解后的芳香第一胺反应进行鉴别。如氯氮䓬的鉴别：取本品约 10mg，加盐酸溶液（1→2）15ml，缓缓煮沸 15min，放冷，溶液显芳香第一胺类的鉴别反应。

地西泮等 N_1 位有取代的苯并二氮杂䓬类药物则无此反应。

（3）硫酸-荧光反应　苯并二氮杂䓬类药物溶于硫酸或稀硫酸后，在紫外光下（365nm），呈现不同颜色的荧光，可用于本类药物的鉴别。如地西泮在硫酸中为黄绿色荧光，艾司唑仑在稀硫酸中为天蓝色荧光。

2. 紫外-可见分光光度法

苯并二氮杂䓬类药物的分子结构中有共轭体系，在紫外光区有特征吸收。

【应用示例】　地西泮的鉴别：取本品，加 0.5%硫酸的甲醇溶液制成每毫升含 5μg 的溶液，照紫外-可见分光光度法测定，在 242nm、284nm 与 366nm 波长处有最大吸收；在 242nm 波长处的吸收度约为 0.51，在 284nm 波长处的吸收度约为 0.23。

3. 红外分光光度法

本类药物的结构相似，可采用红外光谱进行鉴别，如地西泮的红外吸收图谱应与对照的图谱（光谱集 138 图）一致。

4. 色谱法鉴别

苯并二氮杂䓬类药物的发展迅速，品种不断增多，结构相似，不易分离、鉴别，可采用色谱法来鉴别。如《中国药典》中地西泮片和注射液、氯硝西泮片等采用 HPLC 鉴别；硝西泮片采用 TLC 鉴别。

（三）检查

苯并二氮杂䓬类药物由于生产工艺原因或贮藏期间出现分解，易引入中间体、副产物和分解产物，故本类药物的原料及制剂大多需进行有关物质的检查，主要采用 TLC 法和 HPLC 法。

【应用示例】　氯氮䓬中有关物质的检查：避光操作，临用新制。取本品适量，精密称定，加流动相溶解并稀释制成每毫升中含 0.2mg 的溶液，作为供试品溶液；另取 2-氨基-5-氯二苯酮对照品（杂质Ⅰ）适量，精密称定，加流动相溶解并稀释制成每毫升中含 20μg 的溶液，作为对照品溶液；精密量取供试品溶液 0.2ml 与对照品溶液 1ml，置同一 100ml 量瓶中，用流动相稀释至刻度，摇匀，作为对照溶液。照高效液相色谱法测定，用十八烷基硅烷键合硅胶为填充剂；以乙腈-水（50∶50）为流动相；检测波长为 254nm。称取氯氮䓬对照品约 20mg，加流动相 5ml 振摇使溶解后，加 1mol/L 盐酸溶液 5ml，室温放置约 20h，加 1mol/L 氢氧化钠溶液 5ml，再用流动相稀释至 100ml，摇匀，作为系统适用性试验溶液，量取 10μl 注入液相色谱仪，记录色谱图。主要色谱峰的出峰顺序为 7-氯-5-苯基-1，3-二氢-1，4-苯并二氮䓬-2-酮-4-氧化物（杂质Ⅱ）、氯氮䓬，杂质Ⅱ相对保留时间约为 0.7，两者分离度应大于 5.0。取对照溶液 10μl 注入液相色谱仪，调节检测灵敏度，使主成分色谱峰的峰高约为满量程的 20%；精密量取对照溶液和供试品溶液各 10μl，分别注入液相色谱仪，记录色谱图至主成分峰保留时间的 5 倍。供试品溶液的色谱图中如有与杂质Ⅰ峰保留时间一致的色谱峰，其峰面积不得大于对照溶液中杂质Ⅰ峰的峰面积（0.1%），如有与杂质Ⅱ峰保留时间一致的色谱峰，其峰面积不得大于对照溶液中氯氮䓬峰面积（0.2%），其他单个杂质峰面积不得大于对照溶液中氯氮䓬峰面积的 0.5 倍（0.1%），各杂质峰面积的和不得大于对照溶液中氯氮䓬峰面积的 2.5 倍（0.5%），小于对照溶液中氯氮䓬峰面积 0.25 倍的色谱峰可忽略不计。

(四) 含量测定

苯并二氮杂䓬类药物原料药及其制剂的含量测定方法主要有非水碱量法、紫外-可见分光光度法和高效液相色谱法。

1. 非水碱量法

《中国药典》中该类原料药除了奥沙西泮和三唑仑外，均采用非水碱量法测定含量。

【应用示例】 氯氮䓬的含量测定：取本品 0.3g，精密称定，加冰醋酸 20ml 溶解后，加结晶紫指示液 1 滴，用高氯酸滴定液（0.1mol/L）滴定至溶液显蓝色，并将滴定的结果用空白试液校正。每毫升高氯酸滴定液（0.1mol/L）相当于 29.98mg 的 $C_{16}H_{14}ClN_3O$。

2. 紫外-可见分光光度法

《中国药典》中记载，采用紫外-可见分光光度法测定氯氮䓬片、氯硝西泮片及注射剂、硝西泮片、艾司唑仑片、奥沙西泮及其片剂的含量。

【应用示例】 奥沙西泮片的含量测定：取本品 20 片，精密称定，研细，精密称取适量（约相当于奥沙西泮 15mg），置 200ml 量瓶中，加乙醇 150ml，置温水浴中加热，并时时振摇，使奥沙西泮溶解，放冷，用乙醇稀释至刻度，摇匀，滤过，精密量取续滤液 5ml，置 100ml 量瓶中，用乙醇稀释至刻度，摇匀。照紫外-可见分光光度法，在 229nm 的波长处测定吸光度，按 $C_{15}H_{11}ClN_2O_2$ 的吸收系数（$E_{1cm}^{1\%}$）为 1252 计算，即得。

3. 高效液相色谱法

《中国药典》中艾司唑仑注射液、三唑仑片、阿普唑仑片、地西泮片和注射液等均采用高效液相色谱法测定含量。

【应用示例】 地西泮片的含量测定。

（1）色谱条件与系统适用性试验　用十八烷基硅烷键合硅胶为填充剂；以甲醇-水（70∶30）为流动相；检测波长为 254nm。理论板数按地西泮峰计算不低于 1500。

（2）测定法　取本品 20 片，精密称定，研细，精密称取适量（约相当于地西泮 10mg），置 50ml 量瓶中，加甲醇适量，振摇，使地西泮溶解，用甲醇稀释至刻度，摇匀，滤过，精密量取续滤液 10μl 注入液相色谱仪，记录色谱图；另取地西泮对照品约 10mg，精密称定，同法测定。按外标法以峰面积计算，即得。

必备知识二　滴眼剂的质量检验

【知识目标】

掌握滴眼剂的概念与分类；滴眼剂的含量测定与计算方法以及附加剂干扰排除的方法；

熟悉滴眼剂的质量要求与检查项目，典型药物诺氟沙星滴眼剂和磺胺醋酰钠滴眼剂的质量检验原理与方法；

了解滴眼剂生产过程的主要质量控制要点，喹诺酮类和磺胺类药物质量检验的相关知识。

【能力目标】

能正确查阅《中国药典》中有关药物制剂的质量标准，并依据该标准对药物进行质量检验操作，正确填写相关药物的检验原始记录及检验报告单，同时给出正确的检验结论。

一、滴眼剂的定义与分类

眼用制剂系指直接用于眼部，发挥治疗作用的无菌制剂。眼用制剂可分为眼用液体制剂（滴眼剂、洗眼剂、眼内注射溶液），眼用半固体制剂（眼膏剂、眼用乳膏剂、眼用凝胶剂）和眼用固体制剂（眼膜剂、眼丸剂、眼内插入剂）等。眼用液体制剂也可以固态形式包装，另备溶剂，在临用前配成溶液或混悬液。

滴眼剂系指由药物与适宜辅料制成的供滴入眼内的无菌液体制剂，可分为水性或油性溶液、混悬液或乳状液。滴眼剂可用于抗菌、抗炎、降低眼内压、收敛、散瞳、缩瞳、局麻、保护及诊断、滑润或代替泪液用。

二、滴眼剂的质量监控

（一）滴眼剂的质量检查

眼睛是人体最娇嫩的器官之一，滴眼剂虽然是外用剂型，但质量要求类似注射剂，对渗透压、pH、无菌、可见异物等都有严格的要求。

1. 无菌

眼部有无外伤是无菌要求严格程度的界限。用于眼外伤或术后的滴眼剂要求绝对无菌，并不得加抑菌剂，多采用单剂量包装。一般用于无外伤的滴眼剂，要求无致病菌，尤其不得检出铜绿假单胞菌和金黄色葡萄球菌，可加抑菌剂。滴眼剂是一种多剂量剂型，病人在多次使用时，很易染菌，因此可加抑菌剂，在下次再用之前恢复无菌。因此，一般滴眼剂的抑菌剂要求迅速起效，一般在1～2h内达到无菌。照无菌检查法检查，应符合规定。

2. 可见异物

滴眼剂同注射剂一样需按《中国药典》“附录”中的要求，采用灯检法或光散射法检查可见异物。溶液型滴眼剂应澄明，不得含有不溶性异物。

3. 粒度

混悬型滴眼剂应均匀、细腻、沉降物不应结块或聚集，经振摇容易再分散，并检查沉降比。

检查法：取供试品强烈振摇，立即量取适量（相当于主药10μg），置载玻片上，涂成薄层，薄层面积相当于盖玻片的面积，共涂3片，照《中国药典》“附录”中“粒度和粒度分布测定法”检查，每个涂片中大于50μm的粒子不得超过2个，且不得检出大于90μm的粒子。

4. 渗透压摩尔浓度

除另有规定外，滴眼剂应与泪液等渗。眼球能适应的渗透压范围相当于0.6%～1.5%的氯化钠溶液，超过2%就有明显的不适感。低渗溶液应该用合适的调节剂调成等渗，如可用氯化钠、硼酸、葡萄糖等进行调节。《中国药典》规定，水溶液型滴眼剂照渗透压摩尔浓度测定检查，应符合规定。具体方法详见本教材项目四下“剂型检查技术”的相关内容。

5. pH值

滴眼剂的pH调节应兼顾药物的溶解度和稳定性的要求，pH不当可对眼部产生较强的刺激，甚至损伤角膜；同时pH不当可增加泪液的分泌，导致药物迅速流失。正常眼睛可耐受的pH值为5.0～9.0，pH值为6.0～8.0无不适感，小于5或大于11.4则对眼有明显的刺激性。

6. 沉降体积比

混悬型滴眼剂照下述方法检查，沉降体积比应不低于0.90。

检查法：除另有规定外，用具塞量筒量取供试品50ml，密塞，用力振摇1min，记下混悬物的开始高度 H_0，静置3h，记下混悬物的最终高度 H，按下式计算。

$$沉降体积比=\frac{H}{H_0}$$

7. 装量

照最低装量检查法检查，应符合规定。每一容器的装量，除另有规定外，应不超过10ml。

8. 稳定性

很多眼用药物，如毒扁豆碱、后马托品等不稳定，易水解而失活。在滴眼剂的处方设计时，在保持药物有效性的前提下，应尽可能满足药物稳定所需的条件。

9. 黏度

适当增大滴眼剂的黏度可延长药物在眼内停留的时间，从而增强药物的作用，减少刺激性。一般黏度以4.0～5.0mPa·s为宜。

（二）滴眼剂制备过程中的质量控制

滴眼剂的制备与注射剂基本相同，因此其生产工艺流程中关键工序的质量控制点也与注射剂基本相同，这里就不再赘述。

用于眼外伤的滴眼剂按小容量注射剂的生产工艺制备，不得添加抑菌剂，最终产品根据主药的热耐受性决定是否采用热灭菌法补充灭菌；一般滴眼剂能在分装后进行热灭菌的品种很少，一般是将配制好的药液经过滤除菌后，以无菌操作法分装封口。

（三）滴眼剂的含量测定

滴眼剂除主药外，还含有附加剂，如抗氧剂、等渗调节剂、抑菌剂等，与注射剂相似，因此其附加剂的干扰与排除及含量测定方法可参照注射剂分析所采用的方法。

实例解析

马来酸噻吗洛尔滴眼液（5ml∶12.5mg）含量测定

精密量取本品适量，用盐酸溶液（9→1000）定量稀释成每毫升中含噻吗洛尔20μg的溶液，照紫外-可见分光光度法，在295nm的波长处测定吸光度，按$C_{13}H_{24}N_4O_3S \cdot C_4H_4O_4$的吸收系数（$E_{1cm}^{1\%}$）为205计算，并将结果与0.7316相乘，即为$C_{13}H_{24}N_4O_3S$的含量。本品含马来酸噻吗洛尔按噻吗洛尔计算，应为标示量的90%～110%。

解析：（1）本法为紫外-可见分光光度法。

（2）计算公式

$$标示量(\%)=\frac{\dfrac{A}{E_{1cm}^{1\%}\times 100}\times V\times 每支容量}{m\times 标示量}\times 100\%\times 0.7316$$

式中，A为吸光度；$E_{1cm}^{1\%}$为百分吸收系数；m为供试品的取样量。

工作任务 诺氟沙星滴眼液的质量检验

一、任务准备

（一）结构

诺氟沙星（norfloxacin）的结构式如下。

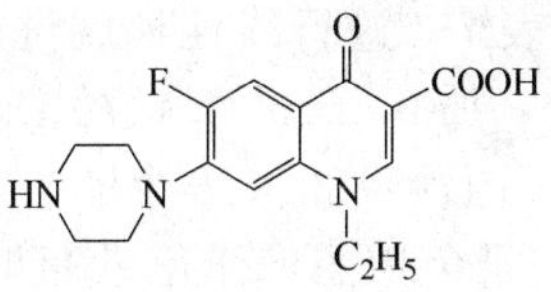

（二）性质

诺氟沙星分子中含有酸性的羧基和碱性的哌嗪基，呈酸碱两性，故易溶于乙酸、盐酸和氢氧化钠溶液中。结构中的哌嗪基具有还原性，遇光易被氧化，颜色渐变深。

（三）临床应用

诺氟沙星为喹诺酮类抗菌药，其滴眼液主要用于敏感菌所致的眼外感染，如结膜炎、角膜炎、角膜溃疡等。

（四）质量标准

诺氟沙星滴眼液的质量标准参照《中国药典》二部：本品含诺氟沙星（$C_{16}H_{18}FN_3O_3$）应为标示量的90.0%～110.0%。

二、任务实施

（一）任务要求

（1）能利用HPLC法完成诺氟沙星滴眼液中诺氟沙星的鉴别与含量测定操作与计算以及有关物质的检查。

（2）能熟练完成滴眼剂相关的常规检查。

（二）仪器与试药

（1）主要仪器 pH计、玻璃电极、甘汞电极、紫外-可见分光光度计、高效液相色谱仪、C_{18}柱、圆底磨口烧瓶、电炉、量瓶、分液漏斗、干燥器、称量瓶。

（2）试药 磷酸盐缓冲液、磷酸、三乙胺、乙腈、诺氟沙星对照品、环丙沙星对照品、依诺沙星对照品、羟苯甲酯对照品、羟苯丙酯对照品、20%盐酸羟胺溶液、氯化高汞、四氯化碳、三氯甲烷、冰醋酸、甲醇、硫酸、硝酸、双硫腙滴定液、基准氯化钠、诺氟沙星滴眼液（8ml∶24mg）。

（三）工作内容

1. 性状

本品为无色至淡黄色澄明液体。

2. 鉴别

（1）高效液相色谱法 在含量测定项下记录色谱图，供试品溶液主峰的保留时间应与对照品溶液主峰的保留时间一致。

（2）紫外-可见分光光度法 取本品适量，加磷酸盐缓冲液（pH7.4），稀释制成每毫升中约含5μg的溶液。照紫外-可见分光光度法测定，在271nm的波长处有最大吸收。

3. 检查

（1）pH值 pH应为5.0～5.6。

（2）有关物质 精密量取本品适量，用流动相A定量稀释制成每毫升中约含诺氟沙星0.15mg的溶液，作为供试品溶液；精密量取适量，加流动相A稀释制成每毫升中含诺氟沙星0.75μg的溶液，作为对照溶液；另精密称取杂质A对照品约15mg，置200ml量瓶中，加乙腈溶解并稀释至刻度，摇匀，精密量取适量，用流动相A定量稀释制成每毫升中约含0.3μg的溶液，作为杂质A对照品溶液。照高效液相色谱法试验，用十八烷基硅烷键合硅胶为填充剂；以0.025mol/L磷酸溶液（用三乙胺调节pH值至3.0±0.1）-乙腈（87∶13）

为流动相A，乙腈为流动相B；按表7-3进行线性梯度洗脱。称取诺氟沙星对照品、环丙沙星对照品和依诺沙星对照品各适量，加0.1mol/L盐酸溶液适量使溶解，用流动相A稀释制成每毫升中含诺氟沙星0.15mg、环丙沙星和依诺沙星各3μg的混合溶液，取20μl注入液相色谱仪，以278nm为检测波长，记录色谱图，诺氟沙星峰的保留时间约为9min。诺氟沙星峰与环丙沙星峰和诺氟沙星峰与依诺沙星峰的分离度均应大于2.0。另取羟苯丙酯对照品45μg与杂质A对照品15μg，置200ml量瓶中，加乙腈溶解并稀释至刻度，摇匀，量取适量，用流动相A稀释制成每毫升中约含羟苯丙酯0.9μg与杂质A0.3μg的混合溶液，取20μl注入液相色谱仪，以262nm为检测波长，记录色谱图，羟苯丙酯峰与杂质A峰的分离度应符合要求。量取对照溶液20μl注入液相色谱仪，以278nm为检测波长，调节检测灵敏度，使主成分色谱峰的峰高约为满量程的25%。精密量取供试品溶液、对照溶液和杂质A对照品溶液各20μl，分别注入液相色谱仪，以278nm和262nm为检测波长，记录色谱图。供试品溶液色谱图中如有杂质峰（除乙二胺四乙酸二钠、羟苯甲酯、羟苯丙酯外），杂质A（262nm检测）按外标法以峰面积计算，不得过0.2%，其他单个杂质（278nm检测）峰面积不得大于对照溶液主峰面积（0.5%），其他各杂质峰面积的和（278nm检测）不得大于对照溶液主峰面积的2倍（1.0%），供试品溶液色谱图中任何小于对照溶液主峰面积0.1倍的峰可忽略不计。

表7-3 流动相线性梯度洗脱程序

时间/min	流动相A/%	流动相B/%
0	100	0
10	100	0
20	76	24
45	76	24
47	100	0
57	100	0

（3）防腐剂　滴眼剂是一种多剂量剂型，患者在多次使用时很易染菌，因此要加抑菌剂，即防腐剂。加了防腐剂的滴眼剂，应控制防腐剂的限量。

① 硫柳汞　精密量取供试品适量（约相当于含汞量50μg），置150ml圆底磨口烧瓶（附长40cm的回流管）中，加硫酸2ml、8.0mol/L硝酸溶液0.5ml混匀后，置电炉上加热回流15min（或置于3cm×24cm试管中，加盖置85～90℃水浴加热1h），冷却后加水40ml，加20%盐酸羟胺溶液5ml。用水40ml将上述硝化后的溶液分数次冲洗入125ml分液漏斗中，用双硫腙滴定液滴定，开始时每次可加2ml左右，以后逐渐减少至每次0.5ml，最后还可少至0.2ml。每次加入滴定液后，振摇10s静置分层，弃去四氯化碳层，继续滴定，直至双硫腙液的绿色不变，即为终点。精密量取标准汞溶液1ml，置125ml分液漏斗中，加硫酸2ml，加水80ml和20%盐酸羟胺溶液5ml，用双硫腙滴定液滴定，同法操作。

按下式计算：

$$硫柳汞含量(\%)=\frac{V_1\times 0.050\times 2.02}{V_2\times V_3\times 100}\times 100$$

式中，V_1为供试品消耗双硫腙滴定液的体积，ml；V_2为标准汞溶液消耗双硫腙滴定液的体积，ml；V_3为供试品的体积，ml；0.050为标准汞溶液的浓度，mg/ml；2.02为常数（lg汞相当于2.02g硫柳汞）。

供试品中如含硫柳汞，应为标示量的80%～120%。

知识链接

双硫腙滴定液和标准汞溶液的配制

(1) 双硫腙滴定液　精密称取双硫腙 50mg，置 100ml 量瓶中，加三氯甲烷溶解并稀释至刻度，摇匀，作为贮备液。临用前，精密量取贮备液 2.5ml，置 100ml 量瓶中，加四氯化碳稀释至刻度，摇匀，即得双硫腙滴定液，保存于冷暗处。

(2) 标准汞溶液　取置硫酸干燥器中干燥至恒重的氯化高汞约 0.135g，精密称定，置 100ml 量瓶中，加 0.5mol/L 硫酸溶解并稀释至刻度，摇匀，即为标准汞贮备液。临用前，精密量取标准汞贮备液适量，置 100ml 量瓶中，加 0.5mol/L 硫酸溶液稀释至刻度，制成每毫升相当于 5μgHg 的标准汞溶液。

② 羟苯甲酯、羟苯丙酯　照高效液相色谱法测定。

a. 色谱条件与系统适用性试验　以十八烷基硅烷键合硅胶为填充剂；以 1%的冰醋酸-甲醇（40∶60）为流动相；检测波长为 255nm。理论板数按羟苯甲酯峰计算不低于 3000，羟苯甲酯峰与羟苯丙酯峰的分离度应符合要求。

b. 测定法　精密量取本品 3ml，置 25ml 量瓶中，加流动相稀释至刻度，摇匀，滤过，精密量取续滤液 20μl 注入液相色谱仪，记录色谱图；另取羟苯甲酯、羟苯丙酯对照品适量，加流动相溶解并定量稀释制成每毫升中各含 1mg 的混合溶液，精密量取适量，用流动相定量稀释制成每毫升中各含 30μg 的混合溶液，同法测定，按外标法以峰面积计算，供试品中如含羟苯甲酯、羟苯丙酯，应为标示量的 80%～120%。

(4) 渗透压摩尔浓度　《中国药典》二部规定诺氟沙星滴眼液的渗透压摩尔浓度应为 0.9～1.1。具体方法详见本教材项目四下“剂型检查技术”中的相关内容。

4. 含量测定

采用高效液相色谱法测定。

(1) 色谱条件与系统适用性试验　以十八烷基硅烷键合硅胶为填充剂；以 0.025mol/L 磷酸溶液（用三乙胺调节 pH 值至 3.0±0.1）-乙腈（87∶13）为流动相；检测波长为 278nm。称取诺氟沙星对照品、环丙沙星对照品和依诺沙星对照品各适量，加 0.1mol/L 盐酸溶液适量使溶解，用流动相稀释制成每毫升中含诺氟沙星 25μg、环丙沙星和依诺沙星各 5μg 的混合溶液，取 20μl 注入液相色谱仪，记录色谱图，诺氟沙星峰的保留时间约为 9min。诺氟沙星峰与环丙沙星峰和诺氟沙星峰与依诺沙星峰的分离度均应大于 2.0。

(2) 测定法　精密量取本品适量，用流动相定量稀释制成每毫升中约含 25μg 的溶液，精密量取 20μl 注入液相色谱仪，记录色谱图；另取诺氟沙星对照品，同法测定，按外标法以峰面积计算，即得。

(四) 注意事项

(1) 配制流动相用的水为高纯水，用作流动相成分的水应每天更换。流动相使用前必须经过滤、脱气处理。更换流动相时，必须先停泵，待压力降至零时，将滤头提出液面，置另一流动相中。定量环手动进样时，为获得较好的进样重复性，进样量应大于定量环体积的 2～5 倍，以免层流造成进样误差。

(2) 通常采用测量溶液的冰点下降来间接测定其渗透压摩尔浓度。按仪器说明操作，首先取适量新沸放冷的水调节仪器零点，然后由表 7-4 中选择两种标准溶液（供试品溶液的渗透压摩尔浓度应介于两者之间）校正仪器，再测定供试品溶液的渗透压摩尔浓度或冰点下降值。

表 7-4　渗透压摩尔浓度测定仪校正用标准溶液

每千克水中氯化钠的重量/g	毫渗透压摩尔浓度/(mOsmol/kg)	冰点下降温度 ΔT/℃
3.087	100	0.186
6.260	200	0.372
9.463	300	0.558
12.684	400	0.744
15.916	500	0.930
19.147	600	1.116
22.380	700	1.302

(五) 思考题

(1) 滴眼剂与注射剂的常规检查内容有何不同?

(2) 滴眼剂中测定渗透压浓度的意义是什么?

相关知识　喹诺酮类药物的质量检验

喹诺酮类（quinolones）抗菌药是一类新型的合成抗菌药，自 1962 年发现萘啶酸（nalidixic acid）以来，经过 40 多年的发展，已从第一代的萘啶酸、第二代的吡哌酸发展到第三代和第四代，目前此类药物已成为临床上广泛使用的一类抗菌药。常用的喹诺酮类药物有吡哌酸（pipemidic acid）、环丙沙星（ciprofloxacin）、氧氟沙星（ofloxacin）、诺氟沙星（norfloxacin）、左氧氟沙星（levofloxacin）和司帕沙星（sparfloxacin）等。

一、结构与性质

(一) 结构

综合临床使用的四代喹诺酮类抗菌药的结构，归纳其基本结构通式如下。

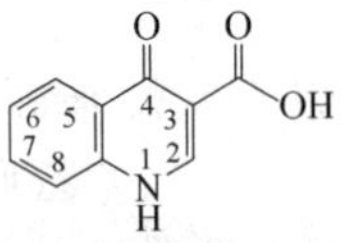

喹诺酮类药物的结构特点是在其基本母核结构上 1 位为取代的氮原子，3 位羧基、4 位酮羰基，第三、四代喹诺酮类抗菌药 6 位为氟原子，5、7、8 位可有不同的取代基。

临床上常见的喹诺酮类药物的结构式如下。

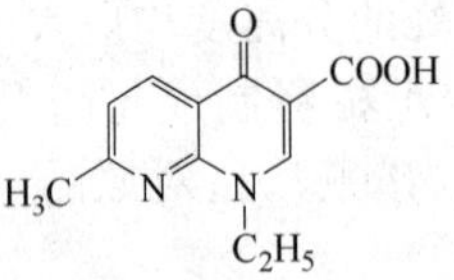

萘啶酸

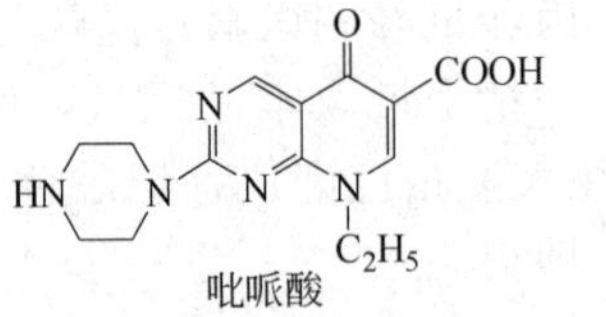

吡哌酸

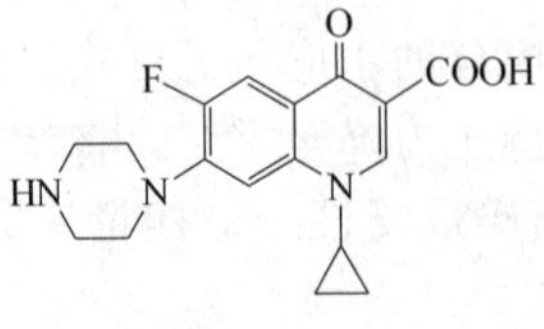

环丙沙星

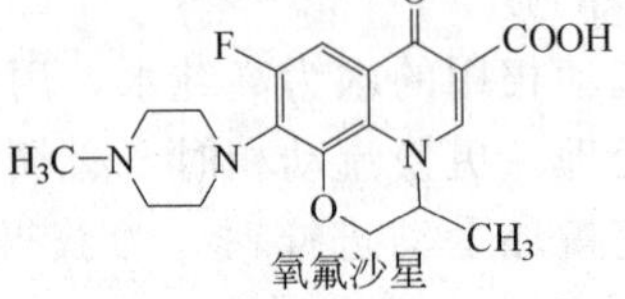

氧氟沙星

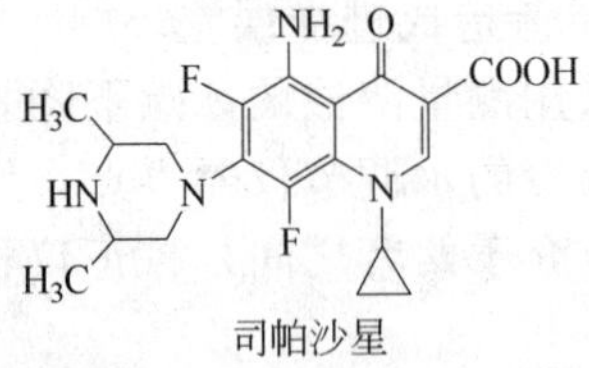

司帕沙星

（二）性质

1. 酸碱两性

喹诺酮类药物的分子中含有酸性的羧基和碱性的哌嗪基，呈酸碱两性，可与酸或碱成盐溶解。如环丙沙星既可与盐酸，也能和氢氧化钠反应成钠盐。

2. 还原性

喹诺酮类药物分子结构中的哌嗪基具有还原性，遇光易被氧化，颜色渐变深。

3. 旋光性

左氧氟沙星具有旋光性，氧氟沙星和环丙沙星等无旋光性。

4. 紫外吸收光谱特征

喹诺酮类药物的分子结构中均有共轭体系，在紫外光区具有特征吸收，可用于鉴别及含量测定。

5. 分解反应

喹诺酮类药物遇光照易分解，对病人会产生光毒性反应，因此使用前后均应注意避光。

6. 与金属离子反应

结构中3、4位为羧基和酮羰基的喹诺酮类药物，极易与金属离子，如钙、镁、铁等螯合，而降低药物的抗菌活性。因此，这类药物不宜和牛奶等含钙和铁离子的食物或药品同时服用。同时，长时间使用会使体内的金属离子流失，尤其对妇女、儿童和老人可引起缺钙、缺锌和贫血等副作用。

二、鉴别试验

（一）丙二酸反应

喹诺酮类药物的分子中因有叔胺基团，可与丙二酸在醋酐中共热，生成棕色、红色、紫色或蓝色的产物。此反应对叔胺有选择性。

【应用示例】 诺氟沙星软膏的鉴别：取含量测定项下的供试品溶液5ml（相当于诺氟沙星约0.125mg)，置水浴中蒸干，残渣中加丙二酸约50mg，与醋酐1ml，在水浴中加热10min，溶液显红棕色。

（二）紫外-可见分光光度法

喹诺酮类药物的分子结构中具有共轭系统，在紫外光区有最大吸收波长，可以用来进行鉴别。《中国药典》二部对氧氟沙星制剂（片剂、胶囊、眼膏、滴眼剂和滴耳剂等），司帕沙星制剂（片剂和胶囊），吡哌酸原料和制剂（片剂和胶囊），左氧氟沙星原料及片剂等均采用此法进行鉴别。

（三）红外分光光度法

利用喹诺酮类药物的红外特征吸收峰，可对喹诺酮类药物进行鉴别。各国药典收载的喹诺酮类药物原料药均采用红外分光光度法鉴别。

（四）薄层色谱法

《中国药典》二部对诺氟沙星、氧氟沙星、氟罗沙星和甲磺酸培氟沙星原料药及其大部分剂型均采用薄层色谱法进行鉴别。

【应用示例】 诺氟沙星的薄层色谱法鉴别：取本品与诺氟沙星对照品适量，分别加三氯甲烷-甲醇（1∶1）制成每毫升中含2.5mg的溶液，作为供试品溶液与对照品溶液，照薄层色谱法试验，吸取上述两种溶液各10μl，分别点于同一硅胶G薄层板上，以三氯甲烷-甲醇-浓氨溶液（15∶10∶3）为展开剂，展开，晾干，置紫外光灯（365nm）下检视。供试品溶液所显主斑点的位置与荧光应与对照品溶液主斑点的位置与荧光相同。

（五）高效液相色谱法

利用高效液相色谱法含量测定项下药物的保留时间，可以同时对喹诺酮类药物进行鉴别。《中国药典》二部采用HPLC法对诺氟沙星、甲磺酸培氟沙星、氧氟沙星、环丙沙星以及依诺沙星等喹诺酮类药物进行鉴别，规定含量测定项下的供试品溶液主峰保留时间应与相应对照品溶液主峰的保留时间一致。

三、检查

喹诺酮类药物在生产或贮藏过程中可能引入有关物质，一般通过溶液的澄清度与颜色、有关物质等项目的检查来进行控制。

（一）溶液澄清度的检查

溶液澄清度的检查是检查碱中不溶性杂质。喹诺酮类药物在碱溶液中易溶，而其中间体（如吡哌酸）可能引入双吡哌酸甲酯或吡哌酸甲酯等在碱中不溶的物质，通过检查溶液的澄清度就可以控制这些杂质。但在检查吡哌酸时要注意，时间稍长，杂质吡哌酸甲酯可因分解而溶解，所以检查时要迅速观察。

（二）有关物质的检查

喹诺酮类药物属于化学合成类抗菌药，在合成过程中可能引入药物的中间体、副产物等特殊杂质，在贮存过程中也可能存在降解产物，这样不仅降低疗效，还可能引起过敏等毒性反应，因此需要对其进行有关物质的检查。目前，各国药典多采用HPLC法检查有关物质，如工作任务一“诺氟沙星滴眼液的质量检验”中有关物质的检查。

四、含量测定

喹诺酮类药物的含量测定方法有酸碱滴定法、非水溶液滴定法、三氯化铁比色法、酸性染料比色法、紫外-可分光光度法、荧光分光光度法、高效液相色谱法等。《中国药典》二部收载的喹诺酮类药物的原料药多采用高效液相色谱法测定含量，而喹诺酮类药物制剂则采用紫外-可见分光光度法和高效液相色谱法进行含量测定。

（一）紫外-可见分光光度法

喹诺酮类药物具有共轭体系，在紫外光区有特征吸收，可用于含量测定。《中国药典》二部收载的吡哌酸胶囊和片剂、诺氟沙星乳膏均采用紫外-可见分光光度法进行含量测定。

【应用示例】 诺氟沙星乳膏的含量测定：精密称取本品适量（约相当于诺氟沙星5mg），置分液漏斗中，加三氯甲烷15ml，振摇后，用氯化钠饱和的0.1%氢氧化钠溶液25ml、20ml、20ml和10ml分次提取，合并提取液，置100ml量瓶中，加0.1%氢氧化钠溶液稀释至刻度，摇匀，滤过，精密量取续滤液10ml，用0.4%氢氧化钠溶液定量稀释制成每毫升中约含5μg的溶液，照紫外-可见分光光度法，在273nm的波长处测定吸光度；另取诺氟沙星对照品适量，精密称定，加0.4%氢氧化钠溶液溶解并定量稀释制成每毫升中约含5μg的溶液，同法测定，计算，即得。

（二）高效液相色谱法

喹诺酮类药物制剂经适当的前处理，大多可与原料药在相同的色谱条件下进行含量测定。各国药典多采用离子抑制高效液相色谱法测定喹诺酮类药物制剂的含量。《中国药典》二部收载的诺氟沙星滴眼液采用此法进行含量测定。

工作任务 磺胺醋酰钠滴眼液的质量检验

一、任务准备

（一）结构

磺胺醋酰钠（sulfacetamide sodium）的结构式如下。

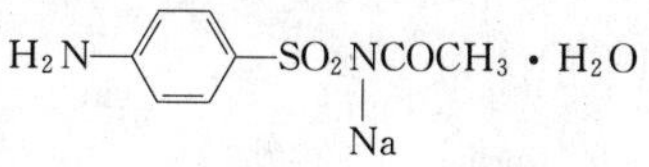

（二）性质

磺胺醋酰钠属于磺胺类药物，为白色结晶性粉末；无臭，味微苦；具有一定的熔点；易溶于水，在乙醇中略溶。该药物为酸碱两性化合物，结构中的磺酰胺基显弱酸性、芳香第一胺显弱碱性，同时显芳香第一胺的特性。

（三）临床应用

磺胺醋酰钠滴眼液主要用于敏感菌所致的浅表性结膜炎、角膜炎、睑缘炎和沙眼的治疗，也可用于眼外伤、慢性泪囊炎、结膜、角膜及眼内手术感染的预防。

（四）质量标准

磺胺醋酰钠滴眼液的质量标准参照《中国药典》二部：本品含磺胺醋酰钠（$C_8H_9N_2NaO_3S \cdot H_2O$）应为标示量的90.0%～110.0%。

二、任务实施

（一）任务要求

（1）能利用亚硝酸钠滴定法完成磺胺醋酰钠滴眼液的含量测定操作及计算。

（2）能熟练使用永停滴定法来指示滴定终点。

（3）能熟练利用薄层色谱法检查特殊杂质磺胺的限度。

（二）仪器与试药

（1）主要仪器　pH计、玻璃电极、甘汞电极、硅胶G薄层板、永停滴定仪、烧杯、滴定管、试管、层析缸。

（2）试药　硫酸铜试液、正丁醇、浓氨、乙醇制对二甲氨基苯甲醛试液、0.1mol/L亚硝酸钠滴定液、磺胺对照品、磺胺醋酰钠滴眼剂（10%）。

（三）工作内容

1. 性状

本品为无色至淡黄色澄明液体。

2. 鉴别

取本品约2ml，滴加硫酸铜试液，即生成蓝绿色的沉淀，放置后颜色不变。

3. 检查

（1）pH值　本品的pH值应为8.0～9.8。

（2）颜色　取本品，与黄色或橙黄色6号标准比色液比较，不得更深。

（3）磺胺　取本品，用水稀释制成每毫升中约含磺胺醋酰钠6.0mg的溶液，作为供试品溶液。另取磺胺对照品，用水制成每毫升中约含0.25mg的溶液，作为对照品溶液。另取磺胺对照品，用供试品溶液制成每毫升中约含0.25mg的溶液，作为对照溶液。照薄层色谱法试验，吸取上述三种溶液各2μl，分别点于同一硅胶G薄层板上，以正丁醇-浓氨溶液-水

(4∶1∶3) 振摇分层后的有机层为展开剂，展开，晾干，105℃干燥 10min，放冷，喷以乙醇制对二甲氨基苯甲醛试液，立即检视。对照溶液应显示两个清晰分离的斑点，供试品溶液如显与对照品溶液相应的杂质斑点，其颜色与对照品溶液的主斑点比较，不得更深(4.2%)。

4. 含量测定

精密量取本品适量（约相当于磺胺醋酰钠 0.6g），照永停滴定法，用亚硝酸钠滴定液(0.1mol/L) 滴定。每毫升亚硝酸钠滴定液（0.1mol/L）相当于 25.42mg 的 $C_8H_9N_2NaO_3S \cdot H_2O$。

（四）注意事项

(1) 重氮化反应为分子反应，反应较慢，滴定中应充分搅拌，近终点时，芳伯氨的浓度极小，反应速度减慢，应缓缓滴定，并不断搅拌。

(2) 测定应在 15～30℃下进行，以免重氮盐分解，亚硝酸逸出。

(3) 滴定前应根据磺胺醋酰钠的称量与亚硝酸钠滴定液的浓度，大致算出应消耗滴定液的量（ml），以便在滴定操作中掌握何时为近终点，以提出滴定管尖，经冲洗后，再缓慢滴定至准确终点。

(4) 永停滴定仪在测定时，应先调节加于电极的电压为 50mV，并检查搅拌装置是否运转正常。如为自动滴定，应将滴定管中的气泡排出后，再调节液滴速度，使快滴速度成线状；慢滴速度为每次 0.02～0.03ml。再装上电极，调滴定管内滴定液到零划线。将盛测定液的烧杯置搅拌器上，再将电极和滴定管尖插入液面下 2/3 处，开动电磁搅拌器，迅速滴定。近终点时，提出滴定管，用纯化水淋洗滴定管尖端后，再缓缓滴定，终点前电流计（灵敏度为 10^{-9} A/格）指针不动或偏离后又立即回复，当滴定至电流计指针突然偏转持续 1min，不再回复，即为滴定终点。

(5) 铂电极易钝化，每次用前应用新鲜配制的含少量三氯化铁的硝酸或铬酸清洁液浸洗，再用蒸馏水洗净。

(6) 本测定亦可用内指示剂或外指示剂指示终点，操作如下。

精密称取磺胺醋酰钠约 0.45g，于 250ml 烧杯中加纯化水 40ml、盐酸溶液（1→2）15ml，搅拌使溶。将盛有亚硝酸钠滴定液（0.1mol/L）的滴定管的尖端插入液面下 2/3 处，于搅拌下迅速滴定，在近终点前约 2～3ml 时，将滴定管尖端提出液面，用少量纯化水淋洗尖端，洗液并入溶液中，加入橙黄Ⅳ指示液（0.1%水溶液）3 滴及亚甲蓝指示液（0.15%水溶液）2 滴，继续用亚硝酸钠滴定液（0.1mol/L）缓缓滴定，并充分搅拌，滴至反应液由紫红色转为浅蓝色，即为终点。

该测定亦可配合外指示剂，在近终点的缓慢滴定中，每加 1 滴滴定液，应充分搅拌，再用细玻棒蘸取溶液少许遇碘化钾淀粉液（或碘化钾淀粉试纸），如立即变蓝，即为终点。

用碘化钾淀粉指示终点，应立即变蓝才算，如放置片刻后显蓝色，则非终点。这是由于碘化钾在酸性条件下被空气氧化而析出碘所致。通常在指示液变蓝后，应停止滴定 1min，再蘸取溶液少许，如遇碘化钾淀粉指示液仍即显蓝色，可确证为终点。

（五）思考题

(1) 重氮化法适用于具有什么结构类型的药物的含量测定？

(2) 用快速重氮化法滴定时，将滴定管尖端插入液面下快速滴定有何优点？快速滴定时要先滴至近终点，如何确定此时滴定液的用量？

(3) 用重氮化法定量时，比较几种指示终点方法各自的优缺点。

相关知识 磺胺类药物的质量检验

磺胺类药物（sulfonamides）简称磺胺，是一类具有对氨基苯磺酰胺基结构的治疗细菌性感染的化学合成药物。本类药物主要通过干扰细菌的叶甲酸代谢而抑制细菌的生长繁殖，具有抗菌谱广、血药浓度高、组织分布广等特点。临床上应用较广泛的磺胺类药物主要有磺胺嘧啶（sulfadiazine）、磺胺甲噁唑（sulfamethoxazole）、磺胺异噁唑（sulfafurazole）和磺胺醋酰钠（sulfacetamide sodium）等。

一、结构与性质

（一）结构

磺胺类药物的母体为对氨基苯磺酰胺，将磺酰胺基的氮原子称为 N_1，芳伯氨基的氮原子称为 N_4。磺胺类药物的结构通式如下。

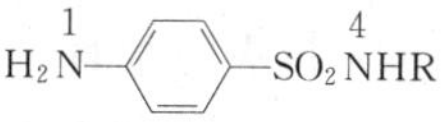

由于磺胺类药物 N_1、N_4 上含有不同的取代基，所以分类方法可有三种，分别是：按 N_1、N_4 上的取代基的不同分类、按作用时间长短分类以及按作用部位分类。按作用时间长短可分为：长效磺胺（如磺胺甲基异噁唑），中效磺胺（如磺胺嘧啶），短效磺胺（如磺胺）。按作用部位可分为：肠道磺胺（如磺胺脒），眼部磺胺（如磺胺醋酰）等。

临床上常见的磺胺类药物的结构式如下。

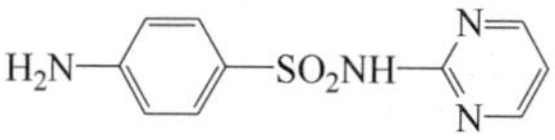

磺胺嘧啶

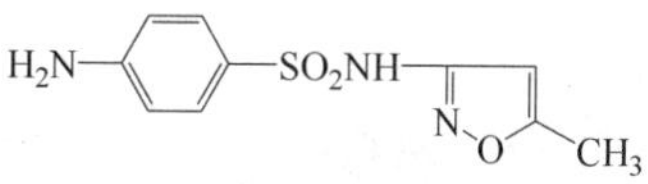

磺胺甲噁唑

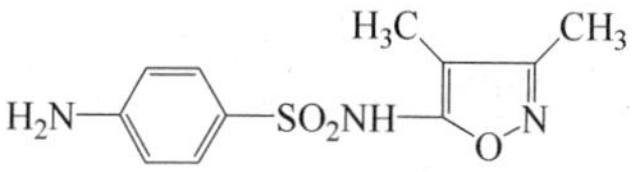

磺胺异噁唑

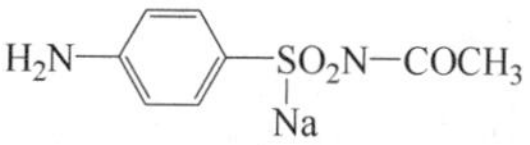

磺胺醋酰钠

（二）性质

1. 性状

磺胺类药物多为白色或类白色结晶性粉末。在水中几乎不溶，而易溶于乙醇、丙酮，具有一定的熔点。

2. 熔融变色

不同的磺胺类药物，以直火加热可熔融，呈现不同的颜色，产生不同的分解产物，如磺胺显紫蓝色，磺胺嘧啶显红棕色，磺胺醋酰可显棕色等。

3. 具有酸碱两性

磺胺类药物显酸碱两性（磺胺脒除外），碱性来源于芳伯氨基，酸性来源于磺酰胺基，可溶于酸或碱（氢氧化钠和碳酸钠溶液）。但其酸性小于碳酸的酸性（磺胺类药物的 pKa 一般为 7～8，碳酸的 pKa 为 6.37），所以其钠盐水溶液遇 CO_2 会析出沉淀。因此，配制其钠盐注射剂时，不能与其他酸性药物配伍使用。

4. 芳伯氨基的反应

磺胺类药物一般含有游离的芳伯氨基，可发生重氮化-偶合反应。另外，由于芳伯氨基的存在会导致磺胺类药物易被氧化变色，在日光和重金属离子等催化下，该氧化会加速，因此，必须避光保存。

5. 磺酰胺基的反应

磺胺类药物分子结构中磺酰胺基上的氢原子比较活泼，可被金属离子（如银、铜、钴等）取代，生成不同颜色的金属盐沉淀，可利用此性质对该类药物进行鉴别。

6. 苯环上的反应

磺胺类药物分子结构中的苯环因受芳伯氨基的影响，在酸性条件下可发生卤代反应，如易发生溴代反应，生成白色或黄白色的溴化物沉淀。

7. N_1、N_4 上取代基的反应

主要是 N_1 上取代基的反应，取代基为含氮杂环的磺胺类药物可与生物碱沉淀试剂反应，生成沉淀，还可以发生溴代反应。

二、鉴别试验

（一）芳香第一胺反应

1. 重氮化-偶合反应

磺胺嘧啶、磺胺甲噁唑、磺胺异噁唑和磺胺都具有芳伯氨基，在酸性溶液中可与亚硝酸钠作用，生成重氮盐；重氮盐遇碱性 β-萘酚发生偶合反应，生成橙黄色至猩红色沉淀。

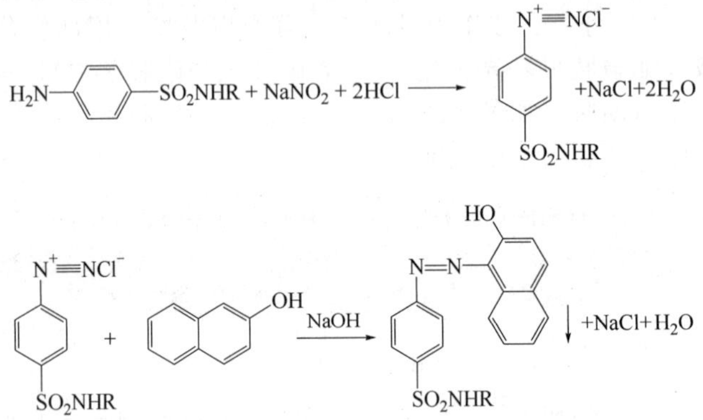

2. 与芳醛的缩合反应

在盐酸酸性条件下，磺胺类药物的芳香第一胺能与芳香醛（如对二甲氨基苯甲醛、水杨醛、香草醛等）发生缩合反应，生成具有颜色的席夫碱，可供鉴别。

（二）与金属离子反应

磺胺类药物磺酰胺基上的氢原子比较活泼，具有酸性，在碱性溶液中可生成钠盐，生成的钠盐可以和金属离子（如 Cu^{2+}、Ag^{+}、Co^{2+} 等）生成难溶性沉淀。其中，与硫酸铜的反应常用于鉴别。铜盐沉淀的颜色随 N_1 取代基的不同而不同，有的还伴有颜色的变化过程。如磺胺嘧啶的铜盐沉淀为黄绿色，放置后变为紫色；磺胺醋酰钠的铜盐沉淀为蓝绿色；磺胺甲噁唑的铜盐沉淀为草绿色；磺胺异噁唑的铜盐为淡棕色，放置后析出暗绿色絮状沉淀（与磺胺甲噁唑区别）。磺胺类药物与铜盐反应形成沉淀的反应式如下。

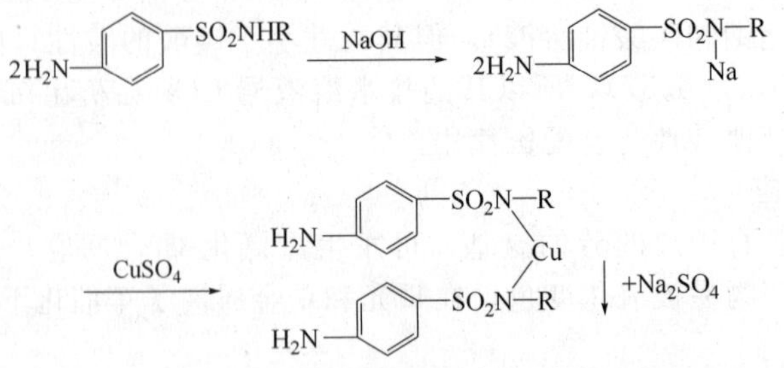

如磺胺甲噁唑与铜盐反应的鉴别：取磺胺甲噁唑约0.1g，加水与0.4%氢氧化钠试液各3ml，振摇使溶解，滤过，取滤液，加硫酸铜试液1滴，即生成草绿色沉淀。

（三）与生物碱沉淀试剂反应

磺胺甲噁唑、磺胺异噁唑、磺胺嘧啶的 N_1 上均有含氮杂环，能与生物碱沉淀试剂生成沉淀，如磺胺嘧啶能与碘-碘化钾试液、碘化铋钾试液生成红棕色沉淀。

（四）红外分光光度法

磺胺类药物具有共同的母核，为了区别不同的磺胺类药物，利用红外分光光度法具有指纹性的特点，各国药典均将其作为本类原料药的主要鉴别方法。《中国药典》二部收载的磺胺醋酰钠、磺胺甲噁唑、磺胺异噁唑、磺胺多辛和磺胺嘧啶等原料药均采用此法进行鉴别。

（五）高效液相色谱法

磺胺类药物利用供试品与对照品保留时间的一致性进行鉴别。《中国药典》二部收载的复方磺胺嘧啶片和复方磺胺甲噁唑制剂（片、混悬液、注射液、胶囊或颗粒）等均采用HPLC法进行鉴别。

三、检查

磺胺类药物大多除了需要进行酸度、碱性溶液的澄清度与颜色、氯化物等一般杂质的检查外，还需要进行特殊杂质的检查以控制药物的纯度，其特殊杂质检查一般采用TLC法。磺胺醋酰钠滴眼液中对有关物质磺胺的检查就采用薄层色谱法。

四、含量测定

（一）亚硝酸钠滴定法

分子结构中具有芳香第一胺或经水解后具有芳香第一胺的本类药物都可采用亚硝酸钠法测定含量。

《中国药典》二部收载的磺胺醋酰钠及其制剂、磺胺甲噁唑及其片剂、磺胺多辛及其片剂、磺胺嘧啶及其眼膏、磺胺嘧啶钠及其注射液、磺胺嘧啶锌及其软膏均采用此法进行含量测定。磺胺醋酰钠滴眼液的含量测定也采用亚硝酸钠滴定法。

（二）非水溶液滴定法

磺胺异噁唑虽含有芳伯氨基，但亚硝酸钠不与其按定量关系反应，因此不能用亚硝酸钠滴定法测定含量。利用该药物分子中磺酰胺基的酸性，《中国药典》二部采用非水酸量法测定其原料及片剂的含量。

【应用示例】　磺胺异噁唑片的含量测定：取本品10片，精密称定，研细，精密称取适量（约相当于磺胺异噁唑0.5g），加二甲基甲酰胺40ml使溶解，加偶氮紫指示液3滴，用甲醇钠滴定液（0.1mol/L）滴定至溶液恰显蓝色，并将滴定的结果用空白试验校正。每毫升甲醇钠滴定液（0.1mol/L）相当于26.73mg的 $C_{11}H_{13}N_3O_3S$。该法以二甲基甲酰胺为溶剂，偶氮紫为指示剂，甲醇钠为滴定液；测定结果准确，终点明显。

（三）高效液相色谱法

《中国药典》二部采用高效液相色谱法对磺胺嘧啶片剂和混悬剂、复方磺胺嘧啶片和复方磺胺甲噁唑制剂（片剂、混悬液、注射液、胶囊和颗粒）进行含量测定。

【应用示例】　磺胺嘧啶片的含量测定：

（1）色谱条件与系统适用性试验　以十八烷基硅烷键合硅胶为填充剂；以乙腈-0.3%乙酸铵溶液（20：80）为流动相；检测波长为220nm。理论板数按甲氧苄啶峰计算不低于3000，磺胺嘧啶与甲氧苄啶峰的分离度应符合要求。

(2) 测定法 取供试品10片，精密称定，研细，精密称取适量（约相当于磺胺嘧啶80mg），置100ml量瓶中，加0.1mol/L氢氧化钠溶液10ml，振摇，使磺胺嘧啶溶解，再加甲醇适量，振摇使甲氧苄啶溶解，用甲醇稀释至刻度，摇匀，滤过，精密量取续滤液5ml，置50ml量瓶中，用流动相稀释至刻度，摇匀。精密量取20μl，注入液相色谱仪，记录色谱图；另取磺胺嘧啶对照品约80mg和甲氧苄啶对照品10mg，精密称定，置同一100ml量瓶中，加0.1mol/L氢氧化钠溶液10ml，振摇使甲氧苄啶溶解，用甲醇稀释至刻度，摇匀，精密量取适量，再用流动相定量稀释制成每毫升中约含磺胺嘧啶80μg与甲氧苄啶10μg的溶液，同法测定。按外标法以峰面积计算，即得。

自我测试

一、单项选择题

1. 对离子交换法产生干扰的是(　　)
   A. 葡萄糖　B. 糊精　C. 甘露醇　D. 氯化钠
2. 注射剂中加入焦亚硫酸钠的作用是(　　)
   A. 稳定剂　B. 助溶剂　C. 抗氧剂　D. 稀释剂
3. 控制注射液中不溶性物质（粒径或长度＞50μm）的检查项目是(　　)
   A. 粒度　B. 溶化性　C. 不溶性微粒　D. 可见异物
4. 盐酸异丙嗪注射液选择吸收系数较低的299nm波长测定含量的原因是(　　)
   A. 为消除抗氧剂维生素C的干扰
   B. 为消除抗氧剂亚硫酸氢钠的干扰
   C. 为消除稳定剂枸橼酸钠的干扰
   D. 该波长下测得值较稳定
5. 滴眼剂允许的pH范围为(　　)
   A. 6～8　B. 5～9　C. 4～9　D. 5～10
6. 盐酸普鲁卡因在酸性溶液中与亚硝酸钠试液作用后再与哪种药物偶合生成红色染料(　　)
   A. 碱性α-萘酚　B. 酸性α-萘酚　C. 碱性β-萘酚　D. 酸性β-萘酚
7. 亚硝酸钠滴定法测定盐酸普鲁卡因含量时，应加入的催化剂是(　　)
   A. 氯化钾　B. 硝酸钾　C. 溴化钾　D. 乙酸钾
8.《中国药典》规定亚硝酸钠滴定法测定盐酸普鲁卡因含量时，用哪种酸来控制酸性(　　)
   A. 盐酸　B. 硫酸　C. 氢溴酸　D. 硝酸
9.《中国药典》规定，盐酸普鲁卡因注射液应检查的特殊杂质是(　　)
   A. 对氨基酚　B. 对氨基苯甲酸　C. 对氨基苯乙酸　D. 氨基苯
10. 能与硝酸银试液反应生成银镜，并放出气泡和生成黑色浑浊的药物是(　　)
    A. 甲硝唑　B. 阿苯达唑　C. 吗啡　D. 异烟肼
11. 异烟肼不具有的性质是(　　)
    A. 还原性　B. 与芳醛缩合呈色反应
    C. 弱碱性　D. 重氮化-偶合反应
12. 异烟肼中游离肼的检查，《中国药典》采用(　　)
    A. TLC　B. HPLC
    C. 紫外-可见分光光度法　D. 氧化还原法

13. 溴酸钾法测定异烟肼的含量，是利用异烟肼的(　　)
A. 氧化性　B. 还原性　C. 水解性　D. 酸性
14. 与氢氧化钠共热放出乙二胺，使湿润的红色石蕊试纸变蓝的药物是(　　)
A. 尼可刹米　B. 诺氟沙星　C. 地西泮　D. 盐酸氯丙嗪
15.《中国药典》中盐酸氯丙嗪原料药的含量测定采用(　　)
A. HPLC　B. TLC
C. 非水碱量法　D. 紫外-可见分光光度法
16.《中国药典》中地西泮制剂的含量测定采用(　　)
A. HPLC　B. TLC
C. 非水碱量法　D. 紫外-可见分光光度法
17. 以下哪个药物水解后不呈芳香第一胺反应(　　)
A. 氯氮䓬　B. 地西泮　C. 对乙酰氨基酚　D. 硝西泮
18. 异烟肼结构中因具有哪一基团，所以采用氧化还原法进行含量测定(　　)
A. 吡啶环　B. 硫元素　C. 酰肼基　D. 氮原子
19. 磺胺甲噁唑在碱性溶液中，与硫酸铜试液反应生成的铜盐沉淀的颜色为(　　)
A. 草绿色　B. 淡黄色　C. 蓝色　D. 紫色
20. 利用磺胺类药物结构中的芳香第一胺进行含量测定的方法是(　　)
A. 溴量法　B. 重氮化法　C. 非水滴定法　D. 沉淀滴定法
21. 具有酸碱两性的药物是(　　)
A. 诺氟沙星　B. 异烟肼　C. 地西泮　D. 氯丙嗪

二、多项选择题

1.《中国药典》规定的注射剂的检查项目包括(　　)
A. 热原　B. 无菌　C. 不溶性微粒
D. 可见异物　E. 装量
2. 排除注射剂分析中抗氧剂的干扰，可采用下列哪些方法(　　)
A. 加入甲醛或丙酮为掩蔽剂　B. 有机溶剂稀释法
C. 加碱后加热水解　D. 加酸后加热
E. 加弱氧化剂
3. 关于滴眼剂的叙述，正确的是(　　)
A. 滴眼剂是指药物制成的供滴眼用的澄明溶液、混悬液或乳剂
B. 滴眼剂一般应在无菌环境下配制
C. 滴眼剂如为混悬剂，混悬的颗粒应易于摇匀，其最大颗粒不得超过 90μm
D. 供角膜创伤或外科手术用的滴眼剂应以无菌制剂操作配制，分装于单剂量灭菌容器内严封
E. 每个容器的装量，一般不超过 10ml
4. 盐酸普鲁卡因的水解产物有(　　)
A. 对氨基苯甲酸　B. 氨气　C. 二乙氨基乙醇
D. 二甲氨基乙醇　E. 盐酸
5. 对氨基苯甲酸酯类药物含量测定的常用方法有(　　)
A. 亚硝酸钠法　B. 中和法　C. 紫外-可见分光光度法
D. HPLC　E. 溴量法

6. 异烟肼具有的反应有(　　)
A. 二硝基氯苯反应　　B. 与芳醛缩合呈色反应
C. 银镜反应　　D. 戊烯二醛反应
E. 双缩脲反应
7. 异烟肼的重要化学性质有(　　)
A. 弱碱性　　B. 碱性　　C. 还原性
D. 氧化性　　E. 酸性
8. 吩噻嗪类药物具有如下性质(　　)
A. 弱碱性　　B. 碱性　　C. 还原性
D. 氧化性　　E. 酸性
9. 苯并二氮杂䓬类药物常用的鉴别方法有(　　)
A. 沉淀反应　　B. 荧光反应
C. 水解后呈芳香第一胺反应　　D. 紫外-可见分光光度法
E. 高效液相色谱法
10. 诺氟沙星滴眼剂应检查的特殊杂质或项目有(　　)
A. 有关物质　　B. 硫柳汞　　C. 羟苯甲酯
D. 其他甾体　　E. 羟苯丙酯

三、计算题

异烟肼片的含量测定：取标示量为 100mg 的本品 20 片，总重量为 2.2680g，研细，称片粉 0.2246g，置 100ml 量瓶中，稀释至刻度，摇匀，滤过，精密量取续滤液 25ml，用溴酸钾液（0.01733mol/L）滴定，消耗此液 13.92ml，每毫升溴酸钾滴定液(0.01667mol/L) 相当于 3.429mg 的异烟肼。

问：1. 测含量前过滤的目的是什么?
2. 为什么要弃去初滤液?
3. 试计算其含量相当于标示量的百分含量。

施　菁　褚建波

项目八　固体制剂的质量检验

固体制剂是临床使用和新药开发中首选的剂型，约占药物制剂的70%，常用的固体制剂有片剂、颗粒剂、胶囊剂、散剂和丸剂等。与液体制剂相比，固体制剂具有理化性质稳定，生产制造成本低，服用与携带方便等优点；其生产制备过程的前处理经历的单元操作相同，以保证药物混合均匀与剂量准确，各剂型之间有着密切的联系。在固体制剂中，药物需首先在体内溶解后才能透过生物膜而被吸收入血液循环。因此，固体制剂的胃肠道吸收过程对药物制剂的研究、生产和临床应用都有重要的指导意义。对于一些难溶性的药物，药物的溶出过程将成为药物吸收的限速过程，因此，有效提高这些药物的溶出速度是增加药物在体内吸收的关键，常用粉碎技术和药物的包合技术来提高难溶性药物的溶出度。

必备知识一　片剂的质量检验

【知识目标】

掌握片剂的概念、分类与特点，片剂的含量测定与计算方法以及附加剂干扰排除的方法。

熟悉片剂的质量要求与质量检查项目，典型药物硫酸阿托品片和苯巴比妥片的质量检验原理与方法。

了解片剂的生产工艺流程及主要质量控制点，生物碱类药物和巴比妥类药物质量检验的相关知识。

【能力目标】

能正确查阅《中国药典》中有关药物制剂的质量标准，并依据该标准对药物进行质量检验操作，正确填写相关药物的检验原始记录及检验报告单，同时给出正确的检验结论。

一、片剂的定义与分类

片剂是指药物与适宜的辅料混匀压制而成的圆片状或异形片状的固体制剂，可供内服、外用，是目前临床应用最广泛的剂型之一。《中国药典》收载的片剂类型以口服普通片为主，另有分散片、咀嚼片、含片、舌下片、口腔贴片、可溶片、泡腾片、阴道片、阴道泡腾片、缓释片、控释片、肠溶片等。

二、片剂的质量要求

根据《中国药典》规定，片剂在生产和贮存期间应满足如下要求：原料药与辅料混合均匀；凡属挥发性或对光、热不稳定的药物，在制片过程中应避光、避热，以免成分损失或失效；压片前物料或颗粒应控制水分，以适应制片工艺的需要，防止片剂在贮存期间发霉、变质；含片、口腔贴片、咀嚼片、分散片、泡腾片等根据需要可加入矫味剂、芳香剂和着色剂等附加剂；为增加稳定性、掩盖药物的不良臭味、改善片剂外观等，可对片剂进行包衣。必要时，薄膜包衣片剂应检查残留溶剂；片剂外观应完整、光洁、色泽均匀，有适宜的硬度和耐磨性，以免包装、运输过程中发生磨损或破碎，除另有规定外，对于非包衣片，应符合片剂脆碎度检查法的要求；片剂的溶出度或释放度、含量均匀度、微生物限度等应符合规定；除另有规定外，片剂应密封贮存。

三、片剂的质量监控

（一）片剂质量监控的目的及意义

片剂是药物中最常用的剂型之一。为了使制成的片剂符合《中国药典》的要求，保证临床用药的安全和有效，必须对片剂的半成品和成品进行质量监控。

1. 半成品监控

半成品监控又称车间监控，在压片过程中每隔一段时间，要抽样检查一次，如外观、硬度、崩解时限、重量差异等，这些可在车间检查。在包装过程中亦应抽样检查，检查包装封口是否严密，标签、品名、规格、批号、包装数量等是否相符。

2. 成品监控

成品监控又称成品检查，是在包装完毕后进行的。在全部成箱药物中抽取若干箱，检查其包装情况，并核对标签、数量，进行片剂的物理、化学和生物学方面的检验。

（二）片剂的质量检查项目

1. 外观性状

片剂表面应色泽均匀、光洁，无杂斑，无霉斑，无异味，并在规定的有效期内保持不变。

2. 片重差异

片重差异应符合《中国药典》二部对片重差异限度的要求。片重差异过大，意味着每片中主药含量不一，对治疗可能产生不良影响，具体检查方法与要求详见本教材项目四下“剂型检查技术”的相关内容。凡规定检查含量均匀度的片剂，一般不再进行片重差异检查。

3. 含量均匀度

含量均匀度系指小剂量药物在每个片剂中的含量是否偏离标示量以及偏离的程度，必须由逐片检查的结果得出正确的结论。一般片剂的含量测定是将10～20个药片研碎、混匀后取样测定，所以得到的只是平均含量，易掩盖小剂量药物由于混合不匀而造成的每片含量差异。为此，中外药典皆规定了含量均匀度的检查方法及判断标准。具体检查方法与要求详见项目四下“剂型检查技术”的相关内容。

4. 硬度与脆碎度

片剂的硬度不仅影响片剂的崩解和药物的溶出，还会对片剂的生产、运输和贮存带来影响。因此，应对片剂的硬度进行检查，从而保证片剂的质量。实际生产中常用经验方法来检查，即将片剂置于中指与食指之间，以拇指轻压，根据片剂的抗压能力，判断它的硬度。糖衣片和肠溶片在包衣时能耐受长时间的转动摩擦，外面加上了层衣，使片剂更加坚固，所以一般不做硬度检查。《中国药典》对片剂硬度的大小没有明确规定，应按药物的品种和规格由企业自己制定内控标准。

因为脆碎度也与片剂的崩解、溶出有关，因此各生产厂家均把它作为一个重要的物理参数予以监测。

测定片剂的硬度和脆碎度所使用的仪器有孟山都硬度计、脆碎度仪和片剂四用仪等，其中片剂四用仪可测定片剂的硬度、脆碎度、崩解度和溶出度四种项目。

5. 崩解时限

除《中国药典》二部规定进行溶出度或释放度检查的片剂以及某些特殊的片剂（如缓控

释片剂、口含片、咀嚼片等）以外，一般的口服片剂需做崩解时限检查，其具体检查方法与要求详见本教材项目四下“剂型检查技术”的相关内容。

6. 溶出度或释放度

溶出度试验是一种控制药物制剂质量的体外检测方法，已成为制药工业质量控制项目之一，它既是评价制剂处方和生产工艺的一种手段，也是评定固体制剂生物利用度和制剂均匀度的一种方法。对于难溶性药物而言，虽然崩解度合格却并不能保证药物快速而完全的溶解出来，也就不能保证具有可靠的疗效。因此，《中国药典》二部规定了许多药物要进行溶出度或释放度检查。其中，溶出度检查用于一般的片剂，释放度检查用于缓控释制剂。具体检查方法与要求详见本教材项目四下“剂型检查技术”的相关内容。

7. 微生物限度

口腔贴片、阴道片、阴道泡腾片和外用可溶片等局部用片剂均需进行该项检查。在《中国药典》中规定：化学药物的片剂，不得检出大肠埃希菌；细菌数不得超过每克1000个，霉菌、酵母菌数不得超过每克100个，具体检查方法和结果判断方法详见项目四下“生物安全性检查技术”的相关内容。

8. 其他检查

（1）发泡量　阴道泡腾片需检查。

检查方法：取25ml具塞刻度试管（内径1.5cm）10支，各精密加水2ml，置（37±1)℃水浴中5min后，各管中分别投入供试品1片，密塞，20min内观察最大发泡量的体积，平均发泡体积应不少于6ml，且少于3ml的不得超过2片。

（2）分散均匀性　分散片需检查。

检查方法：取供试品6片，置250ml烧杯中，加15～25℃的水100ml，振摇3min，应全部崩解并通过二号筛。

（三）片剂的生产工艺流程以及关键工序的质量控制

根据制备工艺不同，片剂的制备技术可分为直接压片法和制粒压片法，而直接压片法又分为粉末直接压片法和结晶压片法；制粒压片法又分为湿法制粒压片法和干法制粒压片法。

片剂生产中应用最为广泛的是制粒压片法，其中湿法制粒压片法主要适用于对湿、热稳定，且需要采用制粒的办法改善其可压性及流动性的药物；干法制粒压片法主要适用于某些对湿、热较敏感，且需要采用制粒的办法改善其可压性及流动性的药物。制粒压片法的生产工艺流程如图8-1所示。片剂生产工艺流程中关键工序的质量控制点及控制要求如表8-1所列。

表8-1　片剂生产工艺流程中关键工序的质量控制点及控制要求

关键工序	质量控制点	控制要求
制粒	① 颗粒的大小	应符合制剂工艺要求
	② 粒度的均匀性	应符合制剂工艺要求
	③ 颗粒的松紧度	干颗粒的松紧度与压片时片重差异和片剂外观均有关系。颗粒松紧度不同，其堆密度不同，可造成片重差异超限；另外太松易发生顶裂，太紧会出现麻面。干颗粒的松紧度以手用力一捻能碎成细粉者为宜
	④ 颗粒的含粉量	干颗粒的含粉量会影响片剂外观和片重差异，一般含粉量应控制在20%～40%，太多会造成松片和裂片，太少会导致片剂表面粗糙、片重差异超限
干燥	① 外观	应符合制剂工艺规定
	② 物料的含水量	干颗粒的含水量一般为1%～3%，过多会引起黏冲，过少会引起松片或裂片。测定颗粒含水量常用干燥失重法，精确测定微量水分含量需采用费休法或甲苯法，见《中国药理》“附录”。生产过程中测定含水量可使用水分快速测定仪。在实践中颗粒干燥程度一般凭经验掌握，即用手紧握干颗粒，在手放松后颗粒应不黏结成团，手掌也不应有细粉黏附

续表

关键工序	质量控制点	控制要求
总混	① 混合均匀度	应符合制剂工艺规定
	② 主药含量	应符合有关规定
压片	① 外观	应完整光洁、色泽均匀
	② 片重差异	应符合企业建立的高于国家标准的内控标准
	③ 硬度与脆碎度	根据各生产单位的内控标准进行检查
	④ 崩解度测定	采用升降式崩解仪，应符合《中国药典》"附录"的规定
	⑤ 溶出度测定	根据《中国药典》"附录"进行测定，应符合规定
	⑥ 含量及均匀度	按《中国药典》"附录"规定的方法检查，应符合规定

（四）片剂的含量测定

1. 片剂含量测定中附加剂的干扰及其排除

片剂在制备过程中常加入稀释剂、润滑剂、崩解剂等附加剂。常用的附加剂有淀粉、糊精、乳糖、硬脂酸镁、滑石粉等。这些附加剂的存在有时会影响药物的含量测定，需予以排除。

（1）糖类　淀粉、糊精、蔗糖、乳糖都属于糖类辅料，常用作片剂中的稀释剂。其中，乳糖本身具有还原性，淀粉、糊精、蔗糖则水解后可产生具有还原性的葡萄糖。因此当采用氧化还原滴定法测定制剂含量时，上述附加剂会对测定有干扰。因此，选择含糖类辅料片剂的含量测定方法时，应避免使用氧化性强的滴定剂。如《中国药典》中硫酸亚铁原料药的含量测定采用高锰酸钾法，而其片剂和缓释片则采用铈量法测定。这是因为高锰酸钾是强氧化剂，在它氧化铁离子的同时，还原性糖也被氧化，而硫酸铈的氧化能力较高锰酸钾弱，只能将硫酸亚铁氧化，而对还原糖等没有作用，故可排除糖类辅料的干扰。此外，还可将糖类辅料过滤以去除其干扰，如维生素C原料采用碘量法，其片剂的含量测定则需先过滤，除去

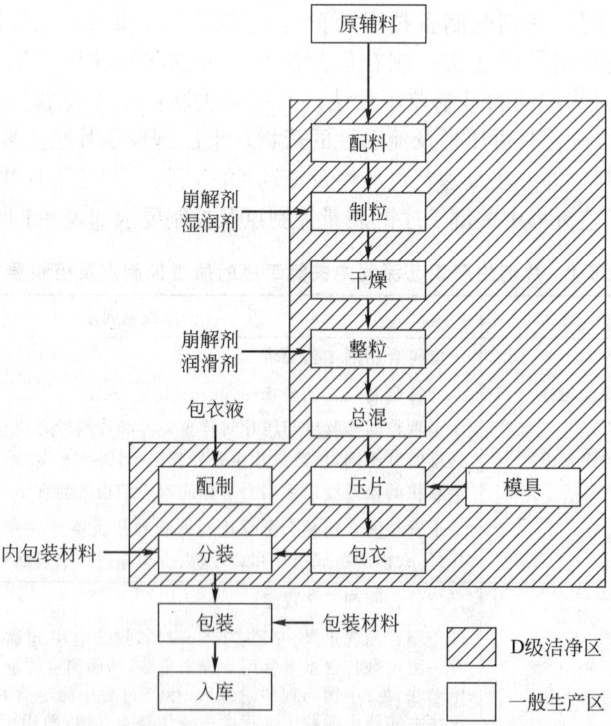

图 8-1　制粒压片法的生产工艺流程

赋形剂后再用碘量法测定。

（2）硬脂酸镁类　硬脂酸镁作为片剂常用的润滑剂，是以硬脂酸镁和棕榈酸镁为主要成分的混合物，其干扰主要包括 EDTA 滴定和非水高氯酸滴定两个方面。

① Mg^{2+} 干扰配位滴定法　在 pH 10 左右，Mg^{2+} 可与 EDTA 形成稳定的配位化合物而干扰滴定。一般采取加掩蔽剂，如酒石酸、草酸等与镁离子络合而消除干扰。如在 pH 6～7.5 的条件下，酒石酸可与 Mg^{2+} 形成稳定的配位化合物而将其掩蔽。

② 硬脂酸根离子干扰非水滴定法　在冰醋酸溶液中，硬脂酸镁可消耗高氯酸而干扰非水滴定法。若主药含量大，硬脂酸镁含量小，则其对结果的影响不大，可直接进行测定。若主药含量小，而硬脂酸镁含量较大时，则受其干扰，测定结果会偏高。为排除干扰，一般采取下列方法：a. 对脂溶性药物可用有机溶剂提取主药后再测定，例如硫酸奎宁原料药采用直接非水滴定法，而其片剂则是碱化后用 $CHCl_3$ 提取，再用 $HClO_4$ 滴定。b. 采用草酸、酒石酸作掩蔽剂排除硬脂酸根离子的干扰。通过加入无水草酸的醋酐溶液，硬脂酸镁与草酸反应生成难溶性的草酸镁和硬脂酸，两者对非水滴定法均不产生干扰。c. 改用其他方法测定含量，如盐酸氯丙嗪原料药采用非水滴定法测定含量，片剂则采用紫外分光光度法测定。

（3）滑石粉等　滑石粉等在水相和有机相中均不溶，常使溶液浑浊。若采用紫外-可见分光光度法、旋光法及比色法测定主药含量时会产生干扰。一般采用过滤法或提取分离法排除干扰。若主药为水溶性，可将片粉加水溶解过滤后，除去滑石粉；若主药不溶于水，可用有机溶剂提取主药后测定。

课堂互动

乙酰螺旋霉素片中每片含乙酰螺旋霉素 0.1g，制成颗粒后，测定颗粒中的含主药量为 48.5%，本品含乙酰螺旋霉素应为标示量的 95.0%～105.0%，计算片重范围。

2. 片剂的含量测定及计算

在制备过程中得到的片剂不可能做到每片都完全一致，因此，片剂在取样时要具有代表性；原料药经过制粒、加压、成片等制备过程，药物的物理性状会有所变化，含量测定时应注意使药物完全溶解。一般取 20 片或 10 片或按规定取样（糖衣片需除去糖衣），精密称定总片重，除以片数，计算出平均片重，然后研细，混匀，精密称取适量，照规定方法测定含量。

片剂含量测定结果通常以相当于标示量的百分含量表示。计算公式如下。

$$相当于标示量的百分含量=\frac{测得量(g)\times 平均片重(g)}{供试品质量(g)\times 标示量(g)}\times 100\%$$

工作任务　硫酸阿托品片的质量检验

一、任务准备

硫酸阿托品（atropine sulfate）为茄科植物曼陀罗、颠茄及莨菪等所含的生物碱（莨菪碱）（左旋体）在提取过程中遇酸或碱发生消旋化而转变成的外消旋体。阿托品的活性仅为左旋莨菪碱的 50%，但毒性小，使用较安全，临床上使用其硫酸盐。

（一）结构

硫酸阿托品的结构式如下。

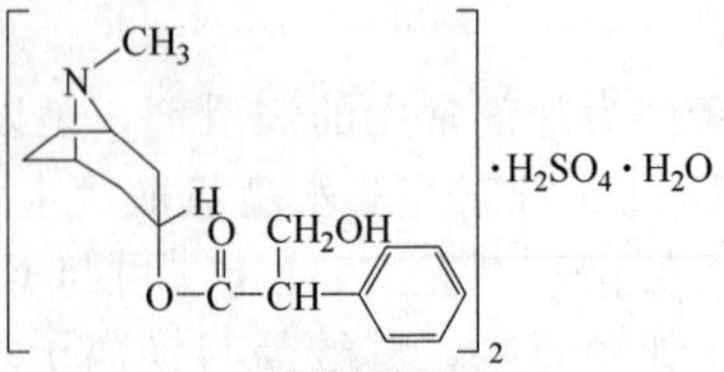

硫酸阿托品

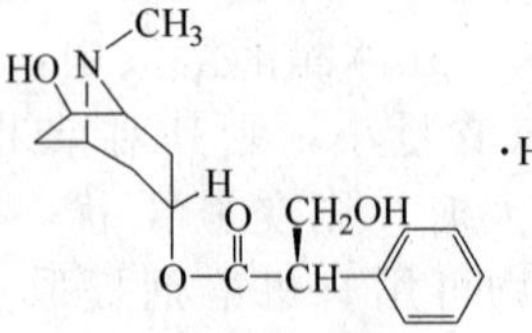

氢溴酸山莨菪碱

(二) 性质

1. 性状

硫酸阿托品为无色结晶或白色结晶性粉末；无臭。极易溶于水，在乙醇中易溶。

2. 碱性

硫酸阿托品中氮原子位于五元环内，为叔胺氮，碱性较强，易与酸成盐。

3. 稳定性

硫酸阿托品结构中具有酯键，易发生水解，在弱酸性或近中性条件下较稳定，pH 为 3.5～4.0 时最稳定，但酸、碱都能催化其水解，产物为莨菪醇和消旋莨菪酸。

4. 旋光性

阿托品在提取过程中遇酸或碱发生消旋化，无旋光性。

5. Vitali 反应

这是莨菪酸的反应。硫酸阿托品水解生成莨菪酸，被发烟硝酸硝化后，在碱性醇溶液中呈深紫色，后转为暗红色，最后颜色消失；也可与硫酸、重铬酸钾在加热条件下，发生氧化反应而生成具有苦杏仁味的苯甲醛。

(三) 临床应用

阿托品具有外周及中枢 M 胆碱受体阻断作用，临床常用于胃肠绞痛、抗心律失常、抗休克，也用于有机磷中毒的解救、眼科诊疗（如散瞳）及手术前麻醉给药等。临床上常用的剂型有片剂、注射剂、滴眼液和眼膏剂等。

(四) 质量标准

硫酸阿托品片的质量标准参照《中国药典》二部：本品含硫酸阿托品［$(C_{17}H_{23}NO_3)_2 \cdot H_2SO_4 \cdot H_2O$］应为标示量的 90.0%～110.0%。

二、任务实施

(一) 任务要求

(1) 能利用酸性染料比色法完成硫酸阿托品片的含量测定操作及计算。

(2) 熟练完成托烷类生物碱的鉴别试验。

(3) 能根据《中国药典》要求完成片剂的常规检查。

(二) 仪器与试药

(1) 主要仪器　分液漏斗、白瓷皿、水浴锅、具塞试管、量瓶、紫外-可见分光光度仪。

(2) 试药　发烟硝酸、乙醇、醇制氢氧化钾、固体氢氧化钾、氨水、乙醚、氯化钡试液、乙酸铅试液、三氯甲烷、溴甲酚绿、邻苯二甲酸氢钾、氢氧化钠溶液、硫酸阿托品对照品、硫酸阿托品片（0.3mg）。

（三）工作内容

1. 性状

硫酸阿托品片为白色片。

2. 鉴别

（1）托烷类生物碱反应　在酸性条件下，托烷类生物碱的酯键水解，生成莨菪酸，莨菪酸被硝酸硝化为三硝基衍生物，在醇制氢氧化钾碱性条件下，转变为紫色的醌型物质，此反应称为Vitali反应。反应式如下。

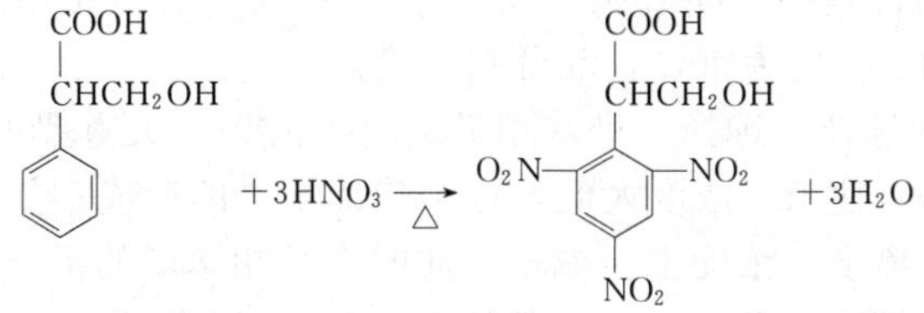

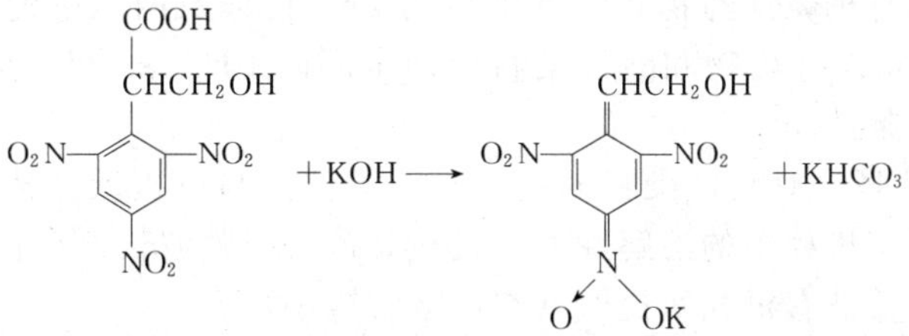

操作：取本品的细粉适量（约相当于硫酸阿托品1mg），置于分液漏斗中，加氨试液约5ml，混匀，用乙醚10ml振摇提取后，分取乙醚层，置于白瓷皿中，挥尽乙醚后，残渣加发烟硝酸5滴，置于水浴上蒸干，得黄色的残渣，放冷，加乙醇2～3滴湿润，加固体氢氧化钾一小粒，即显深紫色。

（2）硫酸盐的鉴别反应

① 取供试品溶液，滴加氯化钡试液，即生成白色沉淀；分离，沉淀在盐酸或硝酸中均不溶解。

② 取供试品溶液，滴加乙酸铅试液，即生成白色沉淀；分离，沉淀在乙酸铵试液或氢氧化钠试液中溶解。

③ 取供试品溶液，加盐酸，不生成白色沉淀（与硫代硫酸盐区别）。

3. 检查

硫酸阿托品片主要是进行含量均匀度及其他片剂项下有关的检查。

（1）含量均匀度的检查　硫酸阿托品片含量均匀度检查所用方法为其含量测定的方法。

操作：取本品1片，置具塞试管中，精密加水6.0ml，密塞，充分振摇30min使硫酸阿托品溶解，离心，取上清液作为供试品溶液，照含量测定项下的方法测定含量，应符合规定。

（2）其他　应符合《中国药典》的规定。

4. 含量测定

《中国药典》采用酸性染料比色法测定其含量。

（1）基本原理　在适当的介质中，生物碱或有机碱性药物（B）可与氢离子结合成阳离子（BH^+），一些酸性染料，如溴麝香草酚蓝，则可解离成阴离子（In^-），上述的阳离子与阴离子定量地结合生成有色离子对（$BH^+ \cdot In^-$），可定量地被有机溶剂萃取。通过在特定波长处测定有机相中该有色离子对的吸光度，或测定显色的有机相经碱化（如加入醇制氢氧化钠）后释放出的与有机碱结合的酸性染料的吸光度，即可进行碱性药物的含量测定。反应式如下。

$$
\begin{array}{l}
B+H^+ \rightleftharpoons BH^+ \\
\qquad\qquad\qquad + \\
HIn \rightleftharpoons H^+ + In^- \\
\qquad\qquad\qquad \Updownarrow \\
\qquad\qquad (BH^+ \cdot In^-) \rightleftharpoons (BH^+ \cdot In^-) \\
\qquad\qquad\quad \text{水相} \qquad\qquad\quad \text{有机相}
\end{array}
$$

（2）影响因素　应用酸性染料比色法测定生物碱类或有机碱性药物的影响因素很多，主要有水相 pH、酸性染料的种类、有机溶剂的种类和性质、有机相中水分及酸性染料中的有色杂质，而其中以水相 pH 更为重要。现分别讨论如下。

① 水相最佳 pH 的选择　选择一个水相最适 pH 值是至关重要的。如果水相 pH 过小，抑制了酸性染料的解离，使 In^- 浓度太低，可影响离子对的形成；如果水相 pH 过大，有机碱性药物呈游离状态，离子对浓度也会减小，此时有机相萃取的不是离子对而是有机碱性药物本身。因此，根据有机碱性药物和酸性染料的 pKa 值以及两相中的分配系数，选择一个最适的 pH 值，使有机碱性药物和酸性染料分别全部以 BH^+ 和 In^- 状态存在，是酸性染料比色法最重要的试验条件。

② 酸性染料的选择　对酸性染料的要求是，不但能与有机碱性药物定量地结合，而且生成的有色离子对在有机相中的溶解度大，且在其最大吸收波长处有较大的吸收度；酸性染料本身则不被或很少量被有机相所提取（空白吸收很小）。

常用的酸性染料多为磺酸酞类指示剂，在《中国药典》收载的托烷类药物的含量测定中，常选用的酸性染料为溴甲酚绿。

酸性染料的浓度高低对测定结果影响不大，只要足量即可，增加酸性染料的浓度可提高测定的灵敏度，但浓度过高时，则易形成难以破坏的乳化层，对测定不利。

③ 有机溶剂的选择　有机溶剂应对有机碱性药物与酸性染料形成的离子对有较大的溶解度，易于提取完全，该离子对在其中有较高的吸收度；不与或极少与水混溶，与其混溶的少量水分应易除去。常用的有机溶剂有三氯甲烷、二氯甲烷等，二氯乙烯、苯、甲苯、四氯化碳尽管也适用，但由于其毒性及环境污染问题而不宜采用。

④ 水分的影响　在提取过程中，应严防混入水分。水分的混入可能使有机相浑浊而且易带入水相中的过量染料，影响比色测定的准确性。因此，提取后的有机溶剂可加入脱水剂（如无水硫酸钠）或经干燥滤纸过滤的方法除去微量水分。

⑤ 有色杂质的排除　酸性染料中的有色杂质混入有机相中将干扰测定结果，必要时，可在加入供试品之前，将缓冲液与酸性染料的混合液先用所用的有机溶剂萃取弃去，以除去酸性染料中的有色杂质。

（3）测定方法　取本品 20 片，精密称定，研细，精密称取适量（约相当于硫酸阿托品 2.5mg），置 50ml 量瓶中，加水振摇使硫酸阿托品溶解并稀释至刻度，滤过，取续滤液，作为供试品溶液。另取硫酸阿托品对照品约 25mg，精密称定，置 25ml 量瓶中，加水溶解并稀释至刻度，摇匀，精密量取 5ml，置 100ml 量瓶中，用水稀释至刻度，摇匀，作为对照品溶液。

精密量取对照品溶液与供试品溶液各 2ml，分别置预先精密加入三氯甲烷 10ml 的分液漏斗中，各加溴甲酚绿溶液（取溴甲酚绿 50mg 与邻苯二甲酸氢钾 1.021g，加 0.2mol/L 氢氧化钠溶液 6.0ml 使溶解，再加水稀释至 100ml，摇匀，必要时滤过）2.0ml，振摇提取 2min 后，静置使分层，分取澄清的三氯甲烷液，照紫外-可见分光光度法，在 420nm 的波长处分别测定吸光度，计算，并将结果与 1.027 相乘，即得。

1.027为分子量换算因数，系1g无水硫酸阿托品相当于含水硫酸阿托品$(C_{17}H_{23}NO_3)_2 \cdot H_2SO_4 \cdot H_2O$的克数。由下式求得：

$$\frac{M(C_{17}H_{23}NO_3)_2 \cdot H_2SO_4 \cdot H_2O}{M(C_{17}H_{23}NO_3)_2 \cdot H_2SO_4}=\frac{694.87}{676.84}=1.027$$

$$(C_{17}H_{23}NO_3)_2 \cdot H_2SO_4 \cdot H_2O\text{标示量}(\%)=\frac{(A_x/A_r)\times Cr\times 50\times 1.027\times\text{平均片重}}{W\times\text{标示量}}\times 100\%$$

式中，A_x和A_r为供试品溶液和对照品溶液的吸收度；C_r为对照品溶液的浓度，mg/ml；50为供试品溶液的体积ml；W为取样量。

（四）注意事项

分液漏斗操作中，必须待混合溶液彻底分层，取澄清的三氯甲烷液进行测定。如果三氯甲烷浑浊，表明有微量水分引入，将对测定结果有影响，必要时可用干燥滤纸过滤，除去微量水分后测定吸光度。

（五）思考题

（1）酸性染料比色法的测定原理是什么，使用范围如何？

（2）影响酸性染料比色法的因素有哪些？

（3）结果计算中为什么要乘以1.027？

相关知识 生物碱类药物的质量检验

生物碱（alkaloids）是一类含氮的有机化合物，绝大多数存在于植物体内，大部分显碱性，故称生物碱。有关生物碱的化学研究始于1803年，Derosne首次分出单纯的那可丁（narcotine）以及1806年德国助理药剂师泽图纳（F. W. Sertuner）从鸦片中分离出吗啡碱（morphine）。Cordell报道，截至2001年，从自然界分离得到约26900多个生物碱。生物碱类药物绝大多数具有特殊而显著的生理活性，已广泛应用于临床。目前，《国家基本药物目录》收载的生物碱类药物及其剂型包括复方利血平口服常释剂型，复方利血平氨苯蝶啶口服常释剂型，茶碱口服常释剂型和口服缓释剂型，氨茶碱口服常释剂型，口服缓释剂型和注射剂，秋水仙碱口服常释剂型，山莨菪碱口服常释剂型和注射剂，阿托品口服常释剂型和注射剂、阿托品滴眼剂和眼膏剂，麻黄碱滴鼻剂和纳洛酮注射剂等。

《中国药典》收录的生物碱类药物主要有苯烃胺类、托烷类、喹啉类、吲哚类、黄嘌呤类等，具体药物主要有：麻黄碱、伪麻黄碱、秋水仙碱、阿托品、山莨菪碱、奎宁、奎尼丁、吗啡、可待因、小檗碱、士的宁、长春碱、长春新碱、利血平、咖啡因、茶碱、毛果芸香碱、川芎嗪等常用生物碱类。

生物碱类药物最显著的特点就是具有碱性。生物碱类药物的碱性取决于分子中氮原子的结合状态和所处的化学环境。一般来说，氮原子在生物碱分子中呈季胺结构者，可离子化，碱性最强，如小檗碱；呈叔胺结构者次之；呈仲胺结构者再次之；呈环酰胺结构者，碱性极弱，甚至消失，如咖啡因。此外，脂肪胺及脂环胺的碱性，又都大于芳胺的碱性。分子中含有羧基者或有酚羟基者（如吗啡），则具有酸碱两性。含有活泼氢者，（如茶碱），则显酸性反应。

一、结构与性质

（一）苯烃胺类生物碱

苯烃胺类生物碱的结构特点是氮原子不在环状结构内，而在侧链上。典型的药物有盐酸麻黄碱（ephedrine hydrochloride）、盐酸伪麻黄碱（pseudoephedrine hydrochloride）等。

1. 结构特征

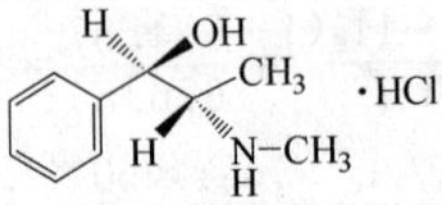

盐酸麻黄碱

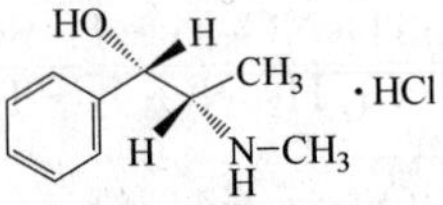

盐酸伪麻黄碱

2. 性质

（1）碱性 麻黄碱和伪麻黄碱具有苯烃胺结构，其氮原子均为仲胺，碱性较强，易与酸成盐。

（2）氨基醇特性 芳环侧链上有氨基醇结构，可发生双缩脲反应，可用于鉴别。

（3）紫外吸收特征 麻黄碱和伪麻黄碱结构中含有芳环，在紫外光区有特征吸收，可供鉴别和含量测定。

（4）旋光性 麻黄碱和伪麻黄碱侧链上均具有不对称碳原子，因而具有旋光性，麻黄碱为左旋体，伪麻黄碱为右旋体。

（二）托烷类（莨菪烷类）生物碱

本类生物碱是由莨菪烷衍生物的氨基醇和不同有机酸缩合而成的酯类化合物，典型的药物有硫酸阿托品、氢溴酸山莨菪碱（anisodamine hydrobromide）等。

1. 结构特征

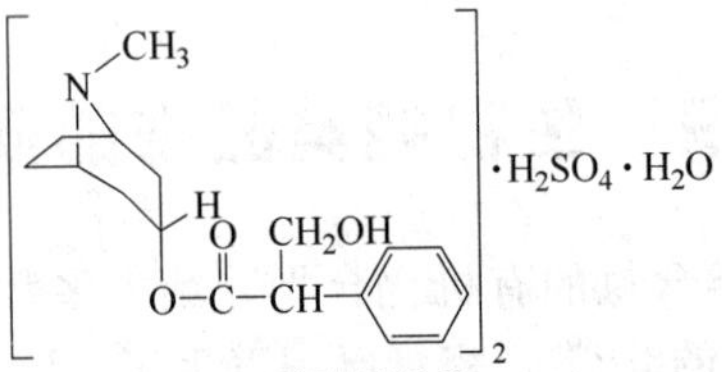

硫酸阿托品

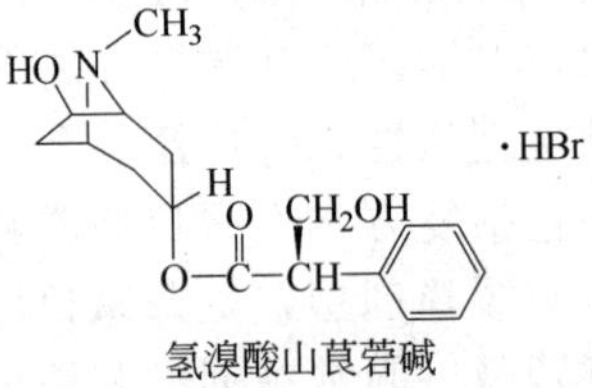

氢溴酸山莨菪碱

2. 性质

（1）水解性 阿托品和山莨菪碱是由莨菪醇和莨菪酸组成的酯类化合物，易发生水解。

（2）碱性 结构中氮原子是位于五元脂环内的叔胺氮，故碱性较强，易与酸成盐。

（3）旋光性 氢溴酸山莨菪碱的结构中有不对称碳原子，呈左旋体，而阿托品虽有不对称碳原子，但因外消旋化而为消旋体，无旋光性。

（三）喹啉类生物碱

喹啉类生物碱的结构中含有吡啶与苯环稠合而成的喹啉杂环，其分为喹啉环和喹核碱两个部分，中间有一个仲醇基连结而成。典型的药物有硫酸奎宁（quinine sulfate）和硫酸奎尼丁（quinidine sulfate）等。

1. 结构特征

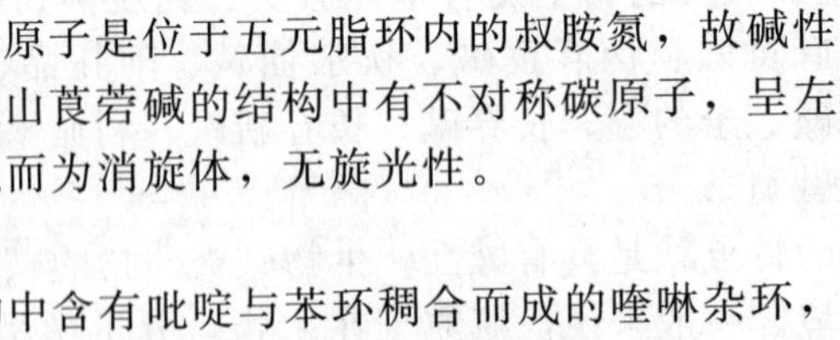

硫酸奎宁

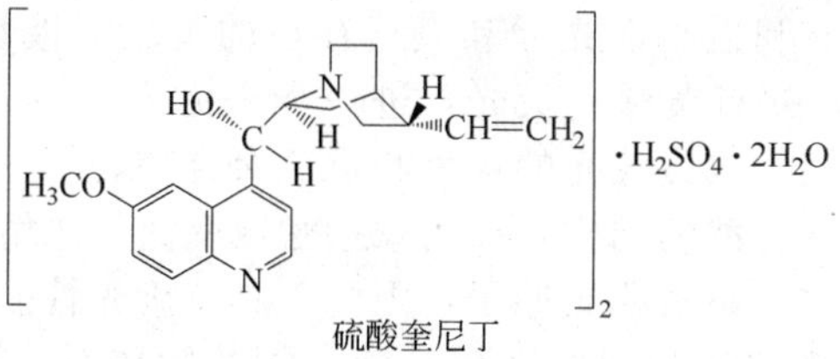

硫酸奎尼丁

2. 性质

（1）碱性　奎宁或奎尼丁结构中包括喹啉环和喹核碱两部分，各含一个氮原子，其中喹核碱含脂环氮，碱性强，可与硫酸成盐；而喹啉环上的氮系芳环氮，碱性较弱，不能与硫酸成盐。因此，两分子的奎宁或奎尼丁与一分子二元酸成盐。

（2）旋光性　硫酸奎宁和硫酸奎尼丁的分子式完全相同，但喹核碱部分的立体结构不同，前者为左旋体，后者为右旋体，其生理活性也迥然不同。

（3）荧光特性　奎宁和奎尼丁的分子结构中含有吡啶与苯稠合而成的喹啉杂环，在紫外光区有强吸收，它们的硫酸盐在稀硫酸溶液中均显蓝色荧光。

（四）异喹啉类生物碱

这类生物碱属苄基异喹啉衍生物，又是菲的部分饱和衍生物。典型的药物有盐酸吗啡（morphine hydrochloride）和磷酸可待因（codeine phosphate）等。

1. 结构特征

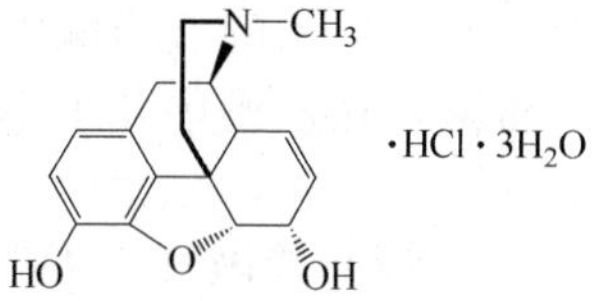

盐酸吗啡

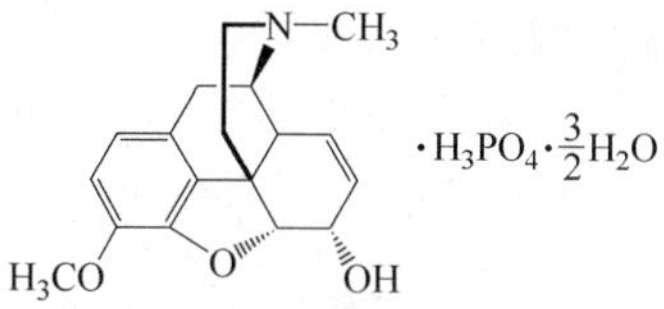

磷酸可待因

2. 性质

（1）溶解性　盐酸吗啡在水中溶解，在乙醇中略溶，在三氯甲烷或乙醚中几乎不溶。磷酸可待因在水中易溶，在乙醇中微溶，在三氯甲烷或乙醚中极微溶。

（2）酸碱两性　吗啡分子中含有酚羟基和叔胺基团，属于酸碱两性化合物，但碱性略强于酸性，既可溶于氢氧化钠水溶液又可溶于盐酸水溶液。可待因分子中仅有叔胺基团，无酚羟基，碱性较吗啡稍强，不能溶于氢氧化钠水溶液。

（五）吲哚类生物碱

本类生物碱的结构中含有吲哚环和两个碱性强弱不同的氮原子。典型的药物有硝酸士的宁（strychnine nitrate）和利血平（reserpine）等。

1. 结构特征

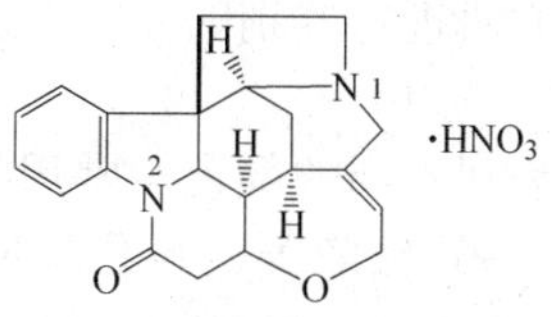

硝酸士的宁

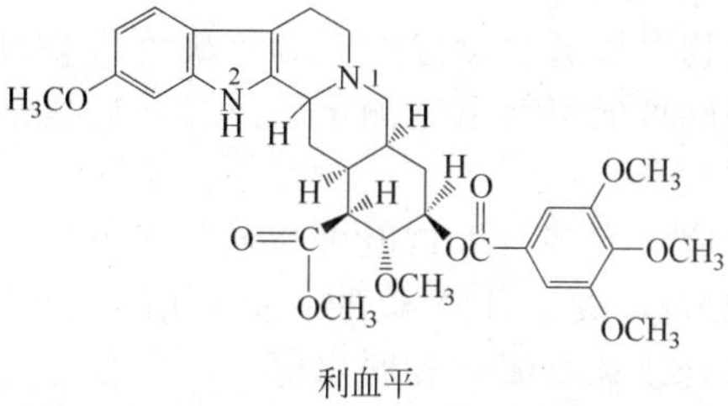

利血平

2. 性质

（1）碱性　士的宁和利血平的结构中均含有两个碱性强弱不同的氮原子，士的宁结构中的吲哚氮由于与芳香环共轭，氮上的电子云密度小，几乎无碱性，脂环叔胺氮（N_1）碱性较强，可与一分子硝酸成盐。而利血平脂环叔胺氮（N_1）由于受立体效应的影响，碱性极弱，不能与酸结合成稳定的盐，而以游离状态存在。

（2）还原性和荧光性　利血平在光照和氧气存在的情况下极易被氧化，氧化产物为3，4-二去氢利血平，呈黄色，并有黄绿色荧光，进一步氧化为3，4，5，6-四去氢利血平，有蓝色荧光，再进一步氧化则生成无荧光的褐色和黄色聚合物。

（3）水解性　利血平含有酯的结构，与弱碱接触或受热易水解。

（4）旋光性　利血平具有不对称碳原子，因此，具有旋光性。

（5）紫外吸收特性　士的宁和利血平都具苯环等共轭体系，因此在紫外光区有特征吸收，可用来鉴别和含量测定。

（六）黄嘌呤类生物碱

本类生物碱的结构是由咪唑和嘧啶相骈合而成的二环化合物，分子结构中含有四个氮原子。典型的药物有咖啡因（caffeine）和茶碱（theophylline）等。

1. 结构特征

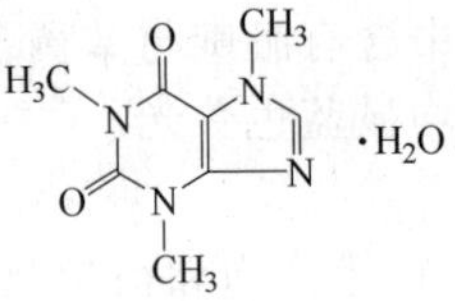

咖啡因

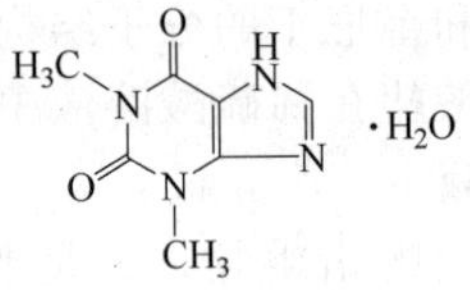

茶碱

2. 性质

（1）溶解性　咖啡因在热水或三氯甲烷中易溶，在水、乙醇或丙酮中略溶，在乙醚中极微溶解。茶碱在乙醇或三氯甲烷中微溶，在水中极微溶，在乙醚中几乎不溶，在氢氧化钾溶液或氨溶液中易溶。

（2）酸碱性　咖啡因和茶碱的分子结构中虽含有四个氮原子，但两个氮原子受到邻位羰基的影响，几乎不显碱性，因此不易与酸结合成盐。茶碱氮原子上的氢非常活泼，可解离，而呈弱酸性，可与碱成盐，如与乙二胺形成的盐为氨茶碱（aminophylline），是临床中常用的平滑肌松弛药和利尿药。

课堂互动

生物碱类药物的碱性强弱与哪些因素有关？

二、鉴别试验

（一）一般鉴别试验

生物碱类药物的一般鉴别方法主要包括物理常数测定法、化学法、光谱法和色谱法。

1. 物理常数测定法

生物碱类药物可以通过测定熔点和比旋度等物理常数进行鉴别。《中国药典》中氢溴酸山莨菪碱、盐酸麻黄碱等就采用测定熔点和比旋度的方法进行鉴别。

2. 化学法

（1）显色反应　大多数生物碱可与显色剂反应，呈现不同的颜色。常用的显色剂有浓硫酸、浓硝酸、钼酸-硫酸、钒酸-硫酸、亚硒酸-硫酸和甲醛-硫酸等。显色反应的机制可能是脱水、氧化、缩合或兼有氧化和脱水等。

【应用示例】　磷酸可待因的鉴别：取本品约1mg，置白瓷板上，加含亚硒酸2.5mg的硫酸0.5ml，立即显绿色，渐变蓝色。

（2）沉淀反应　含叔胺氮的生物碱在酸性水溶液中，可与某些沉淀试剂如碘化铋钾、碘化汞钾、碘-碘化钾、硅钨酸、磷钨酸、二氯化汞试液等反应，生成难溶于水的盐类或络合物而用于鉴别。

【应用示例】 咖啡因的鉴别：取本品的饱和水溶液5ml，加碘试液5滴，不生成沉淀；再加稀盐酸3滴，即生成红棕色的沉淀，并能在稍过量的氢氧化钠试液中溶解。

3. 光谱法

（1）紫外分光光度法　生物碱类药物大都含有芳环或共轭双键结构，因此，在紫外光区常有一个或几个特征峰，可作为鉴别的依据。

（2）红外分光光度法　红外分光光度法能反映分子结构的细微特征，准确度高，专属性强，是鉴别药物真伪的有效方法，各国药典广泛采用本法。将药品在规定条件下获得的红外吸收光谱与《药品红外光谱集》中的相应标准图谱比较，如与标准图谱完全一致，即为同一种药物。《中国药典》中许多生物碱类药物的鉴别均采用本法。

（3）荧光特征　利用硫酸奎宁和硫酸奎尼丁在稀硫酸溶液中均显蓝色荧光对其进行鉴别。

【应用示例】 硫酸奎尼丁的鉴别：取本品约20mg，加水20ml溶解后，分取溶液10ml，加稀硫酸使成酸性，即显蓝色荧光。

4. 色谱法

（1）薄层色谱法　在生物碱类药物的鉴别中，薄层色谱法是最常用的方法。将供试品溶液和对照品溶液点于同一薄层板上，展开后，供试品斑点 R_f 值若与对照品斑点 R_f 一致，则为同一成分。临床上使用的大多为生物碱盐，其极性很强，不易溶于展开剂，且与薄层板上的硅胶产生牢固吸附而造成严重的拖尾。目前，薄层色谱的吸附剂多为硅胶，因其表面呈弱酸性，所以分离生物碱时必须加碱中和硅胶表面的弱酸性，因此，在使用TLC法时，应先使生物碱游离出来；然而，即使是游离生物碱也可被弱酸性的硅胶牢固吸附而产生严重的拖尾现象。因此，解决色斑的拖尾现象是生物碱类药物及其他碱性有机药物在硅胶薄层色谱分离中的一个重要问题。

课堂互动

如何解决生物碱类药物在硅胶薄层色谱分离中的拖尾现象？

（2）高效液相色谱法　本类药物的部分制剂在采用高效液相色谱法测定含量的同时，采用该法进行鉴别。

（二）特征鉴别反应

1. 双缩脲反应

此反应系芳环侧链具有氨基醇结构的生物碱类药物的特征反应。

【应用示例】 盐酸麻黄碱和盐酸伪麻黄碱的鉴别：取盐酸麻黄碱约10mg，加水1ml溶解后，加硫酸铜试液2滴与20%的氢氧化钠试液1ml，即显蓝紫色；加乙醚1ml，振摇后，放置，乙醚层即显紫红色，水层变成蓝色。

反应机制为在碱性条件下，Cu^{2+} 与仲胺基形成紫堇色配位化合物，无水配位化合物及含有2分子水的配位化合物均易溶于乙醚显紫红色；含有4分子水的配位化合物则溶于水层呈蓝色。盐酸伪麻黄碱反应式如下。

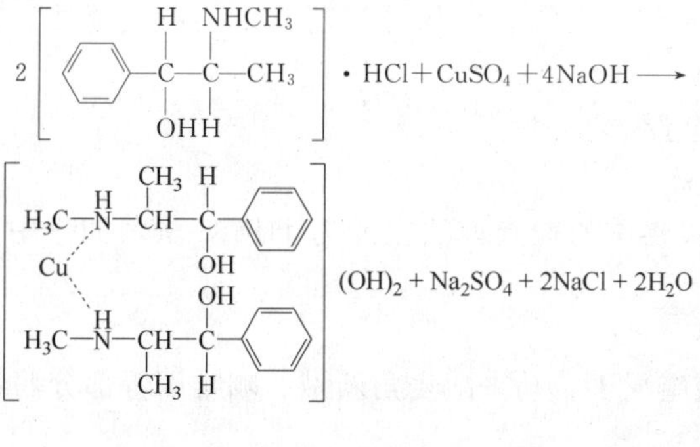

2. Vitali 反应

此反应为阿托品、东莨菪碱、山莨菪碱等含莨菪酸的托烷类生物碱的特征反应。

反应机制与鉴别方法详见“硫酸阿托品片的质量检验”。

3. 绿奎宁反应

此反应为6-位含氧喹啉衍生物的特征反应，奎宁和奎尼丁互为异构体，可发生绿奎宁(thalleioquin) 反应。

【应用示例】 硫酸奎宁的鉴别：取每毫升含 1mg 本品的水溶液 5ml，加溴试液 3 滴与氨试液 1ml，即显翠绿色。

反应机制为6-位含氧喹啉，经氯水（或溴水）氧化氯化，再以氨水处理缩合，生成绿色的二醌基亚胺的铵盐。反应式如下。

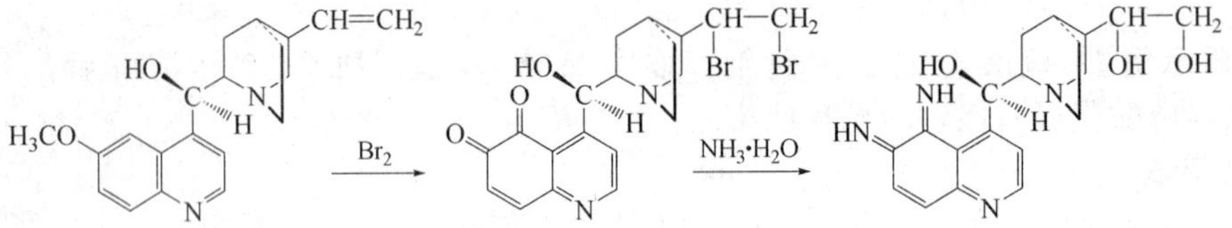

4. 紫脲酸铵反应

此反应为咖啡因、茶碱等黄嘌呤类生物碱的特征反应。供试品加盐酸和氯酸钾，在水浴上共热蒸干，残渣遇氨气即生成紫色的四甲基紫脲酸铵，再加氢氧化钠溶液紫色即消失。

【应用示例】 茶碱的鉴别：取本品约 10mg，加盐酸 1ml 与氯酸钾 0.1g，置水浴上蒸干，遗留浅红色的残渣，遇氨气即变为紫色；再加氢氧化钠试液数滴，紫色即消失。反应式如下。

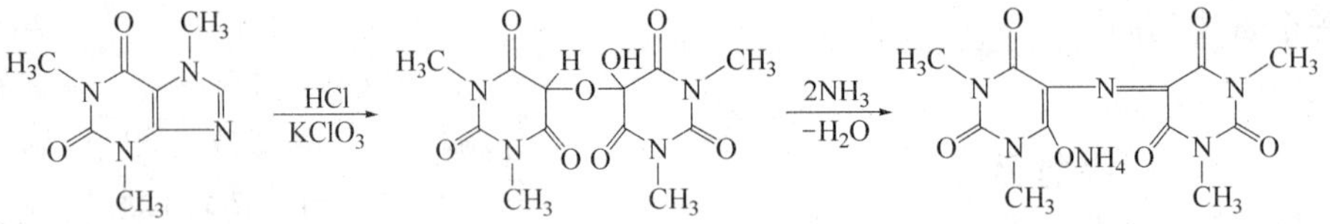

5. 甲醛-硫酸（Marquis）反应

此反应为含酚羟基的异喹啉类生物碱的特征反应。

【应用示例】 吗啡、烯丙吗啡、可待因等任一种：取本品约 1mg，加甲醛硫酸试液 1 滴，即显紫堇色。

反应机制为含酚羟基的异喹啉类生物碱与甲醛-硫酸反应，生成具有醌式结构的有色化合物。

三、检查

生物碱类药物一般通过植物提取来制备，所以常常伴有其他具有特殊而显著生理活性或毒性的生物碱。为了保证用药的安全有效，必须对生物碱类药物中的这些特殊杂质加以严格控制。因此，多个国家的药典规定对生物碱类药物中的有关物质、其他生物碱、旋光性杂质、残留溶剂等进行检查。

（一）有关物质的检查

1. 高效液相色谱法

生物碱类药物中有关物质的检查方法主要为 HPLC 法，如《中国药典》茶碱中有关物质的检查。

2. 薄层色谱法

《中国药典》中硫酸奎尼丁、马来酸麦角新碱、咖啡因等部分药物采用 TLC 法检查有关物质。

（二）其他生物碱的检查

1. 薄层色谱法

《中国药典》采用TLC法检查硫酸奎宁中的其他金鸡纳碱、氢溴酸山莨菪碱中的其他生物碱。

2. 沉淀反应

在氢溴酸东莨菪碱的水溶液中加入氨试液，因东莨菪碱的碱性较强，不会游离析出，溶液不发生浑浊；当溶液中存在碱性较弱的其他生物碱杂质时，溶液则显浑浊。在氢溴酸东莨菪碱的水溶液中加入氢氧化钾试液，东莨菪碱游离析出，溶液显浑浊；东莨菪碱在碱性条件下进一步水解生成异东莨菪醇和莨菪酸，前者在水中溶解，后者生成钾盐也溶于水，溶液浑浊消失。《中国药典》中氢溴酸东莨菪碱中其他生物碱的检查就是利用此性质。

3. 显色反应

吗啡在酸性溶液中加热，可脱水，经分子重排生成阿扑吗啡。阿扑吗啡在碳酸氢钠溶液中被碘氧化，生成水溶性的绿色化合物。此产物能溶于乙醚呈红色，水中残留的产物仍呈绿色。《中国药典》盐酸吗啡中阿扑吗啡的检查就是利用此性质。

（三）旋光性杂质的检查

阿托品由左旋体莨菪碱经消旋制得，无旋光性。若消旋不完全，则莨菪碱成为旋光性杂质。由于莨菪碱的毒性较大，《中国药典》采用旋光法对硫酸阿托品中的莨菪碱进行限量检查。

（四）残留溶剂的检查

提取生物碱的有机溶剂常常残留在生物碱类药物中，《中国药典》多用GC法对残留溶剂进行检查，如秋水仙碱中残留的乙酸乙酯与三氯甲烷的检查。

（五）不溶物、易氧化物及氧化产物的检查

1. 不溶物的检查

硫酸奎宁与硫酸奎尼丁在制备中可能引入无机盐及其他生物碱等杂质，可利用药物与杂质在溶解行为方面的差异对其进行检查，如《中国药典》硫酸奎宁中三氯甲烷-乙醇不溶物的检查。

2. 易氧化物的检查

氢溴酸东莨菪碱在制备中可能引入还原性杂质，可通过使高锰酸钾溶液褪色的反应对其进行检查，如《中国药典》氢溴酸东莨菪碱中易氧化物的检查。

3. 氧化产物的检查

利血平在生产或运输过程中，在光照或有氧存在的条件下易氧化变质，可利用药物与氧化产物在光吸收特性方面的差异，采用紫外分光光度法对其进行检查，如《中国药典》利血平中氧化产物的检查。

四、含量测定

《中国药典》收载的生物碱类药物的剂型主要有片剂、注射液、滴鼻液、缓释片等，如硫酸阿托品片及注射液、盐酸麻黄碱滴鼻液、盐酸吗啡缓释片、茶碱缓释片、磷酸可待因糖浆等。生物碱类药物各种制剂的分析方法与原料药不同，大都采用提取容量法、酸性染料比色法、紫外-可见分光光度法、气相色谱法和反相HPLC法测定含量，对于固体制剂的溶出度、含量均匀度、释放度的测定则一般采用HPLC法或紫外-可见分光光度法。

（一）非水溶液滴定法

由于制剂中存在稳定剂和赋形剂等药用辅料，非水溶液滴定法较少用于生物碱类药物制剂的含量测定。但《中国药典》中的硫酸奎宁片、磷酸可待因注射液、二盐酸奎宁注射液等采用该法测定含量。

1. 基本原理

采用非水溶液滴定法测定生物碱类药物时，除少数药物以游离生物碱的形式存在外，绝大多数为盐类，故用高氯酸滴定生物碱盐类的过程实际上是一个置换滴定的过程，即强酸滴定液置换出与生物碱结合的较弱的酸。其反应原理可用以下通式表示。

$$BH^+ \cdot A^- + HClO_4 \longrightarrow BH^+ \cdot ClO_4^- + HA$$

式中，$BH^+ \cdot A^-$ 表示生物碱盐类，HA 表示被置换出的弱酸。由于被置换出的 HA 的酸性强弱不同，对滴定终点的影响也不同，必须根据不同情况，采用相应的测定条件。

2. 一般方法

非水溶液滴定法为半微量测定，一般是精密称取供试品适量（约消耗 0.1mol/L 高氯酸滴定液 8ml)，加冰醋酸 10～30ml 溶解，加各品种项下规定的指示剂，用 0.1mol/L 的高氯酸滴定液滴定至终点，终点以电位滴定时的突跃点为准，并将滴定结果用空白试验校正。

3. 适用范围

本法主要用于 $pK_b>8$ 的有机弱碱性药物及其盐类的含量测定。故当生物碱类药物的 $pK_b>10$ 时，可在溶剂冰醋酸中加入不同量的醋酐，甚至以醋酐为溶剂，以利于增强碱性药物的表观碱度，而获得满意的滴定效果。

4. 酸根的影响

生物碱盐中被置换出的无机酸在乙酸介质中的酸性依下列排序递减。

$$HClO_4 > HBr > H_2SO_4 > HCl > HSO_4^- > HNO_3$$

(1) 氢卤酸盐的影响　在测定生物碱的氢卤酸盐时，由于被置换出的氢卤酸在冰醋酸中酸性较强，对测定有干扰。一般处理方法是加入乙酸汞的冰醋酸溶液，使生成难以电离的卤化汞，以消除其干扰。一般乙酸汞的加入量为样品量的 1～3 倍。如《中国药典》中盐酸麻黄碱的含量测定。

$$2BH^+ \cdot X^- + Hg(Ac)_2 \longrightarrow 2BH^+ \cdot Ac^- + HgX_2 \downarrow$$

(2) 硫酸盐的影响　硫酸为二元酸，在水溶液中能完成二级离解，但在冰醋酸介质中，只能离解为 HSO_4^-，不再发生二级离解。因此，在反应中高氯酸只与 1mol 的生物碱作用，而另 1mol 的碱则形成硫酸氢盐。

$$(BH^+)_2 \cdot SO_4^{2-} + HClO_4 \longrightarrow BH^+ \cdot ClO_4^- + BH^+ \cdot HSO_4^-$$

(3) 磷酸盐的影响　磷酸虽是无机酸，但其酸性弱，所以可按常法直接滴定。如《中国药典》测定磷酸可待因的含量时，就是以冰醋酸为溶剂，用高氯酸直接滴定。

(4) 硝酸盐的影响　硝酸在冰醋酸介质中虽为弱酸，但具有氧化性，可以使指示剂变色，所以用非水溶液滴定法测定生物碱硝酸盐时，一般不用指示剂法而用电位滴定法指示终点。如《中国药典》硝酸士的宁的含量测定。

5. 指示终点的方法

常用指示剂法和电位滴定法指示终点。

6. 应用

(1) 片剂　片剂中许多赋形剂，如硬脂酸盐、苯甲酸盐、羧甲基纤维素钠等都消耗高氯酸，一般需提取，分离、干燥后才可测定。

【应用示例】 硫酸奎宁片的含量测定：取本品 20 片，除去包衣后，精密称定，研细，精密称取适量（约相当于硫酸奎宁 0.3g)，置分液漏斗中，加氯化钠 0.5g 与 0.1mol/L 氢氧化钠溶液 10ml，混匀，精密加三氯甲烷 50ml，振摇 10min，静置，分取三氯甲烷液，用干燥滤纸滤过，精密量取续滤液 25ml，加醋酐 5ml 与二甲基黄指示液 2 滴，用高氯酸滴定液

（0.1mol/L）滴定至溶液显玫瑰红色，并将滴定的结果用空白试验校正。每毫升高氯酸滴定液（0.1mol/L）相当于19.57mg的$(C_{20}H_{24}N_2O_2)_2 \cdot H_2SO_4 \cdot 2H_2O$。

课堂互动

为什么硫酸奎宁片剂含量测定时，硫酸奎宁与高氯酸反应的化学计量物质的量为1∶4，而硫酸奎宁原料药含量测定时，其与高氯酸反应的化学计量物质的量比为1∶3？

（2）注射剂 《中国药典》收载的磷酸可待因注射液一般先取一定量样品在水浴上蒸干，然后在一定温度下干燥后按原料药项下的方法进行含量测定；而盐酸奎宁注射液则先进行碱化，再用有机溶剂（如三氯甲烷、乙醚等）提取，蒸去溶剂后，再按原料药的方法进行含量测定。

【应用示例】 磷酸可待因注射液的含量测定：精密量取本品适量（约相当于磷酸可待因0.3g），置水浴上蒸干，在105℃干燥1h，放冷，加冰醋酸10ml溶解后，加结晶紫指示液1滴，用高氯酸滴定液（0.1mol/L）滴定至溶液显绿色，并将滴定的结果用空白试验校正。每毫升高氯酸滴定液（0.1mol/L）相当于42.44mg的$C_{18}H_{21}NO_3 \cdot H_3PO_4 \cdot 1.5H_2O$。

（二）提取容量法

一些碱性较强（pK_b 6～9）的生物碱盐类，经碱化、有机溶剂提取后，可直接用酸碱滴定法测定含量。

1. 基本原理

利用生物碱盐类与游离生物碱在水和与水不相混溶的有机溶剂中溶解度不同的性质提取后滴定。

2. 一般方法

将供试品溶于水或稀矿酸中，加入适当的碱性试剂使生物碱游离，再用合适的有机溶剂振摇提取，使游离的生物碱转溶于有机溶剂中，合并有机相并用水洗涤，除去混存的碱性试剂和水溶性杂质，再用无水硫酸钠或西黄蓍胶脱水，滤过，然后按下列方法之一处理后进行测定。

（1）直接滴定法 将有机溶剂蒸干，加适量中性乙醇使残渣溶解，然后用标准酸液直接滴定。

（2）剩余滴定法 将有机溶剂蒸干，加过量的酸滴定液使残渣溶解，再用碱滴定液滴定剩余的酸。如遇挥发性生物碱，如麻黄碱、烟碱等极易分解的生物碱，应在蒸至近干时加入酸滴定液，使其生成生物碱盐，再继续加热将残余的有机溶剂赶尽，放冷，再依法滴定。

（3）提取剩余滴定法 不蒸去有机溶剂，加入定量过量的酸滴定液，将生物碱转溶于酸液中，分离酸液，有机层再用水分次振摇提取；合并酸和水提取液，再以碱滴定液回滴。应注意：有些生物碱的盐酸盐（如盐酸可待因、盐酸奎宁等）可溶于三氯甲烷，应防止溶解损失，使结果偏低。所以，当用三氯甲烷为提取溶剂时，酸滴定液不宜用盐酸，而应改用硫酸。

3. 测定条件的选择

（1）碱化试剂 能使生物碱游离的碱化试剂有氨水、氢氧化钠、碳酸氢钠、氢氧化钙和氧化镁等，但强碱不适用于下列生物碱。

① 含酚结构的生物碱 如吗啡等，可与强碱形成酚性盐而溶于水，难以被有机溶剂提取。

② 含酯结构的生物碱 如阿托品和利血平等，与强碱接触或受热，易引起水解或分解。

③ 含脂肪性共存的生物碱 碱化后易发生乳化而使提取不完全。

因此，应选择一种碱性强度适中，不使生物碱分解或提取过程中不发生乳化的碱性试剂。氨水是最常用的碱化试剂，其 pK_b 为 4.76，足以使大部分生物碱（pK_b 6～9）游离，又不会使生物碱分解和与生物碱成盐，且不发生乳化；氨又具有挥发性、易除去，对测定无干扰。

（2）提取溶剂　选择合适的提取溶剂是提取容量法的关键之一，其选择的基本原则有2个。

① 对生物碱具有极大的溶解度而对其他物质不溶或几乎不溶，并且为与水不相混溶的易挥发的有机溶剂。若单一溶剂达不到要求，可采用混合溶剂。

② 应选择对生物碱及碱化试剂不起任何反应的有机溶剂。如强碱与三氯甲烷长时间接触或加热，可使三氯甲烷分解生成盐酸，与生物碱成盐，影响测定结果，故提取强碱性生物碱时，不宜选择三氯甲烷为溶剂。以三氯甲烷为提取溶剂时，不宜完全蒸干，以防其分解。

根据以上原则，除少数不溶于三氯甲烷的生物碱（如吗啡）及强碱性生物碱外，最有效和最常用的提取溶剂为三氯甲烷。将三氯甲烷提取液蒸发至近干，即加入滴定液，然后再加热将三氯甲烷赶尽，防止测定结果偏低。但是，在以三氯甲烷为溶剂提取一些与脂肪性物质共存的生物碱或一些生物碱的浸出制剂时，常易发生难以分离的乳化现象，使三氯甲烷的应用受到一定限制。

乙醚也是一种常用的溶剂，但应用不如三氯甲烷广泛。这是因为其沸点低，极易挥发、着火，且在水中溶解度较大，可溶于乙醚的生物碱也较少。为了减少乙醚在水中的溶解度，可加入中性盐，如氯化钠，使水层饱和，使其与水充分分离而使提取完全。由于乙醚易于氧化为过氧化物，蒸发时应避免蒸干引起爆炸。

（3）提取溶剂用量　提取溶剂的体积和提取次数的确定，可参考下述原则：一般提取4次，第一次用量至少应为液体体积的一半，以后几次所用的溶剂量应为第一次用量的一半；如果生物碱量或水液体积很小时，则第一次提取溶剂的用量应与液体体积相等。

（4）指示剂的选择　在生物碱滴定分析中，被滴定的生物碱与定量过量的酸滴定液作用生成强酸弱碱盐，其溶液呈酸性，故应选用变色范围在酸性区域的指示剂，如甲基红、溴酚蓝、溴甲酚紫等。同时根据被测生物碱的 K_b，计算化学计量点时的 pH（即 pT），pT 应在选用指示剂的变色范围内。指示剂的正确选用对于滴定反应的定量完成十分重要，一些常用生物碱的 pK_b、化学计量点 pH（pT）等详见表 8-2。

表 8-2　常见生物碱提取容量法指示剂的选择

药品名称	pK_b	化学计量点的 pH(pT)		定突跃的 pH	指示剂
		(0.1mol/L)	(0.01mol/L)		
奎宁(K_1)	5.96	6.05	6.05	5.5～6.5	溴甲酚紫
奎尼丁(K_1)	6.00	6.05	6.05	5.5～6.5	溴甲酚紫
阿托品	4.35	5.40	5.90	3.8～7.2	甲基红
吗啡	6.13	4.55	5.05	4.0～5.2	甲基红
可待因	6.04	4.64	5.15	3.6～6.3	甲基红
罂粟碱	8.10	3.60	4.10	3.8～4.6	溴酚蓝

【应用示例】　盐酸罂粟碱片的含量测定：取本品20片，精密称定，研细，精密称取适量（约相当于盐酸罂粟碱 0.12g），置分液漏斗中，加水 20ml，摇匀，加氨试液 7.5ml，用三氯甲烷振摇提取 6 次（30ml、15ml、10ml、10ml、10ml、10ml），每次得到的三氯甲烷液，均用同一份水 10ml 洗涤后，用经三氯甲烷润湿的脱脂棉滤过，滤器再用三氯甲烷洗涤

2次，每次10ml，合并三氯甲烷液，置水浴上蒸干，加无水乙醇5ml，蒸干，再加无水乙醇5ml，蒸干至无乙醇臭，在105℃干燥30min，加冰醋酸10ml，振摇使溶解，加结晶紫指示液1滴，用高氯酸滴定液（0.05mol/L）滴定至溶液显绿色，并将滴定结果用空白试验校正。每毫升高氯酸滴定液（0.05mol/L）相当于18.79mg的$C_{20}H_{21}NO_4 \cdot HCl$。

（三）酸性染料比色法

酸性染料比色法是利用碱性药物在一定pH条件下可与某些酸性染料，如溴百里酚蓝、溴甲酚绿等结合显色，通过在一定波长处测定该有色溶液的吸光度，来测定碱性药物的含量。此方法具有一定的专属性和准确度，灵敏度高，样品用量少，适用于少量的供试品和小剂量药物及其制剂或生物体内碱性药物的定量分析。《中国药典》收载的硫酸阿托品片、氢溴酸东莨菪碱片、氢溴酸山莨菪碱片等的含量测定就采用酸性染料比色法。其原理、方法与实验条件的选择详见工作任务“硫酸阿托品片的质量检验”。

（四）紫外分光光度法

生物碱的分子结构中大多含有芳环或共轭结构，在紫外光区有吸收，故可用紫外分光光度法测定。利用药物在特定波长处的吸光度，采用百分吸收系数法或与对照品对照法计算含量。常用于测定一些生物碱制剂的含量、含量均匀度及溶出度等。

【应用示例】 盐酸吗啡片的含量测定：取本品20片，精密称定，研细，精密称取适量（约相当于盐酸吗啡10mg），置100ml量瓶中，加水50ml，振摇，使盐酸吗啡溶解，用水稀释至刻度，摇匀，滤过，精密量取续滤液15ml，置50ml量瓶中，加0.2mol/L氢氧化钠溶液25ml，用水稀释至刻度，摇匀，照紫外分光光度法在250nm的波长处测定吸光度；另取吗啡对照品适量，精密称定，用0.1mol/L氢氧化钠溶液溶解并定量稀释成每毫升中约含20μg的溶液，同法测定。计算，结果乘以1.317，即得盐酸吗啡（$C_{17}H_{19}NO_3 \cdot HCl \cdot 3H_2O$）的含量。

（五）气相色谱法

气相色谱法适用于对热稳定并可气化的药物的定量分析。由于绝大多数药物的极性较大，不易气化，或者对热不稳定，使气相色谱法在药物含量测定中的应用并不多。由于气相色谱分析时，进样及气化的可变性，通常采用内标法定量。在生物碱类药物分析中，气相色谱法常用于测定部分托烷类药物制剂，如USP（30）采用气相色谱法测定硫酸阿托品制剂（滴眼液、眼膏、片剂）及氢溴酸东莨菪碱制剂（片剂、注射液）的含量。

（六）高效液相色谱法

高效液相色谱法是分析生物碱类药物最常用的方法，该法具有分离模式多、适用范围广、选择性和专属性强、检测手段灵敏多样、分析速度快、重复性好等优点。《中国药典》中绝大多数生物碱的含量和有关物质检查均采用HPLC法，各国药典中采用HPLC法对生物碱类药物的含量测定的比例亦不断增加，其中反相高效液相色谱法和离子对高效液相色谱法最为常用。

【应用示例】 盐酸麻黄碱注射液的含量测定：

（1）色谱条件与系统适用性试验　以十八烷基硅烷键合硅胶为填充剂；以磷酸盐缓冲液（取磷酸二氢钾6.8g，三乙胺5ml，磷酸4ml，加水至1000ml，用稀磷酸或氢氧化钠试液调节pH值至3.0±0.1）-乙腈（90∶10）为流动相；检测波长为210nm。理论板数按盐酸麻黄碱峰计算不低于3000，盐酸麻黄碱峰与相邻杂质峰的分离度应符合要求。

（2）测定法　精密量取本品适量，用流动相稀释制成每毫升中约含30μg的溶液，精密量取10μl注入液相色谱仪，记录色谱图；另取盐酸麻黄碱对照品，同法测定。按外标法以峰面积计算，即得。

工作任务　苯巴比妥片的质量检验

一、任务准备

（一）结构

苯巴比妥（phenobarbital）的结构式如下。

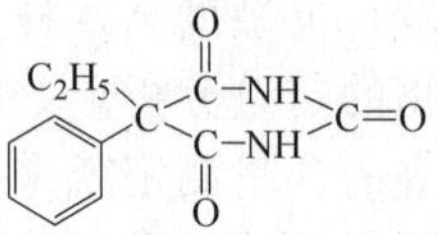

（二）性质

苯巴比妥类分子中具有双酰亚胺结构，因而具有弱酸性和水解性。由于具有弱酸性，可溶解于氢氧化钠和碳酸钠溶液中而生成钠盐，但不溶于碳酸氢钠溶液。

（三）临床应用

苯巴比妥又名鲁米那，是长效巴比妥类的典型代表，主要用于治疗焦虑、失眠、癫痫及运动障碍，是治疗癫痫大发作及局限性发作的重要药物，也可用作抗高胆红素血症及麻醉前用药。

（四）质量标准

苯巴比妥片的质量标准参照《中国药典》二部：本品含苯巴比妥（$C_{12}H_{12}N_2O_3$）应为标示量的93.0%～107.0%。

二、任务实施

（一）任务要求

（1）能利用HPLC完成苯巴比妥片的鉴别、有关物质检查、含量测定操作及计算。

（2）能熟练利用化学反应鉴别丙二酰脲类药物。

（二）仪器与试药

（1）主要仪器　试管、蒸发皿、液相色谱仪、辛烷基硅烷键合硅胶、紫外-可见分光光度计。

（2）试药　硫酸、亚硝酸钠、甲醛试液、碳酸钠溶液、硝酸银试液、氨水、吡啶溶液、铜吡啶试液、硼酸-氯化钾缓冲液、苯巴比妥对照品、苯巴比妥片（30mg）。

（三）工作内容

1. 性状

苯巴比妥片为白色片。

2. 鉴别

取本品的细粉适量（约相当于苯巴比妥0.1g），加无水乙醇10ml，充分振摇，滤过，滤液置水浴上蒸干，残渣做如下鉴别试验。

（1）芳环的鉴别试验

① 与硫酸-亚硝酸钠的反应　取本品约10mg，加硫酸2滴与亚硝酸钠约5mg混合，即显橙黄色，随即转变为橙红色。

② 与甲醛-硫酸的反应　取本品约50mg，置于试管中，加甲醛试液1ml，加热煮沸，冷却，沿管壁缓缓加入硫酸0.5ml，使成两液层，置水浴中加热，接界面显玫瑰红色。

（2）丙二酰脲类的鉴别试验

① 银盐反应　巴比妥类药物在碱性溶液中，与硝酸银试液作用，首先生成可溶性的一银盐，继而生成难溶性的二银盐白色沉淀，沉淀能溶于氨水中。

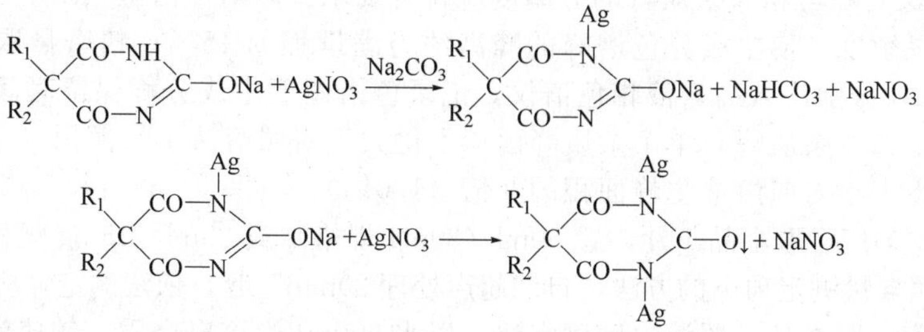

操作：取供试品约 0.1g，加碳酸钠试液 1ml 与水 10ml，振摇 2min，过滤，滤液中逐滴加入硝酸银试液，即生成白色沉淀，振摇，沉淀即溶解；继续滴加过量的硝酸银试液，沉淀不再溶解。

② 铜盐反应　药物在吡啶溶液中与铜吡啶试液作用，生成具有特征颜色的稳定的配位化合物，显紫堇色或产生紫色沉淀。

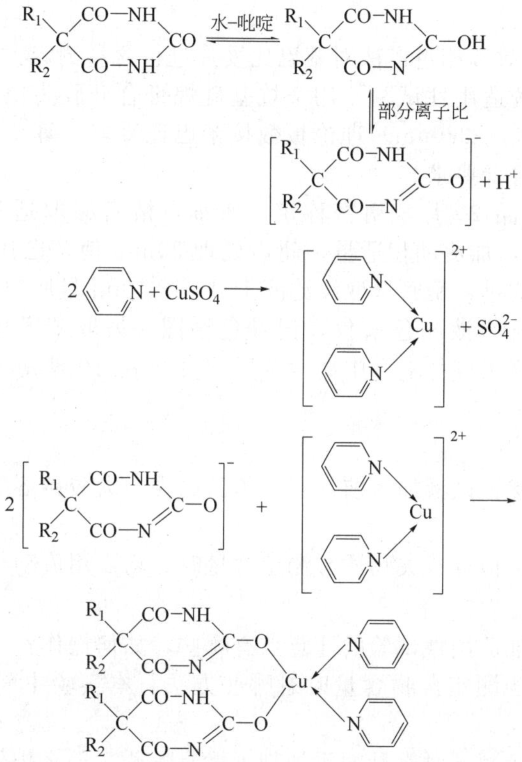

操作：取供试品约 50mg，加吡啶溶液（1→10）5ml 溶解后，加铜吡啶试液 1ml，即显紫堇色或生成紫色沉淀。

（3）高效液相色谱鉴别　在含量测定项下记录的色谱图中，供试品溶液主峰的保留时间应与对照品溶液主峰的保留时间一致。

3. 检查

苯巴比妥片主要是进行有关物质、含量均匀度、溶出度及片剂的其他检查。

（1）有关物质　取本品细粉适量，加流动相溶解并稀释制成每毫升中约含苯巴比妥

1mg 的溶液，滤过，取续滤液作为供试品溶液；精密量取 1ml，置 200ml 量瓶中，用流动相稀释至刻度，摇匀，作为对照溶液。照高效液相色谱法试验，用辛烷基硅烷键合硅胶为填充剂；乙腈-水（25∶75）为流动相，检测波长为 220nm；理论塔板数按苯巴比妥峰计算不低于 2500，苯巴比妥峰与相邻杂质峰的分离度应符合要求。取对照溶液 5μl 注入高效液相色谱仪，调节检测灵敏度，使主成分色谱峰的峰高约为满量程的 15%；精密量取供试品溶液与对照溶液各 5μl，分别注入高效液相色谱仪，记录色谱图至主成分峰保留时间的 3 倍，供试品溶液色谱图中如有杂质峰，单个杂质峰面积不得大于对照溶液主峰面积（0.5%），各杂质峰面积的和不得大于对照溶液主峰面积的 2 倍（1.0%）。

（2）含量均匀度　取本品 1 片，置 50ml（30mg 规格）或 25ml（15mg 规格）量瓶中，加流动相适量，照含量测定项下的方法，自“超声处理 20min”起，依法测定，应符合规定。

（3）溶出度　取本品，照溶出度测定法，以水 900ml 为溶出介质，转速为每分钟 50 转，依法操作，经 45min 时，取溶液滤过，精密量取续滤液适量，加硼酸氯化钾缓冲液（pH 9.6）定量稀释制成每毫升中约含 5μg 的溶液，摇匀；另取苯巴比妥对照品，精密称定，加上述缓冲液溶解并定量稀释制成每毫升中含 5μg 的溶液。取上述两种溶液，照紫外-可见分光光度法，在 240nm 的波长处分别测定吸光度，计算每片的溶出量。限度为标示量的 75%，应符合规定。

4. 含量测定

《中国药典》采用高效液相色谱法对苯巴比妥片进行含量测定。

（1）色谱条件与系统适用性试验　用辛烷基硅烷键合硅胶为填充剂；以乙腈-水（30∶70）为流动相；检测波长为 220nm。理论板数按苯巴比妥峰计算不低于 2000，苯巴比妥与相邻色谱峰的分离度应符合要求。

（2）测定法　取本品 20 片，精密称定，研细，精密称取适量（约相当于苯巴比妥 30mg），置 50ml 量瓶中，加流动相适量，超声处理 20min 使苯巴比妥溶解，放冷，用流动相稀释至刻度，摇匀，滤过，精密量取续滤液 1ml，置 10ml 量瓶中，用流动相稀释至刻度，摇匀，精密量取 10μl，注入液相色谱仪，记录色谱图。另取苯巴比妥对照品，精密称定，加流动相溶解并定量稀释制成每毫升中约含苯巴比妥 60μg 的溶液，同法测定。按外标法以峰面积计算，即得。

（四）注意事项

（1）鉴别试验中硝酸银试液加入前，需将苯巴比妥的碳酸钠溶液过滤，以防影响浑浊的观察。

（2）高效液相色谱法检查有关物质与测定含量时，均需用流动相配制供试液。

（五）思考题

（1）色谱条件与系统适用性试验的注意点有哪些，如何操作？

（2）高效液相色谱法测定药物含量时有哪些方法，本实验中采用的是何种方法，如何计算？

（3）片剂中主药含量测定时常见的附加剂干扰有哪些，怎么排除？

相关知识　巴比妥类药物的质量检验

一、结构与性质

巴比妥类药物为环状酰脲类镇静催眠药，具有中枢神经抑制作用。1903 年，德国人合成了巴比妥酸盐，发现其具有催眠作用，成为临床上应用较早的一类镇静催眠药。巴比妥类药物均为丙二酰脲（由丙二酸二乙酯与脲缩合而成）的衍生物，由于可以形成烯醇型而呈现酸性，故称巴比妥酸（barbituric acid）。

（一）结构

巴比妥类药物是巴比妥酸的衍生物，基本结构通式如下。

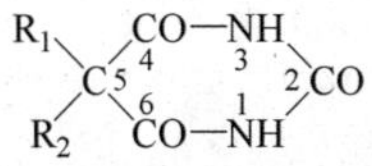

本类药物的分子结构是由母核和取代基两部分构成的，其母核为环状丙二酰脲结构，是巴比妥类药物的共性部分，可用于与其他类药物相区别；另一部分是取代基部分，主要在 C_5 位上，即 R_1 和 R_2，个别的在 N_1 位上亦被取代，形成不同的巴比妥类药物，具有不同的理化性质。《中国药典》收载的本类药物有苯巴比妥及其钠盐、异戊巴比妥（amobarbital）及其钠盐、司可巴比妥钠（secobarbital sodium）及注射用硫喷妥钠（thiopental sodium for injection）等。常见的巴比妥类药物及其化学结构见表 8-3。

表 8-3　常见巴比妥类药物及其化学结构

药　物	R_1	R_2	备　注
巴比妥	$—C_2H_5$	$—C_2H_5$	
苯巴比妥	$—C_2H_5$	$—C_6H_5$	
异戊巴比妥	$—C_2H_5$	$—CH_2CH_2CH(CH_3)_2$	
司可巴比妥	$—CH_2CH═CH_2$	$—CH(CH_3)(CH_2)_2CH_3$	
硫喷妥钠	$—C_2H_5$	$—CH(CH_3)(CH_2)_2CH_3$	C_2 上硫取代的钠盐

（二）性质

巴比妥类药物通常为白色结晶或结晶性粉末；具有一定的熔点；在空气中稳定，加热多能升华。该类药物一般微溶或极微溶于水，易溶于乙醇等有机溶剂；其钠盐则易溶于水，而难溶于有机溶剂。六元环结构比较稳定，遇酸、还原剂、氧化剂时，一般情况下环不会破裂，但与碱液共沸时，则水解开环，并产生氨气。巴比妥类药物的理化特征具体如下。

1. 弱酸性

巴比妥类药物的母核环状结构中都具有 1,3-二酰亚胺基团（—CO—NH—CO—），因而其分子可互变异构形成烯醇式结构，在水溶液中可发生二级电离。

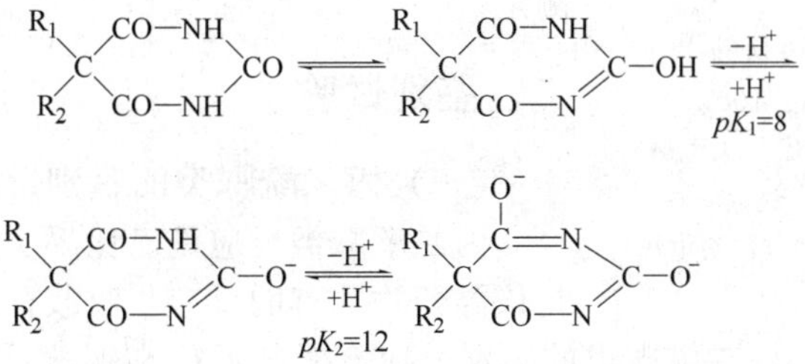

由于本类药物的水溶液显弱酸性（一般 pK_a 为 7.3～8.4），可与强碱反应生成水溶性的盐类，常见的为钠盐。

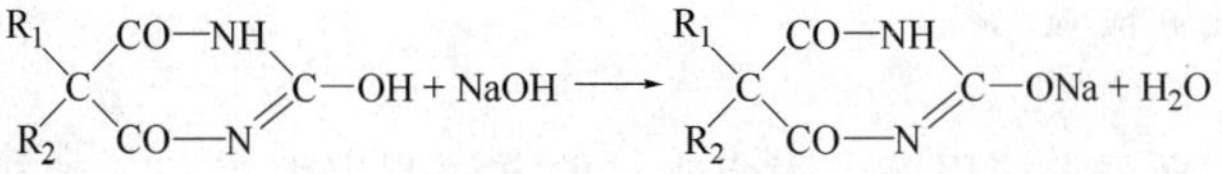

由强碱与弱酸生成的巴比妥钠盐，其水溶液呈碱性，若加酸酸化后，可析出游离的巴比

妥类药物，呈结晶性沉淀，可用有机溶剂将其提取出来。这一性质可用于该类药物的提取，分离、鉴别、检查和含量测定。

2. 水解反应

（1）巴比妥类药物的水解　巴比妥类药物分子结构中的酰亚胺结构，与碱溶液共沸即水解产生氨气，可使湿润的红色石蕊试纸变蓝。此反应可用于鉴别异戊巴比妥和巴比妥。

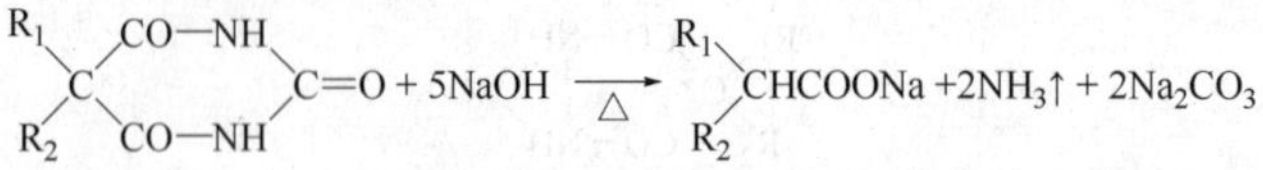

（2）巴比妥类钠盐的水解　在吸湿情况下，该类药物的钠盐也能发生水解。一般情况，在室温和 pH 10 以下水解较慢；pH 11 以上，温度升高，水解加快。

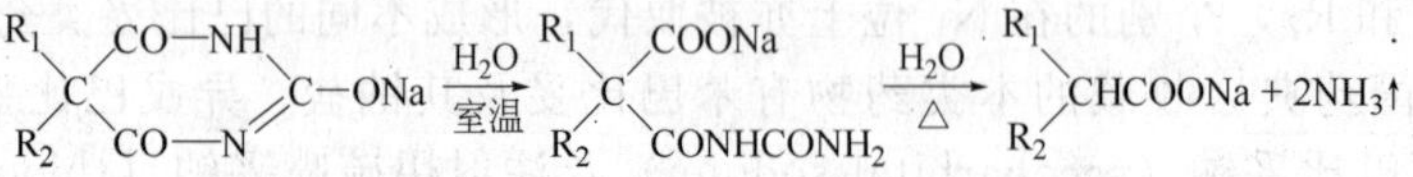

3. 与重金属离子的反应

巴比妥类药物的分子结构中含有丙二酰脲基（—CONHCONHCO—）或酰亚胺的结构，在适宜的 pH 溶液中，可与某些重金属离子进行反应，如 Ag^{+}、Cu^{2+}、Hg^{2+} 等，反应呈色或生成不溶性有色沉淀。此特性可用于巴比妥类药物的鉴别和含量测定。

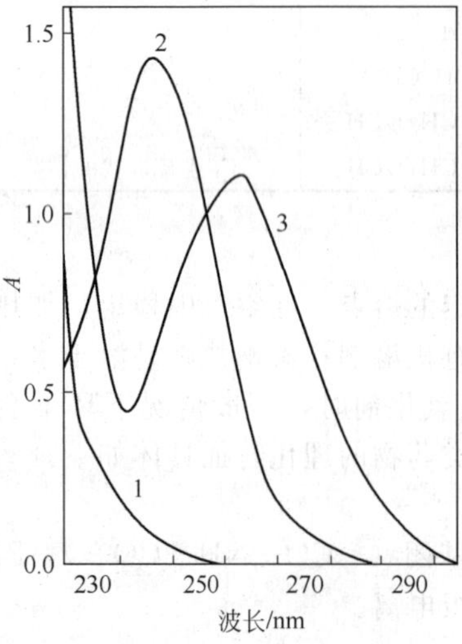

图 8-2　巴比妥类药物的紫外吸收光谱（2.5mg/100ml）

1—H_2SO_4 溶液（0.05mol/L）（未电离）；

2—pH 9.9 缓冲溶液（一级电离）；

3—NaOH 溶液（0.1mol/L）（二级电离）

4. 紫外吸收光谱特征

巴比妥类药物的紫外吸收光谱随着其电离级数的不同而发生显著的变化，如图 8-2 所示。在酸性溶液中，5,5-二取代的和 1,5,5-三取代的巴比妥类药物不电离，几乎无紫外吸收；在 pH 10 的溶液中，发生一级电离，在 240nm 波长处有最大吸收；在 pH 13 的强碱溶液中，5,5-二取代巴比妥类药物发生二级电离，引起共轭体系延长，导致吸收峰红移至 255nm 波长处；1,5,5-三取代巴比妥类药物，因 1 位取代基的存在，不发生二级电离，最大吸收波长仍为 240nm。硫代巴比妥类药物的紫外吸收光谱则不同，在酸性或碱性溶液中均有较明显的紫外吸收。利用上述巴比妥类药物在不同 pH 条件下的紫外吸收特征，可对巴比妥类药物进行鉴别和含量测定。

二、鉴别试验

（一）丙二酰脲类的鉴别反应

丙二酰脲类反应是巴比妥类药物母核的反应，因而是该类药物共有的反应，收载在《中国药典》“附录Ⅲ”“一般鉴别试验”项下。丙二酰脲类的鉴别反应有银盐反应和铜盐反应。其中，大多数本类药物均能与吡啶-硫酸铜试液作用，生成紫色的稳定配位化合物，而硫代巴比妥类药物则显绿色，因而，此反应可用于区别巴比妥类药物和硫代巴比妥类药物。具体方法与反应原理详见“苯巴比妥片的质量检验”。

（二）熔点测定

巴比妥类药物本身可直接用《中国药典》的方法测定熔点，其钠盐可利用它易溶于水，酸化后析出游离巴比妥酸，将沉淀过滤干燥后，测定熔点；也可以将该类药物制备成衍生物后，再测定其衍生物的熔点。利用测定熔点的方法可鉴别苯巴比妥及其钠盐原料药及制剂、异戊巴比妥钠及其钠盐原料药及制剂、司可巴比妥钠及注射用硫喷妥钠等。

（三）特殊取代基或元素的鉴别反应

根据巴比妥类药物分子结构中5位取代基或分子中特殊元素的性质，可用于本类药物的鉴别。

1. 芳环取代基反应

具体方法与反应原理详见工作任务“苯巴比妥片的质量检验”。

2. 不饱和烃取代基反应

（1）与碘试液的反应　具有不饱和烃取代基的巴比妥类药物，如司可巴比妥钠，其分子结构中含有丙烯基，分子中的不饱和键可与碘试液发生加成反应，使碘试液的棕黄色消失。

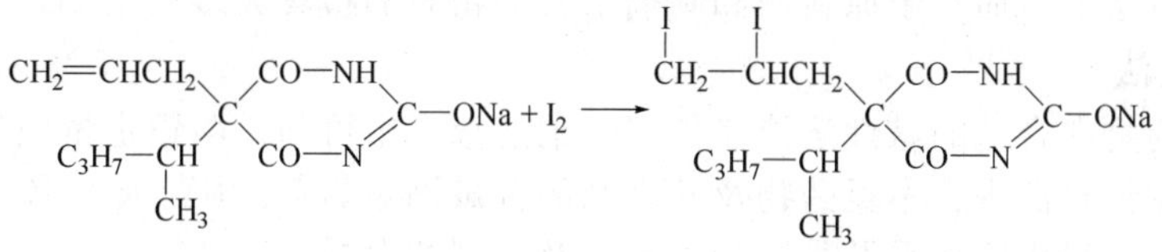

司可巴比妥钠与溴试液也可发生加成反应，使溴试液褪色。

（2）与高锰酸钾的反应　巴比妥类药物分子结构中的不饱和烃取代基，因具有还原性，可在碱性溶液中与高锰酸钾反应，由于不饱和键被氧化断裂，使紫色的高锰酸钾被还原成棕色的二氧化锰。反应式如下。

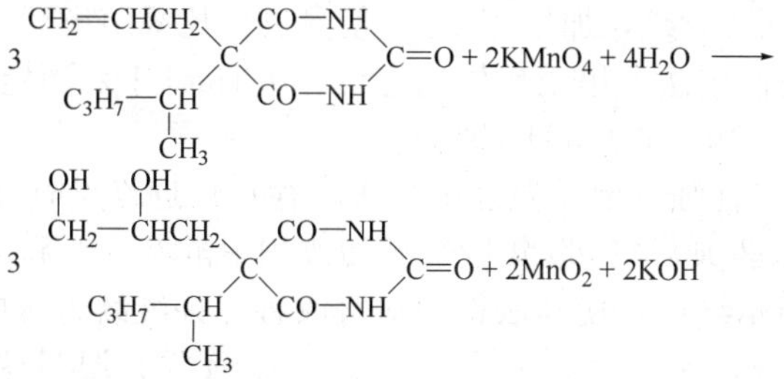

3. 硫元素反应

硫代巴比妥类药物的分子中含有硫元素，可在氢氧化钠溶液中与铅离子反应，生成白色沉淀；加热后，转变成为黑色的硫化铅沉淀。该反应可用于硫代巴比妥类药物和巴比妥类药物的鉴别。反应式如下。

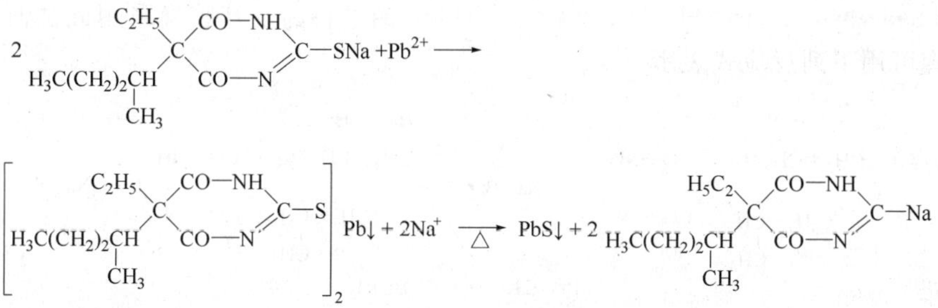

（四）红外分光光度法

红外分光光度法具有特征性强、专属性好的特点，是一种有效而可靠的定性分析手段。《中国药典》对巴比妥类药物原料药多采用红外吸收光谱鉴别。供试品的红外吸收光谱应与对照的标准图谱一致。

三、检查

本类药物中的杂质主要由生产过程中产生的中间体和副产物所组成。《中国药典》收载的苯巴比妥及其片剂、苯巴比妥钠、注射用苯巴比妥钠、异戊巴比妥及其片剂、异戊巴比妥钠、注射用异戊巴比妥钠胶囊和注射用硫喷妥钠，均需进行有关物质的检查。其中，司可巴比妥钠胶囊和注射用硫喷妥钠采用薄层色谱法，其余均采用高效液相色谱法检查其有关物质。

四、含量测定

《中国药典》中收载的巴比妥类药物，除苯巴比妥片剂采用 HPLC 法以及注射用硫喷妥钠采用紫外分光光度法进行含量测定外，其他原料药和制剂的含量测定均采用化学滴定法，如银量法、溴量法等。而对于原料药和制剂中有关物质的检查大多采用 HPLC 法。

(一) 银量法

巴比妥类药物在合适的碱性溶液（如碳酸钠溶液）中可与硝酸银定量地生成一银盐和二银盐，故可采用银量法进行本类药物及其制剂的含量测定。《中国药典》采用银量法测定苯巴比妥及其钠盐、异戊巴比妥及其钠盐原料药及制剂的含量。

在滴定过程中，巴比妥类药物首先形成可溶性的一银盐，当被测定的巴比妥类药物完全形成一银盐后，随着硝酸银滴定液的继续滴定，稍过量的银离子就与巴比妥类药物形成难溶性的二银盐沉淀，使溶液变浑浊，以此指示滴定终点。

【应用示例】 异戊巴比妥片的含量测定：取本品 20 片，精密称定，研细，精密称取适量（约相当于异戊巴比妥 0.2g），加甲醇 40ml 使异戊巴比妥溶解后，再加新制的 3%无水碳酸钠溶液 15ml，照电位滴定法，用硝酸银滴定液（0.1mol/L）滴定。每毫升硝酸银滴定液（0.1mol/L）相当于 22.63mg 的 $C_{11}H_{18}N_2O_3$。

本法操作简便、专属性强，但受温度影响大，存在接近终点时反应速度较慢，灵敏度不够的缺点。为此，《中国药典》（1985 年版）开始改用甲醇及 3%无水碳酸钠溶剂系统，用银-玻璃电极系统电位法指示终点，使本法得到显著改善，并继续为《中国药典》所沿用。

课堂互动

用银量法测定异戊巴比妥片的含量时，所用的 3%碳酸钠溶液为什么要新鲜配制？

(二) 溴量法

司可巴比妥钠等 5-位含有不饱和键的巴比妥类药物，其不饱和键能与溴定量地发生加成反应，故可采用溴量法进行含量测定。《中国药典》对司可巴比妥钠原料药及其胶囊采用此法测定其含量。其测定原理可用下列反应式表示。

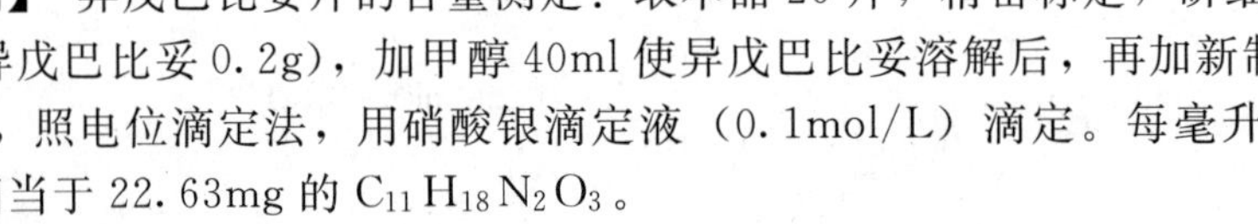

$$Br_2 + 2KI \longrightarrow 2KBr + I_2$$

$$I_2 + 2Na_2S_2O_3 \longrightarrow 2NaI + Na_2S_4O_6$$

【应用示例】 司可巴比妥钠胶囊的含量测定：取装量差异项下的内容物，混合均匀，精密称取适量（约相当于司可巴比妥钠 0.1g），置 250ml 碘瓶中，加水 10ml，振摇使溶解，精密加溴滴定液（0.05mol/L）25ml，再加盐酸 5ml，立即密塞并振摇 1min，在暗处静置

15min 后，注意微开瓶塞，加碘化钾试液 10ml，立即密塞，摇匀后，用硫代硫酸钠滴定液（0.1mol/L）滴定，至近终点时，加淀粉指示液，继续滴定至蓝色消失，并将滴定的结果用空白试验校正。每毫升溴滴定液（0.05mol/L）相当于 13.01mg 的 $C_{12}H_{17}N_2NaO_3$。

（三）酸碱滴定法

巴比妥类药物呈弱酸性（一般 pK_a 为 7.3～8.4），可作为一元弱酸以标准强碱溶液直接滴定。BP（2009 年版）收载的苯巴比妥钠的含量测定就采用此法。

（四）紫外-可见分光光度法

巴比妥类药物在碱性介质中能电离为具有紫外吸收特征的结构，因而可采用紫外-可见分光光度法测定其含量。

【应用示例】 注射用硫喷妥钠的含量测定：取装量差异项下的内容物，混合均匀，精密称取适量（约相当于硫喷妥钠 0.25g），置 500ml 量瓶中，加水使硫喷妥钠溶解并稀释至刻度，摇匀，精密量取适量，用 0.4%氢氧化钠溶液定量稀释制成每毫升中约含 5μg 的溶液，照紫外-可见分光光度法在 304nm 波长处测定吸光度；另取硫喷妥钠对照品，精密称定，用 0.4%氢氧化钠溶液溶解并定量稀释制成每毫升中约含 5μg 的溶液，同法测定。根据每支的平均装量计算。每毫克硫喷妥钠相当于 1.091mg 的 $C_{11}H_{17}N_2NaO_2S$。

（五）高效液相色谱法

《中国药典》收载的苯巴比妥片采用此法进行含量测定，具体方法详见工作任务“苯巴比妥片的质量检验”相关内容。

必备知识二 胶囊剂的质量检验

【知识目标】

掌握胶囊剂的概念与分类，胶囊剂的含量测定与计算方法。

熟悉胶囊剂的质量要求与质量检查项目，典型药物阿司匹林肠溶胶囊和维生素 E 软胶囊的质量检验原理与方法。

了解胶囊剂的生产工艺流程及主要质量控制点，芳酸及其酯类药物和维生素类药物质量检验的相关知识。

【能力目标】

能正确查阅《中国药典》中有关药物制剂的质量标准，并依据该标准对药物进行质量检验操作，正确填写相关药物的检验原始记录及检验报告单，同时给出正确的检验结论。

一、胶囊剂的定义与分类

胶囊剂系指药物或加有辅料充填于空心胶囊或密封于软质囊材中的固体制剂。胶囊剂分为硬胶囊、软胶囊（胶丸）、缓释胶囊、控释胶囊和肠溶胶囊，主要供口服用。

二、胶囊剂的质量要求

根据《中国药典》规定，胶囊剂在生产与贮藏期间应符合以下规定：胶囊剂的内容物不论其活性成分或辅料，均不应造成胶囊壳的变质；小剂量药物，应先用适宜的稀释剂稀释，并混合均匀；胶囊剂应整洁、不得有黏结、变形、渗漏或囊壳破裂现象，并应无异臭；胶囊剂的溶出度、释放度、含量均匀度、微生物限度等应符合要求；必要时，内容物包衣的胶囊剂应检查残留溶剂；除另有规定外，胶囊剂应密封贮存，其存放的环境温度不高于30℃，湿度应适宜，防止受潮、发霉、变质。

三、胶囊剂的质量监控

（一）胶囊剂的质量检查

胶囊剂与片剂有很多相似的地方，如制剂通则要求检查的项目、辅料成分等。胶囊剂的质量监控包括对半成品和成品的监控。其质量检查项目如下。

1. 外观

胶囊剂应整洁，不得有黏结、变形、渗漏或囊壳破裂现象，并应无异臭。硬胶囊剂的内容物应干燥、松紧适度、混合均匀。

2. 装量差异

胶囊剂在生产过程中，由于空胶囊容积、粉末的流动性以及工艺、设备等原因，均有可能引起胶囊内容物的装量差异。为控制各粒胶囊装量的一致性，保证用药剂量的准确，需对胶囊剂进行装量差异的检查。

检查方法：取供试品20粒，分别精密称定重量后，倾出内容物（不得损失囊壳），硬胶囊用小刷或其他适宜用具拭净，软胶囊用乙醚等易挥发性溶剂洗净，置通风处使溶剂自然挥尽，再分别精密称定囊壳重量，求出每粒内容物的装量与平均装量。每粒的装量与平均装量相比较，超出装量差异限度的不得多于2粒，并不得有1粒超出限度1倍。《中国药典》对胶囊剂装量差异限度的规定见表8-4。

表8-4 胶囊剂的装量差异限度

平均片重	重量差异限度
<0.30g	±10%
≥0.30g	±7.5%

凡规定检查含量均匀度的胶囊剂，一般不再进行装量差异的检查。

3. 崩解时限

胶囊剂的崩解是药物溶出和被人体吸收的前提，而囊壳常因囊材的质量、久贮或与药物接触等原因，影响其溶胀或崩解。因此，胶囊剂需检查崩解时限，检查方法及要求与片剂相似。若胶囊漂浮在液面，可加挡板。硬胶囊剂应在30min内全部崩解，软胶囊剂应在1h内全部崩解。如有1粒不能完全崩解，则另取6粒，按规定方法复试，均应符合规定。

肠溶胶囊剂应先在盐酸溶液（9→1000）中检查2h，每粒囊壳均不得有裂缝或崩解现象，继将吊篮取出，用少量水洗涤后，每管各加挡板一块，再按上述方法，改在人工肠液中检查，1h内应全部崩解。如有1粒不能完全崩解，应再取6粒复试，均应符合规定。若内容物为肠溶的肠溶胶囊剂，应做释放度检查。

4. 溶出度或释放度

胶囊剂中药物的溶出度或释放度与片剂等其他固体制剂一样，也受多种因素的影响，具体检查方法详见项目四下“剂型检查技术”。凡规定检查溶出度或释放度的胶囊剂，可不进行崩解时限的检查。

5. 水分

取硬胶囊剂的内容物，按《中国药典》“附录”中规定的水分测定法测定，除另有规定外，不得超过 9.0%。

6. 微生物限度

应符合微生物限度检查的要求。细菌数不得超过每克 1000 个，霉菌和酵母菌数不得超过每克 100 个，并不得检出大肠埃希菌。具体检查方法和结果判断方法详见项目四下“安全性检查技术”的相关内容。

（二）胶囊剂的生产工艺流程以及关键工序的质量控制

按 GMP 规范的要求，其生产环境洁净度要求一般为 D 级。硬胶囊剂和软胶囊剂的制备方法是不同的。硬胶囊剂的制备一般分为填充物料的制备、胶囊填充、胶囊抛光、分装和包装等过程，其中胶囊填充是关键步骤，其生产工艺流程见图 8-3；软胶囊剂的制备主要有压制法和滴制法两种，其中胶囊的压制或滴制是关键，其生产工艺流程见图 8-4。胶囊剂生产工艺流程中关键工序的质量控制点及控制要求如表 8-5 所列。

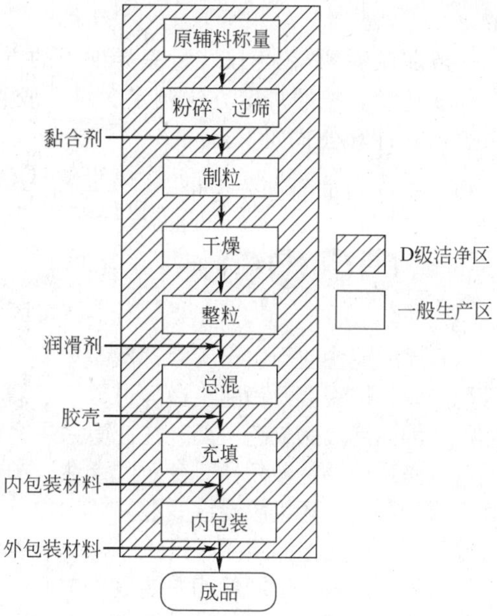

图 8-3　硬胶囊剂的生产工艺流程

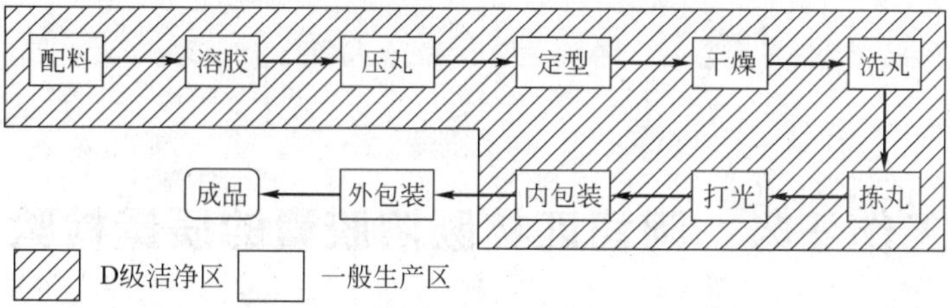

图 8-4　软胶囊剂的生产工艺流程

表 8-5　胶囊剂生产工艺流程中关键工序的质量控制点及控制要求

胶囊种类	关键工序	质量控制点	控制要求
硬胶囊剂	胶囊填充	①外观	套合到位，锁口整齐，松紧合适，无叉口或凹顶现象，应随时观察调整
		②装量差异	胶囊填充是质量控制最关键的环节，应引起高度重视。它与多方面因素有关，应经常测定，及时调整，使装量差异符合内控标准要求
		③水分	与空间温湿度、物料及时密封有关，应做好相关工作，使水分符合内控标准要求
		④含量均匀度	应符合内控标准要求
软胶囊剂	胶囊压制或滴制	①外观	应左右对称，夹缝细小，光滑，无漏液现象
		②内容物重及装量差异	应制定高于国家标准的企业内控标准
		③水分	为防止软胶囊互相粘连，干燥后软胶囊胶皮水分含量应控制在 8%～12%

（三）含量测定

不加辅料的胶囊剂，其含量测定基本按原料药的含量测定方法进行；加入辅料的胶囊剂，由于其辅料与片剂的辅料比较相似，因此，胶囊剂中辅料的干扰及排除方法也与片剂类似。

一般取胶囊20粒，按装量差异项下的方法求出平均装量。将内容物混匀，必要时研细，精密称取适量，按照规定方法测定含量。胶囊剂含量测定结果通常也以相当于标示量的百分含量表示。计算公式如下：

$$相当于标示量的百分含量=\frac{测得量（g）\times 平均装置（g）}{供试品质量（g）\times 标示量（g）}\times 100\%$$

案例解析

“毒胶囊”事件

河北一些企业用生石灰处理皮革废料，熬制成工业明胶，卖给绍兴新昌一些企业制成药用胶囊，最终流入药品企业，进入患者腹中。由于皮革在工业加工时，要使用含铬的鞣制剂，因此用其制成的胶囊，往往重金属铬超标。经检测，9家药厂13个批次的药品，所用胶囊重金属铬含量超标。针对此事件，2012年4月21日，卫生部要求“毒胶囊”企业所有胶囊药停用，药用胶囊接受批验。2012年4月22日，公安部通报，经调查，公安机关已立案7起，依法逮捕犯罪嫌疑人9名，刑事拘留45人。

解析：明胶是空胶囊的主要成囊材料，是由骨骼、猪皮或腱加工成胶原，经水解后浸出的一种复杂蛋白质。而本案例中企业为了降低生产成本，以皮革废料代替骨骼及猪皮制成的明胶来充当药用明胶，严重损害了消费者的利益并危害到消费者的身体健康，受到了法律的严惩。

工作任务　阿司匹林肠溶胶囊的质量检验

一、任务准备

（一）结构与性质

阿司匹林的结构式如下。

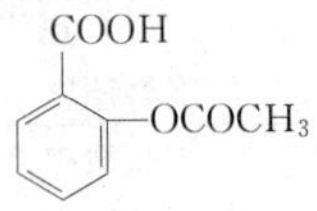

1. 性状

阿司匹林为白色结晶或结晶性粉末，无臭或微带乙酸臭味，味微酸；遇湿气即缓慢水解；在乙醇中易溶，在三氯甲烷或乙醚中微溶；在氢氧化钠溶液或碳酸钠溶液中溶解，但同时分解。

2. 酸性

阿司匹林为水杨酸乙酰化物，酸性（$pK_a=3.49$）较水杨酸要弱些，但比苯甲酸的酸性强。

3. 具有酯键

阿司匹林的结构中具有酯键，在碱性条件下易水解产生酚羟基和羧酸。因此，阿司匹林及其片剂在生产和贮藏过程中易引入水解产物，应检查水杨酸限量。

（二）临床应用

本品具有解热镇痛、抗炎的作用。临床主要用于治疗感冒发烧，头痛、牙痛、肌肉痛及神经痛等慢性钝痛，同时具有抗炎作用，用于治疗急性或慢性风湿病及类风湿病等，是风湿、类风湿性关节炎的常用药物。副作用主要有严重的胃肠道反应，长期使用可导致胃肠道出血。本品多制成片剂单用或与其他药物合用。

知识链接

百年经典

阿司匹林为历史悠久的百年老药。1898 年，德国化学家 Hoffman 进行乙酰水杨酸的合成，为其父亲治疗风湿性关节炎，得到了良好的效果。1899 年，由德国拜尔公司推广应用于临床，取名为 Aspirin。其解热镇痛作用比水杨酸钠强，且不良反应较小，至今已使用 100 多年。后来发现其还能抑制血小板血栓素 A_2 的合成，从而可抗血小板的聚集，已经用于心血管系统疾病的预防和治疗。近年来研究表明其对结肠癌也有预防作用。但由于阿司匹林含有游离的羧基，对胃黏膜有刺激性，能引起胃及十二指肠出血，因此常将其制成盐、酯、酰胺等形式。阿司匹林作为医药史册上的经典老药，在医药市场仍然有很大的开发潜力。

（三）质量标准

阿司匹林肠溶胶囊的质量标准参照《中国药典》二部：本品含阿司匹林（$C_9H_8O_4$）为标示量的 93.0%～107.0%。

二、任务实施

（一）任务要求

（1）能熟练采用 HPLC 法对阿司匹林肠溶胶囊进行鉴别、检查与含量测定操作及计算。

（2）能根据《中国药典》肠溶胶囊的有关规定对阿司匹林肠溶胶囊进行常规检查。

（二）仪器与试药

（1）主要仪器　试管、水浴锅、高效液相色谱仪、C_{18} 柱。

（2）试药　三氯化铁试液、冰醋酸、甲醇、乙腈、四氢呋喃、水杨酸对照品、阿司匹林对照品、阿司匹林肠溶胶囊（0.1g）。

（三）工作内容

1. 性状

本品内容物为白色颗粒或肠溶衣小丸，除去包衣后显白色。

2. 鉴别

（1）三氯化铁反应　此反应为芳环上酚羟基的反应。

阿司匹林在水溶液加热，由于水解产生具有酚羟基的水杨酸，与三氯化铁试液反应，生成紫堇色配合物。反应式如下。

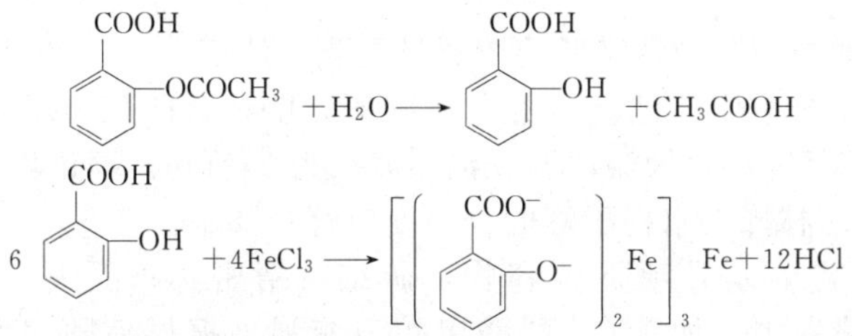

操作：取本品内容物适量（约相当于阿司匹林 0.1g），加水 10ml，煮沸、放冷，加三氯化铁试液 1 滴，即显紫堇色。

（2）高效液相色谱鉴别 在含量测定项下记录的色谱图中，供试品溶液主峰的保留时间应与对照品溶液主峰的保留时间一致。

3. 检查

阿司匹林肠溶胶囊主要是进行游离水杨酸、释放度和胶囊剂项下有关的其他检查。

（1）游离水杨酸的检查 此项杂质主要来自水杨酸生产过程中乙酰化不完全或贮藏过程中水解，水杨酸对人体有毒性，而且分子中酚羟基在空气中被逐渐氧化成一系列醌型有色（如淡黄色、红棕色甚至深棕色）物质，使阿司匹林成品变色。

操作：取含量测定项下细粉适量（约相当于阿司匹林 0.1g），精密称定，置 100ml 量瓶中，加 1%冰醋酸的甲醇溶液振摇使阿司匹林溶解并稀释至刻度，摇匀，滤膜过滤，取续滤液作为供试品溶液（临用新制）；取水杨酸对照品约 15mg，精密称定，置于 50ml 量瓶中，加 1%冰醋酸的甲醇溶液溶解并稀释至刻度，摇匀，精密量取 3ml，置于 100ml 量瓶中，用 1%冰醋酸的甲醇溶液稀释至刻度，摇匀，作为对照品溶液。照高效液相色谱法试验，用十八烷基硅烷键合硅胶为填充剂；以乙腈-四氢呋喃-冰醋酸-水（20∶5∶5∶70）为流动相，检测波长为 303nm。理论板数按水杨酸峰计算不低于 5000，阿司匹林峰与水杨酸峰的分离度应符合要求。立即精密量取供试品溶液与对照品溶液各 10μl，分别注入液相色谱仪，记录色谱图。供试品溶液色谱图中如有与水杨酸峰保留时间一致的色谱峰，按外标法以峰面积计算，不得超过 0.1%。

（2）释放度 取本品，照释放度测定法（第二法方法 1），采用溶出度测定法第一法装置，以 0.1mol/L 的盐酸溶液 750ml 为溶出介质，转速为 100r/min，依法操作，经 2h，取溶液适量，滤过，取续滤液作为供试品溶液（1）。在上述酸液中，立即加入 37℃的 0.2mol/L 磷酸钠溶液 250ml，混匀，用 2mol/L 盐酸溶液或 2mol/L 氢氧化钠溶液调节溶液的 pH 值至 6.8±0.05，继续溶出 45min，取溶液适量，滤过，取续滤液作为供试品溶液（2）。取阿司匹林对照品，精密称定，加 1%冰醋酸甲醇溶液溶解并稀释制成每毫升中含 0.08mg 的溶液，作为阿司匹林对照品溶液（1）；精密量取对照品溶液（1）15ml，置 100ml 量瓶中，用 1%冰醋酸的甲醇溶液稀释至刻度，摇匀，作为阿司匹林对照品溶液（2）；另取水杨酸对照品，精密称定，加 1%冰醋酸甲醇溶液溶解并稀释制成每毫升中含 10μg 的溶液，作为水杨酸对照品溶液。照含量测定项下的色谱条件，精密量取供试品溶液（1）、（2）与阿司匹林对照品溶液（1）、（2）及水杨酸对照品溶液各 10μl，分别注入液相色谱仪，记录色谱图。供试品溶液（1）以阿司匹林对照品溶液（2）为对照，按外标法以峰面积计算每粒在酸中的释放量，限度应小于阿司匹林标示量的 10%；供试品溶液（2）以对照品溶液（1）与水杨酸对照品溶液为对照，按外标法以峰面积计算每粒中阿司匹林和水杨酸的含量，将水杨酸含量乘以 1.304 后，与阿司匹林释放量相加即得每片在缓冲液中释放量。限度为标示量的 80%，应符合规定。

（3）其他 应符合胶囊剂项下有关各项规定。

4. 含量测定

采用高效液相色谱法对阿司匹林肠溶胶囊进行含量测定。

（1）色谱条件与系统适用性试验 用十八烷基硅烷键合硅胶为填充剂，以乙腈-四氢呋喃-冰醋酸-水（20∶5∶5∶70）为流动相，检测波长为 276nm。理论塔板数按阿司匹林峰计算不低于 3000，阿司匹林峰与水杨酸峰的分离度应符合要求。

（2）测定法 取装量差异项下内容物，研细，精密称取适量（约相当于阿司匹林 10mg），置于 100ml 量瓶中，加 1%冰醋酸甲醇溶液强烈振摇使阿司匹林溶解并稀释至刻度，滤膜滤过，精密量取续滤液 10μl，注入液相色谱仪，记录色谱图；另取阿司匹林对照品，精密称定，加 1%冰醋酸甲醇溶液溶解并定量稀释制成 1ml 含 0.1mg 的溶液，同法测定。按外标法以峰面积计算，即得。

（四）注意事项

（1）胶囊剂的取样方法：取本品20粒，精密称定重量，倾出内容物，混合，备用。用小刷子或适宜用具擦净囊壳，再精密称定囊壳重量，求出平均装量。然后取出内容物，按测定法操作。

（2）释放度是指口服药物在规定溶剂中从缓释制剂、控释制剂、肠溶制剂及透皮贴剂等释放的速度和程度。检查释放度的制剂，不再进行崩解时限的检查。

（五）思考题

（1）查阅《中国药典》，比较阿司匹林原料药、阿司匹林片、阿司匹林肠溶胶囊的鉴别反应有何异同，为什么？

（2）在阿司匹林肠溶胶囊的含量测定中，为什么加1%冰醋酸甲醇溶液来溶解、稀释？

相关知识 芳酸及其酯类药物的质量检验

芳酸及其酯类药物（aromatic acid drugs and their esters）系指分子结构中含有苯环的一类羧酸和羧基的化合物。芳酸及其酯类药物按化学结构可分为水杨酸类、苯甲酸类和其他芳酸类等药物。

一、结构与性质

（一）水杨酸类

1. 基本结构与典型药物

1838年，从柳树皮中提取得到的水杨酸（salicylic acid）是人类最早使用的解热镇痛药之一。水杨酸的酸性强，对胃肠道的刺激较大，现只供外用，为常用的消毒防腐药。水杨酸乙酰化后成为阿司匹林（aspirin），阿司匹林是人类应用合成药物治疗炎症的开始。但阿司匹林对胃黏膜有刺激作用，在大剂量口服或长期使用后甚至会引起胃出血，因此将其制成盐、酰胺或酯的衍生物，在临床上应用的主要为贝诺酯（benorilate）等。贝诺酯是对乙酰氨基酚与阿司匹林形成的酯，作为阿司匹林的前药，临床用途与阿司匹林相同，但由于阿司匹林的羧基已成酯，故对胃的刺激较小，不良反应少，患者易于耐受，更适用于老人和儿童使用。《中国药典》收载有水杨酸、阿司匹林、贝诺酯、对氨基水杨酸钠（sodium aminosalicylate）、双水杨酯（salsalate）及其制剂。剂型除片剂、注射剂外，还有胶囊剂等。基本结构和典型药物如下。

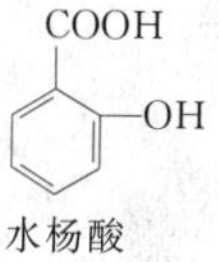

水杨酸

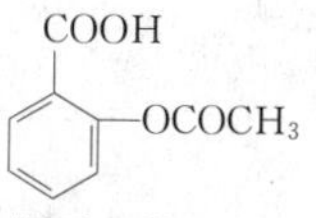

阿司匹林

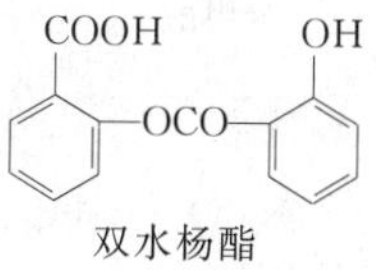

双水杨酯

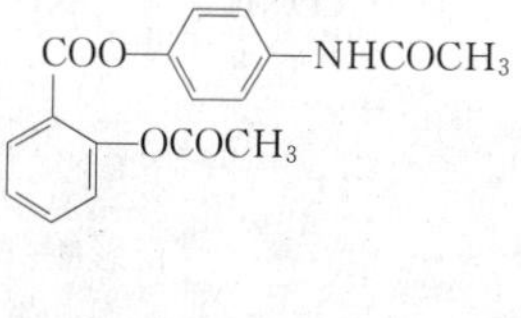

贝诺酯

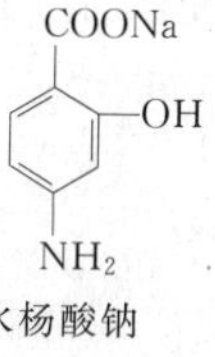

对氨基水杨酸钠

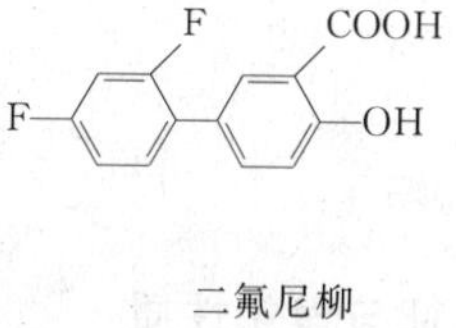

二氟尼柳

2. 结构特征与理化性质

水杨酸分子结构中既含有苯环和羧基，又含有邻位酚羟基，游离羧基可成酯或盐，酚羟基也可成酯，苯环上还可发生取代。水杨酸类药物多具有一定熔点；除对氨基水杨酸钠易溶于水外，其他药物在水中微溶或几乎不溶，但能溶于乙醇、三氯甲烷、乙醚等有机溶剂中。

（1）酸性　该类药物由于苯环上具有羧基及酚羟基而显示酸性。水杨酸类药物的酸性受苯环、羧基及取代基的影响。取代基为氨基、甲基时能增加苯环电子云密度，从而降低氧氢键的极性，使酸性较苯甲酸弱；反之，取代基为硝基、卤素、羟基时能降低苯环电子云密度，使羧基中羟基氧原子的电子云密度降低，从而增加氧氢键极性，较易离解出质子，使酸性较苯甲酸强。可用于鉴别及含量测定。

（2）三氯化铁反应　水杨酸和对氨基水杨酸钠的结构中具有酚羟基，可与三氯化铁试液作用形成有色的配位化合物，用于鉴别。

（3）重氮化-偶合反应　本类的某些药物或其水解产物的结构中因具有芳香第一胺，可发生重氮化-偶合反应，生成猩红色的沉淀，可用于鉴别及含量测定。

（4）水解性　阿司匹林和贝诺酯的结构中具有酯键，无游离羧基，在碱性条件下易水解产生酚羟基和羧酸，常利用其水解产物的特殊性质进行鉴别。利用水解反应，水杨酸酯类药物也可在水解后用剩余滴定法测定含量。由于水杨酸酯类药物在生产和贮藏过程中易发生水解，故对其原料和制剂通常应检查水解产生的杂质。

（5）光谱特征　水杨酸类药物的分子结构中含有共轭体系和特征官能团，具有紫外和红外特征吸收，可用于鉴别和含量测定。

课堂互动

分析比较水杨酸、阿司匹林、苯甲酸三者的酸性大小？

（二）苯甲酸类

1. 基本结构与典型药物

苯甲酸类药物的分子结构中含有苯环和羧基，且羧基与苯相连，游离羧基呈酸性，可成盐或形成酯，另外苯环上还有其他取代基。苯甲酸类药物中的丙磺舒无抗炎、镇痛作用，主要用于慢性痛风的治疗；苯甲酸（benzoic acid）为消毒防腐药；苯甲酸钠（sodium benzoate）、羟苯乙酯（ethylparaben）为药用辅料、防腐剂；布美他尼（bumetanide）为利尿药；泛影酸（diatrizoic acid）为诊断疾病的制剂。《中国药典》收载的剂型为片剂、注射剂、胶囊剂等。基本结构和典型药物如下。

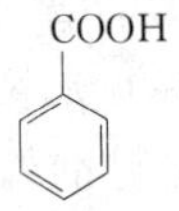

苯甲酸

苯甲酸钠

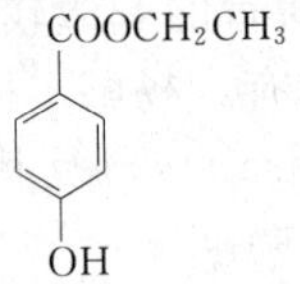

羟苯乙酯

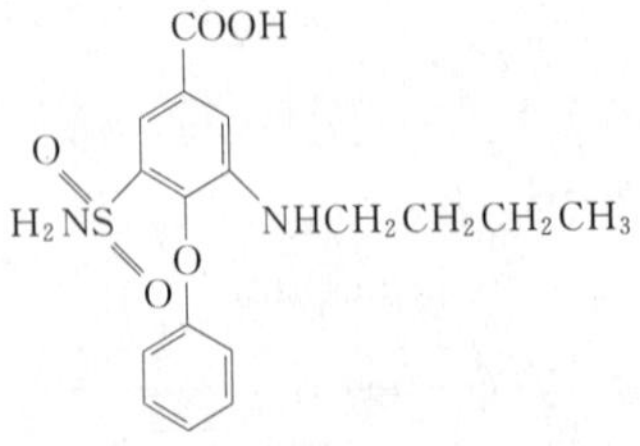

布美他尼

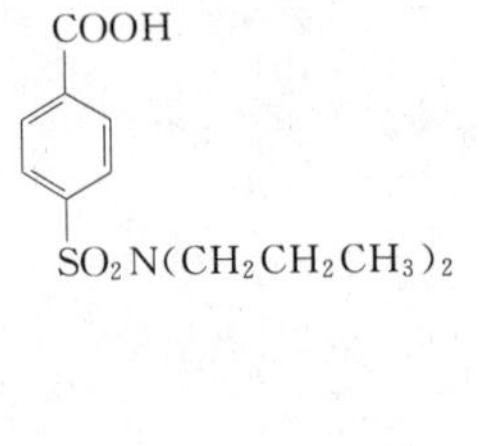

丙磺舒

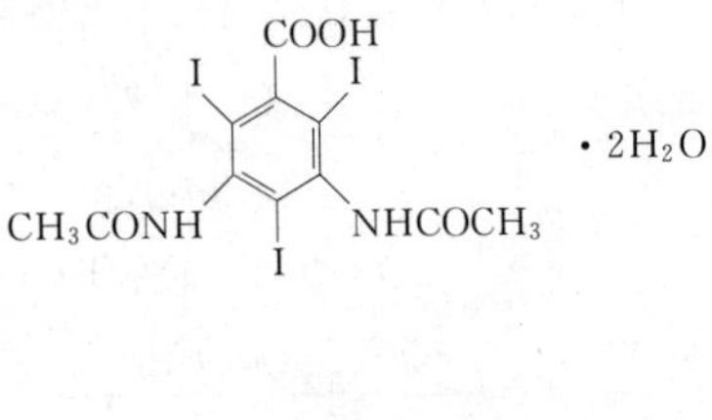

泛影酸

2. 结构特征与理化性质

（1）性状　苯甲酸类药物均为固体，具有一定的熔点。

（2）酸性　本类药物分子结构中的游离羧基呈酸性；其酯类药物因无游离羧基而不显酸

性，但水解后，能生成显酸性的水解产物。故大多数药物可利用其酸性，用酸碱滴定法测定含量。

(3) 三氯化铁反应　苯甲酸盐、丙磺舒的中性溶液可与三氯化铁试液作用，生成铁盐。由于其铁盐在水中溶解度小，且具有特殊的颜色，可用于鉴别。

(4) 分解性　苯甲酸盐可分解成苯甲酸升华物，含硫的丙磺舒可分解生成硫化物，可用于鉴别。

(5) 光谱特征　本类药物的分子结构中含有苯环和特征官能团，因此具有紫外和红外特征吸收，可用于鉴别或含量测定。

（三）其他芳酸类药物

1. 基本结构与典型药物

《中国药典》收载的其他芳酸及其酯类药物有非甾类抗炎药布洛芬（ibuprofen）、用于利尿的依他尼酸（etacrynic acid）、用于降血脂的氯贝丁酯（clofibrate）及用于抗肿瘤的苯丁酸氮芥（chlorambrcil）等药物。其中，布洛芬是20世纪60年代末，人们在研究植物生长激素时发现的一种芳基丙酸类化合物，它的发现使人们注意到芳基丙酸类的基本结构，又相继开发了许多优良的品种，如《中国药典》收载的酮洛芬（ketoprofen）、萘普生（naproxen）及其制剂等。剂型除片剂、注射剂外，还有胶囊剂、颗粒剂、栓剂、滴剂、糖浆剂、搽剂及口服溶液剂等。基本结构和典型药物如下。

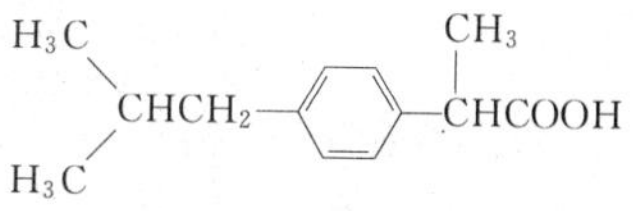
布洛芬

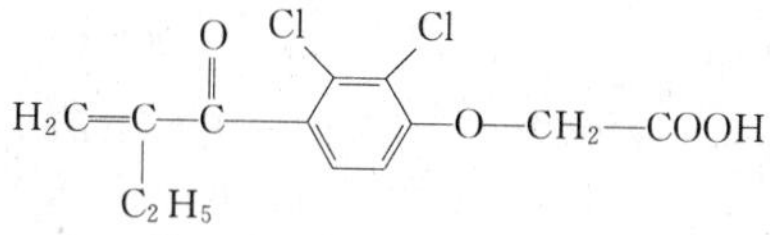
依他尼酸

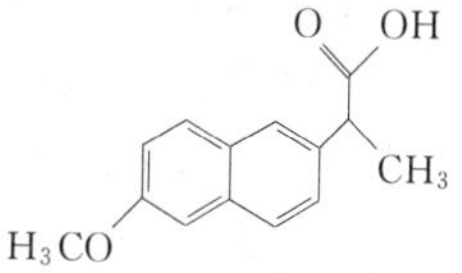
萘普生

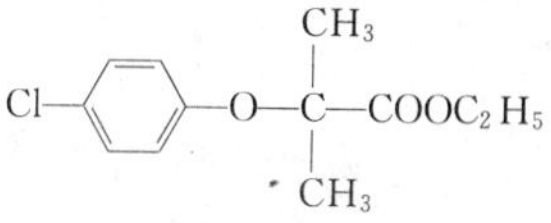
氯贝丁酯

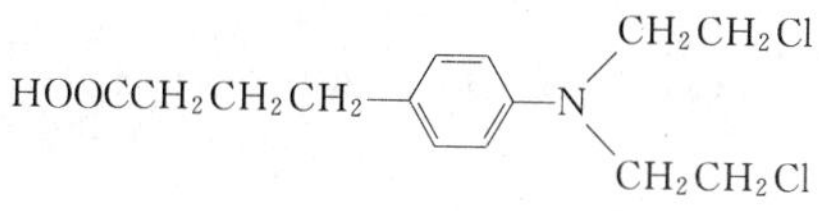
苯丁酸氮芥

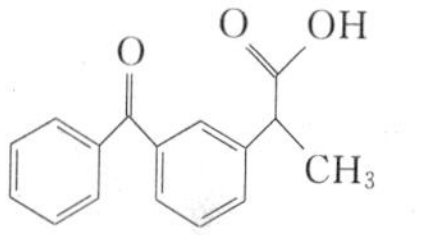
酮洛芬

2. 结构特征与理化性质

(1) 性状　除氯贝丁酯为无色或黄色的油状液体外，本类药物大多为白色或类白色的结晶性粉末，具有固定的熔点，在甲醇、乙醇等有机溶剂中易溶，在水中几乎不溶。

(2) 酸性　布洛芬的分子结构中具有羧基，羧基通过亚甲基与苯环相连，具有酸性，在氢氧化钠或碳酸钠试液中易溶；溶于中性乙醇后，可用氢氧化钠滴定液直接滴定测定含量。

(3) 水解性　氯贝丁酯分子结构中具有酯键，易水解，可利用此性质进行鉴别。

(4) 光谱特征　氯贝丁酯和布洛芬均具有苯环和特征官能团，具有紫外和红外特征吸收，可用于鉴别；也可用紫外-可见分光光度法测定含量。

二、鉴别试验

（一）化学法

1. 三氯化铁反应

(1) 水杨酸类　水杨酸、双水杨酯、对氨基水杨酸钠的分子结构中均具有酚羟基，在中性或弱酸性条件下，与三氯化铁试液作用，生成紫堇色的配位化合物。阿司匹林、贝诺酯的分子结构中虽无游离酚羟基，但将其水溶液加热，或较长时间放置，或加少量碱，由于部分水解产生具有酚羟基的水杨酸，也可与三氯化铁试液作用，生成紫堇色的配位化合物，以供鉴别。其反应原理详见本教材“阿司匹林肠溶胶囊的质量检验”的相关内容。

（2）苯甲酸类　苯甲酸的碱性溶液、苯甲酸钠的中性溶液与三氯化铁试液作用生成赭色的碱式苯甲酸铁盐沉淀，可与水杨酸类药物相鉴别。

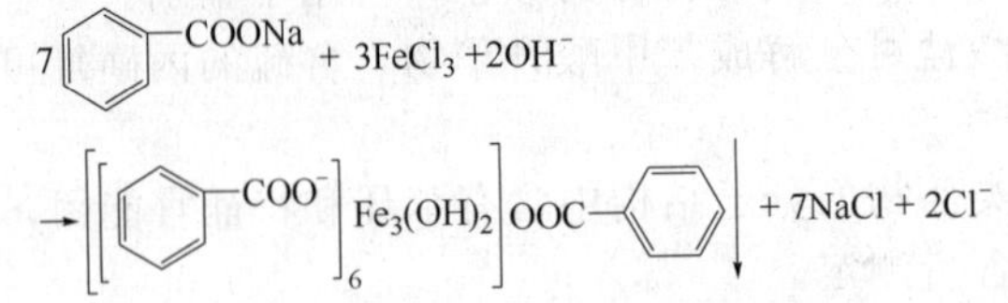

丙磺舒的钠盐水溶液，在 pH 为 5.0～6.0 的水溶液中与三氯化铁试液作用，生成米黄色的沉淀，其产物结构为。

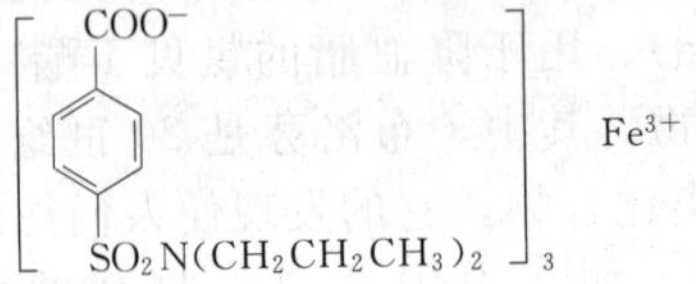

2. 水解反应

阿司匹林的分子结构中具有酯键，与碳酸钠试液共热，水解生成水杨酸钠和乙酸钠，放冷后用稀硫酸酸化，析出白色的水杨酸沉淀，并产生乙酸的臭气，可供鉴别。

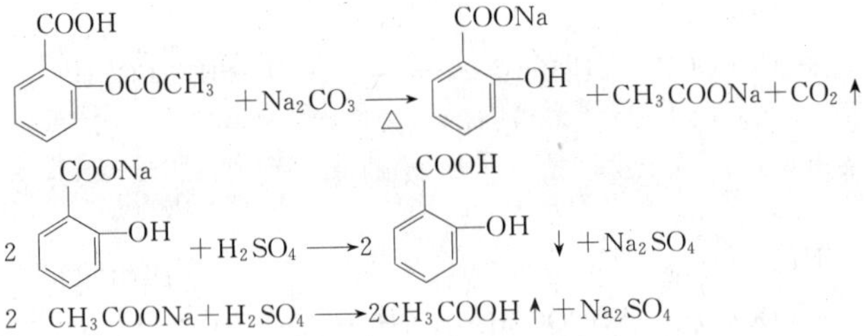

3. 重氮化-偶合反应

对氨基水杨酸钠和贝诺酯的水解产物对氨基酚的分子结构中具有芳香第一胺，与亚硝酸钠及盐酸作用，生成重氮盐，再加碱性 β-萘酚，生成猩红色的偶氮化合物沉淀，可供鉴别。以对氨基水杨酸钠为例。

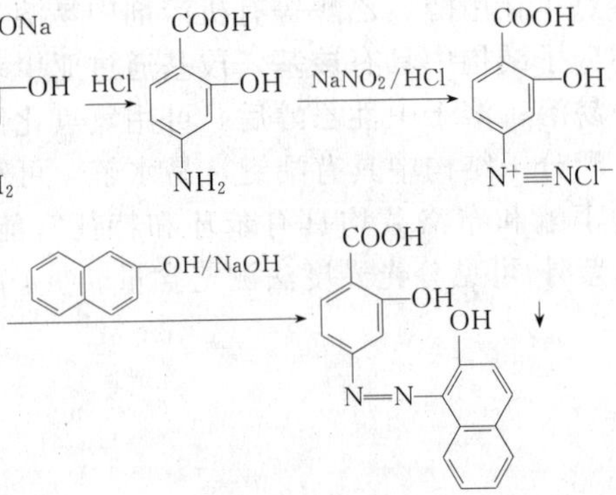

4. 分解产物的反应

（1）苯甲酸钠　苯甲酸钠可分解生成苯甲酸，苯甲酸具有升华性，可供鉴别。如将苯甲酸钠置于干燥试管中，加硫酸后，加热，不炭化，但析出苯甲酸，随即在试管内壁上端凝结成白色升华物。

（2）丙磺舒　具有磺酰胺结构的丙磺舒，与氢氧化钠共热熔融，分解生成亚硫酸钠，经硝酸氧化后生成硫酸盐，显硫酸盐的鉴别反应。反应式如下。

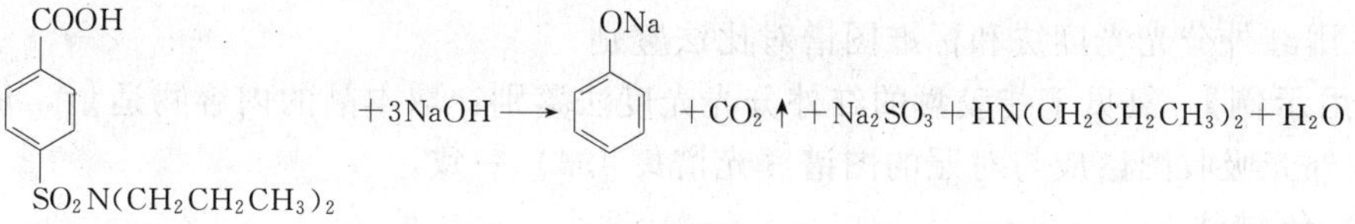

$$Na_2SO_3 \xrightarrow{[O]} Na_2SO_4$$

（3）泛影酸　泛影酸为有机碘化物，加热破坏后分解生成碘蒸气，可供鉴别。如将泛影酸置坩锅中，小火加热，即分解产生紫色的碘蒸气。

5. 异羟肟酸铁反应

（1）氯贝丁酯　氯贝丁酯分子中的酯结构，在碱性溶液中可与盐酸羟胺作用生成异羟肟酸盐，在弱酸性条件下与三氯化铁试液作用生成紫色的异羟肟酸铁，反应式如下。

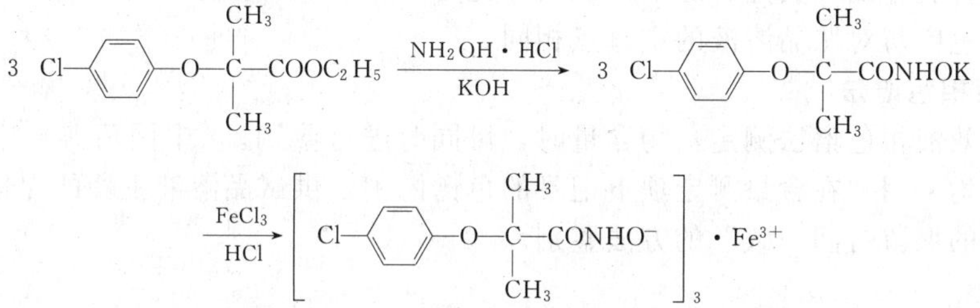

（2）布洛芬　布洛芬分子结构中具有羧基，加氯化亚砜生成酰氯，与乙醇反应酯化后，呈异羟肟酸铁反应，反应式如下。

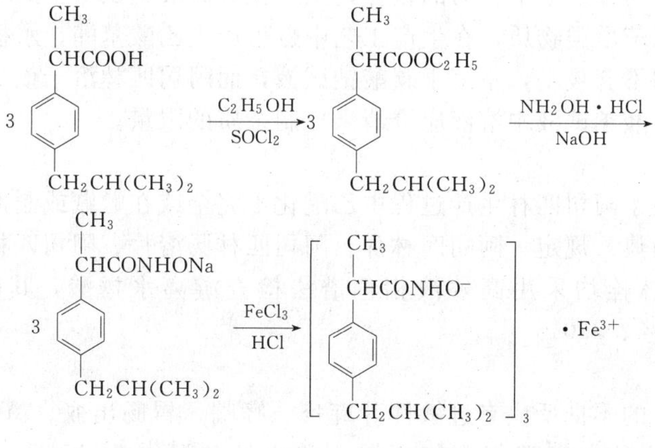

（二）光谱法

1. 紫外-可见分光光度法

本类药物的分子结构中具有苯环和羧基，因而具有紫外特征吸收，常用于鉴别。

【应用示例】　萘普生胶囊的紫外-可见分光光度法鉴别：取本品的内容物适量，加甲醇制成每毫升含萘普生约 30μg 的溶液，滤过，滤液照紫外-可见分光光度法测定，在 262nm、271nm、317nm 与 331nm 的波长处有最大吸收。

2. 红外分光光度法

红外分光光度法是一种专属性很强、应用较广的鉴别方法。除双水杨酯外，在《中国药典》中，前述列举的典型的芳酸及其酯类药物的原料药及布洛芬片、萘普生片、萘普生胶囊，均采用红外分光光度法和标准图谱对比法鉴别。

【应用示例】 氯贝丁酯胶囊的红外分光光度法鉴别：取本品的内容物适量，依法测定。本品的红外光吸收图谱应与对照的图谱（光谱集 494）一致。

（三）色谱法

1. 薄层色谱法

薄层色谱法操作简便、设备简单，具有分离功能，可排除制剂中辅料的干扰，用于药物的鉴别。

【应用示例】 二氟尼柳胶囊的鉴别：取本品的内容物适量（约相当于二氟尼柳 50mg），加甲醇 5ml，振摇使二氟尼柳溶解，滤过，滤液作为供试品溶液；另称取二氟尼柳对照品适量，用甲醇溶解制成每毫升中约含 10mg 的溶液，作为对照品溶液，照薄层色谱法试验，吸取上述两种溶液各 5μl，分别点于同一硅胶 GF_{254} 薄层板上，以正己烷-二氧六环-冰醋酸（85：10：5）为展开剂，展开、晾干，置紫外光灯（254nm）下检视，供试品溶液所显主斑点的位置和颜色应与对照品溶液的主斑点相同。

2. 高效液相色谱法

在采用高效液相色谱法测定药物含量时，可同时进行鉴别。《中国药典》中芳酸及其酯类的许多药物均采用“在含量测定项下记录的色谱图中，供试品溶液主峰的保留时间应与对照品溶液主峰的保留时间一致”的方法鉴别。

三、检查

（一）阿司匹林中特殊杂质的检查

1. 溶液的澄清度

检查系利用药物与杂质溶解行为的差异，主要检查碳酸钠试液中的不溶物。本品在生产中可能从原料中带入苯酚类物质，在生产工艺中也可产生乙酸苯酯、水杨酸苯酯和乙酰水杨酸苯酯，这些杂质均不含羧基，不溶于碳酸钠试液，而阿司匹林溶于该试液。因此，可利用一定量阿司匹林在碳酸钠试液中溶液应澄清来控制杂质的限量。

2. 游离水杨酸

此杂质主要来源于阿司匹林生产过程中乙酰化不完全或在贮藏或制剂制备过程中水解产生的。因此《中国药典》规定，阿司匹林片、阿司匹林肠溶片、阿司匹林肠溶胶囊、阿司匹林泡腾片及阿司匹林栓均采用高效液相色谱法检查游离水杨酸，其限量分别为 0.3%、1.5%、1.0%、3.0%、3.0%。

3. 有关物质

阿司匹林临床上的不良反应有过敏性荨麻疹、哮喘、胃肠出血、鼻息肉等。实验证明，这些不良反应是由几种水杨酸衍生物，如乙酰水杨酸酐（ASAN）、乙酰水杨酰水杨酸（ASSA）和水杨酰水杨酸（SSA）等引起的。因此，《中国药典》采用高效液相色谱法检查有关物质，以控制这些杂质的限量。

（二）对氨基水杨酸钠中特殊杂质的检查

间氨基酚的检查：对氨基水杨酸钠的合成多以间氨基酚为原料，因此在成品中可能有未反应完全的间氨基酚；对氨基水杨酸钠性质也不稳定，见光、受热、遇湿易发生脱羧反应，生成间氨基酚。间氨基酚不仅有毒，而且可被氧化呈明显棕红色，故需对其进行限量控制。

《中国药典》(2005 年版) 采用双相滴定法检查。由于对氨基水杨酸钠不溶于乙醚，而间氨基酚易溶于乙醚，用乙醚提取间氨基酚，在乙醚提取液中加入适量水和指示剂后，用盐酸滴定液 (0.02mol/L) 滴定，通过控制盐酸滴定液的体积即可控制其限量。

《中国药典》(2010 年版) 则采用高效液相色谱法检查有关物质，规定间氨基酚按外标法以峰面积计算不得超过 0.25%，其他单个杂质峰面积不得大于对照溶液主峰面积的 0.1 倍 (0.1%)，其他杂质峰面积的和不得大于对照溶液主峰面积 (1.0%)。

(三) 氯贝丁酯中特殊杂质的检查

1. 酸度

氯贝丁酯在生产过程中的主要中间体为对氯苯氧异丁酸，另外制备中加入的盐酸、硫酸，均可影响成品的酸度，故需控制其酸度。

《中国药典》测定方法：取本品 2.0g，加中性乙醇 (对酚酞指示液显中性) 10ml 溶解后，加酚酞指示液数滴与氢氧化钠滴定液 (0.1mol/L) 0.15ml，应显粉红色。

2. 对氯酚

氯贝丁酯的合成是以对氯酚为起始原料，其中合成和贮存中均能产生对氯酚，对氯酚为氯贝丁酯的主要杂质。因其毒性大，《中国药典》(2010 年版) 采用气相色谱法检查对氯酚。

检查方法：取本品 10.0g，加氢氧化钠试液 20ml，振摇提取，分取下层液，用水 5ml 振摇洗涤后，留作挥发性物质检查用。上述水洗液并入碱性提取液中，用三氯甲烷振摇洗涤 2 次，每次 5ml，弃去三氯甲烷液，加稀盐酸使成酸性，用三氯甲烷提取 2 次，每次 5ml，合并三氯甲烷提取液，并加三氯甲烷稀释成 10ml，作为供试品溶液；另取 0.0025%对氯酚的三氯甲烷溶液作为对照品溶液。照气相色谱法，用 2m 玻璃色谱柱，以甲基硅橡胶 (SE-30) 为固定液，涂布浓度为 5%，在柱温 160℃测定。含对氯酚不得超过 0.0025%。

3. 挥发性杂质

气相色谱法：取对氯酚项下经碱液洗涤后的本品适量，经无水硫酸钠干燥，作为供试品；称取适量，用三氯甲烷稀释制成每毫升中约含 10mg 的溶液作为预试溶液，取预试溶液适量，注入气相色谱仪，调节检测灵敏度或进样量使仪器适合测定；取供试品溶液注入气相色谱仪，记录色谱图至主成分峰保留时间的 2 倍。供试品溶液的色谱图中如有杂质峰，各杂质峰面积的和不得大于总峰面积的千分之五。

(四) 布洛芬中特殊杂质的检查

《中国药典》采用薄层色谱法中的主成分自身对照法检查布洛芬中的有关物质。

检查方法：取本品，加三氯甲烷制成每毫升中含 100mg 的溶液，作为供试品溶液；精密量取适量，用三氯甲烷定量稀释制成每毫升中含 1mg 的溶液，作为对照溶液。照薄层色谱法试验，吸取上述两种溶液各 5μl，分别点于同一硅胶 G 薄层板上，以正己烷-乙酸乙酯-冰醋酸 (15∶5∶1) 为展开剂，展开、晾干，喷以 1%高锰酸钾的稀硫酸溶液，在 120℃加热 20min，置紫外光灯 (365nm) 下检视。供试品溶液如显杂质斑点，与对照溶液的主斑点比较，不得更深。

四、含量测定

(一) 酸碱滴定法

1. 直接滴定法

《中国药典》(2010 年版) 中双水杨酯片的含量测定仍采用直接滴定法。

2. 两步滴定法

《中国药典》(2005 年版) 中阿司匹林片和阿司匹林肠溶片的含量测定采用两步滴定法。

阿司匹林肠溶片中除了加入少量酒石酸或枸橼酸作为稳定剂外，制剂工艺过程中还可能有水解产物水杨酸、乙酸等，它们均可消耗氢氧化钠，使测定结果偏高，因此《中国药典》（2005 年版）采用“两步滴定法”测定阿司匹林片和阿司匹林肠溶片的含量。“两步滴定法”系指测定过程分为两步进行，第一步中和消除酸性杂质的干扰，第二步水解后用剩余滴定法测定含量。

（1）第一步　中和。取本品 10 片，精密称定，研细，精密称取片粉适量（相当于阿司匹林 0.3g），置锥形瓶中，加中性乙醇（对酚酞指示液显中性）20ml，振摇使阿司匹林溶解，加酚酞指示液 3 滴，滴加氢氧化钠滴定液（0.1mol/L）至溶液显粉红色。此时中和了存在的酸性附加剂和降解产物，阿司匹林也同时被中和为钠盐。其反应式如下。

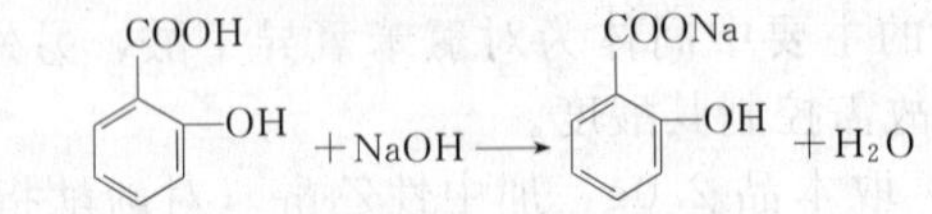

$$CH_3COOH + NaOH \longrightarrow CH_3COONa + H_2O$$

$$\begin{array}{l} CH_2COOH \\ | \\ C(OH)COOH \\ | \\ CH_2COOH \end{array} + 3NaOH \longrightarrow \begin{array}{l} CH_2COONa \\ | \\ C(OH)COONa \\ | \\ CH_2COONa \end{array} + 3H_2O$$

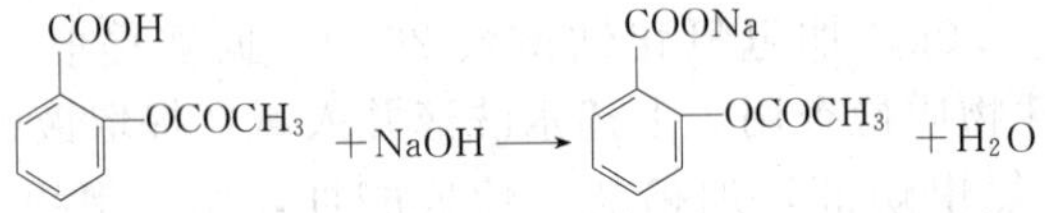

（2）第二步　水解与测定。在中和后的供试品溶液中，再精密加入定量过量的氢氧化钠滴定液（0.1mol/L）40ml，置于水浴上加热 15min 并不时振摇，迅速放冷至室温，用硫酸滴定液（0.05mol/L）滴定剩余的碱，并将滴定的结果用空白试验校正。每毫升氢氧化钠滴定液（0.1mol/L）相当于 18.02mg 的 $C_9H_8O_4$。反应式如下。

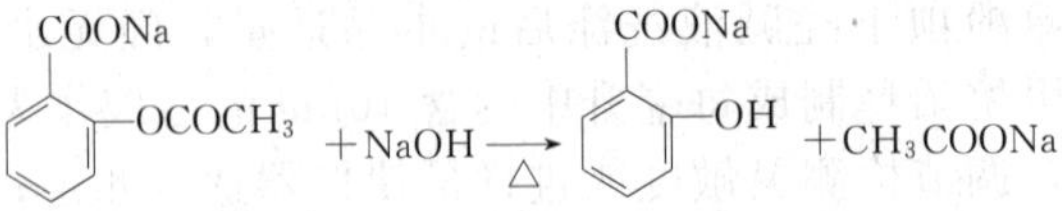

$$2NaOH + H_2SO_4 \longrightarrow Na_2SO_4 + H_2O$$

（二）紫外分光光度法

1. 直接紫外分光光度法

《中国药典》采用本法测定丙磺舒片、二氟尼柳胶囊的含量。

【应用示例】 丙磺舒片的含量测定：取本品 10 片，精密称定，研细，精密称取适量（约相当于丙磺舒 60mg），置 200ml 量瓶中，加乙醇 150ml 与盐酸溶液（9→100）4ml，置 70℃水浴上加热 30min，放冷，用乙醇稀释至刻度，摇匀，滤过，精密量取续滤液 5ml，置 100ml 量瓶中，加盐酸溶液（9→100）2ml，用乙醇稀释至刻度，摇匀，照紫外-可见分光光度法，在 249nm 的波长处测定吸光度，按 $C_{13}H_{19}NO_4S$ 的吸收系数（$E_{1cm}^{1\%}$）为 338 计算，即得。

2. 柱分配色谱-紫外分光光度法

USP（32）-NF（27）采用本法测定阿司匹林胶囊和阿司匹林栓剂的含量。

（三）高效液相色谱法

高效液相色谱法具有分离分析功能，可消除杂质、辅料、添加剂等的干扰，因此《中国药典》收载的贝诺酯、对氨基水杨酸钠、丙磺舒、布洛芬原料及绝大多数制剂均采用该法测定含量。主要为反相色谱法、外标法定量。除对氨基水杨酸钠及其制剂采用离子对色谱法外，其他均采用离子抑制色谱法。

实例解析

对氨基水杨酸钠肠溶片的含量测定

（1）色谱条件与系统适用性试验 用十八烷基硅烷键合硅胶为填充剂；以甲醇－10%四丁基氢氧化铵溶液－0.05mol/L磷酸氢二钠－0.05mol/L磷酸二氢钠（200：19：400：400）为流动相；检测波长为265nm。理论板数按对氨基水杨酸钠峰计算不低于3000，对氨基水杨酸钠峰与相邻杂质峰分离度应符合要求。

（2）测定法 取本品10片，除去包衣，精密称定，研细，精密称取适量（约相当于对氨基水杨酸钠35mg），置50ml量瓶中，加流动相使对氨基水杨酸钠溶解并稀释至刻度，摇匀，滤过，精密量取续滤液1ml，置10ml量瓶中，用流动相稀释至刻度，摇匀，精密量取20μl，注入液相色谱仪，记录色谱图；另取对氨基水杨酸钠对照品，同法测定。按外标法以峰面积计算，即得。

本法为反相高效液相色谱法中的离子对色谱法。在磷酸盐缓冲溶液中，对氨基水杨酸钠电离出的阴离子，与带正电荷的离子对试剂四丁基氢氧化铵生成离子对，有助于调整色谱保留行为，提高样品分析的重现性和色谱峰的对称性。

拓展知识

双相滴定法

苯甲酸钠为强碱弱酸盐，其对应酸苯甲酸的酸性（$pK_a=4.19$，$K_a>10^{-7}$）较强，且不溶于水，若用盐酸滴定液直接滴定，滴定反应不能进行完全，且pH突跃不明显，结果不准确，故采用双相酸碱滴定法。其原理是利用滴定中生成的弱酸苯甲酸在水中溶解度小，在有机溶剂中溶解度大，而采用双相溶剂水－乙醚，将苯甲酸不断萃取到乙醚中，以降低水中苯甲酸的浓度，使滴定反应趋于完全。如《中国药典》（2005年版）苯甲酸钠的含量测定方法：取苯甲酸钠约1.5g，精密称定，置分液漏斗中，加水25ml、乙醚50ml与甲基橙指示液2滴，用盐酸滴定液（0.5mol/L）滴定，随滴随振摇，至水层显橙红色；分离水层，置具塞锥形瓶中，乙醚层用水5ml洗涤，洗液并入锥形瓶中，加乙醚20ml，继续用盐酸滴定液（0.5mol/L）滴定，随滴随振摇，至水层显持续的橙红色。每毫升盐酸滴定液（0.5mol/L）相当于72.06mg的$C_7H_5NaO_2$。

工作任务 维生素E软胶囊的质量检验

一、任务准备

维生素E是一类与生育有关的维生素的总称，又名生育酚。生育酚主要具有α、β、γ和δ四种异构体，其中α-异构体是自然界中分布最广泛、含量最丰富、活性最高的维生素E形式。其天然品为右旋体，合成品为消旋体，药用品一般为合成品。《中国药典》收载了合成型或天然型维生素E及其片剂、软胶囊、注射剂和粉剂。

（一）结构与性质

维生素E的基本结构式如下。

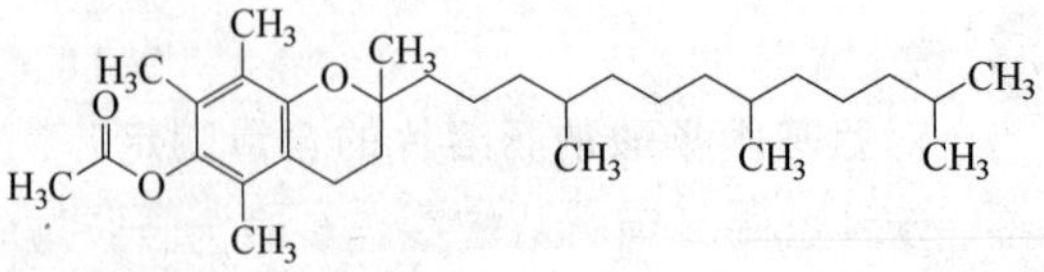

维生素 E 为苯丙二氢吡喃醇衍生物，苯环上有一个乙酰化的酚羟基。

1. 性状

本品为微黄色至黄色或黄绿色澄清的黏稠液体；几乎无臭；遇光色渐变深，天然型放置会固化，25℃左右溶化。本品在无水乙醇、丙酮、乙醚或植物油中易溶，在水中不溶。

2. 水解性

维生素 E 分子中的乙酸酯，在酸性或碱性溶液中加热可水解出游离的生育酚。

3. 还原性（易被氧化）

在无氧条件下，维生素 E 对热稳定，可耐 200℃的高温。维生素 E 对氧十分敏感，遇光、空气可被氧化，其氧化产物为 α-生育醌和 α-生育酚二聚体。其水解产物游离生育酚在氧或氧化剂存在时则进一步氧化生成醌型化合物，尤其在碱性条件下，氧化反应则更易发生，因此本品暴露于空气和日光中极易氧化变色。

例如，在碱性条件下维生素 E 发生水解，生成游离生育酚，生育酚经乙醚提取后，被 Fe^{3+} 氧化生成对生育醌，同时 Fe^{3+} 被还原为 Fe^{2+}，Fe^{2+} 能与 2,2′-联吡啶生成血红色配离子。

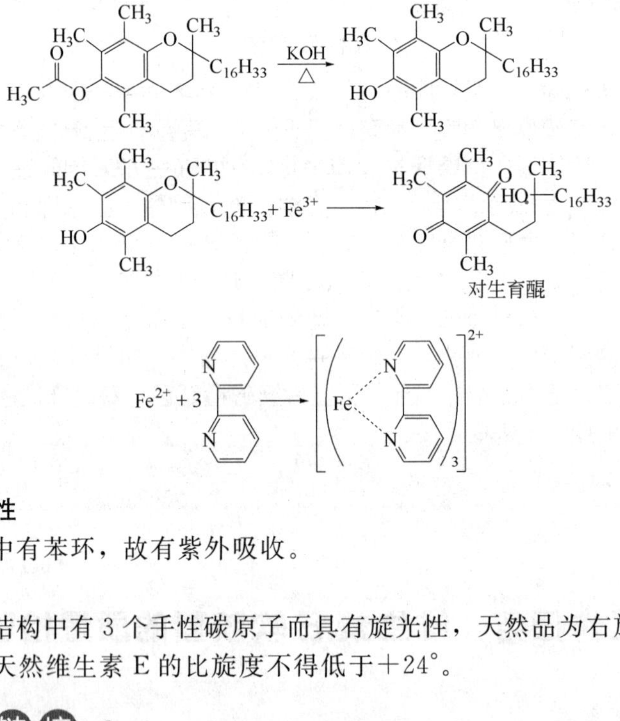

4. 紫外吸收特性

维生素 E 结构中有苯环，故有紫外吸收。

5. 旋光性

维生素 E 分子结构中有 3 个手性碳原子而具有旋光性，天然品为右旋体（*d*-α），合成品为消旋体（*dl*-α），天然维生素 E 的比旋度不得低于 $+24°$。

知识链接

维生素 E 有合成型或天然型之分。天然型维生素 E 原料需进行酸度、游离生育酚、残留溶剂等的检查。其中，游离生育酚采用硫酸铈滴定法检查；在天然型维生素 E 的提取工艺中常残留的正己烷杂质则采用气相色谱法检查。

合成型维生素 E 由于合成步骤繁多，在合成过程中会残存 α-生育酚及其他杂质，《中国药典》采用气相色谱法检查有关物质，以控制 α-生育酚及其他杂质的量。

（二）临床应用

维生素 E 具有促进生殖的作用。它能促进性激素分泌，使男子精子活力和数量增加；使女子雌性激素浓度增高，提高生育能力，预防流产。临床常用于治疗先兆流产和习惯性流产。另外对防治男性不育症也有一定帮助。临床上常用的剂型有片剂、软胶囊、注射剂、粉剂。

（三）质量标准

维生素 E 胶囊的质量标准参照《中国药典》二部：本品含合成型或天然型维生素 E（$C_{31}H_{52}O_3$）应为标示量的 90.0%～110.0%。

二、任务实施

（一）任务要求

（1）能熟练利用气相色谱-内标法完成维生素 E 软胶囊的含量测定操作及计算。

（2）能利用比旋度测定方法检查维生素 E 的异构体限量。

（二）仪器与试药

（1）主要仪器　分析天平、移液管、具塞圆底烧瓶、水浴锅、棕色具塞瓶、量瓶、分液漏斗、蒸发皿、旋光仪、气相色谱仪、色谱柱（涂布浓度为 2%的 OV-17 填充柱或非极性毛细管柱）、氮气。

（2）试药　无水乙醇、硫酸、硝酸、乙醚、铁氰化钾、氢氧化钠、维生素 E 软胶囊（10mg）、维生素 E 对照品、正三十二烷、正己烷、异辛烷。

（三）工作内容

1. 性状

维生素 E 软胶囊的内容物为淡黄色至黄色的油状液体。

2. 鉴别

（1）硝酸反应　维生素 E 在酸性条件下水解生成生育酚，生育酚同时被硝酸氧化为邻醌化合物生育红而显橙红色。反应式如下。

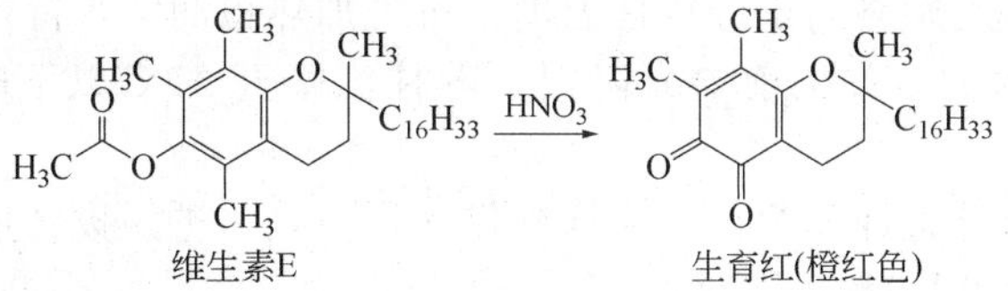

操作：取本品的内容物约 30mg，加无水乙醇 10ml 溶解后，加硝酸 2ml，摇匀，在 75℃加热约 15min，溶液显橙红色。

（2）气相色谱法　在含量测定项下记录的色谱图中，供试品溶液主峰的保留时间应与对照品溶液主峰的保留时间一致。

3. 检查

维生素 E 软胶囊主要是进行比旋度、有关物质和其他胶囊剂下有关的检查。

（1）比旋度　避光操作。取本品的内容物适量（约相当于维生素 E 400mg），精密称定，照维生素 E 比旋度项下的方法测定，比旋度（按 *d*-*α*-生育酚计）不得低于+24°（天然型）。

（2）有关物质　取本品内容物适量（相当于维生素 E 25mg），加正己烷 10ml，振摇使维生素 E 溶解，滤过，取滤液作为供试品溶液；精密量取 1ml，置 100ml 棕色量瓶中，用正己烷稀释至刻度，摇匀，作为对照溶液。照维生素 E 有关物质项下的方法试验，供试品溶液的色谱图中如有杂质峰，*α*-生育酚（相对保留时间约为 0.87）峰面积不得大于对照溶液主峰面积（1.0%），其他单个杂质峰面积不得大于对照溶液主峰面积的1.5倍（1.5%），各杂质峰面积的和不得大于对照溶液主峰面积的2.5倍（2.5%）。

4. 含量测定

采用气相色谱法测定维生素E胶囊的含量，内标法定量，内标物为正三十二烷。

（1）色谱条件与系统适用性试验　用硅酮（OV-17）为固定液，涂布浓度为2%的填充柱，或用100%二甲基聚硅氧烷为固定液的毛细管柱；柱温为265℃。理论板数按维生素E峰计算不低于500（填充柱）或5000（毛细管柱），维生素E峰与内标物质峰的分离度应符合要求。

（2）校正因子的测定　取正三十二烷适量，加正己烷溶解并稀释成每毫升中含1.0mg的溶液，作为内标溶液。另取维生素E对照品约20mg，精密称定，置棕色具塞瓶中。精密加内标溶液10ml，密塞，振摇使溶解；取1～3μl注入气相色谱仪，计算校正因子（f）。

（3）测定法　取装量差异项下的内容物，混合均匀，取适量（约相当于维生素E 20mg），精密称定，置棕色具塞瓶中，精密加内标溶液10ml，密塞，振摇使溶解；取1～3μl注入气相色谱仪，测定，计算，即得。

（4）计算公式

$$\text{校正因子}(f)=\frac{A_s/c_s}{A_R/c_R}$$

式中，A_s为内标物质的峰面积或峰高；A_R为对照品的峰面积或峰高；c_s为内标物质的浓度；c_R为对照品的浓度。

$$\text{含量}\ c_x=f\times\frac{A_x}{A'_s/c'_s}$$

式中，A_x为供试品的峰面积或峰高；A'_s为内标物质的峰面积或峰高；c_x为供试品的浓度，μg/ml；c'_s为内标物质的浓度，μg/ml；f为校正因子。

（四）注意事项

（1）各种固定相均有最高使用温度的限制，为延长色谱柱的使用寿命，在分离度达到要求的情况下尽可能选择较低的柱温。开机时，先通载气，再升高气化室、检测室温度和分析柱温度，为使检测室温度始终高于分析柱温度，可先加热检测室，待检测室温度升至近设定温度时再升高分析柱温度；关机前要先降温，等柱温降至50℃以下时，才可停止通载气、关机。

（2）手动进样时要求进针、留针、拔针操作尽量一致，进、拔针速度要快而果断，以获得较好的精密度和色谱峰形状。

（3）为避免被测物冷凝在检测器上而污染检测器，检测器的温度必须高于柱温30℃，并不得低于150℃。用峰高定量时，需保持载气流速稳定。

（五）思考题

（1）《中国药典》收载的维生素E有合成型和天然型两种，在质量检验上有何不同？

（2）GC法的定量有哪些方法？内标法有何优点？如何选择内标？

相关知识　其他维生素类药物的质量检验

维生素是维持人体正常生理机能所必需的生物活性物质。维生素虽不能直接供给能量，但为能量转换和代谢调节所必需。如果一旦缺乏或吸收过量，都将破坏其在体内有效量的相互平衡，引起机体的病理变化。

从化学结构上看，维生素都是有机化合物，但并非同属一类化合物，其中有些是醇、胺，还有些是酚和醛。《中国药典》收载维生素原料及制剂 40 多个，包括维生素 A、维生素 B_1、维生素 B_2、维生素 B_6、维生素 B_{12}、维生素 C、维生素 D_2、维生素 D_3、维生素 E、维生素 K_1、叶酸、烟酸、烟酰胺等原料及制剂。按其溶解性质，可分为脂溶性维生素和水溶性维生素两大类。其中脂溶性维生素有维生素 A、维生素 D、维生素 E 和维生素 K 等；水溶性维生素有维生素 B 族、维生素 C、烟酸和叶酸等。

下面着重介绍维生素 A、维生素 D、维生素 B_1、维生素 C 4 种维生素类药物的鉴别、检查和含量测定。

一、维生素 A

维生素 A 包括维生素 A_1（视黄醇）、去氢维生素 A（维生素 A_2）和去水维生素 A（维生素 A_3）等，其中生理活性最强的是维生素 A_1，其次是维生素 A_2（约 30% A_1），最弱的是维生素 A_3（0.4%A_1），故维生素 A 通常是指维生素 A_1。维生素 A 是一种不饱和脂肪醇，缺乏时易患干眼病，在自然界中，其天然产物主要来源于鲛类无毒海鱼肝脏中提取的脂肪油（即鱼肝油），但目前主要是用人工合成方法制取。在鱼肝油中，维生素 A 多以各种酯类混合物形式存在。

《中国药典》收载的维生素 A 为维生素 A 乙酸酯的精制植物油制成的油溶液，其制剂有维生素 A 软胶囊、维生素 AD 软胶囊和维生素 AD 滴剂 3 个品种。

（一）结构与性质

1. 结构

维生素 A 的结构具有一个共轭多烯醇侧链的环己烯，因而具有许多立体异构体。天然维生素 A 主要是全反式维生素 A，另外，还有多种其他异构体，如新维生素 A_a、A_b、A_c 和异维生素 A_a、A_b 等。维生素 A 结构如下。

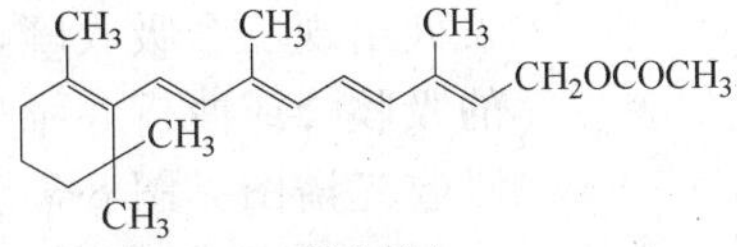

维生素A

2. 性质

（1）性状　维生素 A 为淡黄色油溶液或结晶与油的混合物（加热至 60℃应为澄清溶液）；无臭；在空气中易氧化，遇光易变质。维生素 A 与三氯甲烷、乙醚、环己烷或石油醚能任意混合，在乙醇中微溶，在水中不溶。

（2）易氧化变质　维生素 A 分子结构中有共轭多烯醇侧链，有多个不饱和键，性质不稳定，易被空气中氧或氧化剂氧化，易被紫外光裂解，遇光也易变质。在受热或有金属离子存在时更易氧化变质，生成无活性的环氧化物、维生素 A 醛和维生素 A 酸等。

（3）与三氯化锑呈色　维生素 A 在三氯甲烷中与三氯化锑试剂作用，产生不稳定的蓝色。

（4）紫外吸收　维生素 A 结构中具有共轭多烯侧链，因此，维生素 A 的环己烷或乙醇溶液在 325～328nm 波长处有最大吸收。其无水乙醇溶液在盐酸催化下加热，可发生脱水反应生成脱水维生素 A，脱水维生素 A 在 348nm、367nm 和 389nm 波长处有最大吸收。

（二）鉴别试验

1. 三氯化锑反应（Carr-Price 反应）

维生素 A 在饱和无水三氯化锑的无醇三氯甲烷溶液中显蓝色，渐变成紫红色。反应机制为，维生素 A 和氯化锑（Ⅲ）中存在的亲电试剂氯化高锑（Ⅴ）作用形成不稳定的蓝色正碳离子。

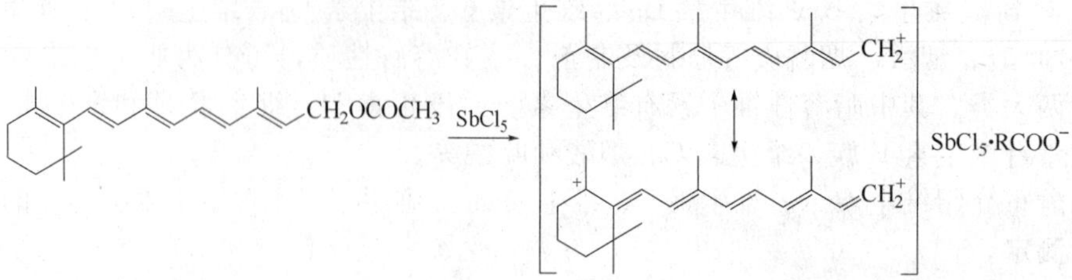

反应需在无水、无醇条件下进行。因为水可使三氯化锑水解生成氯化氧锑，而乙醇可与正碳离子作用，使正电荷消失。

操作：取本品 1 滴，加三氯甲烷 10ml 振摇使溶解，取 2 滴，加三氯甲烷 2ml 与 25％三氯化锑的三氯甲烷溶液 0.5ml，即显蓝色，渐变成紫红色。

《中国药典》维生素 A、维生素 A 软胶囊、维生素 AD 软胶囊、维生素 AD 滴剂均采用该反应鉴别。

2. 紫外吸收光谱法

维生素 A 分子结构中具有 5 个共轭双键，其无水乙醇溶液在 326nm 波长处有最大吸收。当在盐酸催化下加热，发生脱水反应生成脱水维生素 A。脱水维生素 A 比维生素 A 分子结构中多了一个共轭双键，在 340～390nm 波长间出现 3 个最大吸收峰。通过光谱变化可鉴别维生素 A。

操作：取约含 10IU 的维生素 A，加无水乙醇-盐酸（100∶1）溶液溶解，立即在 300～400nm 波长范围内测定紫外光谱，应在 326nm 波长处有最大吸收。再将该溶液在水浴上加热 30s，冷却，继续在波长 300～400nm 波长范围内测定紫外光谱，则应在 348nm、367nm 和 389nm 波长处出现三个吸收峰，并且在 332nm 波长处有较低的吸收峰或曲折。维生素 A 和脱水维生素 A 的紫外吸收光谱图见图 8-5。

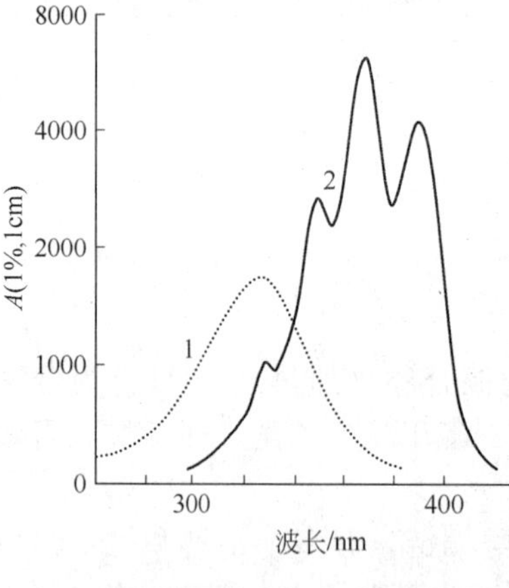

图 8-5　维生素 A 与脱水维生素 A 的紫外吸收光谱

1—维生素 A；2—脱水维生素 A

3. 薄层色谱法

TLC 法操作简便，直观性强，常用于药物的定性鉴别。

（1）色谱条件

吸附剂：硅胶 G 或氧化铝。

溶剂：环己烷（或三氯甲烷）。

展开剂：环己烷-乙醚（80∶20）或环己烷-乙酸乙酯。

显色剂：三氯化锑（或磷钼酸）。

（2）鉴别方法　取供试品和对照品适量，加环己烷（或三氯甲烷）分别制成每毫升中约含 1.5～5IU 浓度的溶液，各取 2～10μl 点样于同一薄层板上，展开后，薄层板置空气中挥干，喷以磷钼酸为显色剂，比较供试品溶液和对照品溶液的蓝绿色斑点位置，即可鉴别。维生素 A 醇及其乙酸酯、棕榈酸酯的 R_f 值分别为 0.1、0.45 和 0.7。

（三）检查

本品为维生素 A 乙酸酯结晶加精制植物油制成的油溶液，为了考察油脂等物质的变化情况，应检查酸值、过氧化值。

(四) 含量测定

维生素A的含量测定方法有紫外-可见分光光度法、三氯化锑比色法及HPLC法。《中国药典》中，维生素A原料药和维生素A软胶囊均采用紫外分光光度法，维生素AD软胶囊和维生素AD滴剂则采用HPLC法。三氯化锑比色法主要作为食品或饲料中维生素A含量测定的常用方法。

1. 紫外-可见分光光度法

(1) 测定原理　由于维生素A制剂中含有稀释用油和维生素A原料药中混有其他杂质，采用紫外-可见分光光度法测得的吸光度不是维生素A独有的吸收。在以下规定的条件下，非维生素A物质的无关吸收所引入的误差可以用校正公式校正，以便得到正确结果。

维生素A在325～328nm波长处有最大吸收峰，但其最大吸收峰的位置和百分吸收系数随溶剂不同而略有差异。维生素A醇及其乙酸酯在不同溶剂中的最大吸收波长、吸收系数见表8-6。

表8-6 维生素A醇及其乙酸酯在不同溶剂中的紫外吸收

溶剂	维生素A醇		维生素A乙酸酯	
	λ_{max}/nm	$E_{1cm}^{1\%}$	λ_{max}/nm	$E_{1cm}^{1\%}$
环己烷	326.5	1755	327.5	1530
乙醇	325.0	1820	325.0	1600

《中国药典》附录中收载的维生素A测定法项下的"第一法"和"第二法"中分别采用了两个校正公式：

第一法校正公式：$A_{328校正}=3.52(2A_{328}-A_{316}-A_{340})$

第二法校正公式：$A_{325校正}=6.815A_{325}-2.555A_{310}-4.260A_{334}$

校正公式采用三点法，除其中一点是在吸收峰波长处测得外，其他两点分别在吸收峰两侧的波长处测定，因此仪器波长应准确，故在测定前，应对仪器波长进行校正。

其吸收度校正原理主要基于两点：①供试品中干扰杂质引起的吸收在310～340nm波长范围内呈线性，且随波长的增大吸收度变小。②物质对光的吸收具有加合性。即在供试品溶液的吸收曲线上，各波长的吸收度是维生素A与干扰杂质吸收度的加和值，因而其吸收曲线是供试品溶液与干扰杂质吸收曲线的叠加。

本法通过测定维生素A在特定波长处的吸光度来计算其含量，以单位表示，每单位相当于全反式维生素A乙酸酯0.344μg或全反式维生素A醇0.300μg。测定应在半暗室中快速进行，以防止维生素A在测定过程中氧化破坏。若供试品中干扰测定的杂质较少，能符合下列第一法测定的规定时，可直接用溶剂溶解供试品后测定；否则按第二法，经皂化提取，除去干扰后测定。

(2) 测定方法

① 直接测定法（第一法，适用于纯度高的维生素A乙酸酯）

a. 三点波长的选择　本法为等波长差法，即$\lambda_3-\lambda_1=\lambda_1-\lambda_2$。《中国药典》规定，测定维生素A乙酸酯时，$\lambda_1=328$nm，$\lambda_2=316$nm，$\lambda_3=340$nm，$\Delta\lambda=12$nm。

b. 测定法　取供试品适量，精密称定，加环己烷溶解并定量稀释制成每毫升含9～15U的溶液。照紫外-可见分光光度法，测定其吸收峰的波长，并在表8-7所列各波长处测定吸光度。计算各吸光度与波长328nm处吸光度的比值和波长328nm处的$E_{1cm}^{1\%}$值。

c. 判断与计算　如果吸收峰波长在326～329nm之间，且所测得各波长吸光度比值不超过表 8-7 中规定的±0.02，以直接测定的吸光度 A_{328} 计算 $E_{1cm}^{1\%}$（328nm），再计算含量。

表 8-7 不同波长吸光度与波长 328nm 处吸光度的比值

波长/nm	吸光度比值	波长/nm	吸光度比值	波长/nm	吸光度比值
300	0.555	316	0.907	328	1.000
340	0.811	360	0.299	—	—

$$1g\ 供试品中含有的维生素\ A\ 的国际单位数(IU/g)=E_{1cm}^{1\%}(328nm)\times 1900$$

如果吸收峰波长在 326～329nm，但所测得的各波长处的吸光度比值超过表 8-7 中规定值的±0.02，应按下式求出校正后的吸光度，然后计算含量：

$$A_{328(校正)}=3.52\times(2A_{328}-A_{316}-A_{340})$$

如果 328nm 处的校正吸光度与未校正吸光度相差不超过±3.0%，则不用校正吸光度，仍以未经校正的吸光度计算含量。

如果校正吸光度与未校正吸光度相差在－15%～＋3%，则以校正吸光度计算含量。

如果校正吸光度超过未校正吸光度的－15%或－3%，或者吸收峰波长不在 326～329nm，则供试品须皂化后测定。

② 皂化法（第二法，适用于维生素 A 醇）

a. 三点波长的选择　本法为等吸收比法，即 $A_{\lambda_3}-A_{\lambda_2}=6/7A_{\lambda_1}$。《中国药典》规定，测定维生素 A 醇时，$\lambda_1=325nrn$，$\lambda_2=310nm$，$\lambda_3=334nm$。

b. 测定法　精密称取供试品适量（约相当于维生素 A 总量 500U 以上，质量不多于 2g），置皂化瓶中，加乙醇 30ml 与 50%氢氧化钾溶液 3ml，置水浴中煮沸回流 30min，冷却后，自冷凝管顶端加水 10ml 冲洗冷凝管内部管壁，将皂化液移至分液漏斗中（分液漏斗活塞涂以甘油淀粉润滑剂），皂化瓶用水 60～100ml 分数次洗涤，洗液并入分液漏斗中，用不含过氧化物的乙醚振摇提取 4 次，每次振摇约 5min，第一次 60ml，以后各次 40ml，合并乙醚液，用水洗涤数次，每次约 100ml，洗涤应缓缓旋动，避免乳化，直至水层遇酚酞指示液不再显红色，乙醚液用铺有脱脂棉与无水硫酸钠的滤器滤过，滤器用乙醚洗涤，洗液与乙醚液合并，置 250ml 量瓶中，用乙醚稀释至刻度，摇匀；精密量取适量，置蒸发皿内，微温挥去乙醚，迅速加异丙醇溶解并定量稀释制成每毫升中含维生素 A 9～15U，照紫外-可见分光光度法，在 300nm、310nm、325nm 与 334nm 四个波长处测定吸光度，并测定吸收峰的波长。

c. 判断与计算　吸收峰的波长应在 323～327nm 之间，且波长 300nm 处的吸光度与波长 325nm 处的吸光度的比值应不超过 0.73，按下式计算校正吸光度。

$$A_{325(校正)}=6.815A_{325}-2.555A_{310}-4.260A_{334}$$

$$1g\ 供试品中含有的维生素\ A\ 的国际单位数\ (IU/g)\ =E_{1cm}^{1\%}\ (325nm，校正)\ \times 1830$$

如果校正吸光度在未校正吸光度的 97%～103%，则仍以未经校正的吸光度计算含量。

如果吸收峰的波长不在 323～327nm，或 300nm 波长处的吸光度与 325nm 波长处的吸光度的比值超过 0.73，则应自上述皂化后的乙醚提取液 250ml 中，另精密量取适量（相当于维生素 A300～400U），微热挥去乙醚至约剩 5ml，再在氮气流下吹干，立即精密加入甲醇 3ml，溶解后，精密量取 500μl，注入维生素 D 测定法第二法项下的净化用色谱柱系统，准确收集含有维生素 A 的流出液，在氮气流下吹干，然后照上述方法自“迅速加异丙醇溶解”起，依法操作并计算含量。

2. HPLC 法

本法适用于维生素 A 乙酸酯原料及其制剂中维生素 A 的含量测定。

（1）色谱条件与系统适用性试验 用硅胶为填充剂，以正己烷-异丙醇（997：3）为流动相，检测波长为325nm。取系统适用性试验溶液10μl，注入液相色谱仪，维生素A乙酸酯主峰与其顺式异构体峰的分离度应大于3.0。精密量取对照品溶液10μl，注入液相色谱仪，连续进样5次，主成分峰面积的相对标准偏差不得过3.0%。

（2）系统适用性试验溶液的制备 取维生素A对照品适量（约相当于维生素A乙酸酯300mg），置烧杯中，加入碘试液0.2ml，混匀，放置约10min，定量转移至200ml量瓶中，用正己烷稀释至刻度，摇匀；精密量取1ml，置100ml量瓶中，用正己烷稀释至刻度，摇匀。

（3）测定法 精密称取供试品适量（约相当于15mg维生素A乙酸酯），置100ml量瓶中，用正己烷稀释至刻度，摇匀，精密量取5ml，置50ml量瓶中，用正己烷稀释至刻度，摇匀，作为供试品溶液。另精密称取维生素A对照品适量（约相当于15mg维生素A乙酸酯），同法制成对照品溶液。精密量取供试品溶液与对照品溶液各10μl，分别注入液相色谱仪，记录色谱图，按外标法以峰面积计算，含量应符合规定。

二、维生素 B_1

维生素 B_1，别名盐酸硫胺，为抗神经炎的维生素，广泛存在于谷物、蔬菜、牛奶、鸡蛋等中。《中国药典》收载有维生素 B_1 及其片剂和注射剂。

（一）结构与性质

1. 结构

维生素 B_1 是由氨基嘧啶环和噻唑环通过亚甲基连接而成的季铵化合物的盐酸盐。结构式如下

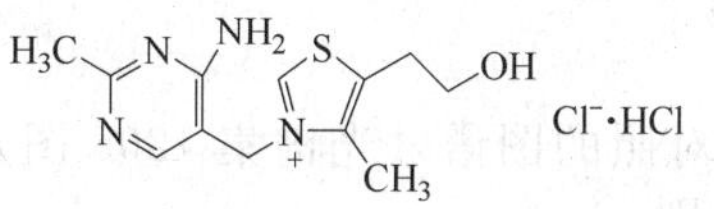

2. 性质

（1）性状 维生素 B_1 为白色结晶或结晶性粉末；有微弱的特臭，味苦；干燥品在空气中迅速吸收约4%的水分。维生素 B_1 在水中易溶，乙醇中微溶，乙醚中不溶。水溶液显酸性。

（2）硫色素反应 维生素 B_1 中的噻唑环在碱性介质中开环，再与嘧啶环上的氨基环合，经铁氰化钾等氧化剂氧化成有荧光的硫色素，溶于正丁醇中呈蓝色荧光。可用于鉴别和含量测定。

（3）与生物碱沉淀试剂反应 分子中含有嘧啶环和噻唑环两个含氮杂环，可与碘化汞钾、硅钨酸等生物碱沉淀试剂反应生成沉淀，用于鉴别和含量测定。

（4）氯化物的特性 维生素 B_1 为盐酸盐，其水溶液显氯化物的鉴别反应。

（5）硫化物特性 分子中的硫原子在热强碱液中分解成硫化物，与硝酸铅反应生成硫化铅黑色沉淀。

（6）紫外吸收 分子结构中具有共轭双键结构，具有紫外吸收，可用于含量测定。

（二）鉴别试验

1. 硫色素反应

维生素 B_1 在碱性溶液中，可被铁氰化钾氧化生成硫色素。硫色素溶于正丁醇（或异丁醇）中，显蓝色荧光。

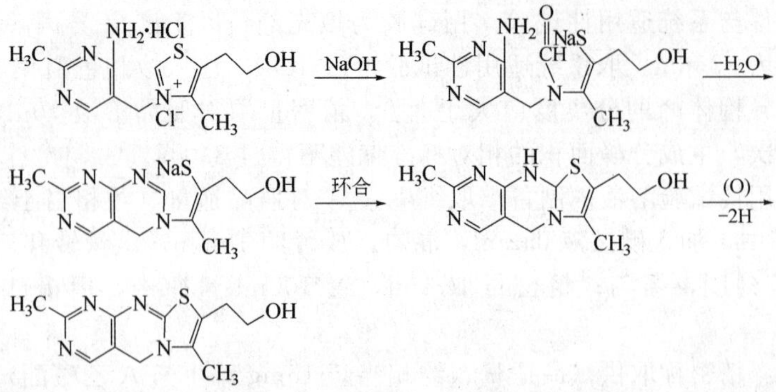

操作：取本品约 5mg，加氢氧化钠试液 2.5ml 溶解后，加铁氰化钾试液 0.5ml 与正丁醇 5ml，强力振摇 2min，放置使分层，上面的醇层显强烈的蓝色荧光；加酸使成酸性，荧光即消失；再加碱使成碱性，荧光又显出。

硫色素反应为维生素 B_1 专属鉴别反应，《中国药典》中维生素 B_1 原料及其制剂均用该反应鉴别。

2. 生物碱沉淀试剂反应

维生素 B_1 可与多种生物碱沉淀试剂反应，生成不同颜色的沉淀。如本品与碘生成红色沉淀、与碘化汞钾生成淡黄色沉淀、与硅钨酸生成白色沉淀、与苦味酸生成黄色沉淀。

3. 硫元素的反应

维生素 B_1 与氢氧化钠共热，分解产生硫化钠，生成的硫化钠可与硝酸铅反应生成黑色硫化铅沉淀。

4. 氯化物反应

本品的水溶液显氯化物的鉴别反应（《中国药典》附录Ⅲ)。《中国药典》中维生素 B_1 原料及其制剂均用该反应鉴别。

5. 红外分光光度法

本品的红外吸收图谱应与对照的图谱（光谱集 1205 图）一致。《中国药典》中维生素 B_1 原料及其制剂均用该反应鉴别。

（三）检查

《中国药典》中维生素 B_1 原料的检查项目有酸度、溶液的澄清度与颜色、硫酸盐、硝酸盐、有关物质、干燥失重、炽灼残渣、铁盐、重金属和总氯量。维生素 B_1 片剂和注射剂均须检查有关物质，除此之外片剂应符合片剂项下有关的各项规定，注射剂应符合注射剂项下有关的各项规定等。

（四）含量测定

维生素 B_1 及其制剂常用的含量测定方法有非水溶液滴定法、紫外分光光度法、硫色素荧光法、硅钨酸重量法及银量法等。《中国药典》用非水溶液滴定法测定原料药含量，而片剂和注射剂则采用紫外分光光度法测定含量。

1. 非水溶液滴定法

（1）原理　维生素 B_1 分子结构中含有两个碱性基团，即已成盐的氨基和季铵基团，在非水溶液中均可与高氯酸作用，反应系数比为 1∶2，根据消耗高氯酸的量即可计算出维生素 B_1 的含量。

（2）测定方法　取本品约 0.12g，精密称定，加冰醋酸 20ml 微热使溶解，放冷，加醋酐 30ml，照电位滴定法，用高氯酸滴定液（0.1mol/L）滴定，并将滴定的结果用空白试验校正。每毫升高氯酸滴定液（0.1mol/L）相当于 16.86mg 的 $C_{12}H_{17}ClN_4OS \cdot HCl$。

2. 紫外分光光度法

（1）原理　维生素 B_1 分子结构中具有共轭双键，因而有紫外吸收，可在 246nm 最大吸收波长处测定吸收度，进行含量测定。

（2）测定方法（以维生素 B_1 片剂为例）　取维生素 B_1 片 20 片，精密称定，研细，精密称取适量（约相当于维生素 B_1 25mg），置 100ml 量瓶中，加盐酸溶液（9→1000）约 70ml，振摇 15min 使维生素 B_1 溶解，加上述溶剂稀释至刻度，摇匀，用干燥滤纸滤过，精密量取续滤液 5ml，置另一 100ml 量瓶中，再加上述溶剂稀释至刻度，照紫外-可见分光光度法，在 246nm 波长处测定吸收度，按 $C_{12}H_{17}ClN_4OS \cdot HCl$ 的吸收系数（$E_{1cm}^{1\%}$）为 421 计算，即得。

$$标示量(\%)=\frac{\frac{A}{E_{1cm}^{1\%}}\times\frac{1}{100}\times V\times D\times 平均片重}{W\times 标示量}\times 100\%$$

式中，A 为吸收度；D 为供试品的稀释倍数；V 为稀释后体积；W 为称取维生素 B_1 片粉质量。

三、维生素 C

维生素 C，又称抗坏血酸，有四种化学异构体，其中以 L 构型右旋体的生物活性最强，故临床上应用及药典收载的都是 L-抗坏血酸。《中国药典》收载了维生素 C 原料及其片剂、泡腾片、颗粒剂和泡腾颗粒剂、注射剂。

（一）结构与性质

1. 结构

维生素 C 化学结构与糖类十分相似。在其分子结构中，具有内酯环、与羰基共轭的二烯醇结构，并有两个手性碳原子（C_4、C_5），故其性质极为活泼并具旋光性。结构式如下。

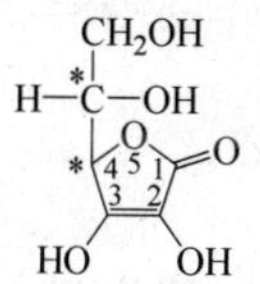

2. 性质

（1）性状　维生素 C 为白色结晶或结晶性粉末；无臭；味酸；久置空气中渐变黄；水溶液显酸性反应。在水中易溶，在乙醇中略溶，在三氯甲烷或乙醚中不溶。

（2）酸性　维生素 C 分子中具有烯二醇结构，使得 C_2 和 C_3 上羟基氢受共轭的影响易于解离，C_2-OH 酸性极弱（$pK_2=11.57$）；C_3-OH 酸性较强（$pK_1=4.17$）。故维生素 C 显酸性，且一般表现为一元酸，能与碳酸氢钠作用生成钠盐。但在强碱性溶液中，内酯环可发生水解，生成酮酸盐。

（3）旋光性　分子中有两个手性碳原子，因而具有旋光性，有四种化学异构体，其中以 L-(+)-抗坏血酸活性最强。在含本品为 0.10g/ml 的水溶液，比旋度为 +20.5°～+21.5°。

（4）还原性　结构中的烯二醇具有极强的还原性，易被氧化为二酮基，成为去氢维生素 C，氢化又可还原为维生素 C。去氢维生素 C 在碱性溶液或强酸性溶液中，内酯环可进一步水解生成二酮古洛糖酸而失去活性。

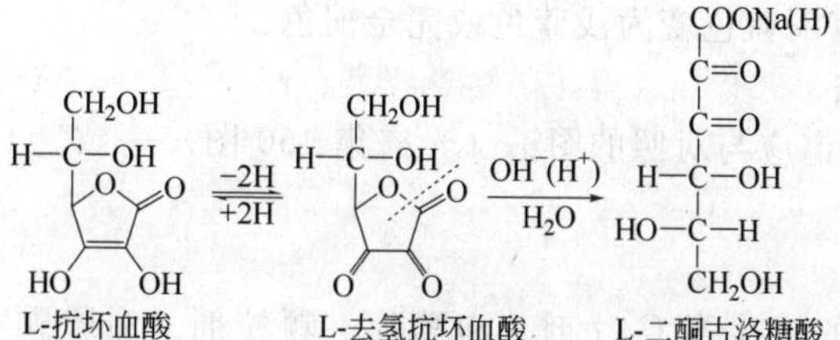

(5) 糖类性质 维生素C结构与糖相似，因而具有糖类性质的反应。在三氯乙酸或盐酸存在下发生水解、脱羧，生成戊糖，再失水，生成糠醛，加入吡咯，加热至50℃显蓝色。

(6) 紫外吸收 由于维生素C分子结构中具有共轭双键，在稀盐酸溶液中，在243nm波长处有最大吸收；若在中性或碱性条件下，则波长红移至265nm。可用于维生素C的鉴别和含量测定。

(二) 鉴别试验

1. 硝酸银反应

维生素C分子中有烯二醇的结构，具有极强的还原性，可被硝酸银氧化为去氢维生素C，同时产生黑色银沉淀。

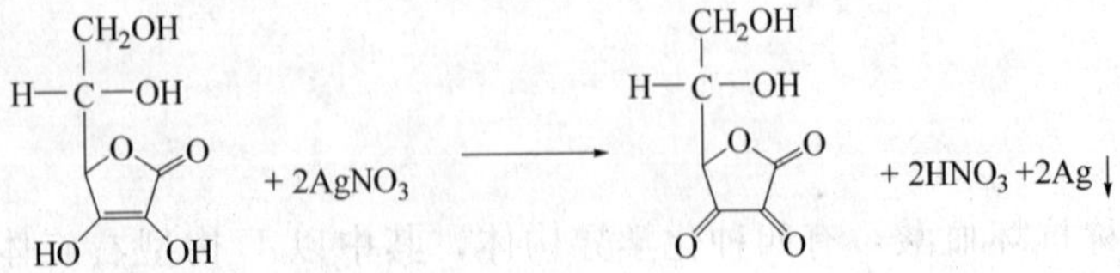

操作：取本品0.2g加水10ml溶解后，取该溶液5ml，加硝酸银试液0.5ml，即生成银的黑色沉淀。

《中国药典》用该反应鉴别维生素C。

2. 2,6-二氯靛酚钠反应

2,6-二氯靛酚为氧化性的染料，其氧化型在酸性介质中为玫瑰红色，在碱性介质中为蓝色。当2,6-二氯靛酚与维生素C作用后，被还原成无色的酚亚胺。

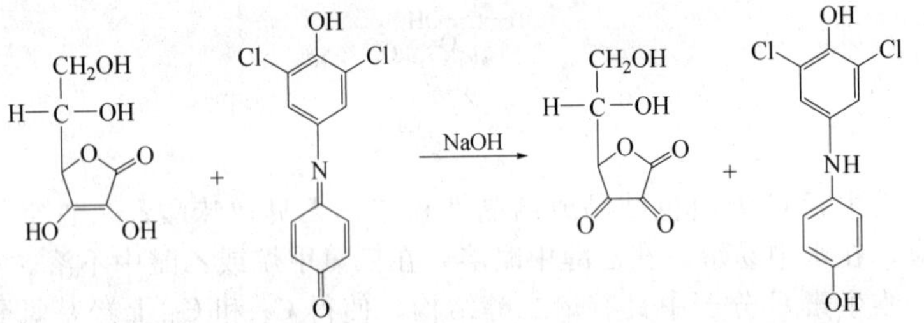

操作：取本品0.2g，加水10ml溶解后，取该溶液5ml，加二氯靛酚钠试液1～2滴，试液的颜色即消失。

《中国药典》用该反应鉴别维生素C。

3. 与其他氧化剂反应

维生素C还可与亚甲蓝、高锰酸钾、碱性酒石酸铜、磷钼酸等氧化剂反应，使试剂褪色、产生沉淀或产生新的颜色，可用于鉴别。

如维生素C注射液的鉴别：取本品，用水稀释制成1ml中含维生素C 10mg的溶液，取4ml，加0.1mol/L的盐酸溶液4ml，混匀，加0.05%亚甲蓝乙醇溶液4滴，置40℃水浴中加热，3min内溶液应有深蓝色变为浅蓝色或完全褪色。

4. 红外分光光度法

本品的红外吸收图谱应与对照的图谱（光谱集450图）一致。《中国药典》对维生素C的鉴别采用该法。

5. 薄层色谱法

《中国药典》收载的维生素C片剂、泡腾片、颗粒剂、泡腾颗粒剂、注射剂均用该法鉴别。

（三）检查

《中国药典》收载的维生素C原料药检查的项目较多，包括溶液的澄清度与颜色、草酸、炽灼残渣、铁、铜、重金属和细菌内毒素，制剂则还需检查制剂相关项目。

1. 溶液的澄清度与颜色的检查

维生素C及其制剂在工艺和贮存中皆易氧化变色，尤其在水溶液中，当偏离pH 5～6时，其对温度、光照和空气中的氧非常敏感，分子中的内酯环易断裂、脱羧形成糠醛聚合物呈色。《中国药典》采用分光光度法检查，通过控制吸光度来控制有色杂质的限量，其中维生素C原料$A_{420nm}<0.03$、片剂$A_{440nm}<0.07$、注射液$A_{420nm}<0.06$。由于制剂工艺进一步增加了有色杂质，而且不同的制剂辅料有所不同，所以，对它们的限量规定及波长也各不同。

2. 草酸

维生素C易氧化成脱氢抗坏血酸，经水解成2，3-二酮-L-古罗糖酸，再被氧化水解成草酸及L-丁糖酸。草酸可引起不良反应，所以标准中原料及注射液须检查草酸，且规定草酸限量小于0.3%。

3. 铁离子、铜离子的检查

由于铁、铜离子会催化维生素C的氧化，所以在原料中特别规定了金属离子的限量检查。

4. 细菌内毒素

由于维生素C注射液生产的需要，《中国药典》收载了细菌内毒素的检查，以控制维生素C原料及注射剂中细菌内毒素的限量，取本品，加碳酸钠（170℃加热4h以上）适量，使混合，依法检查，每毫克维生素C中含内毒素的量应小于0.020EU（供注射用）。

（四）含量测定

利用维生素C具有强还原性，进行含量测定的方法有很多：碘量法、2,6-二氯靛酚法等，其他还有比色法、紫外分光光度法及高效液相色谱法等。《中国药典》收载的维生素C原料药及其制剂均采用碘量法测定含量。

1. 直接碘量法

（1）原理　维生素C具有强还原性，在稀乙酸酸性溶液中，可被碘定量氧化，以淀粉为指示剂，终点为溶液显蓝色。根据碘滴定液消耗的体积，可计算出维生素C的含量。

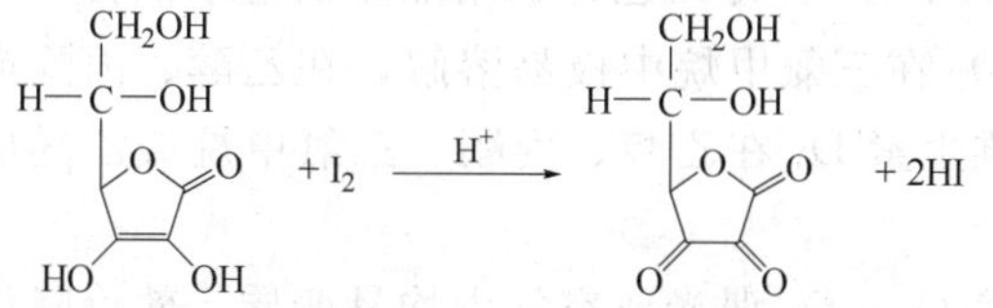

（2）测定方法　取本品约0.2g，精密称定，加新沸过的冷水100ml与稀乙酸10ml使溶解，加淀粉指示液1ml，立即用碘滴定液（0.1mol/L）滴定，至溶液显蓝色并在30s内不褪色。每毫升碘滴定液（0.1mol/L）相当于8.806mg的$C_6H_8O_6$。

（3）计算　由上述滴定反应可知，1mol维生素C与2mol I反应，故滴定度：

$$T=\frac{b}{t}\times C_t\times M_B=1/2\times 0.1\times 176.13=8.806(\text{mg/ml})$$

含量（%）：

$$C_6H_8O_6(\%)=\frac{V\times T\times F}{W_{样}}\times 100\%$$

《中国药典》规定维生素C含$C_6H_8O_6$不得少于99.0%。

（4）注意事项

① 在稀乙酸酸性介质中滴定维生素 C，使其被空气中氧的氧化速度减慢，但供试品溶于稀乙酸后仍应立即进行滴定。

② 加新沸过的冷水也是为了减少水中溶解氧对测定的影响。

③ 测定维生素 C 制剂时，为消除辅料的干扰，测定片剂时，片剂溶解后应滤过，取续滤液测定，以除去辅料干扰；测定注射液时应加丙酮（或甲醛），以消除抗氧剂焦亚硫酸钠（或亚硫酸氢钠）的干扰。

2. 2,6-二氯靛酚滴定法

维生素 C 的烯二醇基具有还原性，可将有色的 2,6-二氯靛酚还原成无色的酚亚胺。维生素 C 在酸性溶液中，用 2,6-二氯靛酚滴定液滴定至溶液显玫瑰红色即为终点，无需另加指示剂。USP（32）维生素 C 片、维生素 C 口服溶液采用该法测定含量。

四、维生素 D

《中国药典》收载的维生素 D 类药物有维生素 D_2 和 D_3 的原料药及其维生素 D_2 软胶囊、维生素 D_2 注射剂和维生素 D_3 注射剂。

（一）结构与性质

1. 结构

维生素 D_2 和 D_3 的结构式如下。

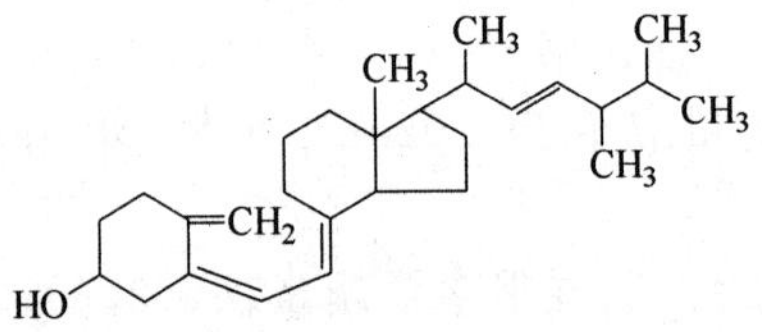

维生素 D_2

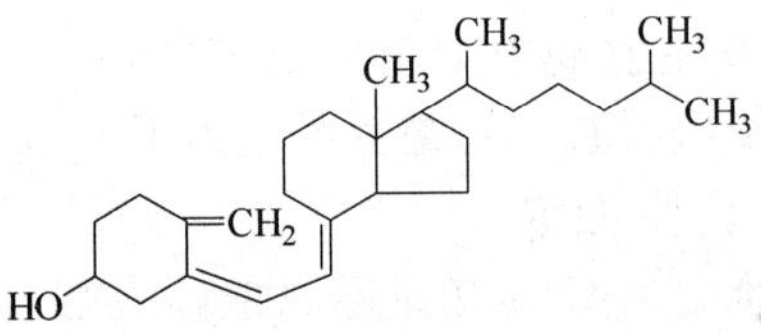

维生素 D_3

维生素 D_2 和 D_3 都是甾醇衍生物，维生素 D_2 与 D_3 结构上的区别仅在于维生素 D_3 侧链无双键和少一个甲基。

2. 性质

（1）性状　维生素 D_2、D_3 皆为无色针状结晶或白色结晶性粉末；无臭，无味；遇光或空气均易变质。维生素 D_2 在三氯甲烷中极易溶解，在乙醇、丙酮或乙醚中易溶，在植物油中略溶，在水中不溶；维生素 D_3 在乙醇、丙酮、三氯甲烷或乙醚中极易溶解，在植物油中略溶，在水中不溶。

（2）稳定性　维生素 D_2、D_3 遇光或空气中均易变质，效价降低。

（3）旋光性　维生素 D_2 比旋度为＋102.5°～＋107.5°（无水乙醇溶解并定量稀释制成每毫升中含 40mg 的溶液）；维生素 D_3 比旋度为＋105°～＋112°（无水乙醇溶解并定量稀释制成每毫升中含 5mg 的溶液）。

（4）醋酐-浓硫酸反应　维生素 D_2、D_3 用三氯甲烷溶解后，均可与醋酐-浓硫酸发生显色反应而鉴别。

（5）紫外吸收　维生素 D_2、D_3 各用无水乙醇制成每毫升中含 10μg 的溶液，均在 265nm 波长处有最大吸收，其吸收系数（$E_{1cm}^{1\%}$）分别为 460～490 和 465～495。

（二）鉴别试验

维生素 D_2 和 D_3 都是甾醇的衍生物，只是在侧链上有所不同，二者是通过显色反应、测定物理常数和红外光谱来鉴别。

1. 维生素 D_2 和 D_3 的鉴别

（1）与醋酐-浓硫酸的显色反应 分别取维生素 D_2、D_3 各约 0.5mg，加三氯甲烷 5ml 溶解后，加醋酐 0.3ml 与硫酸 0.1ml，振摇，初显黄色，渐变红色，迅即变为紫色。若为维生素 D_2 则最后成绿色；若为维生素 D_3 再变为蓝绿色，最后变为绿色。

（2）红外分光光度法 维生素 D_2、D_3 的红外吸收图谱应分别与对照的图谱（光谱集 452 图、453 图）一致。

（3）高效液相色谱法 在含量测定项下记录的色谱图中，供试品溶液主峰的保留时间应与对照品溶液的保留时间一致。

2. 维生素 D_2 与 D_3 的区别

取维生素 D_2、D_3 各 10mg，溶于乙醇 10ml 中。再取该溶液 0.1ml 加入乙醇 1ml 和硫酸 5ml。维生素 D_2 显红色，在 570nm 波长处有最大吸收；维生素 D_3 显黄色，在 495nm 波长处有最大吸收。

（三）检查

《中国药典》规定维生素 D_2 原料药中应检查麦角甾醇和有关物质，维生素 D_3 应检查有关物质。

维生素 D_2 麦角甾醇的检查方法：取本品 10ml，加 90%乙醇 2ml 溶解后，加洋地黄皂苷溶液（取洋地黄皂苷 20mg，加 90%乙醇 2ml，加热溶解制成）2ml，混合，放置 18h，不得发生浑浊或沉淀。

（四）含量测定

《中国药典》采用维生素 D 测定法测定维生素 D 的含量。该法是用高效液相色谱法测定维生素 D_2 和 D_3 及其制剂、维生素 AD 制剂或鱼肝油中所含维生素 D 及前维生素 D 经折算成维生素 D 的总含量，以单位（U）表示，每单位相当于维生素 D 0.025μl。

因维生素 D 对光敏感，测定应在半暗室中及避免氧化的情况下进行。

维生素 D 测定法又分为第一法、第二法和第三法。无维生素 A 醇及其他杂质干扰的供试品可用第一法测定，否则应按第二法经皂化处理后测定；如果按第二法处理后，前维生素 D 峰仍受杂质干扰，仅有维生素 D 峰可以分离时，则应按第三法测定。具体测定操作见《中国药典》二部附录Ⅶ K。

必备知识三 颗粒剂的质量检验

【知识目标】

掌握颗粒剂的概念与分类，颗粒剂的含量测定与计算方法。

熟悉颗粒剂的质量要求与质量检查项目，典型药物对乙酰氨基酚颗粒剂和阿莫西林颗粒剂的质量检验原理与方法。

了解颗粒剂的生产工艺流程及主要质量控制点，芳酰胺类药物和抗生素类药物质量检验的相关知识。

【能力目标】

能正确查阅《中国药典》中有关药物制剂的质量标准，并依据该标准对药物进行质量检验操作，正确填写相关药物的检验原始记录及检验报告单，同时给出正确的检验结论。

一、颗粒剂的定义与分类

颗粒剂是指药物与适宜的辅料制成具有一定粒度的干燥颗粒状制剂。颗粒剂可分为可溶颗粒（通称为颗粒）、混悬颗粒、泡腾颗粒、肠溶颗粒、缓释颗粒和控释颗粒等，供口服用。颗粒除直接用来治疗疾病外，还可用来制备其他制剂，如作为硬胶囊的填充物、用来压片等。颗粒用来制备其他制剂可以起到改善物料的流动性、减少粉尘飞扬等作用。

二、颗粒剂的质量要求

根据《中国药典》的有关规定，颗粒剂在生产与贮藏期间应符合以下要求：颗粒剂应干燥，颗粒均匀，色泽一致，无吸潮、结块、潮解等现象；根据需要可加入适宜的矫味剂、芳香剂、着色剂、分散剂和防腐剂等添加剂；颗粒剂的溶出度、释放度、含量均匀度、微生物限度等应符合要求，必要时，包衣颗粒剂应检查残留溶剂；颗粒剂应密封，置干燥处贮存，防止受潮。

三、颗粒剂的质量监控

（一）颗粒剂的质量检查项目

颗粒剂与片剂有很多相似的地方，如制剂通则要求检查的项目、辅料成分等。颗粒剂的常规检查包括：粒度、干燥失重、溶化性、装量差异或装量；部分颗粒剂还需检查含量均匀度、溶出度或有关物质。除另有规定外，混悬颗粒、肠溶颗粒、缓释颗粒或控释颗粒还应分别进行溶出度、释放度检查。颗粒剂的质量监控也包括对半成品和成品的监控。其质量检查项目如下。

1. 粒度

为确保颗粒剂粒径的均一性，不使颗粒因受潮结块或在运输和贮藏中粉碎而影响质量。颗粒剂需进行粒度检查。照粒度和粒度分布测定法（双筛分法）检查：取单剂量包装的颗粒剂 5 袋（瓶）或多剂量包装的颗粒剂 1 袋（瓶），称定重量，置于该剂型或品种项下规定的上层（孔径大的）药筛中（下层的筛下配有密合的接收容器），保持水平状态过筛，左右往返，边筛动边拍打 3min。取不能通过大孔径筛和能通过小孔径筛的颗粒与粉末，称定重量，计算其所占比例（%）。除另有规定外，要求不能通过一号筛与能通过五号筛的总和不得超过供试量的 15%。

2. 干燥失重或水分

除另有规定外，照《中国药典》“附录Ⅷ L”“干燥失重测定法”测定，于 105℃干燥至恒重，含糖颗粒应在 80℃减压干燥，减失重量不得过 2.0%。中药颗粒剂检查水分，照《中国药典》（附录Ⅷ M）水分测定法测定，不得超过 6.0%。

3. 溶化性

除另有规定外，可溶颗粒和泡腾颗粒照下述方法检查，溶化性应符合规定。

（1）可溶颗粒检查法　取供试品 10g，加热水 200ml，搅拌 5min，可溶颗粒应全部溶化或轻微浑浊，但不得有异物。

（2）泡腾颗粒检查法　取单剂量包装的泡腾颗粒 3 袋，分别置盛有 200ml 水的烧杯中，水温为 15～25℃，应迅速产生气体而成泡腾状，5min 内颗粒均应完全分散或溶解在水中。

混悬颗粒或已规定检查溶出度或释放度的颗粒剂，可不进行溶化性检查。

4. 装量差异

单剂量包装的颗粒剂应作装量差异检查，方法如下。

取供试品 10 袋（瓶），除去包装，分别精密称定每袋（瓶）内容物的重量，求出每袋（瓶）内容物的装量与平均装量。每袋（瓶）装量与平均装量相比较；凡无含量测定的颗粒剂，每袋（瓶）装量应与标示装量比较。超出装量差异限度的颗粒剂不得多于2袋（瓶），并不得有1袋（瓶）超出装量差异限度1倍。《中国药典》对颗粒剂装量差异限度的规定如表8-8。

表8-8 颗粒剂的装量差异限度

平均装量或标示装量	装量差异限度
1.0g及1.0g以下	±10%
1.0g以上至1.5g	±8%
1.5g以上至6.0g	±7%
6.0g以上	±5%

凡规定检查含量均匀度的颗粒剂，一般不再进行装量差异检查。

5. 装量

多剂量包装的颗粒剂，照最低装量检查法（《中国药典》附录Ⅹ F）检查，应符合规定。

（二）颗粒剂制备过程的质量控制

颗粒剂的制备方法与片剂生产中的制粒基本相同，最主要的技术是制粒技术。根据制粒时采用的润湿剂或黏合剂的不同，制粒技术可分为湿法制粒和干法制粒两大类。其中，湿法制粒技术是目前国内医药企业应用最广泛的方法。由于颗粒剂中的颗粒既可作为硬胶囊的填充物，也可用来压片，因此有关其关键工序制粒的质量控制点和要求，已在“片剂制备过程的质量控制”中介绍，此处不再赘述。

（三）颗粒剂的含量测定

颗粒剂中的辅料与片剂的辅料相似，辅料产生的干扰及排除方法也与片剂相似。其含量测定方法及计算可参照片剂分析中采用的方法。

实例解析

头孢克肟颗粒（规格：60mg/袋）的含量测定

取装量差异项下的内容物适量（约相当于头孢克肟50mg），置250ml量瓶中，加流动相溶解并稀释至刻度，摇匀，滤过，精密量取续滤液20μl注入液相色谱仪，记录色谱图；另取头孢克肟对照品适量，同法测定。按外标法以峰面积计算出供试品中头孢克肟（$C_{16}H_{15}N_5O_7S_2$）的含量。本品含头孢克肟应为标示量的90.0%～110.0%。

解析：本法为高效液相色谱法，颗粒的取样是取装量或装量差异检查合格的内容物，取样方法与装量或装量差异检查项下的取样同。含量计算公式如下。

$$标示量(\%)=\frac{c_R\times\frac{A_x}{A_R}\times V\times D\times 平均装置}{m\times S}\times 100\%$$

式中，A_x为供试品峰面积；A_R为对照品的峰面积；c_R为对照品的浓度，g/ml；V为供试品初次配制的体积，ml；D为供试品的稀释倍数；m为供试品的质量，g；S为标示量，g。

工作任务 阿莫西林颗粒剂的质量检验

一、任务准备

（一）结构与性质

阿莫西林（amoxicillin）的结构式如下。

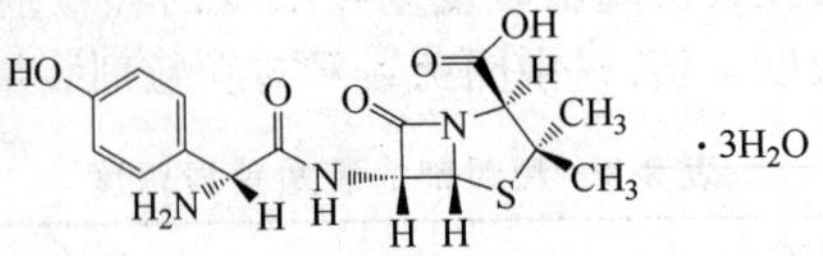

阿莫西林分子中具有游离的羧基，因而具有一定的酸性，可与无机碱成盐（如钠盐）；β-内酰胺环为四元环，具有较大的张力，易水解开环，是本类药物的不稳定中心；侧链的酰胺结构可发生水解反应；含手性碳原子，具有一定的旋光性。

（二）临床应用

阿莫西林为半合成广谱青霉素类药，抗菌谱及抗菌活性与氨苄西林基本相同，但其耐酸性较氨苄西林强，其杀菌作用较后者强而迅速。临床上主要用于治疗伤寒、其他沙门菌感染和伤寒带菌者可获得满意疗效。

（三）质量标准

阿莫西林颗粒剂的质量标准参照《中国药典》二部：本品含阿莫西林（$C_{16}H_{19}N_3O_5S$）应为标示量的90.0％～110.0％。

二、任务实施

（一）任务要求

（1）能利用HPLC完成阿莫西林颗粒剂的鉴别与含量测定操作及计算。

（2）能熟练运用薄层色谱法对阿莫西林颗粒剂进行鉴别。

（二）仪器与试药

（1）主要仪器　硅胶GF_{254}薄层板、层析缸、量瓶、紫外灯、pH计、玻璃电极、甘汞电极、高效液相色谱仪、C_{18}柱。

（2）试药　乙酸乙酯、丙酮、冰醋酸、0.05mol/L磷酸二氢钾溶液、2mol/L氢氧化钾溶液、阿莫西林对照品、头孢唑啉对照品、阿莫西林颗粒剂（125mg）。

（三）工作内容

1. 性状

本品为颗粒和粉末；气芳香，味甜。

2. 鉴别

（1）薄层色谱法　取本品适量（约相当于阿莫西林0.125g）与阿莫西林对照品约0.125g，分别加4.6％碳酸氢钠溶液溶解并稀释制成每毫升中约含阿莫西林10mg的溶液，滤过，作为供试品溶液与对照品溶液（对照品无需滤过）；另取阿莫西林对照品和头孢唑啉对照品各适量，加4.6％碳酸氢钠溶液溶解并稀释制成每毫升中约含阿莫西林10mg和头孢唑啉5mg的溶液作为系统适用性试验溶液。照薄层色谱法试验，吸取上述3种溶液各2μl，分别点于同一硅胶GF_{254}薄层板上，以乙酸乙酯-丙酮-冰醋酸-水（5∶2∶2∶1）为展开剂，展开、晾干，置紫外灯254nm下检视，系统适用性试验溶液应显两个清晰分离的斑点，供试品溶液所显主斑点的位置和颜色应与对照品溶液主斑点的位置和颜色相同。

（2）高效液相色谱法　在含量测定项下记录的色谱图中，供试品溶液主峰的保留时间应与对照品溶液主峰的保留时间一致。

以上1、2两项可选做一项。

3. 检查

阿莫西林颗粒剂主要是进行酸度、干燥失重、溶化性等项的检查。

（1）酸度　取本品，加水制成每毫升含阿莫西林25mg的混悬液，依法测定，pH值应为 4.0～7.0。

（2）干燥失重　取本品，照颗粒剂项下规定的方法测定，减失重量不得超过 5.0%。

（3）溶化性　取本品适量（约相当于阿莫西林 1.25g），加热水 200ml，搅拌 5min，应全部溶化或轻微浑浊，但不得有异物。

4. 含量测定

《中国药典》采用高效液相色谱法对阿莫西林颗粒进行含量测定。

（1）色谱条件与系统适用性试验　用十八烷基硅烷键合硅胶为填充剂，以 0.05mol/L 磷酸二氢钾溶液（用 2mol/L 氢氧化钾溶液调节 pH 值至 5.0）-乙腈（97.5∶2.5）为流动相；检测波长 254nm。取阿莫西林系统适用性对照品约 25mg，置 50ml 量瓶中，用流动相溶解并稀释至刻度，摇匀，取 20μl 注入液相色谱仪，记录的色谱图应与标准图谱一致。

（2）测定法　取装量差异项下的内容物，混合均匀，精密称取适量（约相当于阿莫西林 0.125g），用流动相溶解并定量稀释制成每毫升中约含 0.5mg 的溶液，滤过，取续滤液，精密量取 20μl 注入液相色谱仪，记录色谱图；另取阿莫西林对照品适量，同法测定。按外标法以峰面积计算，即得。

（四）注意事项

（1）薄层色谱法中展开剂乙酸乙酯-丙酮-冰醋酸-水（5∶2∶2∶1）临用新配为宜。

（2）薄层色谱法中检视前，需将溶剂挥发完全。

（五）思考题

（1）阿莫西林颗粒剂为何可以采用 HPLC 测定含量？

（2）HPLC 中采用含盐的流动相时应注意什么？

相关知识　抗生素类药物的质量检验

抗生素（antibiotics）系指由细菌、真菌或其他微生物在其生长过程中产生的具有抗病原体或其他活性的微生物次生代谢物质，是一类临床上广泛应用的抗感染药物。天然的抗生素是由活菌中所分离出来的化学物质；在很多种情况下，自然物质的合成相似物也被发展出来，这些称为半合成抗生素。

抗生素类药物种类繁多，性质复杂。多数经生物合成（发酵），少数由化学合成或半合成制得。根据化学结构特征，抗生素类药物可分为：β-内酰胺类（青霉素族和头孢菌素族）、氨基糖苷类（庆大霉素、链霉素、卡那霉素等）、四环素类（四环素、土霉素、金霉素等）、大环内酯类（红霉素、螺旋霉素、阿奇霉素、麦迪霉素等）、多烯大环类（制菌霉素、两性霉素 B 等）、多肽类（万古霉素、多黏菌素等）、其他类（如磷霉素、灰黄霉素、环孢霉素、阿霉素等）。

由于生物合成的生产技术比较复杂，不易控制，因此异物污染的可能性较大，虽经过精制提纯，成品中仍不可避免含有杂质，如无机盐、脂肪、各种蛋白质及其降解产物以及色素、热原、毒性物质等。又由于多数抗生素的性质不够稳定，其分解产物常使疗效降低或失效，有时甚至引起毒副作用。因此，为了保证临床用药安全与有效，根据抗生素的性质以及生产方法的特殊性和复杂性，抗生素类药物的常规检验项目一般应包括下列项目。

① 鉴别试验　用化学法或生物学方法证明是何种抗生素。

② 异常毒性试验　限制产品中的毒性杂质。

③ 无菌试验　检查有无杂菌污染。

④ 热原试验　检查产品中的致热物质。

⑤ 水分测定　限制过高的水分，以免影响产品的稳定性。

⑥ 溶液澄清度检查　限制不溶性杂质混入。

⑦ 溶液酸碱度　规定溶液的酸碱度，使产品稳定并适合于临床应用。

⑧ 降压试验　检查降压物质的限度。

⑨ 含量测定或效价测定　确定有效成分的含量或效价。

由于各种抗生素及其制剂的生产过程和其性质不同，规定的检查项目也不完全相同，如头孢拉定规定检查“结晶性”，普鲁卡因青霉素规定检查“抽针试验”，注射用普鲁卡因青霉素规定检查“悬浮时间与抽针试验”，硫酸庆大霉素规定检查“庆大霉素C组分”等。

抗生素含量或效价测定方法主要分为微生物检定法和化学或物理化学测定法。

微生物检定法是以抗生素抑制细菌生长的能力或其杀菌力作为衡量效价的标准。测定原理恰与临床应用的要求一致，更能够反映抗生素的医疗价值，而且本法灵敏度较高，需用供试品量较小。既适用于较纯的精制品，也适用于纯度较差的制品；对已知或新发现的抗生素均能应用。但其操作步骤多，测定时间长，误差较大。

化学及物理化学法是根据抗生素的化学结构特点，利用其特有的物理化学性质及反应而进行的。对于提纯的产品以及化学结构已经确定的抗生素，能较迅速、准确地测定其效价。本法操作简单、省时、准确，并具较高的专属性，只有当本法的测定结果与微生物检定法相吻合时，才可用于含量测定。目前各国药典收载的抗生素中，除青霉素、头孢菌素、氯霉素、四环素、灰黄霉素等采用化学法测定外，多数还是采用微生物检定法。随着抗生素化学研究的进展，寻求化学及物理化学方法取代生物学方法正在逐步实现，尤其是高效液相色谱法在抗生素的测定中的应用得越来越广。

一、β-内酰胺类抗生素

（一）基本结构与典型药物

本类抗生素包括青霉素类和头孢菌素类，其分子结构中均含有β-内酰胺环，故统称为β-内酰胺类抗生素。青霉素（penicillins）和头孢菌素（cephalosporins）分子中均具有一个游离羧基和酰胺侧链。氢化噻唑环或氢化噻嗪环与β-内酰胺并合的杂环，分别构成二者的母核。青霉素族分子的母核称为6-氨基青霉烷酸（简称6-APA）；头孢菌素族分子的母核称为7-氨基头孢菌烷酸（简称7-ACA）。基本结构如下。

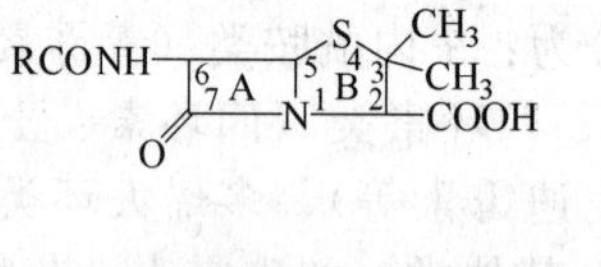

A—β-内酰胺环　B—氢化噻唑环

青霉素

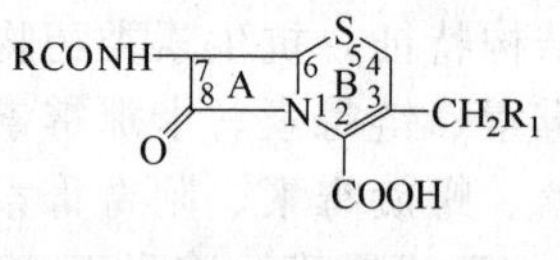

A—β-内酰胺环　B—氢化噻嗪环

头孢菌素

由于酰胺基上R以及R_1的不同，构成各种不同的青霉素和头孢菌素，代表药物有青霉素钠、氨苄西林、阿莫西林、头孢噻吩钠、头孢氨苄等。《中国药典》收载的青霉素族及头孢菌素族药物分别见表8-9和表8-10。

（二）理化性质

1. 酸性

青霉素类和头孢菌素类药物分子中的游离羧基具有酸性（大多数青霉素的pK_a在2.5～2.8之间），能与碱（无机碱或某些有机碱）作用成盐，如青霉素钠（钾）、普鲁卡因青霉素、头孢噻吩钠等。游离药物难溶于水，其碱金属盐易溶于水，其有机碱盐难溶于水，易溶于甲醇等有机溶剂。青霉素的碱金属盐水溶液遇酸则析出白色沉淀。

表 8-9　《中国药典》收载的青霉素族药物

药　物	R　基	药　物	R　基
青霉素钠(benzylpenicillin sodium)	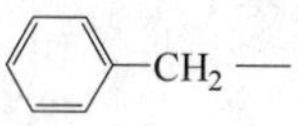	阿莫西林(amoxicillin)	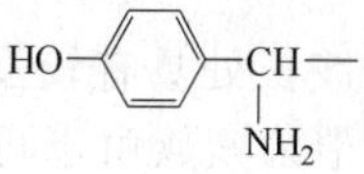
氨苄西林(ampicillin)	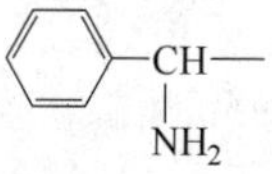	苯唑西林钠(oxacillin sodium)	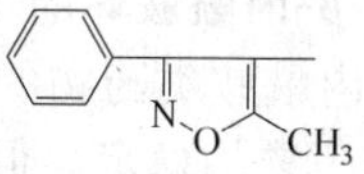
氯唑西林钠(cloxacillin sodium)	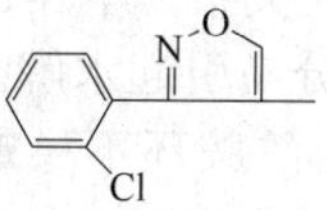	哌拉西林(piperacillin)	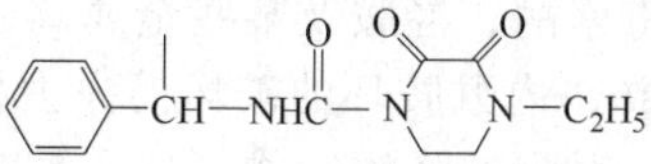
磺苄西林钠(sulbenicillin sodium)	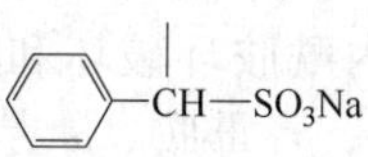		

表 8-10　《中国药典》(2010 年版) 收载的头孢菌素族药物

药　物	R　基	R_1 基
头孢拉定(cefradine)	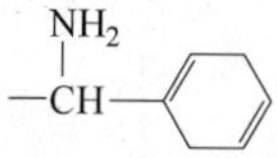	H
头孢氨苄(cefalexin)	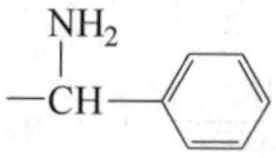	H
头孢羟氨苄(cefadroxil)	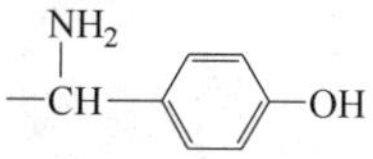	H
头孢噻吩钠(cefalotin sodium)	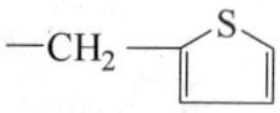	$-OCOCH_3$
头孢噻肟钠(cefotaxime sodium)		$-OCOCH_3$
头孢唑啉钠(cefazolin sodium)	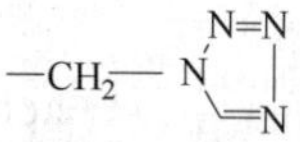	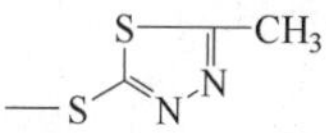
头孢哌酮(cefoperazone)	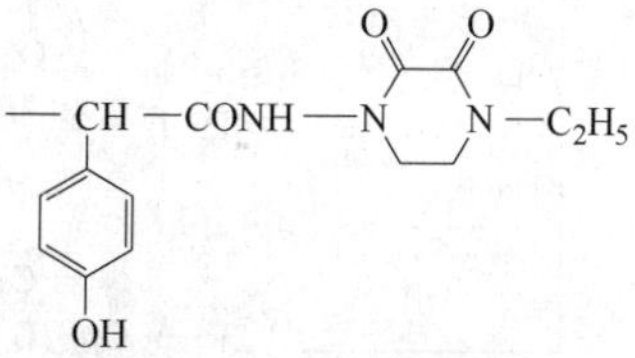	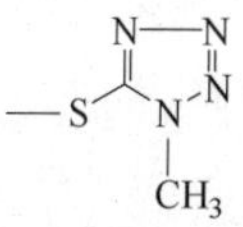

2. 旋光性

青霉素分子中含有三个手性碳原子（C_3、C_5、C_6），头孢菌素分子中含有两个手性碳原子（C_6、C_7），故都具有旋光性。可用于定性和定量分析。

3. 紫外吸收

青霉素族分子中的母核部分无共轭系统，无紫外吸收，但其侧链部分如有苯环等共轭系统，则有紫外吸收特征。如青霉素钾（钠）的 R 为苄基（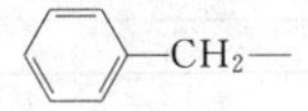），因而其水溶液在 264nm 波长处具有较强的紫外吸收。

头孢菌素族由于母核部分具有 O ═C—N—C ═C 结构，故有紫外吸收。吸收波长在 260nm，这是 7-ACA 母核的特征吸收峰。

4. β-内酰胺环的不稳定性

β-内酰胺类药物的稳定性与其纯度和含水量有很大关系。干燥、纯净的青霉素族和头孢菌素族药物均稳定。但其水溶液很不稳定，微量的水分易引起水解。如将青霉素盐的水溶液在 30℃放置 24h，效价下降 56%。这主要是由于 β-内酰胺环不稳定引起的。在酸、碱、青霉素酶、羟胺及某些金属离子（铜、铅、汞、银）等的作用下，易发生水解和分子重排，导致 β-内酰胺环的破坏而失去抗菌活性。青霉素的 β-内酰胺环破坏和发生分子重排后，产生一系列的降解产物，如青霉噻唑酸、青霉酸、青霉醛、青霉胺、α-青霉噻唑酰基羟胺酸和青霉烯酸等。其降解反应如下。

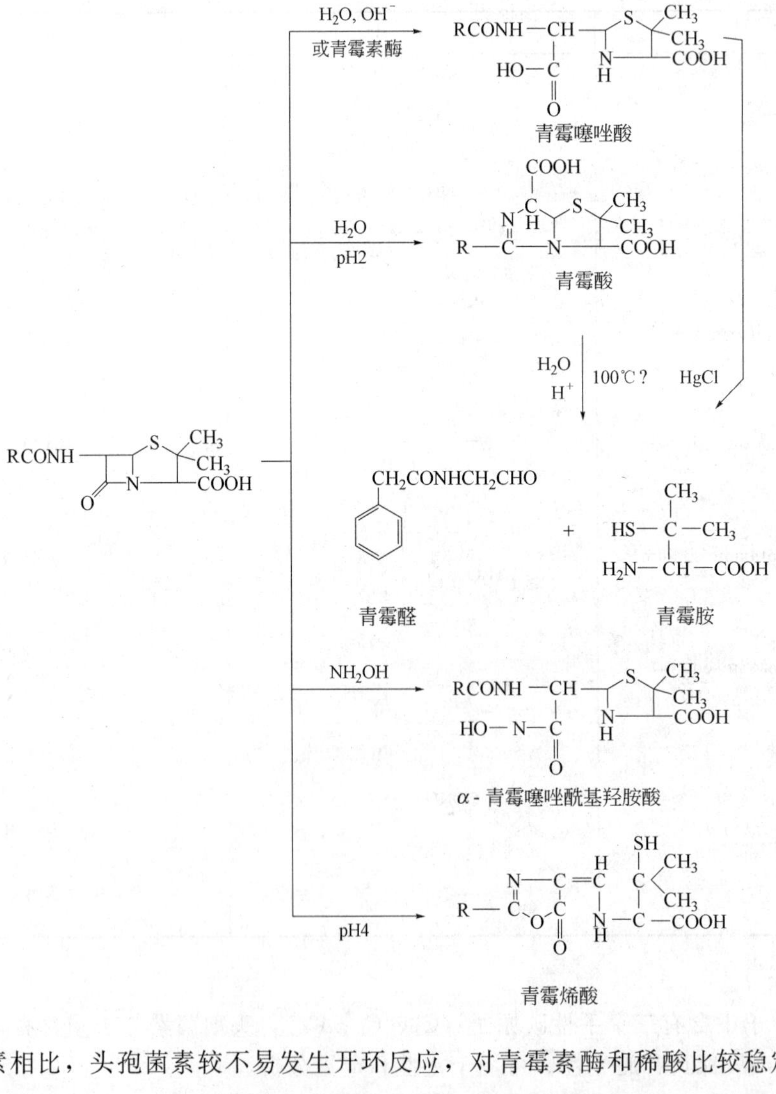

与青霉素相比，头孢菌素较不易发生开环反应，对青霉素酶和稀酸比较稳定。

（三）鉴别试验

1. 钾、钠盐的火焰反应

青霉素族、头孢菌素族药物多是制成钾盐或钠盐供临床使用，因而可利用其火焰反应进行鉴别。钾盐在无色火焰中燃烧，火焰即显紫色；钠盐在无色火焰中燃烧，火焰即显鲜黄色。

2. 呈色反应

（1）羟肟酸铁反应　青霉素及头孢菌素在碱性中与羟胺作用，β-内酰胺环开环生成羟肟酸，在稀酸中与高铁离子呈色。不同的结构生成产物的颜色不同。如氨苄西林呈紫红色，头孢氨苄呈红褐至褐色，头孢噻吩钠呈红褐色，头孢唑啉钠和头孢哌酮呈红棕色，普鲁卡因青霉素呈紫红色。《中国药典》采用该反应鉴别哌拉西林（钠）、磺苄西林钠、头孢哌酮及拉氧头孢钠等。

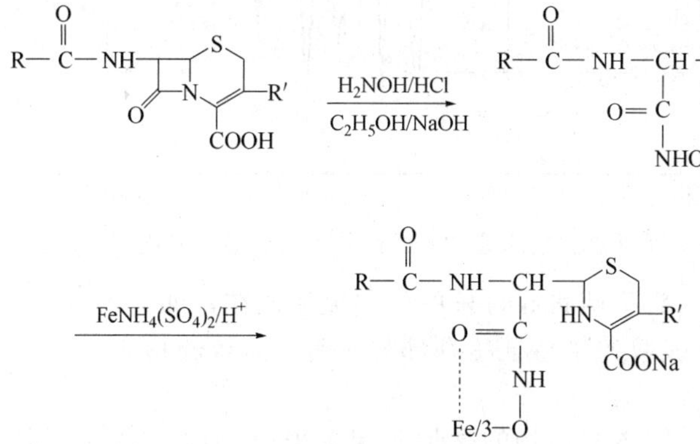

（2）与硫酸及硫酸-甲醛试剂反应　多数青霉素和头孢菌素遇硫酸在冷却时和加热时都无变化，而遇硫酸-甲醛试剂有较显著的颜色变化。

（3）与斐林试剂反应　本类药物具有类似肽键（—CONH—）结构，可产生双缩脲反应，开环分解，使碱性酒石酸铜盐还原显紫色。阿莫西林、氨苄西林钠等可采用本法鉴别。

（4）与铜盐呈色　头孢氨苄加乙酸、硫酸铜、氢氧化钠试液后，生成铜配位盐，显橄榄绿色。此反应可区别于其他头孢菌素族抗生素。

3. 沉淀反应

（1）在稀盐酸中生成白色沉淀　青霉素钾和青霉素钠加水溶解后，加稀盐酸 2 滴，即析出难溶于水的游离体白色沉淀。此沉淀能在乙醇、醋酸戊酯、三氯甲烷、乙醚或过量的盐酸中成盐。

（2）有机胺盐的特殊反应

① 重氮化-偶合反应　普鲁卡因青霉素水溶液酸化后，生成具有芳香第一胺的普鲁卡因，可发生重氮化-偶合反应，生成红色的偶氮化合物沉淀。

② 三硝基苯酚反应　苄星青霉素经氢氧化钠碱化后，用乙醚提取，蒸去乙醚后残渣含有二苄基乙二胺，加稀乙醇使残渣溶解，加三硝基苯酚的饱和溶液，加热后放冷，即析出二苄基乙二胺苦味酸盐结晶。

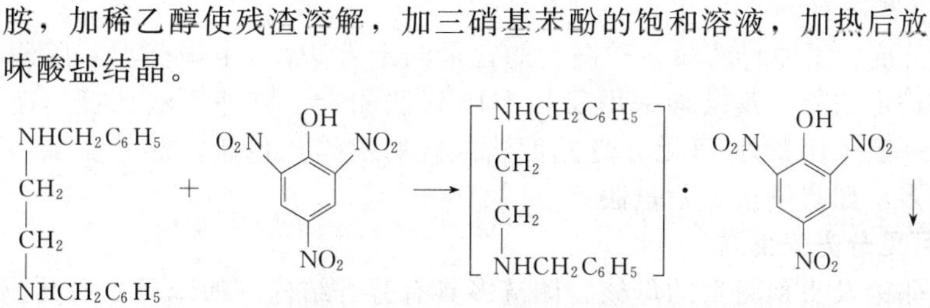

4. 光谱法

（1）红外分光光度法　红外分光光度法为本类药物的主要鉴别手段，其反映了分子的结构特征。各国药典收载的本类药物均采用该法进行鉴别。其中，*β*-内酰胺环羰基的伸缩振动（$1780cm^{-1}$），酰亚胺羰基的伸缩振动（Ⅰ带，$1680cm^{-1}$）和氨基的 N-H 伸缩与弯曲振动（Ⅱ带，3400，$1515cm^{-1}$）和羧基的伸缩振动（1580、$1400cm^{-1}$）是本类抗生素共有的特征峰。如氨苄西林红外光谱图如图 8-6。

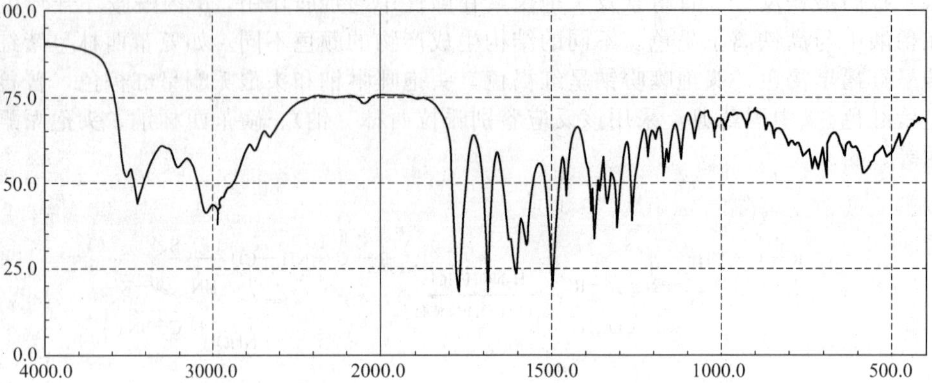

图 8-6　氨苄西林（三水合物）的红外吸收光谱（溴化钾压片）

（2）紫外分光光度法　头孢菌素族母核中的共轭体系在紫外光区有最大吸收，也可供鉴别。《中国药典》采用紫外吸收光谱特征鉴别部分头孢菌素族药物。

5. 色谱法

（1）高效液相色谱法　因本类药物的含量测定多采用 HPLC 法，所以 HPLC 法是各国药典收载的除红外光谱法外用于鉴别本类药物的主要方法。

（2）薄层色谱法　TLC 法也作为本类药物鉴别的选择方法（当 HPLC 法和 TLC 法同时出现时可任选其一），可采用不同方法检视斑点。

（四）检查

β-内酰胺类抗生素药物主要检查制剂的常规内容如酸碱度、有关物质、残留溶剂、水分、溶液的澄清度与可见异物、不溶性微粒、无菌、细菌内毒素或热源等影响制剂安全性项目。除以上常规检查项目外，本类药物还进行结晶性、聚合物，以及吸光度、异构体、2-乙基已酯等特殊检查。

β-内酰胺类抗生素临床上最常见的不良反应就是过敏反应。经过研究证明，其过敏反应是由其中存在的高分子聚合物引起的。目前国内外对高分子聚合物杂质的分析方法主要有：反相高效液相色谱法、离子交换色谱法和分子排阻色谱法。在药品质量控制中一般只需控制药品中高分子杂质的总量而不必控制不同结构的杂质，因为结构不同的高分子杂质通常具有相似的生物学特性（过敏性）。故目前《中国药典》主要采用以葡聚糖凝胶 Sephadex G-10 为基础的分子排阻色谱法。

（五）含量测定

β-内酰胺类抗生素原料药及各种制剂的含量测定方法，《中国药典》除磺苄西林钠采用抗生素微生物检定法外，其余均采用反相 HPLC 法测定，以外标法计算。而对于固体制剂的溶出度测定一般采用紫外-可见分光光度法或羟肟酸铁比色法。此外文献报道的理化测定含量的方法较多，如碘量法、汞量法。

1. 紫外-可见分光光度法

青霉素的侧链及头孢菌素的母核、侧链多具有芳香结构（如苯环）和共轭结构，均可用紫外分光光度法测定。目前各国药典对本类药物的固体制剂的溶出度多采用紫外-可见分光光度法测定。

如阿莫西林片溶出度的测定。取本品，照溶出度测定法，以水900ml为溶出介质，转速为75r/min，依法操作，经45min时，取溶液适量，滤过，精密量取续滤液适量，用水定量稀释制成每毫升中约含130μg的溶液，在272nm的波长处测定吸光度；另取本品10片，研细，精密称取适量（约相当于平均片重），按标示量加水溶解并定量稀释制成每毫升中约含130μg的溶液，滤过，取续滤液，同法测定，计算每片的溶出量，限度为80%，应符合规定。

2. 高效液相色谱法

HPLC法能有效地分离供试品中可能存在的降解产物、未除尽的原料及中间体等杂质，并能准确定量，适用于本类药物的原料、制剂及生物样本的分析测定。

【应用示例】 头孢克洛胶囊的含量测定：

（1）色谱条件与系统适用性试验　用十八烷基硅烷键合硅胶为填充剂；以磷酸二氢钾溶液（取磷酸二氢钾6.8g，加水溶解并稀释成1000ml，用磷酸调节pH值至3.4）乙腈（92:8）为流动相；检测波长为254nm。取头孢克洛对照品及头孢克洛δ-3-异构体对照品适量，加流动相溶解并制成每毫升中分别含头孢克洛及头孢克洛δ-3-异构体约0.2mg的混合溶液，取20μl注入液相色谱仪，记录色谱图，头孢克洛峰与头孢克洛δ-3-异构体峰的分离度应符合要求。

（2）测定法　取装置差异项下的内容物，混合均匀，精密称取适量（约相当于头孢克洛0.25g），加流动相溶解并定量稀释制成每毫升中约含头孢克洛0.2mg的溶液（必要时可超声处理），摇匀，滤过，取续滤液，精密量取20μl注入液相色谱仪，记录色谱图；另取头孢克洛对照品适量，同法测定，按外标法以峰面积计算，即得。

二、氨基糖苷类抗生素

（一）结构与性质

1. 结构

本类抗生素的化学结构均以碱性环已多元醇为苷元，与氨基糖缩合而成的苷，故称为氨基糖苷类抗生素。本类药物氨基糖结构显碱性，故临床使用多为硫酸盐，本类抗生素主要有链霉素、庆大霉素、卡那霉素、硫酸阿米卡星、新霉素、巴龙霉素等。这些药物的抗菌谱和化学性质都有共同之处。本节主要讨论两个典型药物——链霉素和庆大霉素。

（1）链霉素　链霉素是由链霉胍、链霉糖和*N*-甲基-*L*-葡萄糖胺以糖苷键彼此相连结合而成的苷。链霉胍通过苷键与链霉糖相接，链霉糖以另一个苷键与*N*-甲基葡萄糖胺连接成链霉双糖胺。

链霉素分子中有3个碱性中心（结构式中有*号处），其中两个是链霉胍上的强碱性胍基（pK_a为11.5），另一个是葡萄糖胺上的甲氨基（pK_a为7.7）。因此，链霉素为碱性化合物，可与无机酸或有机酸形成可溶于水的盐，临床多用其硫酸盐。结构式如下。

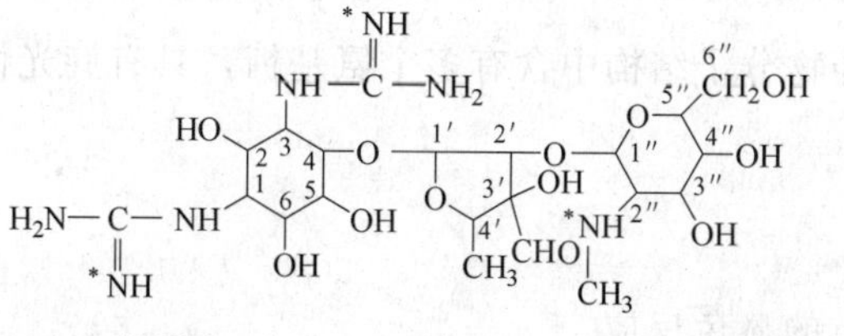

（2）庆大霉素　庆大霉素是由绛红糖胺、脱氧链霉胺和加洛糖胺缩合而成的苷。庆大霉素有 5 个碱性中心（结构式中有＊号处），其碱性相似，pK_a 约为 8，能与无机酸或有机酸形成可溶于水的盐，临床多用其硫酸盐。

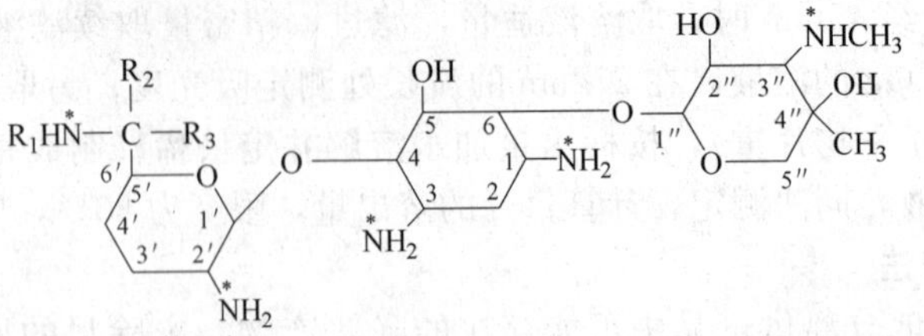

绛红糖胺　　2-脱氧链霉胺　　加洛糖胺

庆大霉素 C 是庆大霉素 C 的复合物，其主要成分为 C_1、C_2、C_{1a}、C_{2a}，庆大霉素 C_1、C_2、C_{1a}三者结构相似见表 8-11，仅在绛红糖胺 C_6 位及氨基上甲基化程度不同。C_{2a}是 C_2 的异构体。

表 8-11　庆大霉素 C_1、C_2、C_{1a}的结构

庆大霉素	R_1	R_2	R_3	分子式
C_1	CH_3	CH_3	H	$C_{21}H_{43}N_5O_7$
C_2	CH_3	H	H	$C_{20}H_{41}N_5O_7$
C_{1a}	H	H	H	$C_{19}H_{29}N_5O_7$
C_{2a}	H	H	CH_3	$C_{20}H_{41}N_5O_7$

2. 性质

（1）性状　硫酸链霉素为白色或类白色粉末；无臭或几乎无臭，味微苦；有引湿性；易溶于水，不溶于乙醇、三氯甲烷。硫酸庆大霉素为白色或类白色粉末；无臭；有引湿性；在水中易溶，在乙醇、丙酮、三氯甲烷或乙醚中不溶。

（2）水解性　本类药物中含有双糖胺结构者（如链霉素、巴龙霉素、新霉素等），分子结构中的双糖胺的双糖之间（如葡萄糖胺与链霉糖或葡萄糖胺与 D-核糖）的苷键较为稳定，而苷元与双糖胺（如链霉胍与链霉双糖胺）间的苷键则结合较弱。

硫酸链霉素水溶液在 pH 为 5～7.5 最为稳定，过酸过碱条件下易水解失效。由于链霉胍和链霉双糖胺之间的苷键要比链霉糖和氨基葡萄糖之间的苷键弱得多，因此在酸性条件下，链霉素水解为链霉胍和链霉双糖胺，进一步水解则得 *N*-甲基-*L*-葡萄糖胺。弱碱性也能使链霉素水解为链霉胍和链霉双糖胺。而庆大霉素对光、热、空气均较稳定，水溶液亦稳定，pH 为 2～12 时，100℃加热 30min 活性无明显变化。

（3）氧化还原性　链霉素分子结构中具有醛基，遇氧化剂如高锰酸钾、氯酸钾、过氧化氢等易被氧化成链霉酸而失效；遇还原剂如抗坏血酸、葡萄糖、半胱氨酸等被还原为双氢链霉素，毒性增加。

（4）旋光性　本类药物分子结构中含有多个氨基糖，具有旋光性。各国药典对本类药物均有比旋度的要求。

（二）鉴别试验

1. 化学鉴别反应

（1）氨基糖苷类共有的显色反应

① 茚三酮反应　由于本类药物结构中 α-羟基胺结构具有类似于 α-氨基酸特性，可与茚三酮缩合生成蓝紫色缩合物。

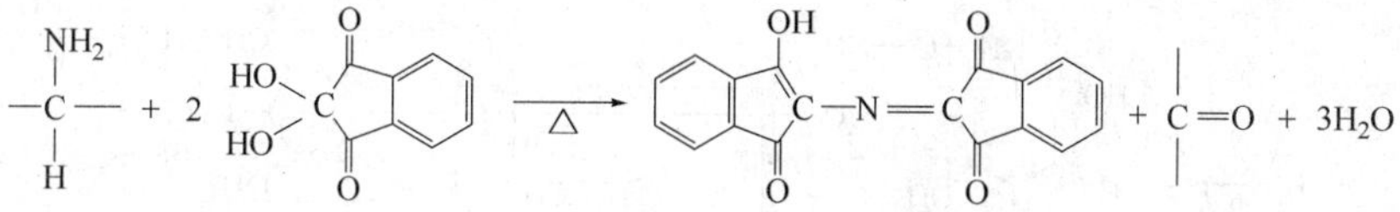

氨基糖　　水合茚三糖　　蓝紫色缩合物

【应用示例】 硫酸小诺霉素的鉴别：取本品约5mg，加水溶解后，加0.1%茚三酮的水饱和正丁醇溶液1ml与吡啶0.5ml，在水浴中加热5min，即显蓝紫色。

② *N*-甲基葡萄糖胺（Elson-Morgan）反应　其反应原理为氨基糖苷类药物经水解产生葡萄糖胺衍生物，在碱性溶液中与乙酰丙酮缩合成吡咯衍生物，吡咯衍生物再与对二甲氨基苯甲醛的酸性醇溶液（Ehrlich试剂）反应，生成樱桃红色缩合物。

【应用示例】 硫酸新霉素的鉴别：取本品约10mg，加水1ml溶解后，加盐酸溶液（9→100）2ml，在水浴中加热10min，加8%氢氧化钠溶液2ml与2%乙酰丙酮水溶液1ml，置水浴中加热5min，冷却后，加对二甲氨基苯甲醛试液1ml，即显樱桃红色。

③ 糠醛反应（Molisch反应）　糠醛反应是糖类结构的典型反应，其反应原理系在硫酸的作用下，本类药物经水解、脱水生成糠醛（戊糖）或羟甲基糠醛（己糖），二者遇蒽酮呈色。

【应用示例】 硫酸卡那霉素的鉴别：取本品约1mg，加水2ml溶解后，加0.2%蒽酮的硫酸溶液4ml，在水浴中加热15min，冷却，即显蓝紫色。

④ 硫酸盐反应　本类抗生素临床应用为其硫酸盐，因此各国药典均利用硫酸盐鉴别试验鉴别本类药物。

（2）链霉素专属显色反应

① 坂口（Sakaguchi）反应　坂口反应为链霉素水解产物链霉胍的特有反应。在碱性溶液中，链霉胍和8-羟基喹啉分别与次溴酸钠反应，生成的产物再相互作用生成橙红色化合物。

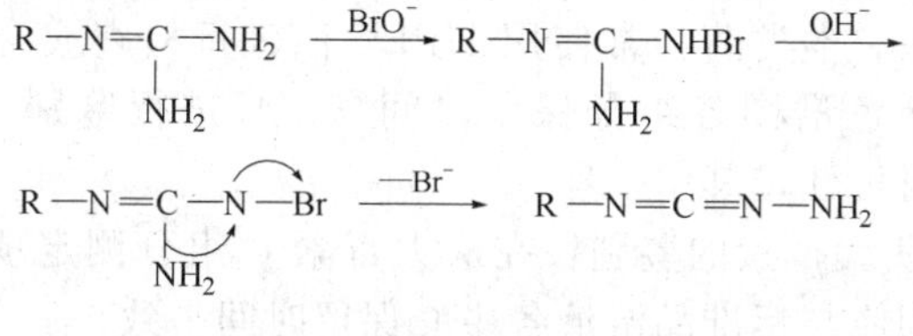

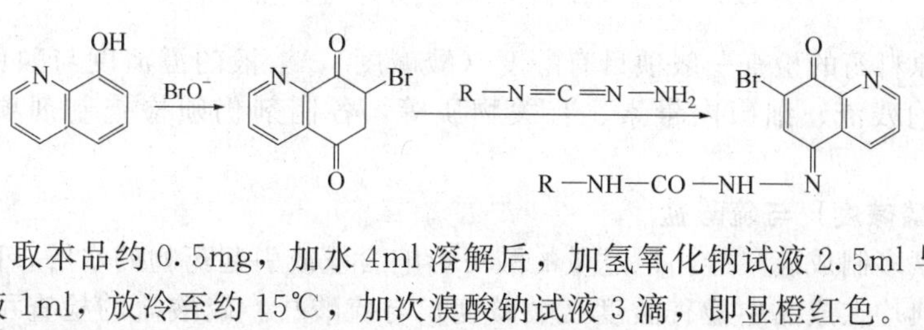

鉴别方法：取本品约0.5mg，加水4ml溶解后，加氢氧化钠试液2.5ml与0.1% 8-羟基喹啉的乙醇溶液1ml，放冷至约15℃，加次溴酸钠试液3滴，即显橙红色。

② 麦芽酚（Maltol）反应　麦芽酚反应为链霉素结构中链霉糖的特征反应。链霉素经碱性水解后生成链霉糖，链霉糖经分子重排使环扩大形成六元环，然后消除*N*-甲基葡萄糖胺，再消除链霉胍生成麦芽酚（*α*-甲基-*β*-羟基-*γ*-吡喃酮）。麦芽酚可与铁离子在微酸性溶液中形成紫红色配位化合物。

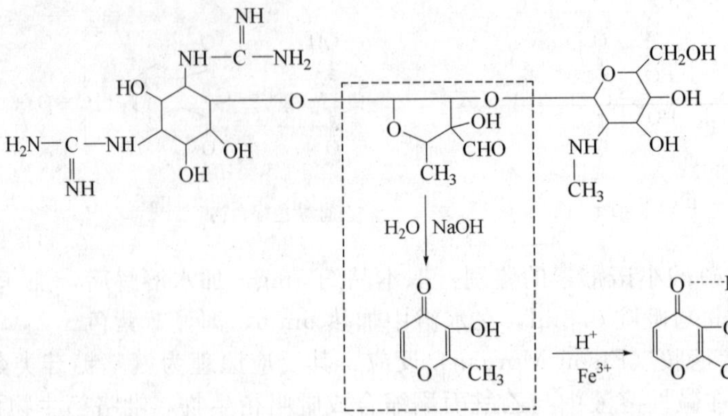

鉴别方法：取本品约 20mg，加水 5ml 溶解后，加氢氧化钠试液 0.3ml，置水浴上加热 5min，加硫酸铁铵溶液（取硫酸铁铵 0.1g，加 0.5mol/L 硫酸溶液 5ml 使溶解）0.5ml，即显紫红色。

2. 红外分光光度法

各国药典均利用本类药物的红外吸收光谱特性进行鉴别。《中国药典》中对本类药物中硫酸巴龙霉素、硫酸卡那霉素、硫酸庆大霉素、硫酸阿米卡星、硫酸链霉素、硫酸新霉素的原料药的鉴别采用了此方法。

3. 色谱法

(1) 薄层色谱法　TLC 法是本类药物的主要鉴别手段之一，各国药典均使用该法鉴别本类药物。

【应用示例】 硫酸庆大霉素的鉴别方法：取本品与庆大霉素标准品，分别加水制成每毫升中含 2.5mg 的溶液，照薄层色谱法试验，吸取上述两种溶液各 2μl，分别点于同一硅胶 G 薄层板（临用前于 105℃活化 2h）上；另取三氯甲烷-甲醇-氨溶液（1∶1∶1）混合振摇，放置 1h，分取下层混合液为展开剂，展开，取出于 20～25℃晾干，置碘蒸气中显色，供试品溶液与标准品溶液所显主斑点数、位置和颜色相同。

斑点检视除使用碘蒸气显色外，亦可使用茚三酮溶液作为显色剂。

(2) 高效液相色谱法　本类药物常使用 HPLC 法进行检查或含量测定，则可通过比较供试品溶液和标准品溶液色谱图各组分保留时间（t_R）进行鉴别。若鉴别中有 TLC 法和 HPLC 两法时，则鉴别时可任选其中一项。

【应用示例】 硫酸庆大霉素的鉴别：在庆大霉素 C 组分测定项下记录的色谱图中，供试品溶液各主峰保留时间应与标准品溶液各主峰保留时间一致。

（三）检查

本类药物原料药的检查一般项目有酸度（酸碱度）、溶液的澄清度与颜色、硫酸盐、各特殊组分、炽灼残渣、细菌内毒素、有关物质等，各制剂仍须检查制剂项下规定的常规项目。

1. 酸度（酸碱度）与硫酸盐

本类抗生素多制成硫酸盐，但过量的酸可影响含量或引起药物的水解，而其本身又为碱性，故各国药典均在成品中检查酸度（酸碱度）与硫酸盐。硫酸盐的检查可使用 HPLC 法蒸发光散射检测器测定，也可使用 EDTA 滴定法测定。

【应用示例】 硫酸卡那霉素中硫酸盐的检查：取本品约 0.18g，精密称定，加水 100ml 使溶解，加浓氨溶液调节 pH 值至 11 后，精密加入氯化钡滴定液（0.1mol/L）10ml、酞紫指示液 5 滴，用乙二胺四乙酸二钠滴定液（0.05mol/L）滴定，注意保持滴定过程中的 pH

值为11，滴定至紫色开始消退，加乙醇50ml，继续滴定，至蓝紫色消失，并将滴定的结果用空白试验校正。每毫升氯化钡滴定液（0.1mol/L）相当于9.606mg的硫酸盐。

2. 组分限度

以硫酸庆大霉素中庆大霉素C组分的测定为例：硫酸庆大霉素在国内于1969年正式投产。国内各生产厂的发酵工艺基本一致，但提炼工艺各有其特点。由于发酵菌种不同或工艺略有差别，各厂家产品C组分含量比例不完全一致。庆大霉素C_1、C_2、C_{1a}对微生物的活性无明显差异，但其毒副作用和耐药性有差异，导致各组分的多少影响产品的效价和临床疗效。因此，应规定控制各组分的相对含量百分比。

【应用示例】 采用不经衍生化HPLC-蒸发光散射检测法测定庆大霉素各组分含量。

（1）色谱条件与系统适用性试验　用十八烷基硅烷键合硅胶为填充剂（pH值适应范围0.8～8.0）；以0.2mol/L三氟乙酸-甲醇（92∶8）为流动相，流速为0.6ml/min；用蒸发光散射检测器检测（参考条件：漂移管温度为110℃，载气流量为2.8L/min）。分别取庆大霉素和小诺霉素标准品各适量，加流动相溶解并稀释制成每毫升中约含庆大霉素1.0mg与小诺霉素0.2mg的混合溶液，取20μl注入液相色谱仪，记录色谱图，C组分的出峰顺序从第二个主峰计，依次为：庆大霉素C_{1a}、C_2、小诺霉素、C_{2a}、C_1、小诺霉素和C_2、C_{2a}之间的分离度均应符合要求，连续进样数次，小诺霉素峰面积的相对标准偏差应不大于2.0%。

（2）测定法　测定法取庆大霉素标准品适量，精密称定，加流动相溶解并定量稀释制成每毫升中约含庆大霉素1.0mg、2.5mg和5.0mg的溶液作为标准品溶液（1）、（2）、（3）。取上述三种溶液各20μl，分别注入液相色谱仪，记录色谱图，计算标准品溶液各组分浓度的对数值与相应的峰面积对数值的线性回归方程，相关系数（r）应不小于0.99；另取本品适量，精密称定，加流动相溶解并定量稀释制成每毫升中约含庆大霉素2.5mg的溶液，同法测定，用庆大霉素各组分的线性回归方程分别计算供试品中对应组分的量（X_{C_x}），并根据所得的各组分的量（X_{C_x}）按下面公式计算出各组分的含量。

$$C_x(\%)=\frac{X_{C_x}}{X_{C_{1a}}+X_{C_2}+X_{C_{2a}}+X_{C_1}}\times 100\%$$

式中，C_x为庆大霉素各组分的含量，C_1应为25%～50%，C_{1a}应为15%～40%，$C_{2a}+C_2$应为20%～50%。

（四）含量测定

目前各国药典仍采用抗生素微生物检定法测定氨基糖苷类抗生素及各种制剂的含量。《中国药典》仅对硫酸卡那霉素及其制剂、硫酸依替米星及其制剂、阿米卡星与硫酸阿米卡星及其制剂等少数品种的含量采用HPLC法测定。

三、四环素类抗生素

四环素类抗生素是由放线菌产生的一类广谱抗生素，分为天然四环素和半合成四环素，临床应用为其盐酸盐。天然四环素包括盐酸四环素、盐酸金霉素、盐酸土霉素和地美环素。随着临床上耐药菌的大量产生及对其不良反应的深入了解，天然四环素类药物的临床应用受到很大限制。如金霉素因毒性大，只作外用。土霉素和四环素现在主要用作兽药和饲料添加剂。对四环素类抗生素进行结构改造，发展了半合成四环素类抗生素，其中包括：盐酸多西环素（强力霉素）、盐酸米诺环素（二甲胺四环素）、盐酸美他环素（甲烯土霉素）、赖氨四环素和氢吡四环素（吡甲四环素），以及丁甘米诺环素（替加环素）。

（一）结构与性质

1. 结构

本类药物的化学结构中均具有氢化并四苯环，故称为四环素类抗生素。

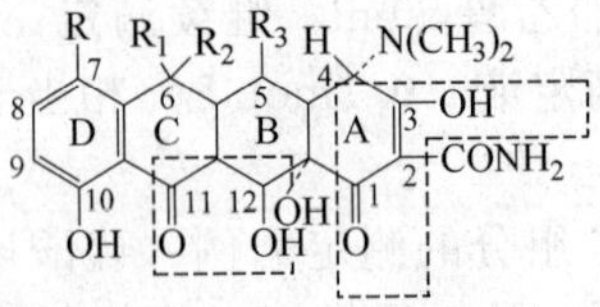

四环素类抗生素可以看作四并苯或萘并萘的衍生物。根据结构中各取代基 R、R_1、R_2、R_3 的不同而构成了不同的四环素类抗生素。常见的本类药物见表 8-12。

表 8-12　四环素类分子中的取代基

药　物	R	R_1	R_2	R_3
四环素(tetracycline,TC)	H	OH	CH_3	H
金霉素(chlortetracycline,CTC)	Cl	OH	CH_3	H
土霉素(oxytetracycline,OTC)	H	OH	CH_3	OH
多西环素(doxycycline,DOTC)	H	H	CH_3	OH
美他环素(metacycline,METC)	H	$=CH_2$		OH

四环素类抗生素由 A、B、C、D 四个环组成。均为氢化并四苯的衍生物。其结构特点为母核 C_4 位有二甲氨基[$-N(CH_3)_2$]、C_2 位有酰胺基($-CONH_2$)、C_{10}位有酚羟基(Ar—OH)和两个含有酮基和烯醇基的共轭双建（结构式中虚线内所示部分)。

2. 性质

(1) 性状　四环素类抗生素多为黄色结晶性粉末；无臭，味苦；有引湿性；大多数遇光色渐变深，在碱性溶液中易破坏失效；在水中溶解，在乙醇中略溶，在三氯甲烷或乙醚中不溶。

(2) 酸碱性　分子中具有酚羟基和烯醇型羟基，显弱酸性，同时分子中具有二甲氨基，显弱碱，故为酸碱两性化合物，遇酸及碱均能生成相应的盐，临床多使用其盐酸盐。

(3) 紫外吸收　本类药物的共轭体系使其具有紫外吸收和荧光特性。

(4) 旋光性　本类药物含有多个手性碳原子，具有旋光性。各国药典对本类药物均规定有比旋度的限度要求。

(5) 不稳定性　干燥的四环素类游离碱及其盐较稳定，但对酸、碱、光照及各种氧化剂(包括空气中的氧）均不稳定，易破坏变色。在酸性溶液中会发生差向异构化反应及降解反应；在碱性溶液中会发生降解反应。

① 差向异构化反应　四环素类抗生素在 pH 为 2～6 的溶液中，由于 A 环上手性碳原子 C_4 构型的改变，发生差向异构化，形成差向异构体即 4-差向四环素。反应是可逆的，达到平衡时溶液中差向化合物的含量可达 40%～60%。金霉素也很容易发生差向异构化，形成 4-差向金霉素，其抗菌活性极弱或完全消失。而土霉素、多烯环素、美他环素由于 C_5 上的羟基和 C_4 上的二甲氨基形成氢键，因而较稳定，C_4 上不易发生差向异构化。溶液中某些阴离子如磷酸根、枸橼酸根、乙酸根离子的存在，能使差向化速度增大，加速异构化反应的进行。

② 酸性条件下的降解反应　四环素类抗生素如四环素和金霉素，在 pH<2 的溶液中，特别是在加热的情况下极易脱水，生成脱水四环素和脱水金霉素。这是由于 C 环 C_6 上叔羟基易脱落与 C_{5a}上的氢生成水，而在 C_{5a}—C_6 之间形成双键，导致 C_{11}—C_{11a}—C_{12}上双键发生转移，使 C 环发生芳构化，使共轭双键的数目增加，颜色加深，对光的吸收程度也增大。橙黄色的脱水四环素和脱水金霉素分别在 435nm 及 445nm 处有最大吸收。此性质可作为金霉素和四环素的比色测定依据。

四环素的差向异构化反应和降解反应可表示如下。

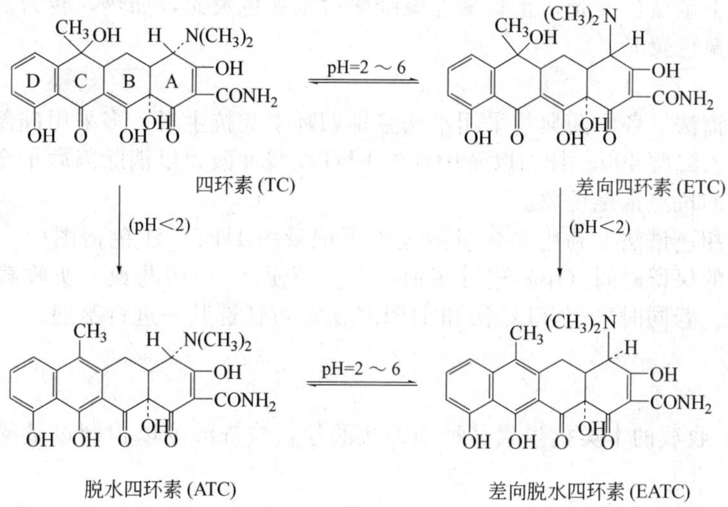

③ 碱性条件下的降解反应　四环素抗生素在碱性溶液中，由于氢氧根离子的作用，C_6上的羟基形成氧负离子，向C_{11}发生分子内亲核进攻，经电子转移，C环破裂，生成无活性的具内酯结构的异构体。若在强碱性溶液中加热，几乎可以定量地转化为异四环素，其在紫外光照射下，具强烈荧光。

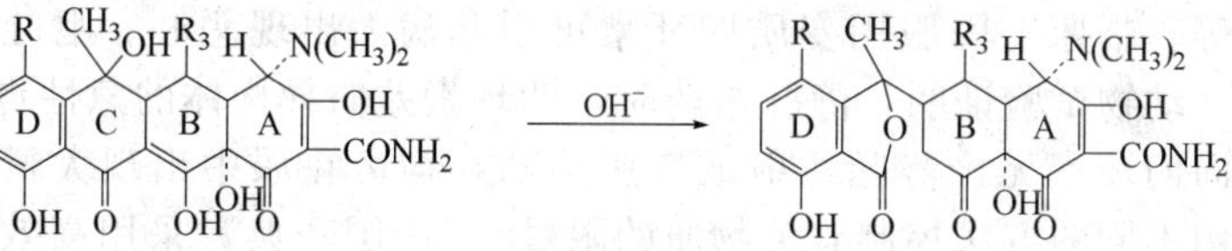

(6) 与金属离子形成配位化合物　四环素类抗生素分子中具有酚羟基和烯醇基，能与许多金属离子形成不溶性盐类或有色配位化合物。如与钙离子、镁离子形成不溶性的钙盐或镁盐，与铁离子形成红色配位化合物，与铝离子形成黄色配位化合物。

(二) 鉴别试验

1. 化学法

(1) 硫酸反应　本类抗生素遇硫酸立即产生颜色，不同结构显示不同的颜色，但水稀释后一般变为黄色，可用于鉴别和区别各种四环素类抗生素。如盐酸四环素显深紫色，盐酸金霉素显蓝色、渐变橄榄绿色，盐酸土霉素显深朱红色，盐酸多烯环素显黄色，盐酸美他环素显橙红色。

(2) 三氯化铁反应　本类抗生素分子结构中具有酚羟基，遇三氯化铁试液立即产生颜色。如盐酸四环素显红棕色，盐酸金霉素显深褐色，盐酸土霉素显橙褐色，盐酸多烯环素显褐色。

(3) 氯化物反应　本类抗生素在临床多用其盐酸盐，可与硝酸银在酸性条件下生成氯化银白色凝乳状沉淀，沉淀能溶于氨试液，再加硝酸，沉淀复生成。

2. 光谱法

(1) 紫外分光光度法　本类抗生素分子结构中含有多个共轭系统，在紫外光区有最大吸收，可用于鉴别。《中国药典》收载的盐酸多西环素和盐酸美他环素采用此法鉴别。

(2) 红外分光光度法　各国药典均利用本类药物的红外吸收光谱特性进行鉴别。除盐酸土霉素外，《中国药典》对其所收载的本类抗生素均采用红外吸收光谱法鉴别。

(3) 荧光法　本类抗生素分子中具有共轭双键，在紫外光照射下能产生荧光，其降解产物也具有荧光，可供鉴别。如土霉素经酸性降解后，在紫外光下呈绿色荧光；金霉素经碱降解后，在紫外光下呈蓝色荧光；土霉素经碱降解后呈绿色荧光，加热，转为蓝色荧光；四环素经碱降解后呈黄色荧光。

3. 色谱法

(1) 薄层色谱法　各国药典均采用本法鉴别四环素类抗生素。多采用硅藻土作载体，在黏合剂中加有聚乙二醇400、甘油以及中性的EDTA缓冲液，以消除因微量金属离子与四环素类反应而引起的斑点拖尾现象。

(2) 高效液相色谱法　利用在含量测定项下记录的HPLC法色谱图中，供试品溶液与对照品溶液主峰的保留时间（t_R）进行鉴别，方法简便。《中国药典》所收载的本类抗生素均采用该法鉴别。若同时采用TLC法和HPLC法，可任选其一进行鉴别。

(三) 检查

1. 酸度

《中国药典》收载的本类抗生素品种均为盐酸盐，检查酸度以控制过量的盐酸或四环素游离碱。

2. 有关物质

天然四环素类抗生素中的有关物质主要系指在发酵过程中引入的其他四环素类和产品纯化与贮藏过程中引入的异构体或降解产物。半合成四环素类因为C_6—R羟基的缺失，不能发生脱水及内酯化反应，其主要特殊杂质包括合成原料、中间体及副产物。

如盐酸四环素中的特殊杂质有关物质有异构杂质、降解杂质（ETC、ATC、EATC）和金霉素（CTC）等。临床上因服用变质四环素可引起病人出现恶心、呕吐、酸中毒、蛋白尿、糖尿等现象。动物试验证明，静脉给药时，四环素差向异构体的急性毒性比四环素高一倍以上；脱水差向四环素无论静脉注射或口服给药，均可在尿中出现大量糖及蛋白质。因此，各国药典采用不同的方法控制有关物质的限量。《中国药典》采用高效液相色谱法自身对照法控制盐酸四环素中“有关物质”的限量。

3. 杂质吸光度

四环素类抗生素在生产或贮藏过程中受酸、碱，尤其是光照的影响而产生的其他特殊杂质颜色较深。四环素类水溶液的最大吸收波长在250～350nm波长处，在430nm以上波长处无吸收，而杂质吸收度越大，四环素类药物的脱水物及差向脱水物的含量也越高。因此，《中国药典》通过限制其在430～530nm波长处的吸光度，以控制有色杂质的量。

(四) 含量测定

本类药物结构中含共轭体系，在紫外光区有强吸收，可供含量测定。但因紫外-可见分光光度法受有关物质及有色杂质的干扰，故各国药典多采用高效液相色谱法测定含量，按外标法以峰面积计算含量。本类抗生素的制剂与原料药的含量测定方法基本一致，对于片剂或胶囊剂等固体制剂的溶出度采用紫外-可见分光光度法测定，方法简便、快速；而软膏或眼膏剂等半固体制剂的含量测定，用石油醚脱脂后照原料药方法测定。

四、大环内酯类抗生素

大环内酯类抗生素是链霉菌产生的一类弱碱性抗生素。分子中含有一个内酯结构的十四元或十六元大环。通过内酯环上的羟基和去氧氨基糖或6-去氧糖缩合成碱性苷。属于十四元环的有红霉素及其酯类、无味红霉素和琥乙红霉素、半合成的罗红霉素、克拉霉素等；属于十六元环的有吉他霉素、麦迪霉素、交沙霉素等。此外，尚有十五元环化合物阿奇霉素。

大环内酯类抗生素中发现最早的是红霉素，其抗菌作用强，毒性低，不良反应少，研究和应用广泛，为各国药典所收载。

(一) 结构与性质

1. 结构

红霉素是由红霉内酯、去氧氨基糖和红霉糖缩合而成的碱性苷。红霉内酯环为十四元大环，无双键，偶数 C 上共有六个甲基，9 位上有一个羰基，3、5、6、12 位上共有四个羟基，内酯环的 C_3 通过氧原子与红霉糖相连，C_5 通过氧原子与去氧氨基糖连结而成。结构式如下。

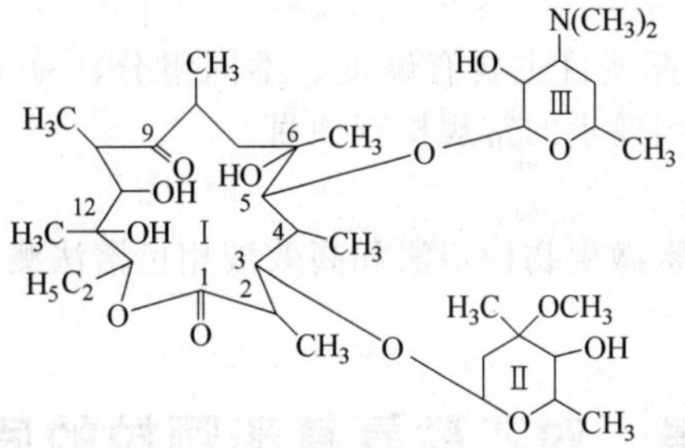

琥乙红霉素为红霉素的琥珀酸乙酯。即红霉素分子中的脱氧氨基己糖上的羟基与琥珀酸乙酯缩合形成的酯。

罗红霉素为红霉素 C_9 肟的衍生物。构效关系研究中发现若将 9 位的羰基改换成肟或腙后，可以阻止 6 位羟基与 9 位羰基的缩合而增加其稳定性，当将 9 位的肟羟基取代后，可明显改变药物的口服生物利用度，且抗菌活性好，毒性也较低。

2. 性质

(1) 性状　本类药物多为白色或类白色结晶性粉末；无臭，无味；易溶于有机溶剂，微溶于水。

(2) 降解反应　本类药物多在干燥状态下很稳定，结晶在室温可保存一年，在 pH 6～8 的水溶液中也较稳定。但酸碱性条件下，药物的内酯环皆易水解破坏而致药物失效。

(3) 还原性　如罗红霉素、红霉素分子中含有去氧氨基己糖和红霉素糖，具有还原糖的一般反应，如能使斐林试剂还原生成红色氧化亚铜，与氨制硝酸银试剂作用发生银镜反应，与浓硫酸作用显色。

(4) 旋光性　结构中含手性碳原子的药物具有旋光性，如红霉素、罗红霉素、克拉霉素、交沙霉素和阿奇霉素等，一般均为左旋。

(二) 鉴别试验

1. 与硫酸反应

本类药物能与硫酸作用显红褐色、红棕色，如吉他霉素、交沙霉素等。

2. 与三氯化铁反应

琥乙红霉素约 5mg，加盐酸羟胺的饱和甲醇溶液与氢氧化钠的饱和甲醇溶液各 3～5 滴，在水浴上加热发生气泡，放冷，加盐酸溶液（4.5→100）使成酸性，加三氯化铁试液 0.5ml，溶液显紫红色。

3. 紫外分光光度法

一部分药物在紫外光区有吸收，用于鉴别，如麦白霉素、交沙霉素。

4. 红外分光光度法

《中国药典》收载的红霉素、琥乙红霉素、罗红霉素、克拉霉素、交沙霉素、阿奇霉素及其制剂等均采用此法鉴别。

5. 薄层色谱法

《中国药典》中一部分大环内酯类抗生素采用此法鉴别，如琥乙红霉素、交沙霉素、阿奇霉素及其制剂等。

6. 高效液相色谱法

各国药典中多采用高效液相色谱法进行鉴别，在组分检查项下或含量测定项下记录的色谱图中，供试品主峰的保留时间应与标准品的保留时间一致，如吉他霉素、麦白霉素、罗红霉素、克拉霉素、交沙霉素、阿奇霉素。若同时采用 TLC 法和 HPLC 法，可任选其一进行鉴别。

（三）检查

本类药物在药典中的检查项目主要有碱度、不同组分、有关物质、残留溶剂、结晶性等，制剂则须再检查各个制剂要求的常规检查项目。

（四）含量测定

各国药典大多采用抗生素微生物检定法和高效液相色谱法测定本类药物的含量。

工作任务　对乙酰氨基酚颗粒的质量检验

一、任务准备

对乙酰氨基酚是临床广泛应用的解热镇痛药，属于芳酰胺类药物，临床上使用的剂型较多，下面介绍其结构与性质。

（一）结构

对乙酰氨基酚的结构式如下。

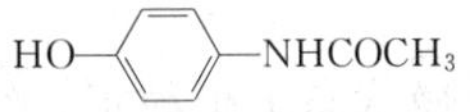

（二）性质

1. 性状

本品为白色结晶或结晶性粉末，无臭，味微苦。本品在热水或乙醇中易溶，在丙酮中溶解，在水中略溶。

2. 水解后显芳香第一胺特性

本类药物的分子结构中均具有芳酰氨基，在酸性溶液中易水解为具芳香第一胺的化合物，并显芳香第一胺特性反应。其水解反应的速度，对乙酰氨基酚相对比较快。利多卡因和布比卡因在酰氨基邻位存在两个甲基，由于空间位阻影响，较难水解，所以其盐的水溶液比较稳定。

3. 水解产物易酯化

对乙酰氨基酚和醋氨苯砜，水解后生成乙酸，可在硫酸介质中与乙醇反应，产生乙酸乙酯的香味。

4. 酚羟基的特性

对乙酰氨基酚具有酚羟基，与三氯化铁发生显色反应，可与利多卡因和醋氨苯砜区别。

5. 弱碱性

利多卡因和布比卡因的脂烃胺侧链有叔胺氮原子，显碱性，可以成盐。另其叔胺还可与生物碱沉淀试剂发生沉淀反应，如与三硝基苯酚试液反应生成的沉淀具有一定的熔点。对乙酰氨基酚和醋氨苯砜不具有此侧链，亦无此类反应，可以区别。

6. 与重金属离子发生沉淀反应

利多卡因和布比卡因酰氨基上的氮可在水溶液中与铜离子或钴离子配位，生成有色的配位化合物沉淀。此沉淀可溶于氯仿等有机溶剂后呈色。

（三）临床应用

临床上用于轻到中度的偏头痛的发作期治疗和难治性偏头痛、奋力性和月经性头痛、慢性发作性偏侧头痛、紧张性头痛和良性器质性头痛；用于发热，也可用于缓解轻中度疼痛，如头痛、肌肉痛、关节痛以及神经痛、痛经、癌性痛和手术后止痛等。

（四）质量标准

对乙酰氨基酚颗粒的质量标准参照《中国药典》二部：本品含对乙酰氨基酚（$C_8H_9NO_2$）应为标示量的95.0%～105.0%。

二、任务实施

（一）任务要求

（1）能熟练采用HPLC法完成对乙酰氨基酚颗粒剂中的对氨基酚的检查。

（2）能利用紫外-可见分光光度法完成对乙酰氨基酚颗粒剂的含量测定操作及计算。

（二）仪器与试药

（1）主要仪器 研钵、试管、蒸发皿、高效液相色谱仪、C_{18}柱、紫外-可见分光光度计、量瓶、移液管、水浴锅。

（2）试药 三氯化铁试液、稀盐酸、亚硝酸钠试液、碱性β-萘酚试液、0.05mol/L乙酸铵溶液、0.04%氢氧化钠溶液、甲醇、对乙酰氨基酚颗粒（0.25g）。

（三）工作内容

1. 性状

本品为白色或类白色颗粒，味甜。

2. 鉴别

取本品适量（约相当于对乙酰氨基酚0.5g），用乙醇20ml，分次研磨使对乙酰氨基酚溶解，滤过，合并滤液，蒸干残渣做如下鉴别。

（1）三氯化铁反应 本品的水溶液加三氯化铁试液，即显蓝紫色。

（2）重氮化-偶合反应 取本品约0.1g，加稀盐酸5ml，置水浴中加热40min，放冷；取0.5ml，滴加亚硝酸钠试液5滴，摇匀，用水3ml稀释后，加碱性β-萘酚试液2ml，振摇，即显红色。

3. 检查

对乙酰氨基酚合成时可以对硝基氯苯为原料，水解后制得对硝基酚，经还原生成对氨基酚，再经乙酰化制得；也有以酚为原料经亚硝化及还原反应制得对氨基酚。在生产过程中，有可能引入包括中间体、副产物及分解产物等特殊杂质，如对氨基酚、对氯苯乙酰胺、偶氮苯等。《中国药典》规定对乙酰氨基酚颗粒需检查对氨基酚、溶出度和颗粒剂项下有关的各项规定。

（1）对氨基酚 对乙酰氨基酚在合成过程中因乙酰化不完全或因贮藏不当发生水解，均可引入对氨基酚。《中国药典》采用HPLC法检查对氨基酚的量，方法如下。

临用新制。取装量差异项下的内容物，混合均匀，精密称取适量（约相当于对乙酰氨基酚100mg），置10ml量瓶中，加流动相适量，振摇使对乙酰氨基酚溶解，加流动相稀释至刻度，摇匀、滤过，取续滤液作为供试品溶液；另精密称取对氨基酚对照品和对乙酰氨基酚对照品适量，用流动相溶解并稀释制成每毫升中各含 10μg 的混合溶液，作为对照品溶液。照高效液相色谱法试验。用十八烷基硅烷键合硅胶为填充剂；以 0.05mol/L 乙酸铵溶液-甲醇（85∶15）为流动相，检测波长为 257nm。理论板数按对乙酰氨基酚峰计算不低于 5000，对乙酰氨基酚峰与对氨基酚峰的分离度应符合要求。精密量取对照品溶液 10μl，注入液相色谱仪，调节检测灵敏度，使对氨基酚色谱峰的峰高约为满量程的 10%。再精密量取供试品溶液与对照品溶液各 10μl，分别注入液相色谱仪，记录色谱图。供试品溶液的色谱图中如有与对照品溶液中对氨基酚保留时间一致的色谱峰，按外标法以峰面积计算，含对氨基酚不得过标示量的 0.1%。

（2）溶出度　取本品，照溶出度测定法以稀盐酸 24ml 加水至 1000ml 为溶出介质，转速为 50r/min，依法操作，经 30min 时，取溶液 10ml，滤过，精密量取续滤液适量，用 0.04%氢氧化钠溶液稀释制成每毫升中含对乙酰氨基酚约 8μg 的溶液，照紫外-可见分光光度法在 257nm 的波长处测定吸光度，按 $C_8H_9NO_2$ 的吸收系数（$E_{1cm}^{1\%}$）为 715 计算每袋的溶出量。限度为标示量的 80%，应符合规定。

4. 含量测定

对乙酰氨基酚在 0.4%氢氧化钠溶液中，于 257nm 波长处有最大吸收，其吸收特征可用于对乙酰氨基酚颗粒的含量测定。

取装量差异项下的内容物，混合均匀，精密称取适量（约相当于对乙酰氨基酚 40mg），置 250ml 量瓶中，加 0.4%氢氧化钠溶液 50ml 与水 50ml，振摇使对乙酰氨基酚溶解，用水稀释至刻度，摇匀、滤过，精密量取续滤液 5ml，置 100ml 量瓶中，加 0.4%氢氧化钠溶液 10ml，加水至刻度，摇匀，照紫外-可见分光光度法在 257nm 的波长处测定吸光度，按 $C_8H_9NO_2$ 的吸收系数（$E_{1cm}^{1\%}$）为 715 计算，即得。

本法为吸收系数法，测定结果可按下式计算。

$$标示量(\%)=\frac{\dfrac{A}{715\times1\times100}\times\dfrac{100}{5}\times250\times10^3\times每粒装量}{W\times标示量}\times100\%$$

式中，A 为供试液吸光度，W 为供试品取样量，mg。

（四）注意事项

（1）本次实验是采用的吸收系数法测定含量，该法对仪器的性能要求甚高。在测定前必须要对紫外分光计进行校正与检定，对其波长、吸收度的准确度、杂散光的检查等均应符合要求，方能保证结果的准确。

（2）在使用可见-紫外分光计测定时，因仪器的不同，其操作亦有差异，但应注意主要的操作步骤及要点。本次实验是用的紫外分光光度法进行测定含量，故应选择可见－紫外分光计中的氢灯为光源，采用石英吸收池进行测定。测定步骤一般须经仪器预热、并调节各种开关至工作处，调拨测定所需波长，经校正仪器后，用与供试液相同溶剂作空白测试，调其透光率为 100%（或吸收度为零），再测定供试液的吸收度，关闭电路，计算。仪器在使用中，暂停测试时，应尽可能关闭光路闸门，以保护光电管，勿使受光过久而遭损坏。

（3）因玻璃能吸收紫外线，石英不吸收或少许吸收紫外线，故进行紫外分光光度法测定时，应选用石英作吸收池。由于吸收池与溶剂亦可能有紫外吸收，因此通常应将测出的供试液的吸收度减去盛有相同溶剂的吸收池在规定的波长下测出的吸收度，再计算含量（即进行空白试验校正），以消除吸收池及溶剂带来的误差。

（五）思考题

（1）上述方法中空白试验校正受哪种因素的影响？

（2）对乙酰氨基酚含量测定还有哪些方法？

相关知识 酰胺类药物的质量检验

本类药物是苯胺的酰基衍生物，分子结构中均具芳酰胺基，包括对乙酰氨基酚等解热镇痛药、盐酸利多卡因和盐酸布比卡因等局部麻醉药、醋氨苯砜抗麻风药等。

一、结构与性质

(一) 结构

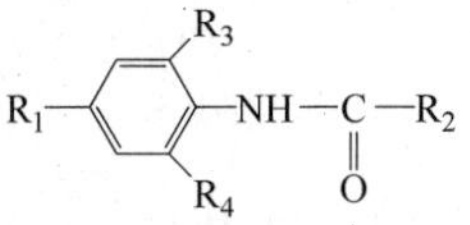

基本结构 (R_1，R_2，R_3 和 R_4 为取代基)

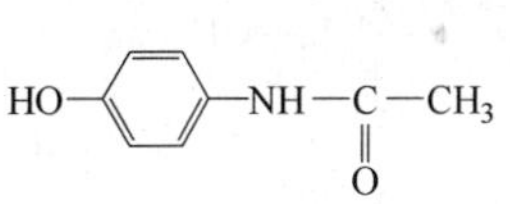

对乙酰氨基酚 (扑热息痛)

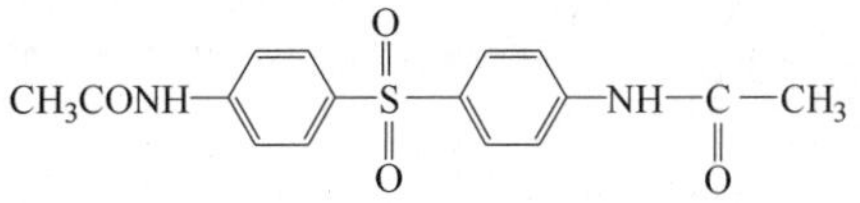

醋氨苯砜

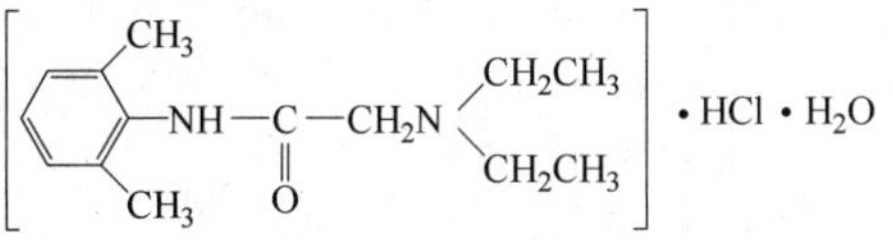

盐酸利多卡因

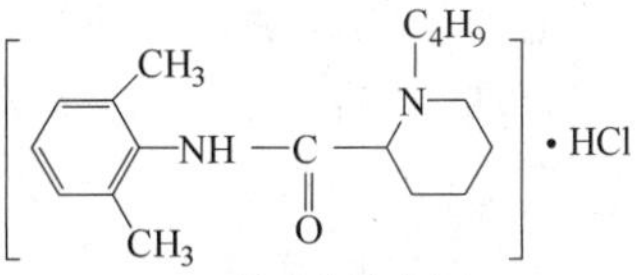

盐酸布比卡因

(二) 性质

1. 性状

对乙酰氨基酚为白色结晶或结晶性粉末；无臭，味微苦；在热水或乙醇中易溶，在丙酮中溶解，在水中略溶。醋氨苯砜为白色或微黄色结晶或结晶性粉末；无臭，无味；在乙醇中微溶解，在水、乙醚、稀盐酸或氢氧化钠试液中几乎不溶；盐酸利多卡因为白色结晶性粉末；无臭，味苦，有麻木感；在水或乙醇中易溶，在三氯甲烷中溶解，在乙醚中不溶。盐酸布比卡因为白色结晶性粉末；无臭，味苦；在乙醇中易溶，在水中溶解，在三氯甲烷中微溶，在乙醚中几乎不溶。

2. 水解后呈芳伯氨基特性

分子结构中的酰胺键可水解为芳伯氨基，并显芳伯氨基特性反应。对乙酰氨基酚、醋氨苯砜水解速度较快。盐酸利多卡因与盐酸布比卡因的酰氨基邻位存在两个甲基，受空间位阻影响，水解较难。

3. 酚羟基特性

对乙酰氨基酚结构中具有酚羟基，可与三氯化铁反应呈色。

4. 弱碱性

利多卡因和布比卡因脂烃胺侧链上有叔胺氮原子，呈弱碱性，可与生物碱沉淀试剂发生沉淀反应；在冰醋酸等非水溶剂中可与高氯酸发生定量反应。

5. 与重金属离子发生沉淀反应

盐酸利多卡因、盐酸布比卡因的酰胺基可与铜离子或钴离子发生反应，生成有色的配位化合物沉淀。

6. 光谱吸收特性

本类药物都具有苯环等共轭结构，在紫外光区有特征吸收。苯环、羰基、氨基等具有特征红外吸收。

二、鉴别试验

（一）重氮化-偶合反应

对乙酰氨基酚和醋氨苯砜结构中具有潜在的芳伯氨基，可在酸性条件下加热水解，水解产物可发生重氮化-偶合反应。如《中国药典》收载的对乙酰氨基酚的鉴别方法：取本品约0.1g，加稀盐酸5ml，置水浴中加热40min，放冷；取0.5ml，滴加亚硝酸钠试液5滴，摇匀，用水3ml稀释后，加碱性β-萘酚试液2ml，振摇，即显红色。

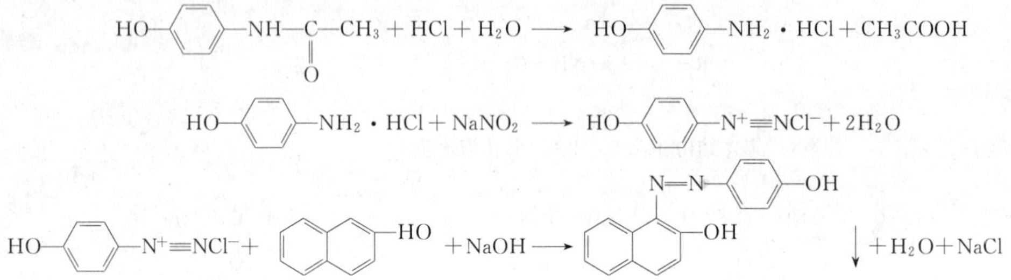

（二）三氯化铁反应

对乙酰氨基酚分子结构中具有酚羟基，可直接与三氯化铁试液反应显蓝紫色。

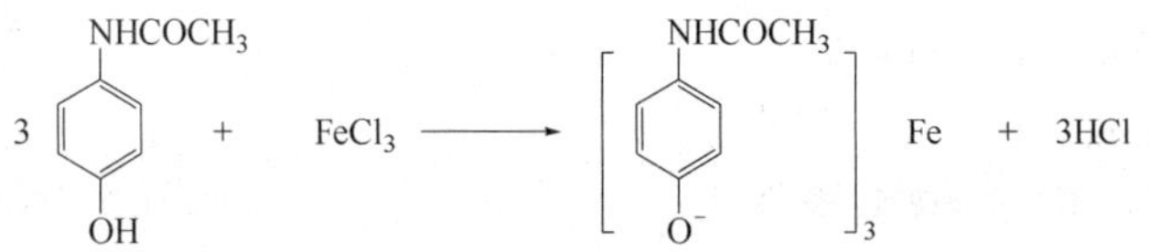

（三）重金属离子反应

1. 与铜离子反应

分子结构中具有芳酰胺的盐酸利多卡因，在碳酸钠试液中，与硫酸铜反应生成蓝紫色配位化合物，此有色物转溶于氯仿中显黄色。反应式如下。

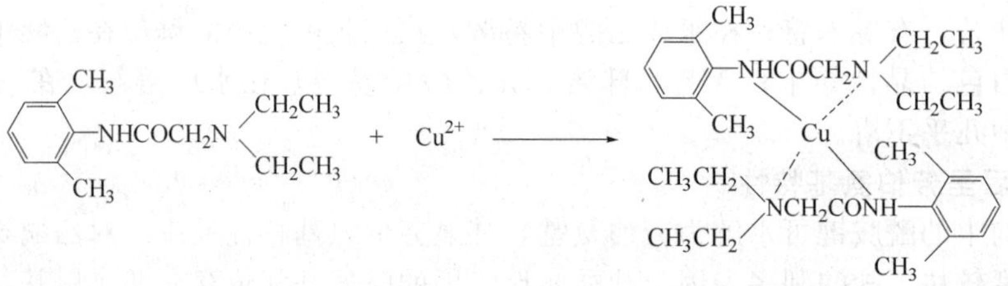

2. 与钴离子反应

盐酸利多卡因在酸性溶液中与氯化钴试液反应，生成亮绿色细小钴盐沉淀。反应式如下。

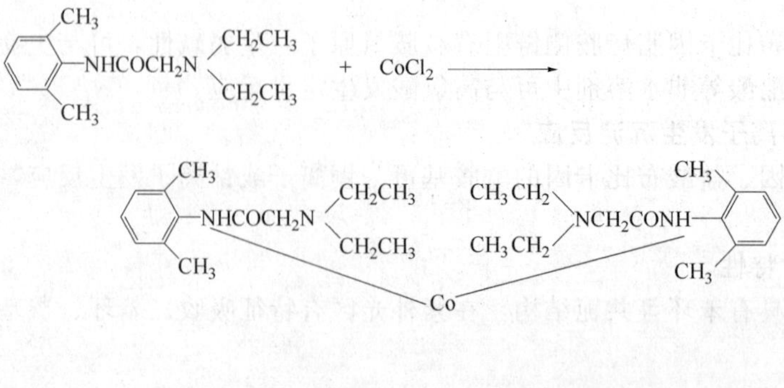

3. 与汞离子反应

盐酸利多卡因的水溶液加硝酸酸化后，加硝酸汞试液，煮沸，显黄色。而对氨基苯甲酸酯类药物显红色或橙黄色，可与之区别。

(四) 测定衍生物熔点

制备衍生物测熔点是常用的鉴别方法之一。

【应用示例】 盐酸利多卡因的鉴别：取本品 0.2g，加水 20ml 溶解后，取溶液 10ml，加三硝基苯酚试液 10ml，即生成沉淀；过滤，沉淀用水洗涤后，干燥，依法测定，熔点为 228～232℃，熔融时同时分解。

此外，本类药物的紫外吸收和红外吸收光谱特征均可供鉴别分析用。

三、检查

根据对乙酰氨基酚原料药的合成工艺及性质，除了检查酸度、氯化物、硫酸盐、干燥失重、炽灼残渣和重金属等一般杂质外，还需检查以下项目。

(一) 乙醇溶液的澄清度与颜色

对乙酰氨基酚的制备过程中使用铁粉作为还原剂，有可能带入成品中，致使乙醇溶液产生浑浊。中间体对氨基酚易被氧化为有色的醌式产物，在乙醇中显橙红色或棕色。

【应用示例】 取本品 1.0g，加乙醇 10ml 溶解后，溶液应澄清无色；如显浑浊，与 1 号浊度标准液比较，不得更深；如显色，与棕红色 2 号或橙红色 2 号标准比色液比较，不得更深。

(二) 对氯苯乙酰胺

由于对乙酰氨基酚的生产工艺路线较多，不同的生产工艺路线所带入的杂质有所不同，这些有机杂质主要包括中间体、副产物及分解产物。如对氨基酚、对氯苯乙酰胺、邻乙酰基对乙酰氨基酚、偶氮苯、氧化偶氮苯、苯醌和醌亚胺等。

【应用示例】 采用高效液相色谱法检查对氯苯乙酰胺：临用新制。取对氨基酚及有关物质项下的供试品溶液作为供试品溶液；另取对氯苯乙酰胺对照品适量，精密称定，加上述溶剂溶解并制成每毫升中约含 1μg 的溶液，作为对照品溶液。照高效液相色谱法试验。用辛烷基硅烷键合硅胶为填充剂；以磷酸盐缓冲液（取磷酸氢二钠 8.95g，磷酸二氢钠 3.9g，加水溶解至 1000ml，加 10%四丁基氢氧化铵溶液 12ml)-甲醇（60：40）为流动相；检测波长为 245nm；柱温为 40℃；理论板数按对乙酰氨基酚峰计算不低于 2000，对氯苯乙酰胺峰与对乙酰氨基酚峰的分离度应符合要求。取对照品溶液 20μl，注入液相色谱仪，调节检测灵敏度，使对氯苯乙酰胺色谱峰的峰高约为满量程的 10%，再精密量取供试品溶液与对照品溶液各 20μl，分别注入液相色谱仪，记录色谱图；按外标法以峰面积计算，含对氯苯乙酰胺不得过 0.005%。

(三) 对氨基酚

由于该特殊杂质为对乙酰氨基酚在合成过程中，由于乙酰化不完全或贮藏不当发生水解而引入的，因此在原料药和制剂中均采用 HPLC 法检查该项杂质，具体方法详见工作任务“对乙酰氨基酚颗粒的质量检验”的相关内容。

四、含量测定

(一) 紫外-可见分光光度法

对乙酰氨基酚原料药及其绝大多数制剂采用紫外-可见分光光度法测定含量，详见工作任务“对乙酰氨基酚颗粒的质量检验”的相关内容。

（二）高效液相色谱法

《中国药典》收载的对乙酰氨基酚的泡腾片、注射液、滴剂以及凝胶制剂的含量测定均采用高效液相色谱法。

【应用示例】 对乙酰氨基酚泡腾片含量的测定。

（1）色谱条件与系统适用性试验　用十八烷基硅烷键合硅胶为填充剂；以磷酸盐缓冲液（pH4.5）（取磷酸二氢钠二水合物 15.04g、磷酸氢二钠 0.0627g，加水溶解并稀释至 100ml。调节 pH 值至 4.5）-甲醇（80∶20）为流动相；检测波长为 254nm。取对氨基酚对照品和对乙酰氨基酚对照品适量，加流动相溶解并稀释或每毫升中含对氨基酚 10μg 和对乙酰氨基酚 0.1mg 的溶液，取 10μl 注入液相色谱仪，记录色谱图，理论板数按对乙酰氨基酚峰计不低于 5000，对乙酰氨基酚峰与对氨基酚峰的分离度应符合要求。

（2）测定法　取本品 10 片，精密称定，研细，精密称取适量（约相当于对乙酰氨基酚 25mg），置 50ml 量瓶中，加流动相稀释至刻度，摇匀，滤过，精密量取续滤液 10ml，置 50ml 量瓶中，用流动相稀释至刻度，摇匀，作为供试品溶液，精密量取供试品溶液 10μl，注入液相色谱仪，记录色谱图；另取对乙酰氨基酚对照品适量，精密称定，加流动相溶解并定量稀释制成每 1ml 中含 0.1mg 的溶液，同法测定。按外标法以峰面积计算，即得。

自我测试

一、单项选择题

1. 对于平均片重在 0.3g 以下的片剂，其重量差异限度为（　）
   A. ±3%　　B. ±5%　　C. ±7.5%　　D. ±2.5%
2. 溶出度测定中每片溶出量应不低于 Q 值，Q 是指（　）
   A. 按标示量计的规定限度　　B. 标示量的 80%
   C. 按平均含量计的规定限度　　D. 规定的含量限度
3. 药物制剂的崩解时限测定可被下列哪项试验代替（　）
   A. 重量差异检查　　B. 含量均匀度检查
   C. 溶出度测定　　D. 含量测定
4. 糖类附加剂对哪种定量方法有干扰（　）
   A. 酸碱滴定法　　B. 非水溶液滴定法
   C. 氧化还原滴定法　　D. 配位滴定法
5. 胶囊剂的常规检查与特殊检查项目与下列哪种制剂相似（　）
   A. 颗粒剂　　B. 片剂　　C. 口服制剂　　D. 固体制剂
6. 为什么硫酸亚铁原料药采用高锰酸钾法测定，而其片剂采用铈量法测定含量（　）
   A. 因为片剂中辅料对指示剂变色有封闭作用
   B. 因为片剂中药物在高锰酸钾滴定条件下不易反应完全
   C. 为消除抗氧剂亚硫酸氢钠的干扰
   D. 因为片剂中糖类辅料对高锰酸钾法有干扰
7. 平均装样量在 1.0g 以上至 1.5g 的单剂量包装的颗粒剂，装量差异限度为（　）
   A. ±10%　　B. ±8%　　C. ±7%　　D. ±6%
8. 单剂量固体制剂含量均匀度的检查是为了（　）

A. 控制小剂量固体制剂、单剂中含药量的均匀度
B. 避免辅料造成的影响
C. 严格含量测定的可信度
D. 避免制剂工艺的影响
9. 片剂中应检查的项目有（ ）
A. 可见异物
B. 检查生产和贮存过程中引入的杂质
C. 应重复原料药的检查项目
D. 含量均匀度和重量差异检查应同时进行
10. 咖啡因和茶碱的特征鉴别反应是（ ）
A. 双缩脲反应 B. Vitali 反应 C. 紫脲酸铵反应 D. Marquis 反应
11. 酸性染料比色法中，水相的 pH 值过小，则（ ）
A. 能形成离子对 B. 生物碱几乎全部以分子状态存在
C. 酸性染料以阴离子状态存在 D. 酸性染料以分子状态存在
12. 非水溶液滴定法测定硫酸奎宁原料的含量时，可以用高氯酸直接滴定冰醋酸介质中的供试品，1mol 硫酸奎宁需要消耗高氯酸的量（mol）为（ ）
A. 1 B. 2 C. 3 D. 4
13. 硫喷妥钠与铜盐的鉴别反应生成物为（ ）
A. 紫色 B. 绿色 C. 蓝色 D. 黄色
14. 下列药物哪个能使溴试液褪色（ ）
A. 司可巴比妥 B. 苯巴比妥 C. 异戊巴比妥 D. 环己巴比妥
15. 苯甲酸钠的含量测定，中国药典采用双相滴定法，其所用的溶剂体系为（ ）
A. 水-乙醇 B. 水-冰醋酸 C. 水-氯仿 D. 水-乙醚
16. 既具有酸性又具有还原性的药物是（ ）
A. 维生素 C B. 维生素 A C. 氯丙嗪 D. 咖啡因
17. 鉴别水杨酸及其盐类，最常用的试剂是（ ）
A. 碘化钾 B. 碘化汞钾 C. 三氯化铁 D. 硫酸亚铁
18. 下列药物的碱性溶液，加入铁氰化钾后，再加正丁醇，显蓝色荧光的是（ ）
A. 维生素 A B. 维生素 B_1 C. 维生素 C D. 维生素 E
19. 可发生茚三酮反应的药物是（ ）
A. 青霉素 B. 链霉素 C. 四环素 D. 阿奇霉素
20. 抗生素类药物的常规检查项目中不包括（ ）
A. 溶液澄清度 B. 异常毒性试验 C. 热原试验 D. 升压试验
21. 对乙酰氨基酚中可能存在的特殊杂质为（ ）
A. 对氨基酚 B. 对氨基苯甲酸 C. 水杨酸 D. 其他生物碱

二、多项选择题

1.《中国药典》收载的溶出度测定方法有（ ）
A. 小杯法 B. 过滤法 C. 吊篮法
D. 转篮法 E. 桨法
2. 需要检查装量差异的制剂有（ ）
A. 胶囊剂 B. 糖浆剂 C. 颗粒剂
D. 注射用无菌粉末 E. 注射剂

3. 片剂中应检查的项目有（ ）

A. 重量差异 B. 装量差异 C. 崩解时限

D. 不溶性微粒 E. 制剂在生产和贮存过程中引入的杂质

4. 胶囊剂常规检查的项目有（ ）

A. 粒度 B. 装量差异 C. 崩解时限

D. 溶出度 E. 微生物限度

5. 药物制剂含有的硬脂酸镁，其主要干扰的含量测定方法有（ ）

A. 亚硝酸钠法 B. 非水溶液滴定法 C. 配位滴定法

D. 氧化还原滴定法 E. 酸碱滴定法

6. 关于含量均匀度的检查，下列说法中正确的是（ ）

A. 对于小剂量的制剂，需要进行含量均匀度检查

B. 含量均匀度是指制剂每片（个）含量偏离标示量的程度

C. 凡是测定含量均匀度制剂可不再进行重量差异检查

D. 含量均匀度检查所用方法和含量测定方法必须相同

E. 除片剂和注射剂外，其他不需要进行含量均匀度检查

7. 用非水滴定法测定盐酸吗啡含量时，应使用的试剂是（ ）

A. 二甲基甲酰胺 B. 盐酸 C. 冰醋酸

D. 5%乙酸汞冰醋酸液 E. 硫酸

8. 具有黄嘌呤基本母核的药物是（ ）

A. 硝酸士的宁 B. 盐酸吗啡 C. 咖啡因

D. 茶碱 E. 硫酸奎宁

9. 巴比妥类药物的鉴别方法有（ ）

A. 与钡盐反应生成白色化合物 B. 与氢氧化钠反应生成白色沉淀

C. 与银盐反应生成白色沉淀 D. 与铜盐反应生成有色沉淀

E. 与铁盐反应生产有色沉淀

10. 下列属于链霉素特有鉴别反应的是（ ）

A. 茚三酮反应 B. 麦芽酚反应 C. 坂口反应

D. 硫酸-硝酸呈色反应 E. 异羟肟酸铁反应

11. 青霉素和头孢菌素类抗生素具有下列性质

A. 旋光性 B. 不稳定性 C. 能与矿酸或有机酸形成溶于水的盐

D. 能与羟肟酸铁反应 E. 酸性

12. 维生素 A 鉴别试验的方法有（ ）

A. 三氯化锑反应 B. 干燥失重法 C. 紫外分光光度法

D. 薄层色谱法 E. 无水乙醇法

13. 维生素 B_1 及其制剂常用的含量测定方法有（ ）

A. 非水溶液滴定法 B. 紫外分光光度法 C. 硫色素荧光法

D. 硅钨酸重量法 E. 银量法

14. 两步滴定法测定阿司匹林片剂含量时，第一步滴加 NaOH 的作用是（ ）

A. 中和片剂中添加的酸性稳定剂 B. 中和水解产物水杨酸

C. 中和水解产物醋酸 D. 使酯结构水解

E. 中和阿司匹林分子中游离羧基

15. 能发生重氮化-偶合反应的药物有（ ）

A. 水杨酸　　B. 阿司匹林　　C. 对氨基水杨酸钠
D. 对氨基酚　　E. 盐酸普鲁卡因

三、计算题：

维生素C片（规格100mg）的含量测定：取20片，精密称定，重2.2020g，研细，精密称取0.4402g片粉，置100ml量瓶中，加稀乙酸10ml，与新沸过的冷水至刻度，摇匀，滤过。精密量取续滤液50ml，用碘滴定液（0.05004mol/L）滴定至终点。消耗碘滴定液22.06ml，每1ml的碘滴定液（0.05mol/L）相当于8.806mg的维生素C。计算维生素C片的含量。

（陈　婷）

项目九　半固体制剂的质量检验

半固体制剂以软为特征，在轻度外力或体温作用下易于变形和流动，使用时便于挤出，是可均匀涂布于皮肤、眼部、鼻腔、阴道、肛门等部位的外用给药系统。根据给药部位、处方设计不同，可以起到局部或全身作用。半固体制剂的类型很多，根据基质的性质和给药途径可分为软膏剂、乳膏剂、糊剂、凝胶剂、栓剂等。下面重点介绍软膏剂、乳膏剂、栓剂等典型半固体制剂的质量检验。

必备知识一　软膏剂、乳膏剂的质量检验

【知识目标】

掌握软膏剂、乳膏剂的概念与分类，软膏剂、乳膏剂的含量测定与计算方法以及附加剂干扰的排除方法。

熟悉软膏剂、乳膏剂的质量要求与质量检查项目，典型药物氢化可的松乳膏剂的质量检验原理与方法。

了解软膏剂、乳膏剂的生产工艺流程及主要质量控制点，甾体激素类药物质量检验的相关知识。

【能力目标】

能正确查阅《中国药典》中有关药物制剂的质量标准，并依据该标准对药物进行质量检验操作，正确填写相关药物的检验原始记录及检验报告单，同时给出正确的检验结论。

一、软膏剂、乳膏剂的定义、分类与基质

软膏剂是指药物与油脂性或水溶性基质混合制成的均匀的半固体外用制剂。因药物在基质中的分散状态不同，软膏剂可分为溶液型软膏剂和混悬型软膏剂。溶液型软膏剂系指药物溶解或共熔于基质或基质组分中制成的软膏剂；混悬型软膏剂系指药物细粉均匀分散于基质中制成的软膏剂。

乳膏剂是指药物溶解或分散于乳状液型基质中形成的均匀的半固体外用制剂。乳膏剂由于基质不同，可分为水包油型乳膏剂与油包水型乳膏剂。

软膏剂、乳膏剂选用基质时，应根据各剂型的特点、药物的性质、制剂的疗效和产品的稳定性来选择。基质也可由不同类型的基质混合组成。

软膏剂基质可分为油脂性基质和水溶性基质。油脂性基质常用的有凡士林、石蜡、液状石蜡、硅油、蜂蜡、硬脂酸、羊毛脂等；水溶性基质主要有聚乙二醇。乳膏剂常用的乳化剂可分为水包油型和油包水型。水包油型乳化剂有钠皂、三乙醇胺皂类、脂肪醇硫酸（酯）钠类（十二烷基硫酸钠）和聚山梨酯类；油包水型乳化剂有钙皂、羊毛脂、单甘油酯、脂肪

醇等。

二、软膏剂、乳膏剂的质量要求

软膏剂、乳膏剂在生产与贮藏期间均应符合下列规定：①软膏剂、乳膏剂基质应均匀、细腻，涂于皮肤或黏膜上应无刺激性。混悬型软膏剂中不溶性固体药物应预先用适宜的方法磨成细粉，确保粒度符合规定。②软膏剂、乳膏剂根据需要可加入保湿剂、防腐剂、增稠剂、抗氧剂及透皮促进剂。③软膏剂、乳膏剂应具有适当的黏稠度，应易涂布于皮肤或黏膜上，不融化，黏稠度随季节变化应很小。④软膏剂、乳膏剂应无酸败、异臭、变色、变硬，乳膏剂不得有油水分离及胀气现象。⑤软膏剂应遮光密闭贮存；乳膏剂应遮光密封，宜置25℃以下贮存，不得冷冻。

三、软膏剂、乳膏剂的质量监控

软膏剂、乳膏剂多用于皮肤或黏膜，有良好的局部治疗作用，随着近年来透皮吸收理论的发展，应用于临床的软膏剂品种的数量也有明显的增加。为保证软膏剂、乳膏剂的临床疗效和用药安全，必须对其基质、半成品和成品进行质量监控。

（一）软膏剂、乳膏剂的质量检查项目

1. 一般质量检查

《中国药典》二部规定软膏剂、乳膏剂应进行粒度、装量、无菌和微生物限度等项目检查。

（1）粒度　药物颗粒过大，不仅影响其释药特性，而且易对皮肤产生刺激，因此混悬型软膏剂需检查粒度。

方法：除另有规定外，混悬型软膏剂取适量的供试品，涂成薄层，薄层面积相当于盖玻片面积，共涂3片，照粒度和粒度分布测定法（《中国药典》附录Ⅸ E第一法）检查，均不得检出大于180μm的粒子。

（2）装量　照最低装量检查法（《中国药典》附录Ⅹ F）检查，应符合规定。

（3）无菌　用于烧伤或严重创伤的软膏剂与乳膏剂，照无菌检查法（《中国药典》附录Ⅺ H）检查，应符合规定。

（4）微生物限度　除另有规定外，照微生物限度检查法（《中国药典》附录Ⅺ J）检查，应符合规定。

2. 其他质量检查

软膏剂、乳膏剂的质量检查还包括基质的物理性质、刺激性、稳定性的测定以及药物的释放、穿透、吸收等的检查。

（1）物理性质的测定

① 熔点与滴度　油脂性基质可采用熔点检查控制其质量。一般软膏剂以接近凡士林的熔点为宜。凡士林或其他类似基质的熔点可采用《中国药典》“附录”中“熔点测定法”（第三法）测定，由于此类基质熔点的测定不易观察清楚，需取数次平均值来评定。羊毛脂、脂肪、脂肪酸等不易粉碎的固体药品的熔点采用《中国药典》“附录”中“熔点测定法”（第二法）测定。目前生产上还采用测定滴点来控制基质的质量，滴点是样品中标准条件下受热熔化后，从管口落下第一滴时的温度。生产上滴点的标准控制在45～55℃。

② 黏度与稠度　流变性是软膏剂基质最基本的物理性质，而黏度是决定软膏剂基质流变性的主要因素之一，因此一般软膏剂基质均需对黏度进行测定。《中国药典》附录收载了三种黏度测定方法，分别用平氏黏度计、旋转黏度计和乌氏黏度计进行测定。软膏剂基质可按照各品种项下的规定进行测定，均应符合《中国药典》的规定。

软膏剂多属非牛顿流体，具有塑变性，包括塑性黏度、触变指数等流变性，统称为稠度。不同种类的软膏剂，其稠度有很大的差别；此外，稠度还可受环境温度和贮存时间的影响而有变化。通常用插度计来测定稠度，即在一定温度下，将插度计中质量为150g的金属锥体的锥尖放在试品的凝固表面上，然后使锥体在5s内自由垂直落入样品中，以插入的深度评定试品的稠度，以0.1mm的深度为1个单位，称为插入度。一般稠度大的样品插入度小，稠度小的样品插入度大。例如，凡士林的插入度在0℃时不得小于100，在37℃时不得大于300。一般软膏剂常温时插入度在100～300之间，其中乳膏剂在200～300之间较适宜。插入度测定法适用于软膏剂、眼膏剂及其常用基质材料（如凡士林、羊毛脂、蜂蜡）等半固体物质的测定，以控制其软硬度和黏稠度等性质，避免影响药物的涂布延展性。

③ 酸碱度　凡士林、液状石蜡、羊毛脂等都是软膏剂的常用基质，这些原料在精制过程中需用酸碱处理，故《中国药典》规定应检查酸碱度，以免产生刺激。测定方法是取样品加适宜溶剂（如水或乙醇）振摇，所得溶液再用pH计测定。一般软膏剂的酸碱度以近中性为宜。

(2) 刺激性的测定　软膏涂于皮肤或黏膜时，不得导致疼痛、红肿或斑疹等不良反应，引起不良反应者不宜使用。软膏剂中除药物、基质及附加剂可能会引起皮肤刺激外，有时在原料生产中使用的金属催化剂也能带入微量的杂质而造成皮肤刺激。刺激性的测定方法主要有皮肤测定法、黏膜测定法和贴敷法。

(3) 稳定性的测定　大量生产的软膏剂由于贮存时间长，各地区气温变动又大，故对其稳定性要加以注意。软膏剂的稳定性检查项目主要有色泽、稠度、霉败、失水、均匀性、含量、有关物质等。通常采用加速试验法，即将软膏剂装入密闭容器中，分别置恒温箱（39±1)℃、室温（25±3)℃及冰箱（5±2)℃中贮存1～3个月，检查上述项目变化的情况。

乳膏剂易受温度的影响，需做耐热、耐寒试验。将其分别置于55℃恒温6h及－15℃下24h观察有无油水分离。一般W/O型乳膏剂基质的耐热性差，在38～40℃出现油水分离，而O/W型乳膏剂基质的耐寒性差，质地易变粗。

(4) 药物释放度及吸收的测定

① 体外试验法　主要有离体皮肤法、凝胶扩散法、半透膜扩散法和微生物法等，其中以离体皮肤法较接近应用的实际情况。离体皮肤法是使用小鼠、大鼠、豚鼠、兔、狗、猴等动物的皮肤，在扩散池中将动物皮肤固定后，测定在不同时间由供给池穿透皮肤到接受池溶液中的药物量，计算药物对皮肤的渗透率。

② 体内试验法　将软膏剂涂于动物或人体的皮肤上，经过一定时间后进行测定，测定方法有：体液与组织器官中药物含量的分析法、生理反应法、放射性同位素法等。

(二) 软膏剂、乳膏剂的生产工艺流程以及关键工序的质量控制

按照形成的软膏剂类型以及制备量、设备条件、基质种类的不同，采用不同的方法制备软膏剂，一般主要有研和法和熔和法两种。油脂性基质的软膏剂制备可采用研和法和熔和法；水溶性基质软膏剂的制备主要采用熔和法。乳膏剂的制备技术主要有乳化法。

软膏剂、乳膏剂的工业化生产主要包括四个步骤：软管的制备及处理、药物与基质的配制、灌装、封口及包装，其中配膏和灌封是两个关键工序。一般用于表皮外用软膏剂、乳膏剂的配制、灌装暴露工序的洁净度要求不低于D级，深部组织创伤用的软膏剂、乳膏剂暴露工序应不低于B级。软膏剂、乳膏剂的一般生产工艺流程如图9-1所示，软膏剂、乳膏剂生产工艺流程中关键工序的质量控制点及控制要求如表9-1所示。

(三) 软膏剂、乳膏剂的含量测定

1. 基质的干扰及其排除

软膏剂、乳膏剂中含有大量的基质，这些基质，尤其是油脂性基质和乳状液型基质的存

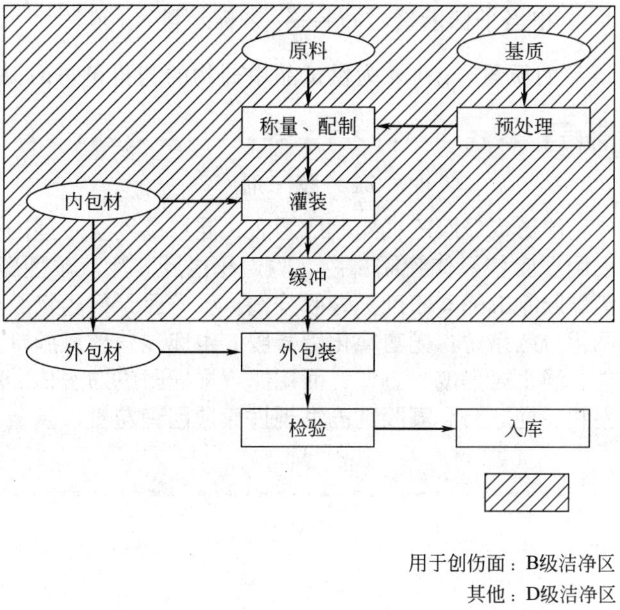

图 9-1　软膏剂、乳膏剂的生产工艺流程

表 9-1　软膏剂、乳膏剂生产工艺流程中关键工序的质量控制点及控制要求

制剂类型	关键工序	质量控制点	控制要求
软膏剂与乳膏剂	配膏	①外观	应无酸败、异臭、变色、变硬，乳膏剂不得有油水分离及胀气现象
		②粒度	混悬型软膏剂取适量的供试品，涂成薄层，面积相当于盖玻片面积，共涂 3 片，照《中国药典》“附录”中“粒度检查法”检查，均不得检出大于 180μm 的粒子
		③黏稠度	应当具有适当的黏稠度，应易涂布于皮肤或黏膜上，不熔化，黏稠度随季节变化应很小
	灌封	①密封性	灌封过程中应随时观察封尾情况，以确保软膏管的密封
		②软管外观	光标位置准确，批号清晰正确，文字对称美观，尾部折叠严密、整齐，管无变形
		③装量差异	应符合规定

在，对主药的分析方法，特别是含量测定方法会产生干扰，因此可采取下列方法先排除基质的干扰后再测定。

(1) 直接溶解主药法　如硼酸软膏，先加甘露醇和新沸过的冷水，在水浴上加热，搅拌使硼酸溶解，放冷至室温，用酸碱滴定法测定。

(2) 溶解分离基质法　加入有机溶剂使基质溶解后直接测定。如向氧化锌软膏中加入三氯甲烷，微温，使凡士林熔化并溶解，再加 0.5mol/L 硫酸溶液，搅拌使氧化锌溶解，用配位滴定法测定。

(3) 滤除基质法　取一定量软膏剂，加入适宜溶剂，加热溶解药物并使基质液化，放冷，待基质重新凝固，迅速滤过，取滤液测定药物的含量。如醋酸氟轻松乳膏以甲醇作溶剂，加热溶解药物，冰浴中冷却后迅速过滤，滤液用 HPLC 法测定。

(4) 提取主药法　先用有机溶剂溶解基质，再在不同酸碱性介质中提取主药后测定。如盐酸金霉素软膏加入石油醚，使基质溶解，用盐酸溶液提取主药，再用 HPLC 法测定。

2. 含量测定及计算

称取一定量供试品（约相当于规定的主药含量或按规定取样），照规定方法测定后，以如下公式计算含量。

$$\text{相当于标示量}(\%)=\frac{m}{m_{\text{供}}}\times\text{标示量}\times 100\%$$

式中，$m_{供}$ 为供试品的质量，g；m 为供试品中药物的测得量，g；标示量单位为 g/g。

知识拓展

凝 胶 剂

凝胶剂系指药物与能形成凝胶的辅料制成溶液、混悬或乳状液型的稠厚液体或半固体制剂。凝胶剂限局部用于皮肤及体腔如鼻腔、阴道和直肠。乳状液型凝胶剂又称乳胶剂。由高分子基质如西黄蓍胶制成的凝胶剂称为胶浆剂。小分子无机药物胶体小粒以网状结构存在于液体中，属两相分散系统，如氢氧化铝凝胶，也称混悬型凝胶剂，可供内服。混悬型凝胶剂具有触变性，静止时形成半固体，而搅拌或振摇时成为液体。凝胶剂基质属于单相分散系统，有水性和油性之分。凝胶剂的常规检查项目有粒度、装量、无菌和微生物限度等。

工作任务 氢化可的松乳膏的质量检验

一、任务准备

肾上腺皮质激素是肾上腺皮质受脑垂体前叶分泌的促肾上腺皮质激素刺激所产生的一类激素，按其生理作用可分为盐皮质激素和糖皮质激素。盐皮质激素主要调节机体的水、盐代谢和维持电解质平衡，基本无临床使用价值。糖皮质激素主要与糖、脂肪、蛋白质代谢和生长发育等有关，在临床上具有极为重要的价值。氢化可的松是其代表药物，其他药物含有氢化可的松的结构，是在它的基础上发展起来的。

（一）结构

氢化可的松的结构式如下。

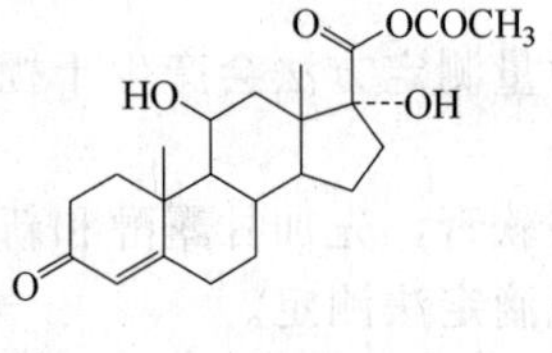

（二）性质

1. 性状

氢化可的松为白色或类白色的结晶性粉末；无臭，初无味，随后有持续的苦味；遇光渐变质。在乙醇或丙酮中略溶，在三氯甲烷中微溶，在乙醚中几乎不溶，在水中不溶。

2. 还原性

氢化可的松 C_{17} 位上有 α-醇酮基，具有还原性，能与多种氧化剂发生反应。

3. 紫外吸收

氢化可的松结构上有 Δ^4-3-酮基，为共轭体系，具有紫外吸收特性，可用于定性、定量分析。

（三）临床应用

氢化可的松具有抗炎及免疫抑制、抗病毒、抗休克作用，用于治疗肾上腺皮质功能减退症、严重感染、自身免疫性疾病、过敏性疾病、各种原因引起的休克、血液系统疾病、激素合成障碍所致的各型肾上腺疾病；也可用于肾上腺功能不全所引起的疾病、类风湿性关节炎、风湿性发热、痛风、支气管哮喘等；用于胸膜炎、虹膜炎、角膜炎、烧伤等；也用于过敏性皮炎、脂溢性皮炎、瘙痒症等。临床上常用的剂型有片剂、注射剂、乳膏剂等。

（四）质量标准

氢化可的松乳膏的质量标准参照《中国药典》二部：本品含氢化可的松 $C_{21}H_{30}O_5$ 应为标示量的 90.0%～110.0%。

二、任务实施

（一）任务要求

（1）能熟练利用四氮唑比色法对氢化可的松乳膏进行含量测定及计算。

（2）能正确选择乳膏剂中辅料干扰排除的方法并正确进行前处理。

（二）仪器与试药

（1）主要仪器　烧杯、水浴锅、定量滤纸、漏斗及漏斗架、蒸发皿、量瓶、具塞试管、紫外-可见分光光度计。

（2）试药　无水乙醇、硫酸、硫酸苯肼试液、氯化三苯四氮唑试液、氢氧化四甲基铵试液、氢化可的松乳膏（10g：50mg）、氢化可的松对照品。

（三）工作内容

1. 性状

氢化可的松乳膏为乳白色乳膏。

2. 鉴别

取本品约 5g，置烧杯中，加无水乙醇 30ml，在水浴上加热使融化，置冰浴中冷却后，滤过，滤液蒸干，残渣照下述方法试验。

（1）与强酸的呈色反应　取残渣少许，加硫酸 2ml，摇匀，放置 5min，溶液显黄色至棕黄色，并带绿色荧光。

（2）与羰基试剂的呈色反应　取残渣少许，加乙醇 1ml 溶解后，加新制的硫酸苯肼试液 8ml，在 70℃加热 15min，即显黄色。

3. 检查

氢化可的松乳膏主要是进行乳膏剂项下的有关检查。

（1）装量检查　照最低装量检查法检查，应符合规定。

（2）微生物限度检查　除另有规定外，照微生物限度检查法检查，应符合规定。

4. 含量测定

采用四氮唑比色法测定其含量。

（1）基本原理　肾上腺皮质激素类药物 C_{17}-α-醇酮基（—CO—CH_2OH）具有还原性，在强碱溶液中能将四氮唑盐定量地还原为有色甲臜，有色甲臜在一定波长处有最大吸收，且具有一定的稳定性，因此可用比色法测定其含量。

常用的四氮唑盐有氯化三苯四氮唑（TTC）和蓝四氮唑（BT）。氯化三苯四氮唑，即 2,3,5-三苯基氯化四氮唑，也称红四氮唑（RT），其还原产物为不溶于水的深红色三苯甲臜，在 480～490nm 波长处有最大吸收。红四氮唑显色灵敏度较低，但空白吸收较小。蓝四氮唑（BT），即 3,3′-二甲氧基苯基-双-4,4′-(3,5-二苯基)氯化四氮唑，其还原产物为暗蓝色的双甲臜，在 525nm 波长处有最大吸收。蓝四氮唑显色灵敏度较高，但空白吸收较大，对试剂质量要求较高。TTC 和 BT 的结构如下：

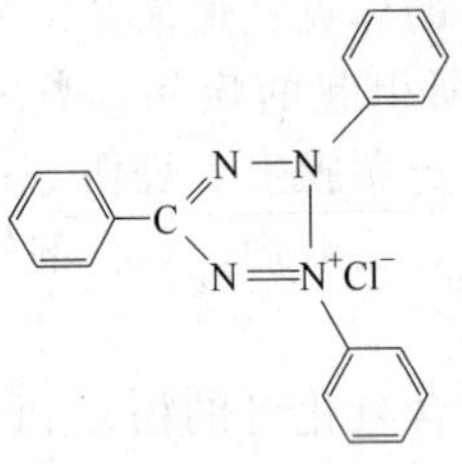
TTC

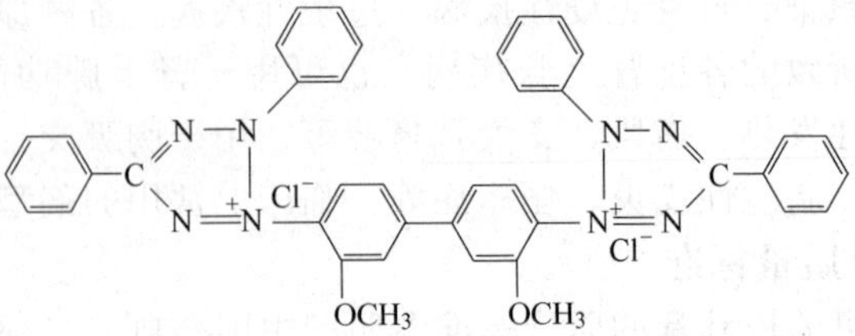
BT

(2) 影响因素 本法测定时的各种因素，如肾上腺皮质激素的结构、反应温度和时间、水分、碱的浓度、空气中氧及光线等，对形成有色甲臢的速度、呈色强度、稳定性都有影响。因此，在操作中应严格控制实验条件。

① 药物结构的影响 一般认为，C_{11}-酮基比 C_{17}-羟基的甾体激素类药物反应速度快；C_{21}-羟基酯化后比其未酯化的母体羟基的反应速度慢；当酯化的基团是磷酸酯、琥珀酸酯时，反应速度更慢。

② 碱的影响 在各类有机或无机碱中，以氢氧化四甲基铵最为理想，能得到满意结果，故最为常用。一般用甲醇或乙醇将 10％的氢氧化四甲基铵溶液稀释后再用，反应完毕后溶液中碱的浓度约为 0.01mol/L。

③ 溶剂和水分的影响 含水量大时会使呈色速度减慢，但含水量不超过 5％时，对结果几乎无影响。为了减少整个反应过程中水分的含量，一般采用无水乙醇作溶剂。另外，醛具有一定的还原性，会还原四氮唑盐，使吸收度增高，故一般应采用无醛醇。

④ 空气中氧与光线的影响 反应及其产物对光和氧皆敏感，因此必须用避光容器并置于暗处显色，加入试剂后应往容器中充氮气，同时显色完全后，应立即测定。

⑤ 温度和时间的影响 一般情况呈色速度随温度增高而加快，一般以室温条件下显色，结果重现性较好。《中国药典》中多数反应的温度和时间是 25℃暗处反应 40～45min。

(3) 测定方法

① 供试品溶液的制备 取本品适量（约相当于氢化可的松 20mg），精密称定，置烧杯中，加无水乙醇约 30ml，在水浴上加热使溶解，再置冰浴中冷却，滤过，滤液置 100ml 量瓶中，同法提取 3 次，滤液并入量瓶中，放至室温，用无水乙醇稀释至刻度，摇匀，作为供试品溶液。

② 对照品溶液的制备 精密称取氢化可的松对照品约 20mg，置 100ml 量瓶中，加无水乙醇溶解并稀释至刻度，摇匀，作为对照品溶液。

③ 测定法 精密量取供试品溶液与对照品溶液各 1ml，分别置干燥具塞试管中，各精密加无水乙醇 9ml 与氯化三苯四氮唑试液 1ml，摇匀，各再精密加氢氧化四甲基铵试液 1ml，摇匀，在 25℃的暗处放置 40～45min，照紫外-可见分光光度法在 485nm 的波长处分别测定吸光度，计算，即得。

(四) 注意事项

(1) “装量”检查法 除另有规定外，取供试品 5 个（50g 以上者取 3 个），除去外盖和标签，容器外壁用适宜的方法清洁并干燥，分别精密称定重量，除去内容物，容器用适宜的溶剂洗净并干燥，再分别精密称定空容器的重量，求出每个容器内容物的装量与平均装量，均应符合《中国药典》附录中的有关规定。如有 1 个容器装量不符合规定，则另取 5 个（50g 以上者 3 个）复试，应全部符合规定。

平均装量与每个容器装量（按标示装量计算的百分率），结果取三位有效数字进行结果判断。

(2) 反应产物对光线及氧气敏感，因此测定应采用避光容器并置于暗处，达到显色时间后必须立即测定吸光度。

（五）思考题

（1）氢化可的松乳膏鉴别项（1）中，要求加“硫酸”，应加何种硫酸？

（2）检验乳膏剂时，应如何排除辅料的干扰？

相关知识 甾体激素类药物的质量检验

甾体激素类药物是指分子结构中含有甾体母核的激素类药物，是临床上一类较为重要的药物。根据药理作用的不同，可分为肾上腺皮质激素和性激素两大类，其中性激素又分为雌激素、雄性激素、孕激素和蛋白同化激素等。

甾体激素类药物的种类较多，但其基本骨架相同，均具有环戊烷并多氢菲母核。其基本骨架如下。

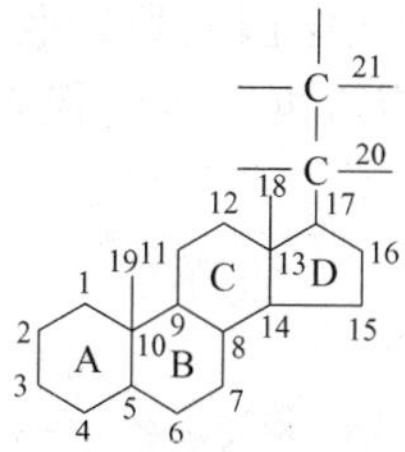

基本骨架主要是由三个六元环和一个五元环所组成，四个环分别称为 A、B、C、D 环。

一、结构与性质

（一）肾上腺皮质激素类药物

《中国药典》收载的肾上腺皮质激素类药物的原料药与制剂有 66 种，多为乙酸酯类，也有磷酸酯的钠盐；剂型除片剂、注射剂外，还有软膏剂、乳膏剂、气雾剂、粉雾剂、涂膜剂、口服溶液剂及眼用制剂（滴眼液、眼膏）。代表药物有氢化可的松（hydrocortisone）、醋酸地塞米松（dexamethasone acetate）、醋酸氟轻松（fluocinonide acetate）、地塞米松磷酸钠（dexamethasone sodium phosphate）、倍他米松（betamethasone）等。

1. 基本结构

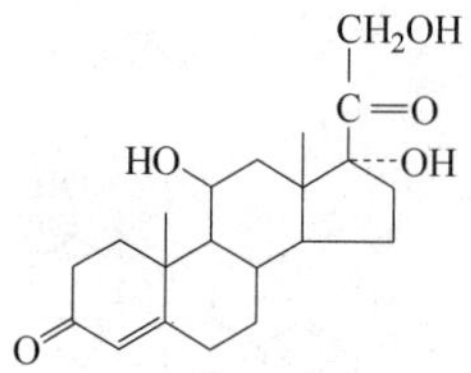

2. 结构特点

A 环上有 Δ^4-3-酮基；10 位和 13 位上皆有甲基；C 环 11 位上有羰基或羟基；D 环 17 位上有羟基和 α-醇酮基等。

（二）雄性激素与蛋白同化激素类药物

目前临床上常用的本类药物主要为睾酮的衍生物。《中国药典》收载的雄性激素与蛋白同化激素类药物的代表药物有丙酸睾酮（testosterone propionate）、甲睾酮（methyltestosterone）、苯丙酸诺龙（nandrolone phenylpropionate）等原料及制剂，共 11 种。剂型除片剂、注射剂外，还有软胶囊等。

1. 基本结构

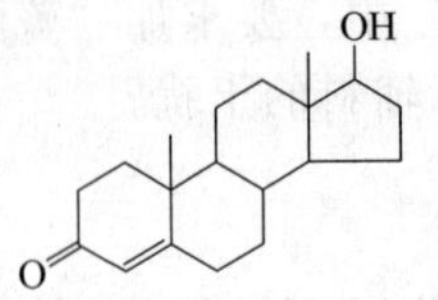

2. 结构特点

A 环上有共轭体系 Δ^4-3-酮基；10 位和 13 位上皆有甲基；D 环 17 位上无侧链，多为 β-羟基（如甲睾酮），有些是由羟基形成的酯（如丙酸睾酮）；有的蛋白同化激素 10 位上无甲基（如苯丙酸诺龙）。

（三）孕激素类药物

天然孕激素是雌性动物卵泡排卵后形成黄体所分泌的激素，主要为黄体酮（又称孕酮）。由于黄体酮口服易失活，仅能肌内注射给药。目前临床上常用的该类药物多为黄体酮及其衍生物，经结构改造后，可口服且长效。《中国药典》收载的孕激素类原料药及制剂共 23 种，剂型除片剂、注射剂、胶囊剂外，还有滴丸剂等，代表药物有黄体酮（progesterone）、醋酸甲地孕酮（megestrol acetate）等。

1. 基本结构

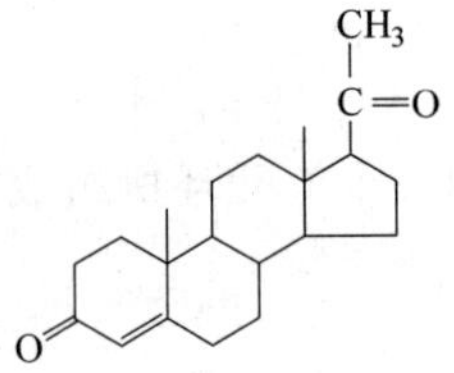

2. 结构特点

A 环上有 Δ^4-3-酮基；10 位和 13 位上皆有甲基；D 环 17 位上有甲酮基。

（四）雌激素类药物

天然雌激素是由雌性动物卵巢分泌产生的激素。天然雌激素中以雌二醇的生理活性最强。此外，还有一些化学结构很简单的非甾体类化合物，如人工合成的代用品己烯雌酚，为可供口服的具有较强活性的雌激素。《中国药典》收载的雌激素类原料药及制剂共 11 种，剂型除片剂、注射剂外，还有缓释贴片等，代表药物有雌二醇（estradiol）、炔雌醇（ethinylestradiol）等。

1. 基本结构

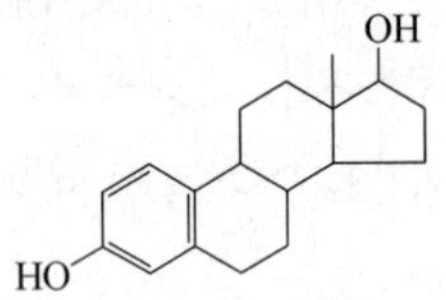

2. 结构特点

A 环为苯环；3 位有酚羟基（有些形成酯）；10 位无甲基；13 位上有甲基；D 环 17 位上有羟基或羰基（有些形成酯），有些有乙炔基（如炔雌醇）。

二、鉴别试验

（一）物理常数鉴别

本类药物的结构相近，但物理常数各不相同，在《中国药典》药物的性状项下均收载了物理常数测定的项目，如熔点、吸收系数、比旋度等，可用于药物的鉴别。

1. 熔点

熔点是药物重要的物理常数，熔点测定同时具有鉴别和纯度检查的双重意义。传统的鉴别方法是利用该类药物中的甾醇或甾酮能与一些试剂反应生成肟、酯、缩氨基脲，通过测定其衍生物的熔点进行鉴别，现已很少使用。《中国药典》中部分甾体激素类药物性状项下收载了熔点测定项目。

2. 吸收系数

甾体激素类药物具有紫外吸收，可利用其最大吸收波长和吸收系数等紫外吸收光谱特征进行鉴别。《中国药典》中部分甾体激素类药物其性状项下收载有吸收系数项目，可用于鉴别。

3. 比旋度

比旋度是旋光物质的物理特征常数，测定比旋度既可用于药物的鉴别，也可以用于药物的纯度检查。甾体激素类药物多因具有手性碳原子，而有旋光性。因此测定比旋度是鉴别不同甾体激素类药物的重要依据。《中国药典》中，大多数甾体激素类药物的性状项下收载有比旋度的测定项目。

（二）化学法

1. 与强酸的呈色反应

甾体激素类药物中的甾体母核能与多种强酸（如硫酸、盐酸、高氯酸、磷酸等）反应呈色，由于不同的药物可形成不同的颜色或荧光，可用于药物的鉴别。其中又以与硫酸的呈色反应应用最为广泛。

2. 官能团的反应

（1）羰基的呈色反应　含 C_3-酮和 C_{20}-酮的甾体激素类药物能与一般羰基试剂，如 2,4-二硝基苯肼、硫酸苯肼、异烟肼等缩合呈色。如黄体酮与异烟肼缩合生成异烟腙而呈黄色。反应式如下。

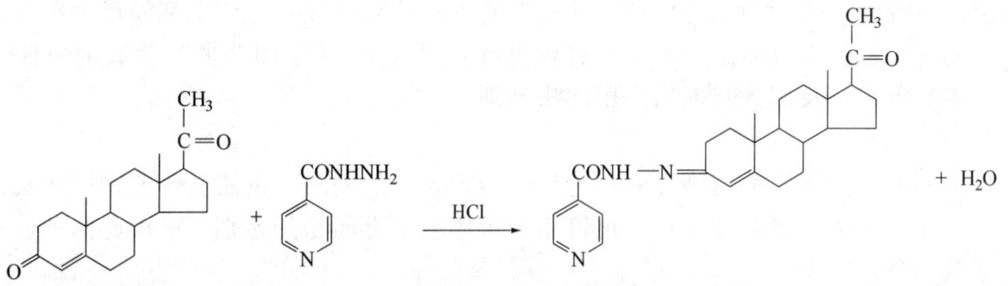

（2）甲酮基的呈色反应　分子结构中含有甲酮基以及活泼亚甲基的甾体激素类药物能与亚硝基铁氰化钠、间二硝基苯、芳香醛等反应呈色。其中含有 C_{17}-甲酮基的黄体酮与亚硝基铁氰化钠反应，生成蓝紫色配位化合物，该反应是黄体酮的灵敏、专属的鉴别方法，可与其他甾体激素类药物相区别。

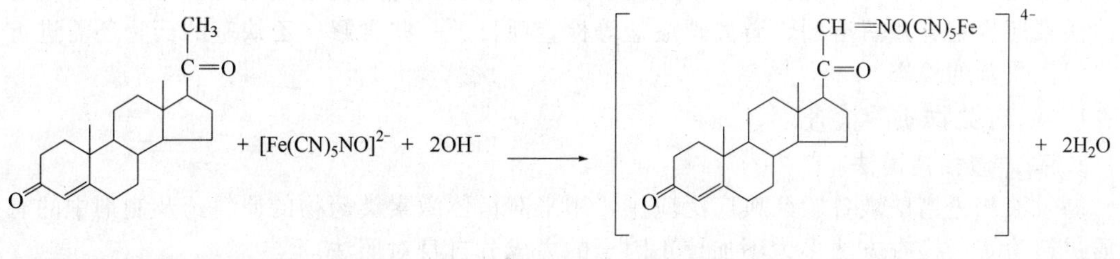

(3) 酚羟基的呈色反应　C_3位为酚羟基的雌激素类药物，能与重氮苯磺酸发生偶合反应，生成红色偶氮化合物而呈色。如苯甲酸雌二醇可利用该呈色反应进行鉴别。

(4) α-醇酮基的反应　肾上腺皮质激素分子结构中C_{17}位上连有α-醇酮基，具有还原性，能与四氮唑盐、碱性酒石酸铜（斐林试剂）、氨制硝酸银（多仑试剂）等试液反应，可用于鉴别。

其中，四氮唑盐试剂不仅用于α-醇酮基的鉴别，也常作为肾上腺皮质激素类药物中"有关物质"检查的显色剂，同时也用于该类药物的含量测定。

(5) 炔基的沉淀反应　含炔基的甾体激素类药物，如炔诺孕酮、炔雌醇等，遇硝酸银试液，即生成白色的炔银沉淀，可用于鉴别。

3. 水解产物的反应

一些甾体激素类药物具有羧酸酯的结构，可将其水解，根据水解产物的性质来鉴别。如醋酸地塞米松、醋酸泼尼松等酯类甾体激素类药物可采用此法进行鉴别。

4. 其他反应

某些含氟的甾体激素类药物，如醋酸地塞米松、醋酸氟轻松，经有机破坏后生成无机氟化物，在12%乙酸钠的稀乙酸中与茜素氟蓝及硝酸亚铈发生反应，生成蓝紫色配位化合物，可用于鉴别。

某些含有机氯的甾体激素类药物，经有机破坏后，转化为无机氯，在硝酸酸性下与硝酸银反应，生成氯化银白色沉淀，可用于鉴别。

（三）光谱法

1. 紫外分光光度法

甾体激素类药物的分子结构中具有Δ^4-3-酮、苯环等共轭结构，在紫外光区有特征吸收，可用紫外分光光度法进行鉴别。可通过比较最大吸收波长、最小吸收波长、最大吸收波长处的吸光度或某两个波长处的吸光度比值进行鉴别。

2. 红外分光光度法

由于甾体激素类药物的结构复杂，结构上的细小差异在红外光谱上都能反映出来，所以红外吸收光谱法是鉴别甾体激素类药物有效而可靠的方法。《中国药典》收载的甾体激素类药物的大多数原料药及部分制剂均采用该法鉴别。

（四）色谱法

许多甾体激素类药物采用高效液相色谱法测定含量的同时，也用其作鉴别。薄层色谱法有简便、快速、分离效能高等优点，也可用于甾体激素类药物的鉴别。一般此两种色谱法在鉴别中择其一种。

三、检查

大多数甾体激素类药物是由甾体母核或结构类似的其他甾体激素，通过结构改造而来的，因而在制备过程中可能会引入合成原料、中间体、副产物及降解产物等杂质，《中国药典》将这些杂质定义为有关物质，采用高效液相色谱法或薄层色谱法进行检查。此外，有些甾体激素还规定有残留溶剂、游离磷酸盐等检查项目。一些含氟、乙炔基的药物还需进行含氟量、乙炔基的检查。

（一）有关物质的检查

1. 高效液相色谱法

高效液相色谱法被各国药典广泛应用，用来对甾体激素类药物的原料药及制剂中的有关物质进行检查。检查方法多为不加校正因子的主成分自身对照法。

【应用示例】 醋酸甲羟孕酮的有关物质的检查：取本品，加甲醇溶解并稀释制成每毫升中约含0.8mg的溶液，作为供试品溶液；精密量取1ml，置50ml量瓶中，用甲醇稀释至刻度，摇匀，作为对照溶液。照含量测定项下的色谱条件，取对照溶液10μl注入液相色谱仪，调节检测灵敏度，使主成分色谱峰的峰高约为满量程的25%。再精密量取供试品溶液与对照溶液各10μl，分别注入液相色谱仪，记录色谱图至主成分峰保留时间的1.5倍。供试品溶液色谱图中如有杂质峰，不得多于4个，单个杂质峰面积不得大于对照溶液主峰面积的0.5倍（1.0%），各杂质峰面积的和不得大于对照溶液主峰面积的0.75倍（1.5%）。供试品溶液色谱图中任何小于对照溶液主峰面积0.05倍的峰可忽略不计。

2. 薄层色谱法

虽然HPLC法在甾体激素类药物的有关物质的检查中广泛应用，但仍有少数甾体激素类药物的有关物质检查采用薄层色谱法，检查方法主要为主成分自身对照法（高低浓度对照法）。即将供试品制成高、低两种浓度的溶液，高浓度溶液作为供试品溶液，低浓度溶液作为对照品溶液。供试品溶液图谱中杂质斑点的数目和颜色与对照溶液图谱的主斑点进行比较，即通过杂质斑点总数和各单一杂质的量（即颜色深浅）进行控制。

【应用示例】 醋酸氟氢可的松有关物质的检查：取本品，加三氯甲烷-甲醇（9：1）溶解并稀释制成每毫升中约含3mg的溶液，作为供试品溶液；精密量取1ml，置50ml量瓶中，用上述溶剂稀释至刻度，摇匀，作为对照溶液。照薄层色谱法试验，吸取上述两种溶液各5μl，分别点于同一硅胶G薄层板上，以二氯甲烷-乙醚-甲醇-水（385：75：40：6）为展开剂，展开，晾干，在105℃干燥10min，放冷，喷以碱性四氮唑蓝试液，立即检视。供试品溶液如显杂质斑点，不得多于2个，其颜色与对照溶液的主斑点比较，不得更深。

（二）残留溶剂的检查

某些甾体激素类药物在生产中使用大量的甲醇、乙醇和丙酮，因此，需进行残留溶剂的检查。《中国药典》采用气相色谱法检查，按内标法以峰面积计算，应符合规定。

（三）游离磷酸盐的检查

游离磷酸盐是在皮质激素磷酸盐的制备过程中，由于磷酸酯化时残留的过量磷酸盐所致，同时贮存过程中酯键水解也能产生游离磷酸盐。一般采用钼蓝比色法检查。其原理是利用在酸性溶液中磷酸盐与钼酸铵作用生成磷钼酸铵，再经还原形成磷钼酸蓝，钼蓝在740nm处有最大吸收。以一定浓度的标准磷酸二氢钾溶液作为对照，规定供试品溶液的吸光度不得大于对照溶液的吸光度。

【应用示例】 倍他米松磷酸钠中游离磷酸盐的检查：精密称取本品20mg，置25ml量瓶中，加水15ml使溶解；另取标准磷酸盐溶液［精密称取经105℃干燥2h的磷酸二氢钾0.35g，置1000ml量瓶中，加硫酸溶液（3→10）10ml与水适量使溶解，用硫酸稀释至刻度，摇匀；临用时再稀释10倍］4.0ml，置另一25ml量瓶中，加水11ml；各精密加钼酸铵硫酸试液2.5ml与1-氨基-2-萘酚-4-磺酸溶液（取无水亚硫酸钠5g、亚硫酸氢钠94.3g与1-氨基-2-萘酚-4-磺酸0.7g，充分混合，临用时取此混合物1.5g加水10ml使溶解，必要时滤过）1ml，加水至刻度，摇匀，在20℃放置30～50min。照紫外-可见分光光度法，在740nm的波长处测定吸光度。供试品溶液的吸光度不得大于对照溶液的吸光度。

（四）氟、乙炔基的检查

含氟或乙炔基的甾体激素类药物需进行氟或乙炔基的检查。

《中国药典》中哈西奈德、曲安奈德、醋酸曲安奈德、醋酸氟轻松需进行氟的检查，方法为氧瓶燃烧破坏后的茜素氟蓝比色法。

《中国药典》中左炔诺孕酮、炔诺孕酮需进行乙炔基的检查，方法为硝酸银-氢氧化钠滴定法。其原理为硝酸银与乙炔基上的活泼氢作用，生成乙炔银化合物和一分子硝酸，再用氢氧化钠滴定液滴定生成的硝酸，用电位指示终点。

【应用示例】 左炔诺孕酮中乙炔基的检查：精密称取本品约 0.1g，加四氢呋喃 40ml 使溶解，加 5%硝酸银溶液 10ml，照电位滴定法，用氢氧化钠滴定液（0.1mol/L）滴定。每毫升氢氧化钠滴定液（0.1mol/L）相当于 2.503mg 的乙炔基。本品含乙炔基应为 7.81%～8.18%。

（五）硒的检查

醋酸曲安奈德、醋酸氟轻松、醋酸地塞米松因在生产过程中使用二氧化硒脱氢工艺而在成品中引入微量硒。二氧化硒对人体有剧毒，必须对其进行严格控制。《中国药典》中硒检查法的基本原理是样品先经氧瓶燃烧法破坏后，使硒以无机状态的 Se^{6+} 存在，然后用盐酸羟胺将 Se^{6+} 还原成 Se^{4+}，在 pH2 的条件下与 2,3-二氨基萘反应，生成 4,5-苯并硒二唑，再经环己烷提取后，在 378nm 波长处测定吸光度，按照对照品比较法控制硒的限量。

四、含量测定

《中国药典》收载的甾体激素类药物的剂型主要有片剂、胶囊剂、注射液、软膏剂、乳膏剂、缓释贴片、气雾剂等。根据甾体激素类药物所具有的官能团和分子结构特征，可采用多种含量测定方法，如高效液相色谱法、紫外分光光度法、四氮唑比色法、柯柏（Kober）比色法、异烟肼比色法等。

（一）高效液相色谱法

高效液相色谱法能排除甾体激素类药物中有关物质与制剂中辅料的干扰，因其专属性强，具有快速、准确、灵敏等特点而在《中国药典》中广泛应用于激素类药物制剂的含量测定。一般采用反相色谱法，用外标法或内标法定量。

1. 片剂的分析

超声提取并溶解药物，过滤或离心除去赋形剂后测定。

【应用示例】 己烯雌酚片的含量测定：取本品 20 片，精密称定，研细，精密称取适量，加乙醇-水（1∶1）适量，超声处理使己烯雌酚溶解，放冷，用上述溶剂定量稀释制成每毫升中约含 0.1mg 的溶液，滤过，精密量取续滤液 10μl，照己烯雌酚含量测定项下的方法测定，计算，即得。

2. 注射液的分析

(1) 直接取样，加入适当溶剂完全溶解药物后，进行分析。

【应用示例】 醋酸泼尼松龙注射液的含量测定：取本品数支，充分摇匀后，混合，再充分摇匀，用内容量移液管精密量取 1ml（约相当于醋酸泼尼松龙 25mg），置 100ml 量瓶中，加甲醇适量，超声处理使醋酸泼尼松龙溶解，放冷，用甲醇稀释至刻度，摇匀，滤过，精密量取续滤液 5ml，置 25ml 量瓶中，用甲醇稀释至刻度，摇匀，精密量取 10μl，照醋酸泼尼松龙含量测定项下的方法测定，即得。

(2) 用内容量移液管移取样品，用乙醚将样品转移入量瓶中，再精密量取乙醚液，挥去乙醚，用甲醇提取出药物，并对该甲醇液进行分析。

【应用示例】 十一酸睾酮注射液的含量测定：用内容量移液管精密量取本品适量（约相当于十一酸睾酮 125mg），置 50ml 量瓶中，用乙醚分数次洗涤移液管内壁，洗液并入量瓶中，用乙醚稀释至刻度，摇匀，精密量取 5ml，置 10ml 具塞离心管中，在温水浴中使乙醚挥散；用甲醇振摇提取 4 次（5ml、5ml、5ml、3ml），每次振摇 10min 后离心 15min，合并甲醇提取液，置 25ml 量瓶中，用甲醇稀释至刻度，摇匀，精密量取 10μl，注入液相色谱仪，照十一酸睾酮含量测定项下的方法测定并记录色谱图；另取十一酸睾酮对照品，同法测定，按外标法以峰面积计算，即得。

3. 软膏剂、乳膏剂的分析

大部分甾体激素类药物的软膏剂或乳膏剂在含量测定前先加入适宜的溶剂，加热使被测成分溶解，再置冰水或冰浴中冷却，待基质重新凝固后，滤过，弃去初滤液，取续滤液进行分析。

【应用示例】 丁酸氢化可的松乳膏的含量测定：取本品适量（约相当于丁酸氢化可的松 1.3mg），精密称定，加甲醇 15ml，置 50℃水浴中加热，搅拌使丁酸氢化可的松溶解，放冷，精密加内标溶液 5ml，用甲醇定量稀释至 50ml，摇匀，置冰浴中冷却 2h 以上，取出，迅速滤过，续滤液放至室温，取 20μl，照丁酸氢化可的松含量测定项下的方法测定，即得。

（二）紫外分光光度法

甾体激素类药物的分子结构中具有羰基、苯环等共轭结构，在紫外光区有特征吸收，因此，可用紫外分光光度法进行含量测定。具有 Δ^4-3-酮结构的肾上腺皮质激素、雄性激素、孕激素及许多口服避孕药物在 240nm 波长附近有最大吸收；具有苯环的雌激素在 280nm 附近有最大吸收。《中国药典》收载的醋酸可的松片、泼尼松龙片、醋酸泼尼松龙片、氢化可的松片等采用紫外分光光度法测定含量。过滤除去赋形剂的干扰，用吸数系数法或对照品对照法定量。

【应用示例】 醋酸泼尼松龙片的含量测定：取本品 20 片，精密称定，研细，精密称取适量（约相当于醋酸泼尼松龙 20mg），置 100ml 量瓶中，加无水乙醇约 60ml，振摇 15min 使醋酸泼尼松龙溶解，用无水乙醇稀释至刻度，摇匀，滤过，精密量取续滤液 5ml，置另一 100ml 量瓶中，用无水乙醇稀释至刻度，摇匀，照紫外-可见分光光度法在 243nm 波长处测定吸光度，按 $C_{23}H_{30}O_6$ 的吸收系数（$E_{1cm}^{1\%}$）为 370 计算，即得。

（三）比色法

1. 四氮唑比色法

《中国药典》中氢化可的松乳膏、醋酸可的松眼膏、醋酸泼尼松眼膏、醋酸泼尼松龙乳膏、醋酸氢化可的松片、醋酸地塞米松注射液等采用四氮唑比色法测定含量。其原理及测定方法详见工作任务“氢化可的松乳膏的质量检验”。

2. Kober 比色法

Kober 反应是指雌激素类药物与硫酸-乙醇共热，通过质子化、分子重排、去氢等作用，形成共轭多烯而显色。反应过程中，雌激素首先与硫酸-乙醇共热，被氧化成黄色产物，然后加水或稀硫酸再加热继续氧化，最终生成红色产物，在 515nm 附近处有最大吸收。

本法主要用于雌激素制剂的含量测定。由于测定的影响因素多，测定时要注意控制条件，注意平行原则，以减少误差。本法现已逐渐被 HPLC 代替。《中国药典》中只有复方炔诺孕酮滴丸中炔雌醇的含量测定采用该法。

3. 异烟肼比色法

甾体激素类药物 C_3-酮基及某些其他位置的酮基能在酸性条件下与羰基试剂异烟肼缩合生成黄色的异烟腙，在一定波长下具有最大吸收，因此，可用比色法测定含量。但由于甾体激素类药物中大多具有 Δ^4-3-酮结构，且比色法影响因素较多，《中国药典》（2005 年版）中仅倍他米松磷酸钠原料药用该法测定，而在《中国药典》中已被 HPLC 法所代替。

知识拓展

甾体激素类兴奋剂的检测

1976年，蒙特利尔奥运会首次将蛋白同化激素列入了违禁药品的范围。蛋白同化激素能促进蛋白质合成，有提高肌力的作用；尤其对一些力量性运动项目成绩的提高有积极作用。因此，造成有些运动员不顾体育道德，大量滥用该类药物。在国际奥委会医学中心的“兴奋剂”阳性案例中，该类药物所占的比例始终高居榜首。由于该类药物滥用对人体有严重的危害，加之滥用此类兴奋剂违背了体育竞赛“公平、公正”的宗旨，因此国际奥委会对运动员使用蛋白同化激素进行非常严格的监测。

竞技运动员体内违禁的蛋白同化激素的含量采用在线固相萃取（solid-phase microextraction，SPME）技术和气相色谱与质谱联用（GC-MS）测定法，选择尿样来检测，这是因为在尿样中甾体激素类药物或代谢物的浓度相对较高。SPME/GC-MS测定法具有自动化程度高、快速简便、高灵敏度和高选择性等特点，用于尿样中诺龙等违禁甾体激素类药物的检测，已成为反兴奋剂分析检测的有力工具之一。

必备知识二 栓剂的质量检验

【知识目标】

掌握栓剂的概念与分类，栓剂的含量测定与计算方法以及附加剂干扰的排除方法。

熟悉栓剂的质量要求与质量检查项目，典型药物盐酸克罗特仑栓剂的质量检验原理与方法。

了解栓剂的生产工艺流程及主要质量控制点，苯乙胺类药物质量检验的相关知识。

【能力目标】

能正确查阅《中国药典》中有关药物制剂的质量标准，并依据该标准对药物进行质量检验操作，正确填写相关药物的检验原始记录及检验报告单，同时给出正确的检验结论。

一、栓剂的定义、分类和基质

栓剂系指药物与适宜基质制成供腔道给药的固体制剂。栓剂因施用腔道的不同，分为直肠栓、阴道栓和尿道栓。直肠栓为鱼雷形、圆锥形或圆柱形等；阴道栓为鸭嘴形、球形或卵形等；尿道栓一般为棒状。

栓剂常用的基质为半合成脂肪酸甘油酯、可可豆脂、聚氧乙烯硬脂酸酯、聚氧乙烯山梨聚糖脂肪酸酯、氢化植物油、甘油明胶、泊洛沙姆、聚乙二醇类或其他适宜物质。常用水溶性或水能混溶的基质制备阴道栓。

二、栓剂的质量要求

栓剂在生产与贮藏期间均应符合下列规定：栓剂中的药物与基质应混合均匀，栓剂外形要完整光滑；塞入腔道后应无刺激性，应能融化、软化或溶化，并与分泌液混合，逐渐释放出药物，产生局部或全身作用；应有适宜的硬度，以免在包装或贮存时变形。供制栓剂用的固体药物，应预先用适宜方法制成细粉，并全部通过六号筛。根据施用腔道和使用目的的不同，制成各种适宜的形状。根据需要可加入表面活性剂、稀释剂、吸收剂、润滑剂和防腐剂等。除另有规定外，应在30℃以下密闭贮存，防止因受热、受潮而变形、发霉、变质。

三、栓剂的质量监控

(一) 栓剂的质量检查项目

1. 一般检查项目

《中国药典》二部规定栓剂应进行重量差异、融变时限和微生物限度等项目检查。

(1) 重量差异　照下述方法检查，应符合规定。

检查法：取供试品10粒，精密称定总重量，求得平均粒重后，再分别精密称定各粒的重量。每粒重量与平均粒重相比较，按表9-2的规定，超出重量差异限度的不得多于1粒，并不得超出限度1倍。

表9-2　栓剂的装量差异限度

平均粒重	重量差异限度
1.0g及1.0g以下	±10%
1.0g以上至3.0g	±7.5%
3.0g以上	±5%

凡规定检查含量均匀度的栓剂，一般不再进行重量差异检查。

(2) 融变时限　栓剂放入腔道后，在适宜温度下应能融化、软化或溶散，与分泌物混合逐渐释放药物，才能产生局部或全身作用。为控制栓剂质量，保证疗效，《中国药典》规定需对栓剂进行融变时限检查。缓释栓剂应进行释放度检查，不再进行融变时限检查。

检查法：融变时限检查采用仪器装置见《中国药典》(附录Ⅹ B)。取供试品3粒，在室温放置1h后，分别放在3个金属架的下层圆板上，装入各自的套筒内，并用挂钩固定。除另有规定外，将上述装置分别垂直浸入盛有不少于4L的(37.0±0.5)℃水的容器中，其上端位置应在水面下90mm处。容器中装一转动器，每隔10min在溶液中翻转该装置一次。

结果判定：除另有规定外，脂肪性基质的栓剂3粒均应在30min内全部融化、软化或触压时无硬心；水溶性基质的栓剂3粒均应在60min内全部溶解。如有1粒不合格应另取3粒复试，均应符合规定。

(3) 微生物限度　除另有规定外，照微生物限度检查法《中国药典》(附录Ⅺ J) 检查，应符合规定。

2. 其他质量检查

药物溶出速度和吸收试验、稳定性和刺激性试验也可作为栓剂质量检查的参考项目。

(1) 溶出速度试验　将栓剂放入盛有介质并附有搅拌器的容器中，于37℃每隔一定时间取样测定，每次取样后需补充同体积的溶出介质，求出介质中的药物量，作为在一定条件下基质中药物溶出速度的参考指标。

(2) 体内吸收试验　可用家兔，开始时剂量不超过口服剂量，以后再2倍或3倍地增加剂量。给药后按一定时间间隔抽取血液或收集尿液，测定药物浓度，最后计算动物体内药物吸收的动力学参数和AUC等。

(3) 稳定性试验　将栓剂在室温(25±3)℃和4℃下贮存，定期检查外观变化和软化点范围、主药的含量及药物的体外释放。

(4) 刺激性试验　对黏膜刺激性检查，一般用动物试验。即将基质检品的粉末、溶液或栓剂，施于家兔的眼结膜上或纳入动物的直肠、阴道，观察有何异常反应。在动物试验的基础上，临床验证多在人体肛门或阴道中观察用药部位有无灼痛、刺激以及不适感觉等反应。

（二）栓剂的生产工艺流程以及关键工序的质量控制

栓剂的制备方法有冷压法、热熔法和搓捏法三种，可按基质的性质和制备的数量选择制法。一般脂溶性基质可采用上述方法之一，而水溶性及亲水性基质则多采用热熔法。

热熔法应用较广，将计算量的基质在水浴中加热熔化，然后将药物粉末与等重已熔融的基质研磨混合均匀，最后再将全部基质加入并混匀，倾入涂有润滑剂的模孔中至稍溢出模口为度，冷却，待完全凝固后，用刀切去溢出部分。开启模具，将栓剂推出，包装即得。热熔法的一般生产工艺流程如图 9-2 所示。

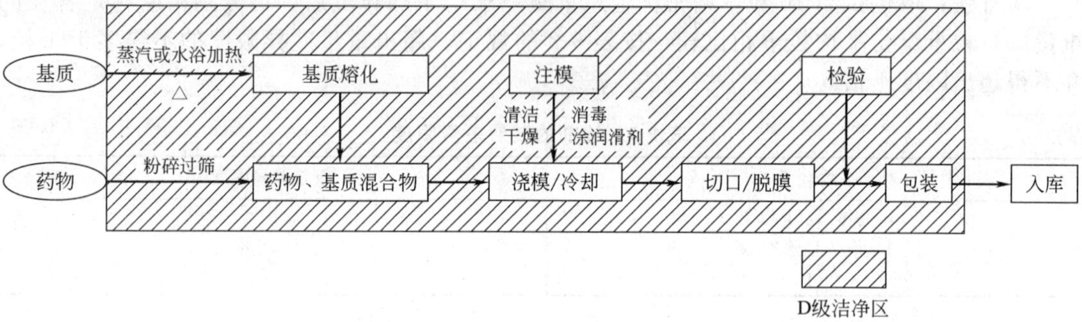

图 9-2 热熔法制备栓剂的工艺流程

在上述制备栓剂的过程中最关键的工序为栓剂的成型操作。栓剂成型过程中主要控制栓剂的外观和栓重。栓剂外观要求应光滑、无裂缝、不起霜或变色；在制栓起始，及时检查，控制栓重，待重量差异到达要求后，每隔 20min 对栓重检查一次。

（三）栓剂的含量测定

1. 基质干扰及其排除

栓剂在生产过程中，需加入如可可豆脂、甘油明胶、聚乙二醇等脂溶性或水溶性基质。这些基质的存在，往往包住主药，干扰主药的含量测定，应予以排除。排除干扰的方法有以下几种。

(1) 加热液化测定法　某些药物可加入适宜的溶剂，在水浴上加热，使基质液化后，选用合适的方法进行测定，主要适用于对热稳定的药物。

(2) 溶解基质测定法　选用可溶解基质的适宜有机溶剂如乙醚、三氯甲烷等溶解后直接测定；或加入有机溶剂后，滤过，再进行测定。

(3) 滤除基质测定法　将制剂加热液化，选用适宜的溶剂溶解主药，然后放冷，基质重新凝固，滤除，再对主药进行测定。

(4) 两相提取法　供试品用与水不相溶的有机溶剂加热溶解，冷却后，用水或酸性溶液直接提取主药后测定。

(5) 灼烧法　金属类药物，经灼烧后，基质成为二氧化碳和水逸去，而主药可成金属氧化物，可称重后换算，或将残渣溶于酸中，再用配位滴定法测定含量。

2. 含量测定及计算

称取一定量供试品（约相当于规定的主药含量或按规定取样），照规定方法测定后，以如下公式计算含量。

$$标示量(\%)=\frac{m}{m_{供}\times 标示量}\times 100\%$$

式中，$m_{供}$ 为供试品质量，g；m 为供试品中药物的测得量，g；标示量单位为 g/g。

工作任务 盐酸克仑特罗栓的质量检验

一、任务准备

盐酸克仑特罗是 β_2 肾上腺素受体激动药，是苯乙胺类药物，临床上常使用其栓剂。

（一）结构

盐酸克仑特罗的结构式如下。

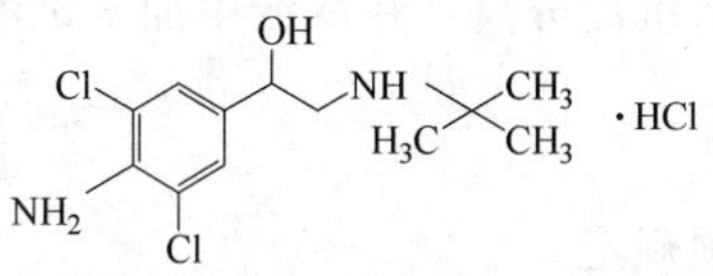

（二）性质

1. 性状

本品为白色或类白色的结晶性粉末；无臭，味略苦。在水或乙醇中溶解，在三氯甲烷或丙酮中微溶，在乙醚中不溶。

2. 芳伯氨基特性

结构中含有芳伯氨基，可发生重氮化-偶合反应。

3. 弱碱性

结构中含有烃氨基侧链，呈弱碱性，可用非水溶液滴定法测定含量。

4. 光谱特性

结构中含有苯环等共轭体系，具有特征紫外吸收和红外吸收。

（三）临床应用

盐酸克仑特罗用于防治支气管哮喘、慢性喘息性支气管炎、肺气肿等呼吸系统疾病所致的支气管痉挛。

（四）质量标准

盐酸克仑特罗栓的质量标准参照《中国药典》二部：本品含盐酸克仑特罗（$C_{12}H_{18}Cl_2N_2O \cdot HCl$）应为标示量的 85.0%～115.0%。

二、任务实施

（一）任务要求

（1）能熟练应用紫外-可见分光光度法对盐酸克仑特罗栓进行含量测定操作及计算。

（2）能选择方法排除栓剂中辅料的干扰。

（二）仪器与试药

（1）主要仪器　分液漏斗、普通漏斗与漏斗架、滤纸、水浴锅、试管、量瓶、紫外-可见分光光度计。

（2）试药　稀盐酸、稀硝酸、碱性 β-萘酚试液、三氯甲烷、氨试液、0.1mol/L 亚硝酸钠试液、0.1%亚硝酸钠溶液、0.5%氨基磺酸铵溶液、0.1%盐酸萘乙二胺溶液、盐酸克仑特罗栓剂（60μg）、盐酸克仑特罗对照品。

（三）工作内容

1. 性状

本品为白色或乳白色栓。

2. 鉴别

取本品5粒，加水10ml，置水浴上加热使基质融化，搅匀，放冷，分取水层，滤过，滤液应显如下反应。

（1）重氮化-偶合反应　本品显芳香第一胺的鉴别反应。

方法：取本品适量（约相当于盐酸克仑特罗0.05g），加稀盐酸1ml，加亚硝酸钠液（0.1mol/L）数滴，滴加碱性β-萘酚试液数滴，即生成猩红色沉淀。

（2）氯化物反应　本品为盐酸盐，其水溶液显氯化物的鉴别反应。

方法：取本品适量（约相当于盐酸克仑特罗0.05g），加稀硝酸1ml，再加硝酸银试液数滴，即生成白色凝乳状沉淀。将沉淀分离，在沉淀中加氨试液，沉淀即溶解，再加稀硝酸即重新生成白色沉淀。

3. 检查

应符合栓剂项下有关的各项规定。

4. 含量测定

采用紫外-可见分光光度法测定含量。

取本品20粒，精密称定，切成小片，精密称取适量（约相当于盐酸克仑特罗0.36mg），置分液漏斗中，加温热的三氯甲烷20ml使溶解，用盐酸溶液（9→100）振摇提取3次（20ml、15ml、10ml），分取酸提取液，置50ml量瓶中，用盐酸溶液（9→100）稀释至刻度，摇匀，滤过，取续滤液，作为供试品溶液；另取盐酸克仑特罗对照品适量，精密称定，加盐酸溶液（9→100）溶解并定量稀释制成每毫升中含7.2μg的溶液，作为对照品溶液。精密量取对照品溶液与供试品溶液各15ml，分别置25ml量瓶中，各加盐酸溶液（9→100）5ml与0.1%亚硝酸钠溶液1ml，摇匀，放置3min，各加0.5%氨基磺酸铵溶液1ml，摇匀，时时振摇10min，再各加0.1%盐酸萘乙二胺溶液1ml，摇匀，放置10min，用盐酸溶液（9→100）稀释至刻度，摇匀，照紫外-可见分光光度法在500nm的波长处分别测定吸光度，计算，即得。

（四）注意事项

（1）紫外-可见分光光度法测定的注意事项详见项目八工作任务“对乙酰氨基酚颗粒的质量检验”项下相关内容。

（2）栓剂项下的常规检查如融变时限、装量差异及微生物限度检查等详见项目九必备知识二“栓剂的质量监控”项下相关内容。

（五）思考题

（1）在盐酸克仑特罗栓剂的含量测定中，怎样排除栓剂基质对测定的干扰？

（2）上述盐酸克仑特罗栓剂的紫外-可见分光光度法含量测定中，具体用的是哪种测定方法？

相关知识　苯乙胺类药物的质量检验

一、结构与性质

（一）结构

本类药物为拟肾上腺素类药物，其基本结构为苯乙胺，多数在苯环上有1～2个羟基取代（盐酸克仑特罗除外）。其中肾上腺素、盐酸异丙肾上腺素和盐酸多巴胺分子结构中苯环的3、4位上都有2个相邻的酚羟基，与儿茶酚胺类似，属于儿茶酚胺类药物。本类药物的基本结构为：

$$R_1-\underset{OH}{\overset{1}{CH}}-\underset{R_3}{\overset{2}{CH}}-NH-R_2\cdot HX$$

本类药物中典型药物见表9-3。

表9-3 苯乙胺类典型药物

药物名称	R_1	R_2	R_3	HX
肾上腺素(adrenaline)	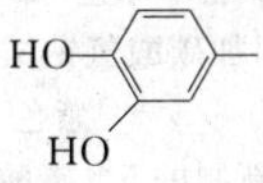	$-CH_3$	$-H$	
重酒石酸间羟胺(metaraminol bitartrate)	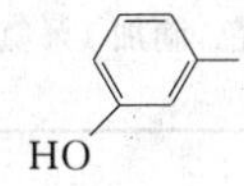	$-H$	$-CH_3$	$CH(OH)COOH$ | $CH(OH)COOH$
重酒石酸去甲肾上腺素(norepinephrine bitartrate)	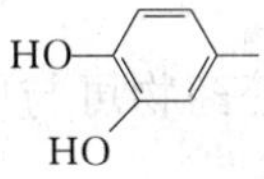	$-H$	$-H$	$CH(OH)COOH$ | $CH(OH)COOH$
盐酸去氧肾上腺素(phenyhrine hydrochloride)	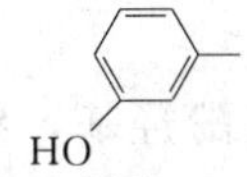	$-CH_3$	$-H$	HCl
盐酸异丙肾上腺素(isoprenaline hydrochloride)	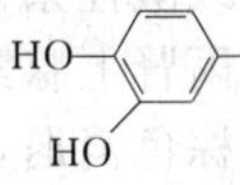	$-CH(CH_3)_2$	$-H$	HCl
盐酸多巴胺(dopamine hydrochloride)	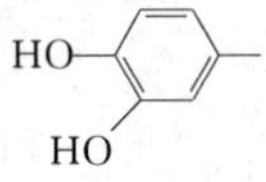	$-H$	$-H$	HCl
盐酸克仑特罗(clenbuterol hydrochloride)	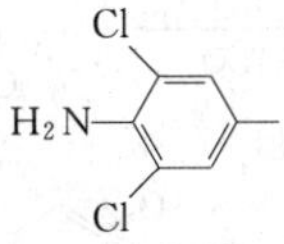	$-C(CH_3)_3$	$-H$	HCl
硫酸沙丁胺醇(salbutamol sulfate)	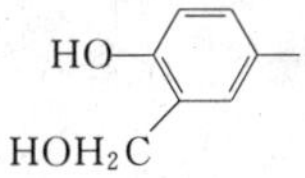	$-CH(CH_3)_2$	$-H$	H_2SO_4

（二）性质

1. 弱碱性

本类药物的分子结构中具有氨基侧链，其氮为仲胺氮，故显弱碱性。其游离碱难溶于水，易溶于有机溶剂，其盐可溶于水。

2. 酚羟基特性

本类药物分子结构中具有邻苯二酚（或酚羟基）结构，可与重金属离子配位呈色，置空气中或遇光、热易氧化，色渐变深，在碱性溶液中更易氧化变色。

3. 光学活性

多数药物分子结构中具有手性碳原子，具有旋光性。

此外，药物分子结构中苯环上有其他取代基，也各具特性，可供分析用。如盐酸克仑特罗有芳伯氨基，显示芳香第一胺的性质。还可利用其紫外吸收与红外吸收光谱进行鉴别或含量测定。

二、鉴别试验

（一）三氯化铁反应

肾上腺素和盐酸去氧肾上腺素等药物的分子结构中具有酚羟基，与 Fe^{3+} 离子配位显色，加入碱性溶液，随即被 Fe^{3+} 氧化而显紫色或紫红色，见表 9-4。

表 9-4 肾上腺素类药物与三氯化铁和甲醛-硫酸反应显色

药物	三氯化铁	甲醛-硫酸
肾上腺素	0.1mol/L 盐酸中显翠绿色，加氨试液显紫色→紫红色液	红色
重酒石酸去甲肾上腺素	翠绿色，加碳酸氢钠试液显蓝色→红色	淡红色
盐酸去氧肾上腺素	紫色	玫瑰红→橙红→深棕红
盐酸异丙肾上腺素	深绿色，滴加新制的 5%碳酸钠溶液，显蓝色→红色	棕→暗紫
盐酸多巴胺	墨绿色，滴加 1%氨溶液，紫红色	

（二）甲醛-硫酸反应

肾上腺素和盐酸去氧肾上腺素等药物可与甲醛在硫酸中反应，形成具有醌式结构的有色化合物，见表 9-4。

（三）氧化反应

本类药物的分子结构中多数具有酚羟基，易被碘、过氧化氢、铁氰化钾等氧化剂氧化而呈现不同的颜色。如肾上腺素在中性或酸性条件下，被碘或过氧化氢氧化后，生成肾上腺素红，放置可变为棕色多聚体；盐酸异丙肾上腺素在偏酸性条件下被碘迅速氧化，生成异丙肾上腺素红，加硫代硫酸钠使剩余碘的棕色消退，溶液显淡红色。以肾上腺素为例，其氧化反应机制如下。

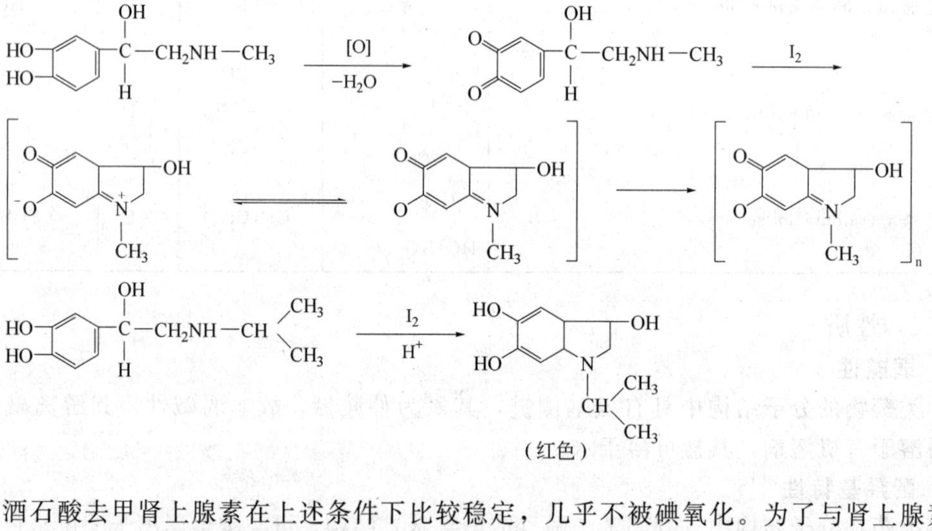

（红色）

重酒石酸去甲肾上腺素在上述条件下比较稳定，几乎不被碘氧化。为了与肾上腺素和异丙肾上腺素相区别，可加酒石酸氢钾饱和溶液（pH 3.56）溶解，加碘试液放置 5min 后，加硫代硫酸钠试液，溶液为无色或仅显微红色或淡紫色。而在此条件下肾上腺素和盐酸异丙肾上腺素可被氧化产生明显的红棕色或紫色。在 pH 6.5 的缓冲液中，这 3 种药物均可被碘氧化产生红色，故在 pH 6.5 的条件下加碘试液，不能区别这 3 种药物。

（四）亚硝基铁氰化钠反应

重酒石酸间羟胺分子结构中具有脂肪伯氨基，加水溶解后，加亚硝基铁氰化钠试液、丙酮数滴与碳酸氢钠少量，加热后，即显红紫色。该反应为脂肪族伯胺的专属反应。试验中所用丙酮必须不含甲醛。

（五）紫外分光光度法与红外分光光度法

《中国药典》收载的利用紫外特征吸收光谱进行鉴别的苯乙胺类药物见表 9-5。

表 9-5　用紫外特征吸收光谱鉴别的苯乙胺类药物

药　物	溶剂	浓度/(mg/ml)	λ_{max}/nm	A
重酒石酸间羟胺	水	0.10	272	
盐酸异丙肾上腺素	水	0.05	280	0.50
盐酸多巴胺	0.5%硫酸	0.03	280	
盐酸苯乙双胍	水	0.01	234	0.60
盐酸克仑特罗	0.1mol/L 盐酸	0.03	243,296	
硫酸沙丁胺醇	水	0.08	274	

《中国药典》收载的大多数苯乙胺类药物均采用红外分光光度法作为鉴别方法之一。

三、检查

（一）酮体检查

肾上腺素、盐酸去氧肾上腺素和重酒石酸去甲肾上腺素等均需检查酮体。这些药物在生产中都由其酮体氢化还原制得，若氢化不完全，易引入酮体杂质，所以《中国药典》规定检查酮体。其检查方法为紫外分光光度法，检查条件及要求见表 9-6。

表 9-6　紫外分光光度法检查酮体的条件及要求

药　物	检查的杂质	溶剂	样品浓度/(mg/ml)	λ/nm	A
肾上腺素	肾上腺酮	HCl(9→2000)	2.0	310	不得过 0.05
盐酸去氧肾上腺素	酮体	水	2.0	310	不得过 0.20
重酒石酸去甲肾上腺素	去甲肾上腺酮	水	2.0	310	不得过 0.05
硫酸沙丁胺醇	沙丁胺酮	10%盐酸溶液	0.24	310	不得过 0.10

（二）有关物质检查

在上述典型药物中，《中国药典》收载的肾上腺素、盐酸异丙肾上腺素、盐酸去氧肾上腺素、重酒石酸去甲肾上腺素和硫酸沙丁胺醇等药物都要求进行有关物质检查；其中盐酸去氧肾上腺素采用薄层色谱法，肾上腺素、盐酸异丙肾上腺素、重酒石酸去甲肾上腺素和硫酸沙丁胺醇均采用高效液相色谱法检查。

【应用示例】 盐酸异丙肾上腺素中有关物质的检查：取本品，加流动相溶解并稀释制成每毫升中约含 5mg 的溶液，作为供试品溶液；精密量取 1ml，置 200ml 量瓶中，用流动相稀释至刻度，摇匀，作为对照溶液。另取间羟异丙肾上腺素和盐酸异丙肾上腺素各适量，加流动相溶解并稀释制成每毫升中各约含 1.25μg 的混合溶液，作为系统适用性试验溶液，照高效液相色谱法（附录Ⅴ D）试验，用十八烷基硅烷键合硅胶为填充剂；以磷酸溶液（取磷酸 11.5g，用水溶解并稀释至 1000ml）-甲醇（95∶5）为流动相；检测波长为 280nm。取系统适用性试验溶液 20μl，注入液相色谱仪，间羟异丙肾上腺素峰与盐酸异丙肾上腺素峰之间的分离度应大于 3.0，盐酸异丙肾上腺素峰的信噪比应大于 3。取对照溶液 20μl，注入液相色谱仪，调节检测灵敏度，使盐酸异丙肾上腺素色谱峰的峰高约为满量程的 50%。再精密量取供试品溶液与对照溶液各 20μl，分别注入液相色谱仪，记录色谱图至主成分峰保留时间的7倍。供试品溶液的色谱图中如有杂质峰，单个杂质峰面积不得大于对照溶液的主峰面积（0.5%）。各杂质峰面积的和不得大于对照溶液主峰面积的2倍（1.0%）。

四、含量测定

大多数苯乙胺类原料药采用非水滴定法、溴量法进行含量测定。其制剂中由于存在辅料等的干扰，对于制剂的含量测定多数采用紫外-可见分光光度法和HPLC法。

（一）非水溶液滴定法

本类药物的原料药大多采用非水碱量法测定含量。

【应用示例】 如盐酸异丙肾上腺素原料药含量的测定：取本品约0.15g，精密称定，加冰醋酸30ml，微温使溶解，放冷，加乙酸汞试液5ml与结晶紫指示液1滴，用高氯酸滴定液（0.1mol/L）滴定至溶液显蓝色，并将滴定的结果用空白试验校正。每毫升高氯酸滴定液（0.1mol/L）相当于24.77mg的$C_{11}H_{17}NO_3 \cdot HCl$。

（二）溴量法

重酒石酸间羟胺、盐酸去氧肾上腺素分子结构中均有苯酚结构，在酸性溶液中酚羟基的邻、对位活泼氢能与过量的溴定量地发生溴代反应，再以碘量法测定剩余的溴，根据消耗的硫代硫酸钠滴定液的量，计算出供试品的含量。

【应用示例】 盐酸去氧肾上腺素含量的测定：取本品约0.1g，精密称定，置碘瓶中，加水20ml使溶解，精密加溴滴定液（0.1mol/L）50ml，再加盐酸5ml，立即密塞，放置15min并时时振摇，注意微开瓶塞，加碘化钾试液10ml，立即密塞，振摇后，用硫代硫酸钠滴定液（0.1mol/L）滴定，至近终点时，加淀粉指示液，继续滴定至蓝色消失，并将滴定的结果用空白试验校正。每毫升溴滴定液（0.1mol/L）相当于3.395mg的$C_9H_{13}NO_2 \cdot HCl$，计算，即得。

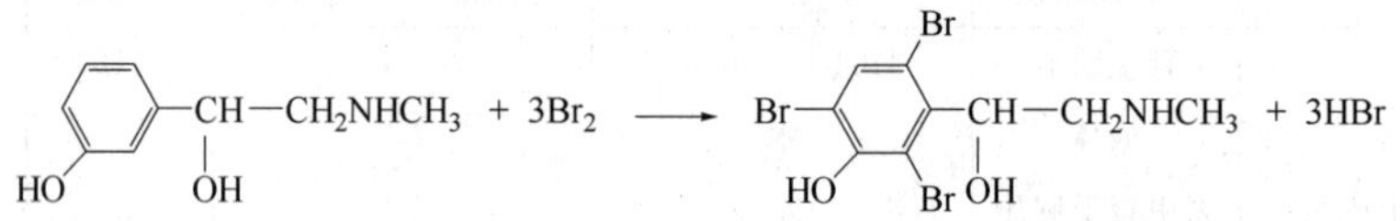

$$Br_2 + 2KI \longrightarrow 2KBr + I_2$$
$$I_2 + 2Na_2S_2O_3 \longrightarrow 2NaI + Na_2S_4O_6$$

（三）紫外-可见分光光度法

本类药物含有苯乙胺的基本结构，因此该类药物制剂的含量也可采用紫外-可见分光光度法测定，如盐酸克仑特罗栓剂等，详见工作任务“盐酸克仑特罗栓的质量检验”的相关内容。

（四）高效液相色谱法

高效液相色谱法广泛用于本类药物制剂的含量测定。本类药物的极性较强，为了调整保留时间和分离度，因此多采用离子对色谱法或离子抑制色谱法。《中国药典》采用高效液相色谱法测定盐酸肾上腺素注射液，盐酸异丙肾上腺素注射液，重酒石酸去甲肾上腺素注射液，盐酸多巴胺注射液，盐酸多巴酚丁胺注射液，盐酸苯乙双胍片，硫酸沙丁胺醇的片剂、注射液、缓释片、胶囊及缓释胶囊等药物的含量。

【应用示例】 HPLC法测定盐酸肾上腺素注射液的含量。

（1）色谱条件与系统适用性试验　以十八烷基硅烷键合硅胶为填充剂；以0.14%庚烷磺酸钠溶液-甲醇（65∶35）（用磷酸调节pH值至3.0±0.1）为流动相；检测波长为280nm。理论板数按肾上腺素峰计算不低于3000。

（2）测定法　精密量取本品适量（约相当于肾上腺素3mg），置25ml量瓶中，加乙酸溶液（1→25）稀释至刻度，摇匀，精密量取20μl，注入液相色谱仪，记录色谱图，另取肾上腺素对照品适量，精密称定，加乙酸溶液（1→25）制成每毫升中含0.12mg的溶液，同法测定，按外标法以峰面积计算，即得。

自我测试

一、单项选择题

1. 对于平均粒重在3.0g以上的栓剂，其重量差异限度为（　　）

A. ±3%　　B. ±5%　　C. ±7.5%　　D. ±2.5%

2.《中国药典》二部规定软膏剂、乳膏剂不需要进行下列哪项检查（　　）

A. 粒度　　B. 无菌　　C. 微生物限度　　D. 溶出度

3.《中国药典》采用何种方法测定盐酸克仑特罗栓的含量（　　）

A. 非水碱量法　　B. 紫外分光光度法　　C. 亚硝酸钠滴定法　　D. HPLC

4. 苯乙胺类药物的原料药大多采用何种方法测定含量（　　）

A. 非水碱量法　　B. 紫外分光光度法　　C. 亚硝酸钠滴定法　　D. HPLC

5. 在甾体激素类药物的杂质检查中，应重点检查的特殊杂质是（　　）

A. 有关物质（其他甾体）　　B. 游离磷酸盐

C. 甲醇和丙酮　　D. 乙炔基

6. 下列具有Δ^4-3-酮基结构的药物为（　　）

A. 氢化可的松　　B. 雌二醇　　C. 庆大霉素　　D. 维生素C

7. 黄体酮加亚硝基铁氰化钠显蓝紫色是基于分子结构中具有（　　）

A. Δ^4-3-酮基　　B. C_{17}-炔基　　C. C_{17}-甲酮基　　D. C_{17}-羟基

8. Kober反应比色法可用于下列哪个药物的含量测定（　　）

A. 雌二醇片剂　　B. 丙酸睾酮注射液

C. 醋酸地塞米松片　　D. 黄体酮注射液

9. 四氮唑比色法可用于下列哪些药物的含量测定（　　）

A. 醋酸地塞米松注射液　　B. 丙酸睾酮注射液

C. 维生素C胶丸　　D. 炔雌醇片剂

10. 下列可与硝酸银试液反应生成白色沉淀的药物是（　　）

A. 醋酸泼尼松　　B. 炔雌醇　　C. 庆大霉素　　D. 雌二醇

二、多项选择题

1. 软膏剂、乳膏剂和糊剂中含有大量的基质，排除基质干扰的方法有（　　）

A. 加强酸分解后测定　　B. 溶解基质后测定

C. 滤除基质后测定　　D. 选用专属的HPLC法测定

E. 提取分离后测定

2.《中国药典》二部规定栓剂应进行检查的项目为（　　）

A. 重量差异　　B. 融变时限　　C. 微生物限度

D. 细菌内毒素　　E. 渗透压

3. 栓剂含量测定中排除基质干扰的方法有（　　）

A. 加热液化后测定　　B. 溶解基质后测定　　C. 滤除基质后测定

D. 两相提取法　　E. 灼烧法

4. 苯乙胺类药物中要检查的特殊杂质是（　　）

A. 酮体　　B. 有关物质　　C. 重金属

D. 氯化物　　E. 硒

5. 甾体激素类药物可用紫外分光光度法测定含量，它们的 λ_{max} 在（　　）

A. 328nm 左右　　B. $3400cm^{-1}$　　C. $1700cm^{-1}$

D. 240nm 左右　　E. 280nm 左右

6. 可用异烟肼比色法测定含量的药物有（　　）

A. 黄体酮　　B. 炔雌醇　　C. 氢化可的松

D. 雌二醇　　E. 泼尼松

7. 甾体激素类药物应检查的特殊杂质应包括（　　）

A. 硒　　B. 游离磷酸盐　　C. 聚合物

D. 甲醇和丙酮　　E. 其他甾体

8. 可用于甾体激素类药物的测定方法有（　　）

A. 高效液相色谱法　　B. 四氮唑比色法　　C. 紫外分光光度法

D. 异烟肼比色法　　E. Kober 比色法

9. 黄体酮在酸性溶液中可与下列哪些试剂反应呈色（　　）

A. 2,4－二硝基苯肼　　B. 三氯化铁　　C. 硫酸苯肼

D. 异烟肼　　E. 四氮唑盐

三、计算题

复方酮康唑乳膏中酮康唑、丙酸氯倍他索的含量测定：按 HPLC 法，精密称取本品 4.0125g，加无水乙醇适量，水浴加热使溶解，并稀释至 50ml，滤过，精密量取续滤液 10μl，注入液相色谱仪，记录色谱图；另取酮康唑对照品与丙酸氯倍他索对照品适量，精密称定，加无水乙醇溶解并定量稀释制成每毫升中含酮康唑 0.803mg 与丙酸氯倍他索 20.2μg 的溶液，摇匀，同法测定。按外标法以峰面积计算。测得对照液中酮康唑、丙酸氯倍他索的峰面积分别为 504 和 778；供试液中酮康唑、丙酸氯倍他索的峰面积分别为 498 和 768。已知乳膏规格：10mg 酮康唑和 0.25mg 丙酸氯倍他索 /g，计算各成分相当于标示量的百分含量。

（上官盈盈）

项目十　中药制剂的质量检验

【知识目标】

掌握中药制剂检验特点、中药制剂检验的基本程序及常用定性定量分析方法。

熟悉中药制剂的提取与纯化方法。

了解《中国药典》(2010 年版)对中药制剂质量要求的有关新规定、中药指纹图谱和传统中药剂型检验的有关知识。

【能力目标】

能正确阅读、理解中药制剂的质量标准，并能根据药品质量标准的规定完成中药制剂的检验工作，正确评价中药制剂的质量。

必备知识　中药制剂检验的概述

一、中药制剂的概念与检验特点

(一) 中药与中药制剂的概念

中药是指在中医理论的指导下，用于预防、治疗、诊断疾病并具有康复和保健作用的药用物质及制剂，包括中药材、中药饮片、中成药（制剂）三大类。

中药饮片系指由原产地采收加工的中药材，经切制、炒制或蒸、煮、煅等炮制加工处理后制成的，供配方使用的药物。中药制剂又称中成药，系指将中药制成膏、丹、丸、散以及胶囊、片剂、颗粒剂等剂型的药物。

《中国药典》一部收载中药材和中药饮片、植物油脂和提取物、中药成方制剂和单味制剂等。植物油脂和提取物是指从植物、动物中制得的挥发油、油脂、有效部位和有效成分。其中，提取物包括以水或醇为溶剂经提取制成的流浸膏、浸膏或干浸膏，含有一类或数类有效成分的有效部位和含量达到90%以上的单一有效成分。

(二) 中药制剂检验的特点

中药制剂大多是由数味乃至数十味中药组成的复方制剂，还可能包含各种辅料和杂质，其化学成分十分复杂。因此，与一般化学药物制剂的检验相比，中药制剂检验的难度较大，一般需要经过提取分离和纯化等预处理后，再进行检验。中药制剂检验的特点可以归纳为以下几个方面。

1. 化学成分复杂多变

任何一种中药的化学成分都十分复杂，含有多类不同结构的多种成分，如中药人参中除含有几十种三萜皂苷类成分外，还有黄酮类、多糖及挥发油等成分；中药制剂产生的疗效不是某一种或两种化学成分作用的结果，也不是各成分作用的简单相加，只用1～2 种成分衡量其质量优劣有失偏颇，检测任何一种活性成分均不能反映它所体现的整体疗效。因此，研究复方中药制剂的物质基础，应用灵敏可靠的分析仪器，测定多种有效成分，才能科学、客观地评价中药制剂质量。

此外，不同来源中药中的同一待测成分含量差异很大，生长环境、采收季节、生长年限及部位差异等因素造成了不同来源的同种中药成分含量差异显著。在中药制剂分析的过程中要充分重视以上因素的影响，注意品种、产地、生长年限、部位的不同情况，在取样过程中样品要具有一定的代表性，并严格按照规定的取样方法进行均匀合理取样。建立分析方法、进行方法学验证时要注意线性范围、检测限、灵敏度等要求。

2. 以中医药理论为指导原则，评价中药制剂质量

中药制剂是严格按照中医理论和用药原则而组方的，各味药材在处方中所处的地位不同。在进行中药制剂质量分析时，首先应进行组方分析，按功能主治分出药味的君、臣、佐、使地位，首选君药、贵重药及剧毒药建立分析方法。如由熟地黄、酒萸肉、牡丹皮、山药、茯苓、泽泻组成的六味地黄丸的含量测定，采用高效液相色谱法分别测定酒萸肉的主要有效成分马钱苷和牡丹皮的主要有效成分丹皮酚的含量。根据制剂中单味药有效成分的特性建立控制制剂中某味药质和量的检测方法，随方分析主药或药群的有效成分，进行质量评价；在检测成分上应注意中医临床功能主治与现代药理学相结合进行研究。

3. 中药制剂工艺及辅料的特殊性

制剂工艺及辅料会对有效成分产生影响。同一种中药制剂，由于不同生产厂家生产工艺上的差别，将会影响到制剂中化学成分的含量。中药制剂的剂型种类繁多，制备方法各异，工艺较为复杂，很多在单味中药鲜品中存在的化学成分，经过炮制或制备工艺中加热处理后，结构发生变化，已不复存在或含量甚微，有些则在制备过程中因挥发，分解，沉淀等原因使质量分析更加困难。中药制剂所用辅料各式各样，如蜂蜜，蜂蜡，糯米粉，植物油，铅丹等都可作为辅料，这些辅料的存在，则对质量分析均有一定的影响，需选择合适的方法，将其干扰排除，才能获得准确的分析结果。

4. 中药制剂杂质来源的多途径性

中药制剂的杂质来源要比化学制剂复杂得多，中药所含杂质主要有药材的非药用部位、未除净的泥沙、重金属、残留农药；因包装、保管不当发生霉变、走油、虫蛀等产生的杂质；洗涤原料的水质二次污染等途径可能混入的杂质。所以中药制剂易含有较高的重金属、砷盐、残留农药等杂质。

知识链接

《中国药典》有关中药及其制剂质量标准的新进展

《中国药典》一部收载品种大幅增加，共有2165种，与《中国药典》(2005年版）相比有1019个新增品种，占《中国药典》全部新增品种总数的73.5%，634个修订品种，一部附录也新增14个，修订47个。

《中国药典》首次给出了中药饮片的明确定义和定位，解决了临床用的饮片定位不明确而长期缺乏质量标准的问题。在《中国药典》(2005年版）中，仅收载饮片标准23个，而在《中国药典》中药饮片标准的收载增至822个。

所有的药材、饮片及含生药粉末的中药制剂都建立和修订完善了横切面或粉末显微鉴别项目。除矿物药外的药材和饮片、植物油脂和提取物、中药制剂标准中基本都建立和修订完善了专属性强的薄层色谱鉴别项目。专属性检测由单一指标成分定性定量转向活性有效成分、多指标成分质量控制。中药色谱指纹图谱纳入了标准，在整体性控制中药质量方面有了突破性的进展。

《中国药典》一部新增加了LC－MS联用技术、DNA分子鉴定技术和薄层－生物自显影技术等现代新技术，以提高检测方法的灵敏度和专属性。

中药安全性评价受到进一步重视。如《中国药典》对中药注射剂增加了重金属和有害元素限度标准，对用药时间长、儿童常用的品种增加了重金属和有害元素检查，对易霉变的桃仁和杏仁增加了黄曲霉毒素的检测。

二、中药制剂的前处理技术

（一）中药制剂的提取技术

1. 冷浸法

冷浸法是指样品粉末于溶剂中室温下放置一定时间，组分因扩散作用而从样品粉末中浸出到溶剂的提取方法。冷浸法适用于药材粉末和固体制剂中待测组分的提取，尤其适用于遇热不稳定的组分提取。当浸出液用作鉴别时，只需大部分待测组分被浸出即可；而用于含量测定时，其扩散需达平衡后方能分取浸取液。冷浸法操作简便，但所需时间较长。

2. 渗漉法

渗漉法是将样品粉末湿润膨胀后装于渗漉器内，浸出溶剂从渗漉器上部添加，溶剂渗过样品层向下流动过程中将成分浸出的方法。由于渗漉过程不断加入新溶剂，并连续收集浸提液，样品就不断与新溶剂或含有低浓度提取物的溶剂接触，始终保持一定的浓度差，浸提效率高于冷浸法，但溶剂用量大、对样品的粒度要求高。

3. 萃取法

萃取法是利用溶质在两种互不相溶的溶剂中溶解度的差异，使物质从一种溶剂转移到另一种溶剂的过程。该法主要用于中药液体制剂中待测组分的提取分离。

4. 回流提取法

回流提取法是将样品粉末置烧瓶中，加入一定量的有机溶剂，加热进行回流提取的方法。由于组分在加热条件下溶解度增大，溶出速率加快，有利于提取。回流提取法主要用于固体制剂的提取。提取前将样品粉碎成细粉，以利于组分的提出。提取溶剂沸点不宜太高，对热不稳定或具有挥发性的组分不宜用回流提取法提取。回流提取法提取速度快，但操作稍嫌繁琐。

5. 索氏提取法

索氏提取法是使用索氏提取器进行连续提取，操作简便，节省溶剂，蒸发的溶剂经冷凝流回样品管，因其中不含待测组分，所以提取效率高。一般选用低沸点的溶剂，如乙醚、甲醇等，提取组分对热应稳定。

6. 水蒸气蒸馏法

部分具有挥发性并可随水蒸气蒸馏出的组分，如挥发油、小分子的生物碱（麻黄碱、槟榔碱）、某些酚类化合物（丹皮酚）等可采用水蒸气蒸馏法提取，收集馏出液可供分析。用本法提取的组分应对热稳定。

7. 超声波提取法

超声波具有助溶作用，因此可用于样品中测定组分的提取。超声提取较冷浸法速度快，一般仅需数十分钟即可达到平衡。由于超声提取过程中溶剂可能会有一定的损失，所以用作含量测定时，应于超声振荡前先称定质量，提取完毕后，放冷至室温，再称重，并补足减失的质量，滤过后，取续滤液备用。

超声提取法简便，不需加热，提取时间短，适用于固体制剂中测定组分的提取，如牛黄降压丸的鉴别。

8. 超临界流体提取法（supercritical fluid extraction，SFE）

超临界流体是指当压力和温度达到物质的临界点时，所形成的单一相态。最常使用的超临界流体是CO_2，CO_2的临界温度为31℃，临界压力为7390kPa，当压力和温度超过此临界点时，CO_2便成为超临界流体。因为CO_2具有较低的临界温度和临界压力，同时还具有惰性、无毒、纯净、价格低廉等优点，因而其应用日益广泛。本法适合于中药及其制剂中待测组分的提取分离。如马蓝、菘蓝和蓼蓝中的靛玉红超临界流体萃取法：温度为100℃，压力为34kPa，静态萃取时间7.5min，改性剂为三氯甲烷，加入量为0.2ml，动态萃取量4ml。提取方法简便、快速，所得萃取液可直接进行HPLC分析。

（二）中药制剂的纯化技术

1. 过滤法

过滤法的主要作用是分离可溶性物质和不溶性物质，其方法是通过棉花、滤纸、纱布、玻璃纤维等材料进行分离。过滤法是最常用的简单纯化方法，可以在各种不同的条件和方式下进行。

2. 萃取法

萃取法不仅用于待测组分的提取，也可用于纯化处理，即采用适宜的溶剂直接除去杂质。根据相似相溶的原理，极性较强的有机溶剂正丁醇等适用于提取皂苷类成分；乙酸乙酯多用于提取黄酮类成分；三氯甲烷多用于提取生物碱；挥发油等非极性组分则用非极性溶剂乙醚、石油醚等提取。

萃取法通常在分液漏斗中进行，加入溶剂后振摇，放置，待完全分层后分取有机相。若提取液用作鉴别，一般只提取一次；若用作含量测定，应提取完全，一般需提取3～4次。提取是否完全可通过测定提取回收率来考查。酒剂和酊剂在提取前应先挥去乙醇，否则乙醇可使有机溶剂部分或全部溶解于水中。提取过程中应注意防止和消除乳化。

3. 沉淀法

某些待测组分或干扰物可与一些试剂反应生成沉淀，过滤分离沉淀，使待测组分得到纯化。但要防止过量沉淀试剂干扰待测成分的测定。如蛇胆糖浆口服液中含有大量的糖，可用无水乙醇回流烘干样品，放冷后过滤而将样品中的糖除去。

4. 蒸馏法

利用某些待测组分具有挥发性，采用蒸馏法，收集馏出液进行含量测定；或者某些成分在适当的条件下受热易分解成挥发性产物，利用分解产物经蒸馏后测定，但前提是必须明确被测成分的结构。

5. 色谱法

色谱法为目前常用的分离纯化方法之一，有柱色谱、薄层色谱、纸色谱、离子交换色谱、聚酰胺色谱及凝胶色谱等。因其兼具分离和分析功能，样品经提取后可不经分离直接分析。当有些样品分析前仍需分离纯化时，一般也多采用色谱法，如柱色谱法或固相萃取等方法。固相萃取所用的的预处理小柱内装的填料除硅胶、氧化铝等吸附剂和大孔吸附树脂外，还有各类化学键合相，如C_{18}、氰基、氨基化学键合相等，可适于各种极性化学成分的分离。

课堂互动

中药制剂与普通化学制剂检验有何不同？

三、中药制剂检验的基本程序

中药制剂检验的基本程序有取样、供试品溶液的制备、鉴别、检查和含量测定。

(一) 取样

中药制剂的分析检验一般多采用估计取样。即从整批成品中抽取一部分具有代表性的供试品进行分析、观察，得出规律性“估计”的一种方法。取样要有代表性，取样的原则是均匀、合理。一般应从每个包装的四角和中间5处取样。袋装可从袋中间垂直插入，桶装可在桶中央取样，深度可达1/3～2/3处。取得样品要妥善保管，同时注明品名、批号、数量、取样日期及取样人。

(二) 供试品溶液的制备

中药制剂的组成非常复杂，除含有附加剂外，原料药材和提取物中还含有许多化学成分。因此，在测定前一般需将待测组分从制剂中提取出来，有的还需要做进一步的纯化处理。样品前处理的原则是最大限度地保留被测定成分，除去干扰物质，将被测定成分浓缩至分析方法最小检测限所需浓度。

(三) 鉴别

中药及其制剂的鉴别是根据中药材、中药制剂的性状、组织学特征以及所含化学成分的理化性质，采用一定的分析方法来判断该中药材及其制剂的真伪。中药及其制剂的鉴别主要包括性状鉴别、显微鉴别、理化鉴别等方法。由于目前部分中药制剂尚无含量测定项目，因此鉴别就成为中药制剂质量控制的一个非常重要的环节。

1. 性状鉴别

中药制剂的性状鉴别是利用制剂的外观形态和性状、颜色、气味等特征对其进行真伪鉴别，主要是感官鉴别。如果制剂的处方组成固定、药材质量及生产工艺稳定，那么制剂的性状应该基本一致，性状就能初步反映其质量状况。性状鉴别是评价药材及其制剂质量的一项重要指标。例如《中国药典》对复方丹参滴丸的描述：本品为棕色的滴丸，或为薄膜衣滴丸，除去包衣后显黄棕色至棕色；气香，味微苦。又如刺五加片：本品为糖衣片，除去糖衣后显棕褐色；味微苦、涩。

2. 显微鉴别

中药制剂的显微鉴别是利用显微镜来观察中药制剂中原药材的组织碎片、细胞或内含物等特征鉴别制剂的处方组成的一种鉴别方法。该法操作简便、准确可靠、耗费少，是《中国药典》中鉴别中药制剂常用的方法。显微特征鉴别包括薄壁细胞、木栓组织、分泌细胞和分泌腔、纤维以及淀粉粒、花粉粒、碳酸钙结晶等。含有原生药材粉末的中药制剂可采用本法鉴别。

与单味中药材粉末相比较，中药制剂的显微鉴别更加复杂，处方中主要药味及化学成分不清楚或尚无化学鉴别方法的药味，应选择专属性的特征进行显微鉴别，要对处方中各药味逐一分析比较，考虑选用能相互区别，互不干扰，能表明该药味存在的显微特征作为鉴别依据。

【应用示例】 乌梅丸的显微鉴别：乌梅丸由乌梅肉、花椒、细辛、黄连、黄柏、干姜、附子（制）、桂枝、人参和当归十味药组成，《中国药典》鉴别方法为取本品，置显微镜下观察：果皮非腺毛单细胞，平直或弯曲，腔内充满黄棕色物（乌梅）。糊化淀粉粒团块类白色（附子）。纤维束鲜黄色，壁稍厚，纹孔明显（黄连）。纤维束鲜黄色，周围细胞含草酸钙方晶，形成晶纤维，含晶细胞壁木化增厚（黄柏）。

3. 理化鉴别

中药制剂的理化鉴别是利用制剂所含化学成分的理化性质，采用物理、化学或物理化学的方法进行鉴别，从而判断其真伪。理化鉴别是以制剂中的有效成分或特征成分为检测对象，能客观评价药品的真实性。根据中医药理论，依组方原则首选君药、贵重药和毒剧药、易混淆药材及货源紧张的药材进行理化鉴别，再选其他药味鉴别。没有显微鉴别的药味应尽可能作理化鉴别，药味少的品种也应尽可能进行理化鉴别。

(1) 化学反应鉴别　化学反应鉴别是利用中药制剂中某一味药所含化学成分（有效成分或特征成分）与适宜试剂或试液发生化学反应产生的颜色、沉淀或气体等进行鉴别的方法。例如板蓝根颗粒的鉴别是将一定量颗粒加水溶解，过滤后滤液加茚三酮试液，在水浴中加热数分钟，溶液显蓝紫色。

(2) 微量升华鉴别　微量升华鉴别适宜于一些具有升华性成分的中药材及其制剂的鉴别。如大黄升华物为黄色棱柱状或羽毛状结晶的蒽醌类化合物；薄荷为无色针晶簇（薄荷醇）；斑蝥为片状斑蝥素结晶。

中药制剂的理化鉴别有一定的局限性，对制剂中某些药味使用代用品，往往缺乏鉴别能力，例如，黄连、黄柏、三颗针均含有小檗碱，在生产中若用黄柏或三颗针代替黄连投料，如果以小檗碱为特征成分进行理化鉴别，则无法判断是黄连还是代用品。因此，在中药制剂鉴别中通常采用性状检查、显微鉴别和理化鉴别、光谱特征鉴别等方法相互核对验证，选择专属性强，灵敏度高，简便快速的方法。

【应用示例】 牛黄解毒片的鉴别：取本品 1 片，研细，进行微量升华，所得白色升华物，加新配制的 1% 香草醛硫酸溶液 1～2 滴，液滴边缘渐显玫瑰红色。

4. 光谱鉴别

利用中药及其制剂中某些组分的光谱特征，如在紫外-可见光光区有明显的特征吸收峰等，进行药物的定性鉴别，以评价中药的真伪。

【应用示例】 木香槟榔丸的鉴别方法：取本品粉末 4g，加水 10ml，水蒸气蒸馏，收集馏液约 100ml，照紫外-可见分光光度法（附录ⅣA）测定，在 253nm 波长处有最大吸收。

5. 色谱鉴别

色谱法具有分离度好、灵敏度高、专属性强等特点，特别适合中药及其制剂的鉴别。常用的色谱鉴别法有薄层色谱法、气相色谱法和高效液相色谱法等。

薄层色谱法（TLC）是中药制剂中最常用的鉴别方法。气相色谱法适应于中药制剂中含挥发性成分的鉴别，如冰片、麝香等。高效液相色谱法也可用于鉴别，一般情况下，若含量测定采用了高效液相色谱法，可同时用于鉴别。以下主要介绍薄层色谱法在鉴别中的应用。

TLC 鉴别中使用最多的是硅胶 G 板，生物碱类成分一般用氧化铝板，鉴别黄酮类和酚类化合物使用聚酰胺板，氨基酸使用纤维素板。展开剂常用混合溶剂。薄层鉴别法需用药材或有效成分对照品作对照。鉴别时取供试品、对照药材或有效成分对照品，用相同方法制备试验溶液，分别取供试品溶液、对照药材溶液或对照品溶液适量，点于同一薄层板上，展开、检视，要求供试品溶液中应有与对照主斑点相应的斑点。特征斑点最好选择已知有效成分或特征成分的斑点，若有效成分未知或无法检出，也可以选择未知成分的特征斑点，但要求重现性好，斑点特征明显。由于中药制剂组成复杂，应注意方法的专属性。在建立方法时，应取阴性对照与供试品和对照品在相同条件下试验，阴性对照中在鉴别特征斑点的位置应无斑点出现。此外阴性对照的色谱加上对照药材的色谱应大致等于供试品的色谱。

不同中药制剂中同一药味，尽可能采用相同的薄层色谱条件；但是如果有些处方由于某些药味干扰难以统一，或虽无干扰但在同一块薄层色谱板上可同时检测几味药而简化操作，则可采用简便方法。以对照药材作对照时，应按处方量比例制成一定量，使色谱有可比性。薄层色谱法操作环境的相对温度和湿度等往往影响色谱质量。尽可能定量取样、定量溶解、定量点样，以进一步使真伪鉴别有量化的评价。

【应用示例】 川芎茶调散中川芎的鉴别：取本品3g，加石油醚（60～90℃）20ml，密塞，时时振摇，浸渍4h，滤过，滤液浓缩至1ml，作为供试品溶液。另取川芎对照药材0.3g，同法制成对照药材溶液。照薄层色谱法（附录Ⅴ B）试验，吸取上述两种溶液各10μl，分别点于同一硅胶G薄层板上，以环己烷-乙酸乙酯（9∶1）为展开剂，展开，取出，晾干。置紫外灯光（365nm）下检视。供试品色谱中，在对照药材色谱相应的位置上，显一个相同颜色的荧光主斑点。

知识链接

中药指纹图谱

中药指纹图谱系指药材、饮片、提取物或中药制剂等经适当处理后，采取一定的分析手段和方法得到的能够标示其化学的、生物学的或其他特性的图谱；它建立在中药化学成分系统研究的基础上，主要用于评价中药材及其中药制剂半成品、成品质量的真实性、优良性和稳定性。

中药指纹图谱能提供从原药材的种植、栽培、引种，中成药生产过程中工艺的规范与优化，到产品质量标准的制定全方位的质量保证，作为天然药物的质量控制方法，已被国内外广泛接受。《美国药典》、《英国药典》、《印度药典》及WHO草药评价指南均收载了指纹图谱。《中国药典》中共有2个注射剂、4个口服固体制剂、5个提取物建立了HPLC色谱指纹图谱。另有8个口服固体制剂、10个提取物建立了HPLC色谱特征图谱，在整体性控制中药质量方面有了突破性进展。

（四）检查

中药检查的对象是指药材及其制品中加工、生产和贮藏过程中可能含有且需要控制的物质或物理参数，内容包括安全性、有效性、均一性与纯度四个方面的要求。中药的检查项目包括杂质、水分、灰分、酸不溶性灰分、重金属、砷盐、农药残留量、有关的毒性成分与其他必要的杂质检查项目。与化学药物相比，中药的检查项目的差别主要在杂质检查、灰分测定、氮测定、乙醇量测定、脂肪与脂肪油测定、膨胀度测定、酸败度测定、农药残留量测定、甲醇量检查等。

1. 中药制剂的常规检查

中药制剂的常规检查是以各种剂型的通性为指标，对药品的有效性、稳定性进行控制和评价的一项药品检验工作。剂型的通性是指其所有品种均应具有的基本属性。例如，丸剂的水分、重量差异、装量差异、溶散时限等；合剂的差异、pH值、相对密度和注射剂的装量检查、澄明度、不溶性微粒等。剂型的基本属性是保证药品质量的重要因素，亦是评价药品质量的重要指标。

中药制剂的常规检查主要包括：水分、重量差异、崩解时限、溶散时限、pH值、相对密度、乙醇量、浸出物等。

2. 中药制剂的杂质检查

（1）一般杂质检查　一般杂质是指在药材生长、采集、收购、加工、制剂的生产和贮存过程中容易引入的杂质，如水分、灰分、酸不溶性灰分、重金属、砷盐、残留农药及残留溶剂等。

① 水分测定法　水分测定系指固体制剂中含水量的测定，其是控制制剂质量的一项重要指标。固体制剂中含水量的多少，对其理化性质、稳定性以及医疗作用等均有影响。若水分过多，不仅会引起制剂霉变或化学成分的水解，而且含药量也会减少，影响药品的疗效；

若水分过少，对一般剂型影响较小，但可造成片剂松片、蜜丸太硬服用不便等。此外，含水量还可反映制剂的生产工艺是否稳定，包装及贮存条件是否适宜等。因此，对有关制剂进行水分测定是十分必要的。《中国药典》一部附录收载有烘干法、甲苯法、减压干燥法、气相色谱法四种测定方法。

② 灰分测定法　灰分测定包括总灰分和酸不溶性灰分的测定。

a. 总灰分测定法　总灰分系指药材或制剂经加热，炽灼灰化后残留的无机物，包括药物本身所含无机盐（生理灰分）和药材表面粘附的泥土、砂石等无机物。规定中药的总灰分的限度范围，对于保证药品质量和洁净程度，有一定意义。

取供试品 2～3g（如需测定酸不溶性灰分，可取供试品 3～5g），置炽灼至恒重的坩埚中，称定重量（准确至 0.01g），缓缓炽热，注意避免燃烧，至完全炭化时，逐渐升高温度至 500～600℃，使完全灰化并至恒重。根据残渣重量，计算供试品中总灰分的含量（%）。

有些药材生理灰分差异较大，特别是组织中含草酸钙较多的药材，由于生长条件不同，大量的总灰分可从 8%到 20%以上，所以药材的总灰分就不能说明外来杂质的量，因此需要测定酸不溶性灰分。

b. 酸不溶性灰分测定法　酸不溶性灰分是中药经高温炽灼得到的总灰分加盐酸处理，而得到的不溶于盐酸的灰分。因此，酸不溶性灰分更能准确地反映出外来杂质的量。取上项所得的灰分，在坩埚中小心加入稀盐酸约 10ml，用表面皿覆盖坩埚，置水浴上加热 10min，表面皿用热水 5ml 冲洗，洗液并入坩埚中，用无灰滤纸滤过，坩埚内的残渣用水洗于滤纸上，并洗涤至洗液不显氯化物反应为止。滤渣连同滤纸移置同一坩埚中，干燥，炽灼至恒重。根据残渣重量，计算供试品中酸不溶性灰分的含量（%）。

中药材检查以上项目的品种较多，而中药制剂以合格的中药材为原料，原则上可以不再检查。但对于某些以根、茎等中药材粉末为原料的制剂，为控制外来杂质，仍需要检查。如九味羌活丸，规定其总灰分不得过 7.0%，酸不溶性灰分不得过 2.0%。

③ 农药残留量测定法　药用植物在栽培生产过程中为减少病虫害，常需要喷洒农药，土壤中残存的农药也可能引入到药材中。因此，药用植物、中药材及其制剂中农药残留量的测定，日益引起人们的高度重视。

常用农药主要有三大类：有机氯类如六六六、滴滴涕等；有机磷类如对硫磷、乐果、敌敌畏等；拟除虫菊酯类如氯氰菊酯、氰戊菊酯等。大多数农药的残留期较短，但有机氯类以及少数有机磷农药可长期残留，所以需要加以控制。对接触农药不明的样品，一般可测定总有机氯和总有机磷的限量。

《中国药典》一部规定有机氯类、有机磷类、拟除虫菊酯类农药的测定方法，除另有规定外，均采用气相色谱法测定有关农药残留量。如甘草、黄芪中有机氯农药残留量的检查，规定六六六（总 BHC）与滴滴涕（总 DDT）不得过千万分之二；五氯硝基苯（PCNB）不得过千万分之一。

④ 重金属　药材由于环境污染和使用农药等原因，容易引入重金属杂质，所以中药制剂中重金属的限量同样需要控制，特别是新研制的中药制剂和出口产品。《中国药典》一部附录收载有重金属的检查方法，详见本教材“杂质检查技术”中的有关内容。由于中药制剂组成复杂，部分制剂含药材粉末，因此均需进行有机破坏后方能检查。有机破坏的方法有干法破坏和湿法破坏两类。干法破坏是将供试品置坩埚中，加热至炭化，再在 500～600℃炽灼至灰化，加酸处理后用硫代乙酰胺法检查。湿法破坏是加入强酸及其盐加热破坏。

⑤ 砷盐　中药及其制剂由于受除草剂、杀虫剂和化学肥料的影响，容易引入砷盐，因此，控制砷盐的限量是确保中药及其制剂安全性的重要内容。《中国药典》一部附录收载了

两种方法，即古蔡法与二乙基二硫代氨基甲酸银法，详见项目四“杂质检查技术”中的有关内容。由于中药及其制剂需将样品破坏后检查，破坏时多采用碱熔融法。

(2) 特殊杂质检查　中药材除规定杂质、水分、灰分、重金属等一般杂质检查外，尚需根据具体情况，规定特殊检查项目。特殊杂质检查是指有针对性地对与质量直接有关的专项项目进行检查。如制川乌中酯型生物碱的检查，大黄中土大黄苷的检查等。

随着近年来，人们对于中药特别是中药注射剂的安全性问题日益重视，《中国药典》对中药注射剂全部增加重金属和有害元素限度标准，并规定了注射剂有关物质的检查项目。所谓注射剂的有关物质系指中药材经提取、纯化制成注射剂后，残留在注射剂中可能含有并需要控制的物质，如蛋白质、鞣质、树脂以及草酸盐、钾离子等。这些物质存在于注射剂中既会影响注射剂的澄明度，患者使用后还会产生局部疼痛、红肿、组织坏死或出现过敏反应等。由于注射剂直接注入体内，大多不经肝脏毒解，为保证药品的安全性和稳定性，《中国药典》对注射剂规定，除了按注射剂通则的要求检查之外，还应控制蛋白质、鞣质、树脂等，静脉注射剂还应控制草酸盐、钾离子等。

(五) 含量测定

中药制剂的含量测定是评价其质量优劣的重要手段。与化学药物不同，中药制剂组成复杂，且大多数有效成分尚不清楚，其药效是多种化学成分协同作用的结果，因此，检验其中任何一种或几种化学成分均不能体现复方制剂的整体质量。我们借鉴化学药物的质量评价模式，测定中药制剂中某一味或几味中药的某一种或几种成分的含量的定量分析方法，对于规范和优化中药制剂的生产工艺，控制中药制剂的质量，提高中药制剂的水平，保证临床用药的安全有效等具有十分重要的意义。

《中国药典》一部收载的中药制剂常用的定量方法有化学法、紫外分光光度法、HPLC法、GC法和TLC法等。

1. 化学法

化学分析法为经典的分析法，包括重量法和容量法，主要用于测定中药制剂中含量较高的一些成分及含矿物药制剂中的无机元素，如总生物碱、总酸类、总皂苷及矿物药等的定量分析。其精确度高，但不如光谱法等仪器分析方法灵敏、专属，当测定组分含量较高时方可应用，且多用于组成较简单的制剂，测定前一般还需进行提取、纯化等处理过程，以排除干扰。

2. 紫外分光光度法

紫外分光光度法灵敏、简便，在中药制剂分析中也有应用。由于中药制剂成分复杂，不同组分的紫外吸收光谱往往彼此重叠、干扰，因此在测定前必须经过提取、纯化等步骤，以排除干扰。同时应取阴性对照品在相同条件下测定，应无吸收。在《中国药典》中，紫外分光光度法主要用于几个最大吸收波长较高、吸收较强的组分的含量测定，如小檗碱、芦丁、黄芩苷、丹皮酚等。

此外，比色法在中药制剂分析中也有应用，一般用于一类成分总量的含量测定，如总黄酮、人参总皂苷的含量测定等。由于分光光度法容易受到共存组分的干扰，所以其使用受到一定限制。

3. 色谱法

(1) 高效液相色谱法　高效液相色谱法具有分离效能高、分析速度快、应用范围广等特点，是中药制剂含量测定首选的方法。

① 色谱条件的选择

a. 固定相　中药制剂分析中，多使用反相高效液相色谱法（RP-HPLC），即使用非极性的固定相，其中以十八烷基硅烷键合硅胶（ODS）最常用。

b. 流动相 甲醇-水或乙腈-水的混合溶剂。使用反相色谱，制剂中极性的附加剂及其他干扰组分先流出，不会停留在柱上污染色谱柱。若分离酸性组分，如丹参素、黄芩苷、甘草酸等，可在流动相中加入适量酸，如乙酸、磷酸，以抑制其解离；对酸性较强的组分，也可使用离子对色谱法，常用的反离子试剂有氢氧化四丁基铵等。若为碱性组分，如麻黄碱、小檗碱等，多采用反相离子对色谱法，在酸性流动相中加入烷基磺酸盐、有机酸盐，也可使用无机阴离子，如磷酸盐作为反离子。

c. 检测器 最常使用紫外检测器，一般适用于在紫外、可见光区具有吸收组分的测定。对于皂苷类、多糖类等无紫外吸收的成分，可采用蒸发光散射检测器进行检测，也可采用紫外低波长进行检测，但应注意所用流动相中有机溶剂的截止使用波长（不宜用甲醇，宜用乙腈）。

② 测定方法

a. 外标法 若标准曲线过原点，测定组分含量变化不大，可使用外标一点法。但由于中药制剂中待测组分含量的波动范围较大，因此最好采用标准曲线法定量。

b. 内标法 中药制剂组成复杂，若使用内标法，会增加分离的难度，其他组分很容易干扰内标峰，所以中药制剂含量测定中，只有当组成相对简单，杂质不干扰内标峰时，才能使用内标法。

③ 供试品溶液的制备 由于高效液相色谱法本身具有分离的功能，因此所用供试液一般经提取制得，不再需要纯化处理。但组成复杂的制剂，仍需采用萃取、柱色谱等预处理方法对供试品进行纯化处理。

（2）气相色谱法 气相色谱法是以气体为流动相（载气）流经色谱柱对样品进行分析的色谱方法。气相色谱法具有分离效能高、选择性好、灵敏度高、分析速度快等特点，是中药制剂的常用分析方法。该法主要用于含挥发油及其他挥发性成分的含量测定，还可用于水分测定、乙醇量测定、甲醇量检查、农药残留量测定等。

在中药及其制剂的挥发性成分含量测定中，通常选用高分辨率的毛细管柱进行分离，以火焰离子化检测器（FID）检测，定量方法有内标法和外标法，其中以内标法应用较广。如薄荷素油中薄荷脑的测定、松节油中 α-蒎烯的测定等，均采用内标法定量。采用内标法定量时，内标物质的色谱峰应与样品中待测组分的色谱峰及杂质色谱峰达到良好分离；采用外标法定量时，宜采用自动进样，以提高进样重复性、减小进样误差。但本法也存在一定的局限性，通常情况下不适合分析挥发性差或遇热易分解破坏的样品。

（3）薄层色谱扫描法 薄层色谱扫描法（TLCs）系指用一定波长的光照射在薄层上，对薄层色谱中吸收紫外光和可见光的斑点，或经激发后能发射出荧光的斑点进行扫描，将扫描得到的图谱及积分数据用于含量测定的一种方法。根据薄层扫描方式分为薄层吸收扫描法和薄层荧光扫描法两种。

薄层色谱扫描法具有分离效率高、简便快速等特点，因而适用于中药制剂的含量测定。本法的准确度和精密度虽不及高效液相色谱法，但可以作为高效液相色谱法的补充，用于无紫外吸收或不能采用高效液相色谱法分析的组分，如人参皂苷、贝母生物碱和黄芪甲苷等。

定量方法有外标法和内标法。外标法是薄层色谱扫描法最常用的定量方法，方法简单，但点样必须准确。由于薄层板间的差异较大，应采取随行标准法，测定时将供试品和对照品溶液交叉点于同一薄层板上，供试品点样不得少于 2 个，对照品每一浓度不得少于 2 个。若标准曲线经过原点，可用外标一点法定量，只需点一种浓度的对照品溶液，与供试品溶液同板展开测定。若标准曲线不通过原点，通常采用线性回归二点法计算，如线性范围很窄时，可采用多点法校正多项式回归计算。内标法是将内标加入到供试品和对照品溶液中，以其峰面积的比值作为定量的依据，目前应用较少。

工作任务　双黄连口服液的质量检验

一、任务准备

（一）处方与制法

1. 处方

金银花 375g　黄芩 375g　连翘　750g

2. 制法

以上 3 味，黄芩加水煎煮 3 次，第一次 2h，第二、三次各 1h，合并煎液，滤过，滤液浓缩并在 80℃时加入 2mol/L 盐酸溶液适量调节 pH 值至 1.0～2.0，保温 1h，静置 12h，滤过，沉淀加 6～8 倍量水，用 40％氢氧化钠溶液调节 pH 至 7.0，再加等量乙醇，搅拌使溶解，滤过，滤液用 2mol/L 盐酸溶液适量调节 pH 值至 2.0，60℃保温 30min，静置 12h，滤过，沉淀用乙醇洗至 pH 值至 7.0，回收乙醇备用；金银花、连翘加水温浸 30min 后，煎煮二次，每次 1.5h，合并煎液，滤过，滤液浓缩至相对密度为 1.20～1.50（70～80℃）的清膏，冷至 40℃时缓缓加入乙醇，使含醇量达 75％，充分搅拌，静置 12h，滤取上清液，残渣加 75％乙醇适量，搅匀，静置 12h，滤过，合并乙醇液，回收乙醇至无醇味，加入上述黄芩提取物，并加水适量，以 40％氢氧化钠溶液调节 pH 值至 7.0，搅匀，冷藏（4～8℃）72h，滤过，滤液加入蔗糖 300g，搅拌使溶解，或再加入香精适量，调节 pH 值至 7.0，加水制成 1000ml，搅匀，静置 12h，滤过，灌装，灭菌，即得。

（二）功能与主治

疏风解表，清热解毒。用于外感风热所致的感冒，症状为发热、咳嗽、咽痛。

（三）质量标准

双黄连口服液的质量标准参照《中国药典》一部：本品每毫升含黄芩以黄芩苷（$C_{21}H_{18}O_{11}$）计，不得少于 10.0mg；含金银花以绿原酸（$C_{16}H_{18}O_{9}$）计，不得少于 0.60mg；含连翘以连翘苷（$C_{27}H_{34}O_{11}$）计，不得少于 0.30mg。

二、任务实施

（一）任务要求

（1）能熟练利用薄层色谱法对中药复方制剂双黄连口服液中的主要有效成分进行鉴别。

（2）能正确利用 HPLC 法测定中药复方制剂双黄连口服液中主要有效成分的含量。

（二）仪器与试药

（1）主要仪器　分析天平、聚酰胺薄膜、回流冷凝管、硅胶 G 板、层析缸、紫外光灯、恒温干燥箱、比重瓶、pH 计、高效液相色谱仪、C_{18} 柱、液相进样针、超声仪、棕色量瓶、中性氧化铝柱（100～200 目，6g，内径 1cm）。

（2）试药　75％乙醇、乙酸、纯化水、甲醇、三氯甲烷、冰醋酸、10％硫酸乙醇溶液、乙腈、双黄连口服液（10ml）、黄芩苷对照品、连翘对照药材、连翘苷对照品、绿原酸对照品。

（三）工作内容

1. 性状

本品为棕红色的澄清液体；味甜，微苦。

2. 鉴别

（1）以黄芩苷、绿原酸为对照的薄层色谱法：取本品 1ml，加 75％乙醇 5ml，摇匀，作为供试品溶液。另取黄芩苷对照品、绿原酸对照品，分别加75%乙醇制成每毫升含0.1mg的溶液，作为对照品溶液。照薄层色谱法试验，吸取上述三种溶液各1～2μl，分别点于同一聚酰胺薄膜上，以乙酸为展开剂，展开，取出，晾干，置紫外光灯（365nm）下检视。供试品色谱中，在与黄芩苷对照品色谱相应的位置上，显相同颜色的斑点；在与绿原酸对照品色谱相应的位置上，显相同颜色的荧光斑点。

（2）以连翘药材为对照的薄层色谱法　取本品1ml，加甲醇5ml，振摇使溶解，静置，取上清液，作为供试品溶液。另取连翘对照药材0.5g，加甲醇10ml，加热回流20min，滤过，滤液作为对照药材溶液。照薄层色谱法试验，吸取上述两种溶液各5μl，分别点于同一硅胶G薄层板上，以三氯甲烷-甲醇（5∶1）为展开剂，展开，取出，晾干，喷以10%硫酸乙醇溶液，在105℃加热至斑点显色清晰。供试品色谱中，在与对照药材色谱相应的位置上，显相同颜色的斑点。

3. 检查

（1）相对密度　应不低于1.12。

（2）pH值　应为5.0～7.0。

4. 含量测定

双黄连口服液由金银花、黄芩和连翘三味药组成。《中国药典》采用高效液相色谱法，分别以黄芩苷为指标测定黄芩的含量，以绿原酸为指标测定金银花的含量，以连翘苷为指标测定连翘的含量。

（1）黄芩

① 色谱条件与系统适用性试验　以十八烷基硅烷键合硅胶为填充剂；以甲醇-水-冰醋酸（50∶50∶1）为流动相；检测波长为274nm。理论板数按黄芩苷峰计算应不低于1500。

② 对照品溶液的制备　取黄芩苷对照品适量，精密称定，加50%甲醇制成每毫升含0.1mg的溶液，即得。

③ 供试品溶液的制备　精密量取本品1ml，置50ml量瓶中，加50%甲醇适量，超声处理20min，放置至室温，加50%甲醇稀释至刻度，摇匀，即得。

④ 测定方法　分别精密吸取对照品溶液与供试品溶液各5μl，注入液相色谱仪，测定，即得。

（2）金银花

① 色谱条件与系统适用性试验　以十八烷基硅烷键合硅胶为填充剂；以甲醇-水-冰醋酸（20∶80∶1）为流动相；检测波长为324nm。理论板数按绿原酸峰计算应不低于6000。

② 对照品溶液的制备　取绿原酸对照品适量，精密称定，置棕色量瓶中，加水制成每毫升含40μg的溶液，即得。

③ 供试品溶液的制备　精密量取本品2ml，置50ml棕色量瓶中，加水稀释至刻度，摇匀，即得。

④ 测定方法　分别精密吸取对照品溶液与供试品溶液各10～20μl，注入液相色谱仪，测定，即得。

（3）连翘

① 色谱条件与系统适用性试验　以十八烷基硅烷键合硅胶为填充剂；以乙腈-水（25∶75）为流动相；检测波长为278nm。理论板数按连翘苷峰计算应不低于6000。

② 对照品溶液的制备　取连翘苷对照品适量，精密称定，加50%甲醇制成每毫升含60μg的溶液，即得。

③ 供试品溶液的制备　精密量取本品1ml，加在中性氧化铝柱（100～200目，6g，内径为1cm）上，用70%乙醇40ml洗脱，收集洗脱液，浓缩至干，残渣加50%甲醇适量，温热使溶解，转移至5ml量瓶中，并稀释至刻度，摇匀，即得。

④ 测定方法 分别精密吸取对照品溶液与供试品溶液各 10μl，注入液相色谱仪，测定，即得。各有效成分的含量按下式计算。

$$有效成分的含量=\frac{A_x \times c_S \times D}{A_S}$$

式中，A_x 为供试品溶液的峰面积；A_S 为对照品溶液的峰面积；c_S 为对照品的浓度，mg/ml；D 为供试品溶液的稀释倍数。

（四）注意事项

（1）相对密度和 pH 值测定的注意事项详见项目六工作任务“布洛芬糖浆的质量检验”项下。

（2）薄层板中使用前要进行活化，活化后的薄层板应立即置于有干燥剂的干燥器中保存。普通薄层板点样量最好在 10μl 以下，过多可造成原点“超载”，展开剂产生绕行现象，使斑点拖尾。

（五）思考题

（1）比较黄芩苷、连翘苷和绿原酸的结构式，试分析三者含量测定色谱条件的选择与结构的相关性。

（2）聚酰胺薄层色谱鉴别适用于怎样结构的药物？

相关知识 传统中药剂型介绍及质量分析要点

一、丸剂

丸剂是中药的主要传统、特色剂型之一，系指饮片细粉或提取物加适宜的黏合剂或其他辅料制成的球形或类球形制剂。根据所用黏合剂的不同，丸剂又可分为蜜丸、水蜜丸、水丸、蜡丸等，具有崩解缓慢、作用持久、可减小药物的刺激性和毒副作用等特点。丸剂的检查项目包括水分、重（装）量差异、溶散时限和微生物限度检查等。丸剂的含量测定应按照“君臣佐使”的方剂配伍原则，选择君药、贵重药、毒性大等药物中的成分测定，并注意蜂蜜等辅料对测定的影响。

二、散剂

散剂指饮片或提取物经粉碎、均匀混合制成的粉末状制剂，具有制备简便、显效快、稳定、便于携带贮藏等优点，也是古老传统剂型，至今仍广泛应用。散剂为药材的粉末，适宜采用显微鉴别的方法；检查项目有粒度、外观均匀度、水分和装量差异、装量、无菌、微生物限度检查等；理化鉴别或含量测定时，需用溶剂将有效成分提取后进行。分析方法可采用与药材相同的方法。

三、合剂与口服液

合剂指饮片用水或其他溶剂，采用适宜方法提取制成的口服液体制剂（单剂量灌装者也称口服液）。合剂和口服液为汤剂的改进剂型，既保持了汤剂的特点，又可免去临时煎煮的麻烦，便于服用、携带和保存。合剂中常含有糖类、蛋白质等，容易繁殖微生物，因此要加入防腐剂，如苯甲酸类和尼泊金酯类等，必要时也可加入矫味剂和适量的乙醇。《中国药典》规定，合剂不得有酸败、异臭、产生气体或其他变质现象。检查项目一般有相对密度、pH 等。对单剂量灌装的合剂（即口服液）还应进行装量检查。合剂中溶剂水和矫味剂蔗糖以及其他附加剂对检验常有干扰，所以在测定前需用有机溶剂将待测组分从制剂中萃取出来后再行检验。若其他共存组分有干扰，则需采用柱色谱或其他纯化方法处理。

自我测试

一、单项选择题

1. 中药制剂显微鉴别是指用显微镜对样品中药味的（　　）进行鉴别的一种方法。

A. 外观特征　　B. 光谱特征

C. 组织、细胞或内含物等特征分析　　D. 指标性成分

2. 对中药制剂进行残留农药检查时，当接触农药不明时，一般可测定（　　）

A. 总有机溴　　B. 总有机磷和总有机氯

C. 总有机溴和总有机氯　　D. 总有机氮

3. 下面关于中药制剂说法不正确的是（　　）

A. 中药制剂是指将中药制成膏、丹、丸、散以及胶囊、片剂等剂型的药物

B. 中药制剂包括单方制剂和复方制剂

C. 中药制剂成分复杂，质量分析时应进行组方分析

D. 中药制剂分析时不需要考虑原料药的产地、生长年限、采收季节及部位等因素

4. 总灰分是指（　　）

A. 中药材所带的泥土、砂石等不溶性物质

B. 药材或制剂经加热、炽灼、灰化遗留的无机物

C. 药材或制剂经加热、炽灼、灰化遗留的有机物

D. 药物中遇硫酸氧化生成硫酸盐的无机杂质

5. 中药制剂的含量测定方法一般首选（　　）

A. 容量分析法　　B. 重量分析法　　C. 薄层扫描法　　D. 高效液相色谱法

6. 对中药制剂进行含量测定时，首先应当选定含量测定的项目为（　　）

A. 一类总成分的含量　　B. 臣药及其他药

C. 君药及贵重药　　D. 浸出物含量

7. 中药制剂检验中，气相色谱法一般用于（　　）

A. 挥发性组分的测定　　B. 非挥发性组分的测定

C. 装量差异的检查　　D. 重量差异的检查

8. 双黄连口服液中黄芩苷、绿原酸和连翘苷的含量采用（　　）测定。

A. 沉淀重量法　　B. 薄层色谱扫描法

C. 紫外分光光度法　　D. 高效液相色谱法

二、多项选择题

1. 样品前处理常用的提取方法有（　　）

A. 萃取法　　B. 回流提取法　　C. 超声波提取法

D. 水蒸气蒸馏法　　E. 超临界流体提取法

2. 中药制剂的杂质检查项目有（　　）

A. 水分　　B. 残留农药　　C. 重金属

D. 砷盐　　E. 灰分和酸不溶性灰分

3. 中药制剂定性鉴别的方法有（　　）

A. 性状鉴别　B. 理化鉴别　C. 显微鉴别
D. 色谱鉴别　E. 原植物鉴别

4. 薄层色谱扫描法的扫描方式有（　　）
A. 折线扫描法　B. 曲线扫描法　C. 锯齿扫描法
D. 吸收扫描法　E. 荧光扫描法

5. 中药制剂常用的定量测定方法有（　　）
A. 化学法　B. 紫外分光光度法　C. 红外分光光度法
D. 薄层色谱扫描法　E. 高效液相色谱法

6. 中药制剂检验的基本程序包括（　　）
A. 鉴别　B. 检查　C. 取样
D. 含量测定　E. 样品处理

三、简答题

1. 中药制剂的分析有哪些特点？
2.《中国药典》有关中药及其制剂质量标准与旧版药典相比有何进展？

（丁　丽　潘　嫣）

项目十一　医院药房制剂的快速检验

【知识目标】

掌握医院药房制剂的检验内容、基本程序和方法。

熟悉医院药房制剂检验的特点。

了解医院药房制剂检验的主要任务。

【能力目标】

能正确阅读、理解医院药房制剂的质量标准，并能按照相应的标准操作规程快速完成医院药房制剂的检验工作，及时给出正确的质量评价。

必备知识　医院药房制剂检验的概述

由于医院药房制剂的品种多，剂型较复杂，来源各异，周转速度快，所以药物的常规分析不适合于对医院药房制剂的分析。医院药房制剂检验是在较短的时间内，运用化学分析、物理分析或物理化学分析的方法对医院药房制剂进行分析检验，以保证患者用药安全有效。医院药房制剂检验也是药物制剂检验的重要组成部分。

一、医院药房制剂检验的任务与特点

(一) 任务

医院药房制剂直接用于临床，为了保障病人用药安全有效，对医院药房制剂进行分析十分必要。医院药房制剂分析的主要任务有以下几点。

(1) 对医院自制的一切制剂进行定性鉴别、检查和含量测定。

(2) 检测发至病房及门诊患者的处方制剂。

(3) 鉴定购入或库存的质量可疑的药品。

(4) 定期抽检质量不稳定的库存药物或自制制剂。

(5) 抽检药房和临床科室经常应用的贮备液和分装的各种制剂。

(二) 特点

(1) 医院药房制剂检验要求准确和快速。其检验对象都是已知物，分析时主要是进行验证，所以鉴别方法比较简单，一般一个药物只需做 1～2 项简单的鉴别试验，或利用制剂间相对的不同化学特征做数项鉴别试验。

(2) 医院药房制剂检验的定性分析通常采用点滴分析，供试品取用量少（固体一般为 1～10mg、液体为 1～5 滴），都是半微量操作，化学反应都是灵敏、简便、特效的反应。

(3) 医院药房制剂检验的定量分析通常采用滴定分析法，含量测定为限度检查。为了避免临时计算结果的麻烦，一般预先计算好滴定液上下限用量范围，滴定时只要消耗滴定液的用量在规定范围内，即行。

(4) 医院药房制剂检验与《中国药典》的常规分析方法比较，具有速度快、检品消耗量少、效率高（一般定性分析只需 1min，定量分析不超过 5～10min）等特点。

二、医院药房制剂检验的基本内容和方法

医院药房制剂检验一般包括鉴别、检查、含量测定 3 个方面，下面进行简要介绍。

（一）医院药房制剂的定性分析（鉴别）

医院药房制剂的鉴别和《中国药典》收载的鉴别反应没有大的区别，只是选 1～2 个简单、可靠的反应，通常采用点滴试验，如在滤纸、点滴板上或小试管中，借助试剂观察其呈色反应、沉淀反应、结晶析出或气体生成等现象，以鉴别药物的真伪或存在与否。为了能观察到现象，一般选用灵敏度高，能检出微量样品的方法。如遇干扰，则应先排除干扰后再进行分析。

（二）医院药房制剂的检查

一般医院药房制剂很少做杂质检查，个别需做检查的药物及制剂，除应符合各药物项下的规定外，尚应符合各剂型通则的要求。

（三）医院药房制剂的定量分析方法及计算

1. 方法

医院药房制剂检验的定量分析除少数制剂采用折光法、旋光法、分光光度法及色谱法外，大多数采用滴定分析法，这些滴定分析方法都是根据常量分析的方法和原理，结合医院药房制剂分析的特点和要求建立的一套简便易行的分析方法和操作规程。

操作方法：在盛有一定量供试品的管中，加入一定量指示剂，用滴定液滴定至刚好到达终点，读出消耗滴定液的量，通过计算得出供试品的含量，或从已制定好的一定量滴定液和供试品的含量对应值坐标图查得，或从表中查对供试品的量是否在限度范围之内。

由于医院药房制剂定量分析取样量少，一般固体药物取 0.05～0.3g，液体药物取 0.5～2.0ml，软膏类药物取 0.1～1.0g，因此滴定液的需用量也少。消耗滴定液的量在 1～5ml，以 1.5～3.0ml 为好，剩余滴定时，滴定液的用量可超过 5ml，一般不超过 10ml。一般盛供试品的用具为小锥形瓶、小烧杯；盛滴定液的为刻度吸管或滴定管，其刻度需能读出 0.05ml。如果供试品消耗滴定液 0.5ml，即可造成 10%的滴定误差。滴定时在较大试管或小锥形瓶中进行。分析用的滴定液，其浓度都应调整至浓度校正因子 F 值为 1。

2. 允许误差

医院调配制剂时，由于调配的剂型和技术、药物的性质及各种使用量具的影响，不可避免地会和理论数值存在差异，在一定限度范围内这种差异是允许存在的，这种限度范围就是允许误差范围。

目前，大多数医院所采用的允许误差范围，除了《中国药典》规定外，药典未收载的注射剂、合剂、内服溶液剂、酊剂、滴眼剂、糖浆剂等为±5%；软膏剂、眼膏剂、搽剂等其他外用制剂为±10%；散剂按包装重量而有所区别，如 0.1g 及以下为±15%、0.1～0.5g 为±10%、0.5～1.5g 为±8%、1.5～6g 为±7%，6g 以上为±5%。

3. 计算

医院药房制剂检验的含量测定，因其所含成分与浓度均属已知，每次供试品取样量相同，并且用一定浓度滴定液（$F=1$）滴定，分析的结果只要求判断供试品中所含药物的量是否在允许误差范围内，所以可事先算出消耗滴定液的理论量（ml）以及在允许误差范围内应消耗滴定液的最小量（称低限）和最大量（称高限）。在实际测定供试品时，只需要将滴定结果与计算值相比较，即可得出合格与否的结论。

(1) 供试品消耗滴定液的理论体积（ml）与高低限量体积（ml）的计算

$$V_T=\frac{m_A}{T}$$

式中，V_T 为供试品应消耗滴定液的理论量，ml；m_A 为供试品中含有被测组分的质量，g；T 为滴定度，即每毫升滴定液相当于被测组分的质量，g。

如果允许的误差范围为±5%，则

$$低限\ V_{低}=V\times(1-5\%)$$
$$高限\ V_{高}=V\times(1+5\%)$$

(2) 供试品含量的计算

$$供试品(\%)=V_T\times F\times T\times 100\%$$

式中，V_T 为供试品应消耗滴定液的理论量，ml；T 为滴定度；F 为滴定液浓度校正因子。

课堂互动

碘酊中应消耗的硫代硫酸钠滴定液的理论体积与高低限如何计算？

硫代硫酸钠滴定液的理论体积 $V_T=\frac{1\times 2\%}{12.69\times 10^{-3}}=1.58$（ml）

允许误差±10%，滴定液消耗量为

低限 $V_{低}=1.58\times(1-10\%)=1.42$（ml）

高限 $V_{高}=1.58\times(1+10\%)=1.73$（ml）

工作任务　碘酊的质量检验

一、任务准备

(一) 处方与制法

1. 处方

碘	20g
碘化钾	15g
乙醇	500ml
水	适量
全量	1000ml

2. 制法

取碘化钾，加水 20ml 溶解后，加碘及乙醇，搅拌使溶解，再加水适量使成 1000ml，即得。碘酊由碘、碘化钾溶解于乙醇溶液而制成。碘是一种固体，碘化钾有助于碘在乙醇中的溶解。市售碘酊的浓度为 2%。

(二) 临床应用

碘酊具有强大的杀灭病原体的作用，它可以使病原体的蛋白质发生变性。碘酊可以杀灭细菌、真菌、病毒、阿米巴原虫等，可用来治疗许多细菌性、真菌性、病毒性等皮肤病。

(三) 质量标准

碘酊的质量标准参照《中国药典》二部：本品含碘（I）应为 1.80%～2.20%（g/ml），

含碘化钾（KI）应为1.35%～1.65%（g/ml）。

二、任务实施

（一）任务要求

（1）能正确选择医院药房制剂的快速检验方法并完成其操作。

（2）能熟练完成碘酊的快速化学检验法。

（二）仪器与试药

（1）主要仪器 刻度吸管、试管、碘量瓶、水浴锅、铂丝、蓝色钴玻璃、滴管、洗耳球。

（2）试药 淀粉指示液、氯试液、三氯甲烷、蒸馏水、乙酸、0.1mol/L硫代硫酸钠滴定液、曙红钠指示剂、0.1mol/L硝酸银滴定液。

（三）工作内容

1. 性状

本品为红棕色的澄清液体；有碘与乙醇的特臭。

2. 鉴别

（1）碘 取供试品溶液1滴，滴入淀粉指示液1ml与水10ml的混合液中，即显深蓝色。

（2）碘化钾 取供试品溶液5ml，置水浴上蒸干，缓缓炽灼，使游离碘完全挥发，残渣加水溶解后，做如下试验。

① 碘化物 取供试品溶液5滴，加氯试液数滴，溶液即变黄，加三氯甲烷数滴振摇，氯仿层即显紫色。

② 钾盐 用洁净的铂丝蘸取供试液，置无色火焰中灼烧，隔蓝色钴玻璃透视，火焰显紫色。

3. 含量测定

（1）碘

① 原理 $I_2+2Na_2S_2O_3 \longrightarrow Na_2S_4O_6+2NaI$

② 操作与计算 精密量取供试液1ml，置小碘量瓶中，加水稀释成10ml，加乙酸1滴，用0.1000mol/L硫代硫酸钠液滴定至黄色恰好消失。每毫升硫代硫酸钠滴定液（0.1mol/L）相当于0.01269g I。

允许误差为±10%，消耗硫代硫酸钠滴定液的限量为1.42～1.73ml。

I（%）=硫代硫酸钠滴定液（0.1mol/L）体积×1.269%。

（2）碘化钾

① 原理 $KI+AgNO_3 \longrightarrow AgI\downarrow+KNO_3$

② 操作与计算 将以上滴至终点的供试液，加乙酸4滴及曙红钠指示剂2滴，用0.1mol/L硝酸银液滴至沉淀由黄色转变为玫瑰红色。每毫升硝酸银滴定液（0.1mol/L）相当于0.01660g KI。

允许误差±10%。碘化钾消耗硝酸银滴定液的限量为0.81～0.99ml，但实际消耗硝酸银液的限量应为0.81ml，加测碘时消耗的硫代硫酸钠液的体积至0.99ml，加测碘时消耗的硫代硫酸钠液毫升数。

KI(%)=[硝酸银滴定液(0.1mol/L)体积－硫代硫酸钠滴定液(0.1mol/L)体积]×1.660%。

（四）注意事项

（1）鉴别碘化钾时，碘的存在有干扰，必须使游离碘全部挥发后，方可进行钾盐和碘化物的鉴别。

（2）碘化钾鉴别时，亦可先加硫代硫酸钠试液使碘的颜色退去，或用三氯甲烷将碘提取，移去后，再行实验。

（五）思考题

（1）含量测定时，消耗滴定液的限量是怎样计算的？

（2）测定碘的含量时，若滴加的硫代硫酸钠液超过终点，但未超过其上限，对测定结果是否有影响？为什么？

自我测试

一、简答题

1. 医院药房制剂快速分析的特点有哪些？

2. 医院药房制剂快速定量分析与常量分析有什么不同？

二、计算题

复方碘口服液的含量测定

（1）碘的测定：精密量取本品 15ml，置 50ml 量瓶中，加水稀释至刻度，摇匀；精密量取 10ml，置具塞锥形瓶中，加乙酸 1 滴，用硫代硫酸钠滴定液（0.1022mol/L）滴定至溶液无色，消耗 11.55ml。每毫升硫代硫酸钠滴定液（0.1mol/L）相当于 12.69mg 的 I。

（2）碘化钾的测定：取上述滴定后的溶液，加乙酸 2ml 与曙红钠指示液 0.5ml，用硝酸银滴定液（0.1007mol/L）滴定至沉淀由黄色转变为玫瑰红色，消耗 30.46ml。每毫升硝酸银滴定液（0.1mol/L）相当于 16.60mg 的 KI。

分别求算碘与碘化钾的含量，并判断是否符合规定。《中国药典》规定碘（I）应为 4.5%～5.5%；碘化钾（KI）应为 9.5%～10.5%。

（褚建波）

“自我测试”答案

项目一　答案

一、1. D　2. C　3. A　4. D　5. D　6. A　7. D　8. A　9. C　10. A

二、1. ABCD　2. BCD　3. ABCDE　4. CE　5. ABCD

三、简答题：（略）。

项目二　答案

一、1. D　2. B　3. D　4. C　5. B　6. C　7. D　8. B　9. C　10. A

二、1. ABCD　2. ABC　3. AD　4. ABC　5. ABDE

三、简答题：（略）。

项目三　答案

一、1. B　2. B　3. B　4. A　5. C　6. D　7. C　8. B　9. A　10. D

二、1. ABCD　2. ABCD　3. BC　4. ABC　5. ABCE　6. DE

三、简答题：（略）。

项目四　答案

一、1. B　2. D　3. B　4. C　5. C　6. B　7. C　8. B　9. B　10. C　11. B　12. C　13. B　14. B　15. B　16. A　17. C　18. C

二、1. AC　2. ACD　3. ABD　4. AD　5. AC　6. AC　7. BD　8. ABCDE　9. ABCE

三、简答题：（略）。

项目五　答案

一、1. C　2. A　3. D　4. B　5. C　6. B　7. A　8. B　9. B　10. B　11. B

二、1. BD　2. ABCDE　3. ABD　4. ABDE　5. ABC

三、计算题：

$$f=\frac{A_s/c_s}{A_R/c_R}=\frac{503246/(25.6/25)}{537808/(25.0/25)}=0.92$$

项目六　答案

一、1. B　2. D　3. B　4. D　5. D　6. D　7. B　8. A

二、1. BCE　2. ABCD　3. ABCD　4. ABCD　5. AD　6. ABCE

三、简答题：（略）。

项目七　答案

一、1. D　2. C　3. D　4. A　5. B　6. C　7. C　8. A　9. B　10. D　11. D　12. A　13. B

14. A 15. C 16. A 17. B 18. C 19. A 20. B 21. A

二、1. ABCDE 2. ADE 3. ABCDE 4. AC 5. ABCD 6. ABCD 7. AC 8. AC 9. ABCDE 10. ABCE

三、计算题:

1. 为了排除赋形剂的干扰。

2. 初滤液被滤纸吸收了水分,浓度偏高。

3. $$标示量(\%)=\frac{V\times T\times F\times n\times 平均片重}{W\times 标示量}\times 100\%$$

$$=\frac{13.92\times 3.429\times \frac{0.01733}{0.01677}\times \frac{100}{25}\times \frac{2.2680}{20}}{0.2246\times 100}\times 100\%=99.62\%$$

项目八 答案

一、1. C 2. A 3. C 4. C 5. B 6. D 7. B 8. A 9. B 10. C 11. D 12. C 13. B 14. A 15. D 16. A 17. C 18. B 19. B 20. A 21. A

二、1. ADE 2. ACD 3. ACE 4. BCDE 5. BC 6. ABC 7. CD 8. CD 9. CD 10. BC 11. ABDE 12. ACD 13. ABCDE 14. ABCE 15. CDE

三、计算题:

$$标示量(\%)=\frac{VTF\times 平均片重}{W\times 标示量}\times 100\%=\frac{22.06\times 8.806\times 10^{-3}\times \frac{0.05004}{0.05}\times \frac{2.2020}{20}}{0.4402\times \frac{50}{100}\times 0.1}\times$$

$$100\%=97.25\%$$

项目九 答案

一、1. B 2. D 3. B 4. A 5. A 6. A 7. C 8. A 9. A 10. B

二、1. BCE 2. ABC 3. ABCDE 4. AB 5. DE 6. ACE 7. ABDE 8. ABCDE 9. ACD

三、计算题:

$$酮康唑相当于标示量(\%)=\frac{498\times 0.803}{504}\times \frac{50}{4.0125\times 10}\times 100\%=98.9\%$$

$$丙酸氯倍他索相当于标示量(\%)=\frac{768\times 20.2}{778}\times \frac{50}{4.0125\times 0.25\times 10^{3}}\times 100\%=99.4\%$$

项目十 答案

一、1. C 2. B 3. D 4. B 5. D 6. C 7. A 8. D

二、1. ABCDE 2. ABCDE 3. ABCD 4. DE 5. ABDE 6. ABCDE

三、简答题:(略)。

项目十一 答案

一、简答题:(略)。

二、计算题:

(1) $$I_2(\%)=\frac{12.69\times 10^{-3}\times 11.55\times 1.022}{\frac{15}{50}\times 10}\times 100\%=4.9\%$$

符合规定。

(2) $KI(\%)=\frac{(30.46\times0.1007-11.55\times0.1022)\times16.60\times10^{-3}}{0.1\times\frac{15}{50}\times10}\times100\%=10.44\%$

符合规定。

参 考 文 献

[1] 国家药典委员会．中华人民共和国药典．2010 年版．北京：中国医药科技出版社，2010.

[2] 国家食品药品监督管理局药品认证管理中心．药品 GMP 指南．北京：中国医药科技出版社，2011.

[3] 杭太俊主编．药物分析．第 7 版．北京：人民卫生出版社，2011.

[4] 于治国，宋粉云主编．药物分析．第 2 版．北京：中国医药科技出版社，2010.

[5] 曾苏主编．药物分析学．北京：高等教育出版社，2008.

[6] 姚彤炜主编．药物分析．杭州：浙江大学出版社，2011.

[7] 张骏主编．药物分析．北京：高等教育出版社，2006.

[8] 王金香主编．药物检测技术．北京：人民卫生出版社，2009.

[9] 张士清主编．药物分析．第 2 版．北京：科学出版社，2009.

[10] 梁颖主编．药物检验技术．北京：化学工业出版社，2008.

[11] 由京周，李桂银主编．药物分析与检验技术．武汉：华中科技大学出版社，2011.

[12] 孙莹，吕洁主编．药物分析．北京：人民卫生出版社，2009.

[13] 郑一美主编．药物分析与质量控制．北京：化学工业出版社，2011.

[14] 张健泓主编．药物制剂技术．北京：人民卫生出版社，2009.

[15] 王素梅主编．药物制剂技术．北京：化学工业出版社，2010.

[16] 田燕，于莲主编．药剂学．北京：清华大学出版社，2011.

[17] 王云云主编．药物制剂技术．西安：第四军医大学出版社，2011.

[18] 崔德福主编．药剂学．北京：人民卫生出版社，2011.